民國人口户籍史料續編

第二册

曹寧　主編

國家圖書館出版社

第二册目録

四川省選縣戶口普查總報告(彭縣、雙流縣、崇寧縣) …………………… 1
福建省省會戶口統計 ………………………………………………… 269
福建省長樂縣人口農業普查報告 …………………………………… 415

四川省選縣戶口普查總報告
（彭縣、雙流縣、崇寧縣）

國民政府主計處統計局　編

一九四三年鉛印本

四川省選縣戶口普查總報告

彭縣　雙流縣　崇寧縣

國民政府主計處統計局編

中華民國三十二年四月

序

民爲邦本，故必周知戶口之數，而均其事役，則家以之足，國以之富，古者周公之治，蓋聞有比，閭，族，黨，州，鄉，縣，遂，之制矣。所以維持其政，綱紀其人，孟冬司徒獻民數於王，王拜而受之，其敬之守之，如此之重也。　國父手纂『地方自治開始實行法』，亦嘗揭櫫『清戶口』爲促成地方自治六事之首矣。不論土著或寄居，均以現居是地者爲準，一律造册，悉盡義務，同享權利，並於每年清理一次，註明變更，其敬之守之，又復如此之重也。

近世之戶口普查，美國於西曆一七九零年第一次創辦，十八世紀以來，世界各國，遞相仿行，每隔十年或五年，舉行普遍查記一次，其所賚之方法，漸改漸進，蔚成今日科學之戶口普查焉。

我國政府機關籌辦近世之戶口普查，以民國二十六年國民政府主計處籌辦全國戶口普查爲之嚆矢。至劃定縣份爲普查區域，從而擬方案，辦講習，行查記，編統計，構成有系統之程序，則民國三十一年四川省彭縣，雙流，崇寧等三縣，舉辦戶口普查，實開其導河。蓋推行全國戶口普查，必先樹立基本法規，是以　國民政府有戶口普查條例之頒行。嗣由主計處統計局據以擬訂詳細方案，並根據民國二十八年在四川省合川縣沙溪鎮及民國二十九年在嘉陵江三峽實驗區，先後舉行試查之經驗，遂改方案，以切實用。三縣戶口普查方案既能確然建立，日後自可順利推行，至於一區一省，乃至全國，戒愼在始，推進在漸，由小而廣，由緩而速，此必然之勢也。

戶口普查旨在獲得一地域劃時期之戶口總數，並研究戶之構成，與口之本質，以供一切設施之準據，故論其性質，屬於戶口靜態查記工作。但對於動態查記，仍應力謀銜接，由劃時期之靜態普查，產生保甲編組與設籍登記。由隨時之異動查報，產生保甲整理與戶籍人事登記。如此，即可完成戶口行政之合理系統與程序。四川省政府　張兼理主席岳軍先生於三縣戶口普查報告書序文內，曾謂：「此次結果非僅方法周詳，數字正確，而對於整編保甲，收效尤宏。」衡諸事實，洵爲不刊語。

論者有謂我國現時失地未復，又何言乎籌辦全國戶口普查哉。要知復員工作，在戰時即須準備，値茲勝利接近之日，自當不失時機，加緊籌劃，一以供給戰時設施有力引證，一以訓練實際工作人員，俟諸勝利來臨，輿圖規復，全國戶口普查，即可隨之舉辦矣。

又三縣戶口普查，係國民政府主計處會同四川省政府設置四川省選縣戶口普查委員會主持其事，會派統計局局長吳大鈞爲主任委員，四川省民政廳廳長胡次威爲副主任委員，統計局副局長朱君毅，四川省政府統計長李景淸，統計局科長李成謨爲委員，自開始籌畫，迄於完成，由春徂冬，歷時經年，其設施經過與結果以及組織人員經費各項，均已備述於報告書內。該委員會與主任委員，胡副主任委員各已撮其要點著爲序文，駢列簡端，可以覆按，無待贅述。

總之，三縣戶口普查之創辦，與夫報告書之印行，對於戶口行政，堪爲登高自卑行遠自邇之最初基石，而敬之守之，推之廣之，仍有賴各級主管之督導，與本局同人之努力焉。

民國三十二年四月　國民政府主計長陳其采

序

戶口普查者，劃時期全地域全部戶口靜態之普遍查記也。其目的在調查基本國勢，健全地方自治組織，及奠定戶籍行政基礎。歐美各國，恆於每五年或十年舉行一次，藉以比較民力之消長及國勢之盛衰。考諸載籍，我國雖遠在有夏，已有人口數字紀錄，然僅爲極粗疏之戶口調查。自周迄清，莫不皆然，實非可語現代意義之戶口普查也。抗戰軍興，爲應事實上之需要，　總裁特於二十六年手諭主計處舉辦戶口普查，藉以完成基本國勢調查之初步工作，經數年來小規模之試辦，結果甚佳。國民政府爰於三十年二月公布戶口普查條例，并於第一次全國主計會議決定自三十年起，次第舉辦縣市戶口普查。本省自二十四年省政統一以還，曾先後辦理戶口調查四次，第以調查方法，未盡周密，其精確性如何，殊難自信。經與國民政府主計處再四商洽，選定彭縣，雙流，崇寧等三縣，依照奉頒條例，舉辦戶口普查，并合組四川省選縣戶口普查委員會主持其事。自草擬方案，辦理講習，以迄於實行普查，整理統計，爲時八月，用底于成。總觀此次結果，非僅方法周詳，數字正確。而對於整編保甲。收效尤宏，創舉亦盛舉也。

此次辦理普查，不但各級同事，用力最勤，且經茲實地體驗，所獲尤多。從茲據以修訂戶口普查方案，并進而完成一區一省及全國之戶口普查，其有裨於抗戰建國者，寧有涯涘耶。茲者三縣戶口普查總報告撰擬旣竣用爲一言，藉表無窮之欣慰及期待焉。

民國三十二年四月　　四川省政府參理主席張　羣

序

溯自民國二十年，國民政府主計處成立，本局即從事戶口普查方法之研究，並介紹世界各國人口普查之制度及其實施辦法，藉爲實施全國戶口普查之準備。民國二十六年冬， 國府西遷，本局對於上述工作，仍繼續積極籌劃。根據歷年研究考察與辦理試查之經驗，深知我國戶口行政現狀之紛亂，實有通盤調整之必要，而全國戶口普查之舉辦，當此抗建國策積極推進之際，尤爲刻不容緩之要圖。因決定容納全部戶口行政內容於戶口普查查記範圍之中，庶可由靜態戶口普查，產生保甲編組與設籍人事登記，而免重複查記之煩，嗣經依照此項原則，製訂戶口普查條例，呈經核定修正，於民國三十年二月十三日公佈施行，以爲各級政府舉辦戶口普查之根據。民國三十年春主計處召集全國主計會議，有限期完成國勢調查之決議。爰依分縣分省按期舉辦之實施進度，策動全國各省於三十年度開始籌備選縣戶口普查，並由主計處與四川省政府商定，首先選擇彭縣，雙流，崇寧三縣舉辦戶口普查，以爲辦理四川全省普查之準備，而爲全國各省示範與倡導。

大鈞於民國三十年十一月奉 命主持辦理上述四川省選縣戶口普查工作，自規劃普查方案以迄編查統計辦理完成，閱時經年，始告蕆事，實施結果，尚稱圓滿。綜觀此次普查，在原則上純依上述從靜態戶口普查着手調整全部戶口行政之基本概念出發，並本行政與統計相輔而行之精神，寓統計技術於行政之中，製訂詳密之實施方案。其中關於戶口對象，首先予以明確之定義；關於戶口普查表之製訂盡量適應編整保甲之需要；關於編查方法，即以戶口普查挨戶查記代替保甲之戶口編查，於編查期間同時辦理編整保甲，並規定於普查標準日起，同時開始辦理戶口異動登記，以期時間上之銜接；關於統計方法，於年齡之分組，則逐歲序列，於行業與職位之分類，則完全採用國際聯盟建議之標準，期供國際之比較；至於方案之體例，則以辦理程序爲經，以統計方法爲緯，條分縷析，不厭求詳。凡此均屬此次普查設計上之顯著特點，與已往歷次辦理戶口普查試查之內容迥然不同。茲謹將此次辦理經過及統計結果，彙輯成册，呈經主計處核定刊布，藉供各級政府今後舉辦戶口普查之參考，並冀海內專家，予以嚴正批評，積極建議，庶乎有裨方來之策劃，而促成全國戶口行政總調整之宏業。

大鈞此次承乏主持是項工作，深賴四川省政府民政廳及統計處諸長官會同設計，熱誠協作，克底於成，實深佩荷；即省縣各級主持督導編查與統計人員之工作不懈，實事求是，亦復難能可貴。

本局第一科科長李成謨，此次襄辦普查工作，精思擘劃，備極辛勞，心力交瘁，寖以成疾，於本年四月五日病逝陪都歌樂山寬仁醫院。追思往績，良深悼惜，謹誌數語，以示永念。

民國三十二年四月　國民政府主計處統計局長吳大鈞

序

立國之要素有三，而人民居其首，蓋鞏固主權，運用土地，躋國家於富強康樂之域者，實惟人民之是賴。國父手訂之地方自治開始實行法，以「清戶口」爲其首要之圖者，即以此也。顧清查戶口之法，其道甚多，我國過去所辦者爲戶口調查，各國則更進一步運用科學方法查記同一地區某一時間內之全部戶口，是即所謂戶口普查焉。中樞鑒於基本國勢調查之不可緩，爰于民國三十年二月公布戶口普查條例，并於第一次全國主計會議，決定自三十年起，次第舉辦縣市戶口普查。本省地居後方，自實施新縣制以還，深感有舉辦戶口普查之必要，特與國民政府主計處會擬戶口普查方案復於三十一年春合辦彭縣，雙流，崇寧三縣戶口普查。其最大特徵，則在利用保甲組織辦理戶口普查，而以普查結果，釐正保甲組織。此爲奉頒條例所無，而爲會擬方案特別置重之點，而使彭縣等之戶口普查，得以順利推行，卒底于成者也。

此次普查工作遡自設計、執行，以迄于整理、統計，歷時八月，以各級同事之精誠合作，俾此艱鉅工作，得以早觀厥成，樹抗建大業之始基，導戶籍行政於正軌，次威不敏，與有榮焉。頃者總報告殺青在即，爰綴數語，藉誌顛末，庶幾察往知來，敢云明體達用，留心治道者，或亦有取於斯乎。

民國三十二年四月　　四川省政府民政廳長胡次威

民國三十一年

四川省選縣戶口普查總報告

目　錄

陳主計長序
張主席序
吳局長序
胡廳長序
緒言……(1—68)
第一部　辦理經過……(9—68)
第一章　組織人員與經費……9—13
第一節　四川省選縣戶口普查委員會組織概况
第二節　縣戶口普查處
第三節　經費
第二章　督導制度……14—17
第三章　調查工作……18—26
第一節　調查實施前之準備工作
第二節　省縣檢討會
第三節　調查之實施
第四節　編製縣戶口總數初步報告
第五節　保甲之整編
第六節　調查人員成績之考核結果
第七節　補充或變更方案及其特殊事件之解決辦法
第四章　統計工作……27—59
第一節　整理經過
第二節　統計分析
第五章　總檢討……50—62
附　錄……63—68
第二部　統計結果……(1—173)
I.　彭縣統計基本報告表……1—58
II.　雙流縣統計基本報告表……59—118
III.　崇寧縣統計基本報告表……119—173

緒 言

四川省第一次選縣戶口普查，選定彭縣、雙流、崇寧三縣爲普查縣份，於民國三十年十二月開始籌備，三十一年三月訓練各級編查人員，四月實施編戶查口，同時整編保甲，五月發表三縣戶口總數初步報告，六月招訓統計人員，七月中開始整理統計。截至九月底止，三縣戶口普查表審查標註工作均已全部辦理完竣。三縣戶口統計基本報告表亦於十月至十一月間先後完成。是此次選縣戶口普查初次獲得成果之日，即全國戶口普查奠定基礎之時，而亦應爲調整全國戶口行政之發軔；吾人檢討已往，策勵將來，猶隱然於事業前途之艱鉅，此本報告所由作也。茲首述其梗概於次：

依照統計法之規定，國民政府主計處爲主管全國戶口普查之最高機關。民國二十五年間，主計處着手籌備全國戶口普查，二十六年隨府西遷，仍繼續進行，以鑒於戶口行政之紛亂，未敢率爾從事。爰於籌備工作入手，於二十七年春派員赴川、雲、貴三省考察保甲戶口編查實況，加以研討，決定容納戶口普查方法於保甲戶口編查之中。在保甲方面可免辦複查記之苦，而戶口普查即賴保甲制度以推行。本此宗旨，於二十八、九年間先後在四川省合川縣沙溪鎮及該省之三峽實驗區舉行試查，結果尚稱圓滿。惟主計處所及試辦者，僅爲如何安排一套表式與辦法，以獲得普查之結果，同時並適合保甲戶口編查之用，至如何實際推行，則仍須賴各有關機關之通力協作。此主計處於籌辦全國戶口普查之餘，而深感戶口行政有通盤調整之必要也。

民國二十八年，行政院縣政計劃委員會鑒於戶口行政有通盤籌劃加以調整之必要，特邀集有關專家於會內成立戶口組，以負荷此重大使命。二十九年春，由吳委員大鈞根據近年主計處統計局籌辦全國戶口普查之經驗與理想，重加縝密考慮，擬訂戶口行政總方案附各項有關法規草案，提出討論，經修正通過，並決定由主計處內政部分別起草戶口普查條例及修正戶籍法施行細則，以行政力量，推動戶口行政。該方案首將我國戶口普查，戶口調查，戶籍與人事登記，保甲戶口編查四種戶口行政之性質，目的與範圍，加以分析，還將人口靜態普查及動態調查之系統與辦理程序，加以明白之規定，使能分工合作，切實聯繫。前在主計處舉辦沙溪鎮及三峽實驗區戶口普查試查時，仍不免偏重純統計之立場，而僅使保甲爲普查之用，至此乃以整個戶口行政爲對象，作不偏不倚之觀察，循自然之程序，以覓取密切聯繫之途徑；於是戶口普查即不能離開他項戶口行政而獨立，而其價值將在歐美各國純統計性質之人口查普之上。

依據前項戶口行政總方案之精神，主計處即着手戶口普查條例之制定，旋經呈請國民政府於三十年二月十三日公布施行。同年四川省政府以實行新縣制，深感各縣保甲編組未盡臻密，將本省保甲戶口法令重加檢討，釐訂四川省整編保甲清查戶口實施辦法及各項有關章則，力求合理詳盡，以便切實施行。規章既定，乃於本年四月間舉行全省各縣戶口總清查，並整編保甲，限期完成，開本省保甲史上一新紀元。

初，主計處之籌辦全國戶口普查也，即早有在四川省選定區域舉辦之意，民國二十八、九年間，曾派統計局第一科汪科長龍先後數度來蓉商洽，時民政廳胡廳長次威以所擬計劃雖已顧及保甲與戶口普查之聯繫，然仍不免偏重於統計之立場，未便貿然全盤接受，後由主計處就沙溪鎮及三峽實驗區舉行試查。其後行政院縣政計劃委員會成立戶口組，胡廳長次威亦在被邀參與之列，對於戶口行政總方案曾參加意見，深感其本人主張整理戶籍行政為施政張本之素願得有逐步解決之途徑。及至民國三十年二月戶口普查條例公布施行，戶口普查與整編保甲密切聯繫之主旨既已確定，而本省亦定於同年四月舉行全省各縣整編保甲清查戶口。行見保甲組織之健全必可增進戶口普查之便利，而戶口普查之推行必更促使保甲組織之嚴密，此時此地實為推行戶口普查建立戶政基礎之最好機會，於是舊事重提；三十年四月，四川省政府即派民政廳第三科劉科長炳中，赴渝接洽，商訂四川省選縣戶口普查辦法綱要八條，由主計處函送四川省政府商請同意。同時並就戶口普查各項定義及技術問題，加以商討，務使戶口普查統計之科學定義與方法，適合整編保甲各項實施之用，而現行保甲戶口方面之各項規定之未盡合於科學原則者，應即依照戶口普查之定義與方法，予以更正。商討結果，深覺依照現行戶口普查條例之規定，戶口普查與編查保甲戶口非僅有一致之處，且相得益彰，尤可作為調整戶口行政基層工作之軌範。隨即由主計處依照四川省選縣戶口普查辦法綱要及「關於戶口普查各項定義及技術問題商討結果」，起草四川省選縣戶口普查方案（以下簡稱普查方案）草案，自三十年五月着手起草，迄十一月，凡五閱月始告竣事，都約二十萬言。方案草案既成，復由主計處派統計局吳局長大鈞，率同統計局李科長成謨等一行十餘人，赴蓉洽商，並會同四川省政府派員組織四川省選縣戶口普查委員會（以下簡稱省普委會）。四川省政府當即指派民政廳胡廳長及李統計長肇甫，會同吳局長將原訂方案加以研討，決定施行條款各點，交由省普委會審議補正，以期行政與統計更能密切聯繫。四川省選縣戶口普查委員會於民國三十年十一月二十六日正式成立，依照四川省選縣戶口普查辦法綱要之規定，以吳局長大鈞為主任委員，胡廳長次威為副主任委員，主計處統計局朱副局長君毅，四川省政府李統計長景清主計處統計局李科長成謨爲委員，並擇定四川省政府民政廳內爲會址，分別派定會內各級負責人員，於十二月一日開始辦公，此四川省選縣戶口普查發起之經過也。

省普委會成立後，曾卽着手普查方案之審議，並逐章逐節詳加修訂，費時一月有餘，始告完竣；其中最重要修改之點，厥爲「戶口普查卽同時整編保甲」一點。原方案草案之擬訂，卽認定根據戶口行政總方案之精神，戶口普查與編查保甲戶口應先有直接之聯繫，注意「戶」之規定，而將查記分爲「編戶」與「查口」兩段，故其所用戶口普查表式，亦準照保甲戶口清查表擬訂，以便彙編巷弄保甲及使保甲戶口冊可直接由戶口普查表轉錄而得，毋庸另行舉辦戶口清查，而原始戶口普查表卽供編製精密戶口統計之用。然此僅爲「實質」之聯繫，至於工作方面，戶口普查後應如何繼續整編保甲，原草案尙無明白之規定，卽令舉行普查後立卽依照戶口普查表轉錄保甲戶口冊，亦不過爲戶口普查表之副本，不能作爲整編保甲之戶口冊籍。嗣該方案經發交省普委會審議，決定於「編戶」過程中卽同時整編保甲，增訂整編保甲各項辦法，而將原草案所規定之「死」的聯繫，一變而爲活的聯繫。

查此次選縣戶口普查，其任務有四：第一，在採用科學方法，獲得一切有關戶口靜態之統計資料，以供實施新縣制促進地方建設之參攷。第二，在以戶口普查，直接代替保甲之戶口清查，使普查結果同時卽爲整編保甲之用。第三，於此次選縣戶口普查辦理完竣後，根據實際辦理所得經驗將戶口普查條例，及中央與地方有關編查保甲戶口法規，加以適當之刪補與修訂，以謀戶口普查與整編保甲密切聯繫，而達到調整戶口行政之目的。第四，爲使以後舉辦各省市縣戶口普查有完整精密之計劃並具有一致之標準起見，根據此次辦理普查經驗，擬訂「戶口普查條例施行細則」及「全國各省市戶口普查標準方案」，以資推行。綜觀前述四項任務，除第一項爲實現戶口普查本身目的外，餘均爲與整編保甲有關，而以第二項「以戶口普查直接代替保甲之戶口清查」爲其主旨。欲完成此項重大任務，則決非僅使戶口普查表式及查記方法適合整編保甲之用所能濟事，故必須「於舉行戶口普查時卽同時整編保甲」，使普查結果，直接爲整編保甲之用，其效用乃彰，此卽所謂「活」的聯繫也。此點關係戶口普查在戶口行政上之效能至爲重大。吾人於實際收效之餘，猶深感四川省政府胡廳長次威及劉科長炳中諸氏之卓見，所予戶口行政上之貢獻也。

普查方案修訂旣成，其內容較原草案刪補修訂之處雖多，然其全篇結構及基本原則變動甚少。此項方案其功效同於法規，而其體裁與編製則大體爲說明書式，內容分兩部：第一部爲「基本槪念」，內分「我國戶口行政現狀之檢討」，「戶口普查與戶口行政之調整」，「戶口普查之要旨及其在戶口行政上之地位」，「戶口普查條例之要義」及「四川省選縣戶口普查之實義與任務」諸章，爲本方案之理論部份。第二部爲「實施方案」，內分「戶口普查表式及統計報告表式」，「組織人員與經費」，「實施程序與辦法」及「各級工作人員手冊大綱」諸章，係就「做何事」，「何人去做」，「如何去做」之程序以說明普查實際進行之方法。末附「各級工作人員手冊大綱」即係將以前各章之屬於某級人員之工作者，分別摘出，重行加以編製，訂爲各該級人員之工作手冊，分普查員工作手冊，普查區主任副主任工作手冊及縣督導員工作手冊三種，以便各該級工作人員從事其自身工作時直接應用，毋須讀全部方案。其編製與文字亦力求適合各該級人員之程度與需要。普查方案中所列者，僅手冊內容大綱，其手冊則更於方案外另行分別製訂。

前述「實施方案」部份，除「各級工作人員手冊大綱」一章係附列性質外，餘爲整個普查工作實際進行辦法之說明：其前兩章確定「事」與「人」之範疇；關於「事」的方面，即以各項戶口統計報告表式確定吾人最後所欲獲得之「綜合」結果，而以戶口普查表式爲獲得此項結果之主要工具，但就整編保甲之立場觀之，運用此項工具所得之「個別」事實（即普查表內所填之答案）同時亦爲吾人所欲獲得之結果。至第三章「實施程序與辦法」即確定各級人員如何運用前項主要普查工具（戶口普查表式），次第完成各階段之普查工作，以獲得普查結果（「個別」事實與「綜合」結果）之程序，及其應如何辦理之詳細辦法。

「實施程序與辦法」正文中按次說明各階段工作進行之程序，遇有須詳加說明之處，即緊接有關正文後，附列詳細辦法。此項詳細辦法大別爲兩種性質：一爲應如何辦理之「辦法」，注重「實質」之規定，有類普通法規之製訂；一爲如何辦理之「詳細程序」，即按工作階段說明其詳細程序，大體仍爲說明書式。例如第二節第5目「各級工作人員講習辦法之訂定」正文後，附有「省講習會講習綱要」及「縣講習會講習綱要」兩種，（普查方案第68至69頁），即屬於第一種性質，第四節第1目「編戶之程序與方法」正文後，附有「編戶須知」及「整編保甲須知」（普查方案第83至105頁），大體即屬於第二種性質。在擬訂普查方案時，此項附列之詳細辦法，其內容無論若何詳細，但僅限於其隸屬之方案正文之某階段工作，決不涉及其他階段之事；其編製及文字均按參加各該階段之各級工作人員之程度與需要製訂，以便於編訂各級人員工作手冊時，即可將原文全部抽出，分別插入手冊內各有關之說明中。

依照戶口普查條例第二十四條之規定，「本條例施行細則由國民政府主計處定之」。此次在川省選縣舉行普查之初，原擬即着手擬訂「戶口普查條例施行細則」，嗣以施行細則係屬通行全國之法規性質，在各省未經分縣舉辦普查以前，殊難作一致之規定，且法規體裁係屬實質應爲如何辦理之規定，背論範圍，不能詳細說明如何辦理之程序，經再四研討，決定暫不擬訂施行細則，另製詳細普查方案，以利實際進行，並依下列之原則擬訂之，俾與一般計劃書或說明書有別：

（一）加入理論部份　一般法規之擬訂雖均有法理之根據，然此項理論根據決無法列入條文，以致奉行法令時，因不明其意義之所在，往往流於盲目推行，妄自揣測之弊。戶口普查事屬創舉，疑慮必多，普查方案既為指導實際工作之範本，尤宜加入理論部份，使地方行政長官及領導普查工作人員，讀之可了然於其自身工作之價值，以激發其力行之志趣，故該方案中首列「基本概念」一部。

（二）按照工作程序編製　一般法規，辦法、計劃書，說明書等多按某項業務之各部門，分章分節編製，例如戶口普查部分「訓練」，「宣傳」，「調查」，「考核」，「獎懲」，「統計」等章敍述，自成系統，但與實際工作進行階段並不相關，普查方案則完全打破此等習慣之編製，除理論部份外，完全按照工作之自然程序次第敍述，其有關「宣傳」，「考核」等事項，已散見於各階段工作者，即毋庸另列專章。每敍至某階段工作時，決不因業務性質之相近而涉及其他階段工作事項之敍述。領導普查工作人員展讀之下，可按步指導工作之進行，動員各級有關人員，而考察其任務是否完成；展讀方案至何章何節何目何頁時，即可知工作進行至何階段，決無反覆檢閱之煩。

（三）注重詳細說明　現時推行新縣制，關於鄉鎮以下行政人員職掌之業務，除法規章則已有規定外，兼另訂各項業務須知，詳細說明各項業務之意義及其處理之方法與程序，法至善也。戶口普查為技術行政之一，事涉繁稠，標準嚴密，且依戶口靜態普查之原則，對於調查工作，尤須限期完成，故欲收「正確」，「劃一」，「迅速」之效，舉凡戶口普查時一舉一動在普查方案中，均須纖悉釐訂其標準，詳細說明其步驟與方法，甚至某月某日應完成某項工作均有明白之規定。地方行政長官或高級領導人員手執斯篇，按頁展閱，不勞推釋，即可「正確」督導施行，不待解釋，即可「迅速」完成任務，不容妄自損益，應使各區工作成果趨於「劃一」之標準。

（四）另訂各級人員工作手冊　普查方案內容廣泛，不適於鄉鎮以下工作人員之用，應另訂各級人員工作手冊，以適合其程度與需要，此點已於前文一再言之。關於該項手冊之擬訂，仍採前述擬訂普查方案之三項原則。惟理論部份則力求淺近扼要，以適合其程度；實施部份則僅以其自身工作範圍為限，以適合其需要。而手冊之內容則仍取材於原方案，或竟摘錄原文，以免轉述意義之歧異。此與基層業務之進行，裨益匪淺。

普查方案修訂既竣，都二十萬言，條舉縷析，不厭其詳，綜已往政府機關擬訂法規、章則，須知未有之先例，須經各方之考慮，以臻理解深而敘述繁，不合法規體例，祇可視為學術著作，不適於頒布施行。其最有力之論評即為不若（1）按各部門工作性質分別釐訂「編查」，「統計」，「訓練」，「宣傳」，「考核」，「獎懲」等單則辦法，並採用條文式，語簡意深，使繁細業務得有提綱絜領之提示，然後再（2）另訂工作進度表，以指示各階段工作進行之程序及其應完成日期。關於第（1）點驟與前述方案釐訂原則第（二）項及第（三）項不符，可毋庸贅述；關於第（2）點若僅就前述第（二）項原則觀之，則未嘗非具有同等功用之一法，但就前述第（三）項原則觀之，如將此項進度予以盡量詳細縝密之釐訂，則所謂進度表者必與現時普查方案之「實施方案」部份，初無二致矣。

普查方案修訂既成，旋即由四川省政府明令頒布施行，吾人於舉行之餘，深覺三縣普查工作得以「劃一」，「正確」，「迅速」完成者，固由於各級人員之努力，而普查方案之體裁及其編製方法實有莫大之幫助；即各縣地方行政長官亦具有同感：雙流縣楊縣長楷論普查方案及工作手冊之釐訂有言曰：「以時為經，進度明確，易杜遷緩拖沓之弊，以事為緯，範圍明確，即不致有推諉延誤之虞；用能分工合作，秩序井然」，又曰：「對於法令意義既有明白顯暢之解釋，又復分別舉例以證明；法例並舉，一目了然。法令之易於貫徹，此為重要原因之一」（註一）。

顧吾人猶有厚望者：戶口普查僅為戶口行政之起點工作，而戶口行政各項有關法規，除戶口普查條例及修正戶籍法施行細則業已釐定施行外，其他關於保甲戶口編查與異動登記，及警察戶口調查之法規，尚待分別調補修訂，以資聯繫。戶口普查條例雖有四川省選縣戶口普查方案可資推行，而標準方案之釐訂仍不容緩。至戶籍及人事登記尤為經常辦理之技術行政工作，雖有修正戶籍法施行細則之頒行，苟無詳細方案之釐訂，猶不足以利推行。至各項戶口行政之聯繫至為繁細，尤須經各項詳細方案之釐訂，並互相配合，以收齊頭並進相得益彰之效。吾人於戶口普查實施方案收效之餘，不勝佇盼各項戶口行政詳細方案之陸續釐訂與施行，而尤厚望於各有關機關之通力協作也。

此次選縣戶口普查，祇限於戶口本身事項之登記，與前此主計處舉辦沙溪鎮及三峽實驗區試查附帶查記農業狀況者不同，本報告除於「緒言」中首述此次普查之緣起與目的，及普查方案之運用外，下文當依次申論衡評此次普查之方法與經過及其所收之效果，附列最後所得

註一：見四川省民政廳編縣政月刊第一卷第六期（三十一年七月三十一日），楊楷著「戶口普查與四川省選縣戶口普查」一文。

之三縣戶口統計結果。至三縣之沿革，地勢，農工商業及社會概況等，既均不在此次查記之列，自毋庸捨拾陳調，徒增篇幅。其所列三縣戶口統計數字，亦以此次普查所得原始數字為限（即普查方案中預訂之各項戶口統計基本報告表），以示本報告為極端原始報告之意。其有關於戶口統計數字本身之檢討者，則仍以研討查記及統計是否正確為度，決不涉及戶口問題之分析與研究，以免牽強附會引喻失義之誤。他如各項統計數字之圖示，對於原始數字實為重複之表示，概不繪製，以節篇幅。

第一部　辦理經過

第一章　組織人員與經費

第一節　四川省選縣戶口普查委員會組織概況

四川省選縣戶口普查委員會係由國民政府主計處會同四川省政府派員組織之，會址設於成都西門外茶店子四川省政府內，於民國三十年十一月二十六日正式成立，十二月一日開始辦公，是爲主持此次選縣戶口普查之最高機關。省普委會設主任委員一人，由國民政府主計處統計局局長兼任、副主任委員一人，由四川省政府民政廳廳長兼任，委員三人，由統計局副局長，四川省政府統計長及統計局主管戶口統計科科長分別兼任。下設總幹事一人，秉承主任委員副主任委員之命處理一切會務，由統計局主管戶口統計科科長兼任委員者兼任，副總幹事一人，輔助總幹事處理各項事務，由民政廳主管保甲戶口科科長兼任。另設調查，統計，總務三組，各設組長一人，承總幹事之命，分別掌管訓練調查統計及庶務文書人事事項，視事務之繁簡得設副組長一人輔助之，並設幹事助理幹事雇員各若干人，分辦各項事務。此外另設督導員若干人，負各選縣普查人員之訓練考核，普查工作之督促指導之責。助理幹事以上人員均由主計處統計局四川省政府民政廳及統計處調派人員兼任。又設會計幹事一人及會計助理幹事二人，由四川省政府會計處派員兼任，依法受主任委員之指揮監督，處理一切會計事務。此本會組織之概況也。省普委會內部職員姓名職別，見附錄表1。

此外，省普委會於三十一年八月二十四日因趕辦戶口普查表審查標註工作，曾商由四川省政府調派統計處科員高冠羣，顧大儀，周寶光，劉民澤，鄧常安，吳質雲，王家珮，等七人參加工作。九月三十日，以工作完竣，調回原職。

複次，省普委會於各選縣編查工作完竣後，爲集中辦理各項戶口統計起見，曾依四川省選縣戶口普查方案之規定，於三十一年七月及十月先後兩次招考分別錄取統計計算員各數十名，中學以上程度爲合格，担任戶口卡片之轉錄與分類整理工作，并酌用臨時僱員若干人，視其資歷分担戶口普查表審查標註，彙編統計，清點表冊卡片等工作。

第二節　縣戶口普查處

縣戶口普查處（以下簡稱縣普查處）係就各選定戶口普查之縣份而設立，受省普委會之指揮監督，辦理全縣普查事務。縣普查處設普查長一人，由各該縣縣長兼任，副普查長二人，由縣政府民政科長及統計主任分別兼任。普查長主持全處事務，副普查長輔助普查長處理處務。下設幹事助理幹事及雇員若干人，分別調派縣府有關科室人員兼充，必要時得分調查統計兩組分別辦理有關調查統計事宜。另設督導員若干人，調派各區區長縣指導員及其他適當人員兼任，承普查長與省派督導員之命，辦理全縣戶口普查人員之訓練與各督導區（以管轄三至五普查區爲原則，由各縣斟酌交通，面積，及人口分佈狀況劃分之）普查工作之督促指導及抽查考核事項。另以鄉鎮爲普查區，設主任一人，由鄉鎮長兼任，副主任若干人（每三至五個普查分區設副主任一人）由副鄉鎮長及縣普查處選派之人員充任。普查區主任主持全區事務，副主任輔助主任處理各項事務，并負考核分區普查工作及點收審核普查表冊之責，是爲普查工作最基層之督導者，編查工作能否迅速確實進行，胥以此是賴。鄉鎮以下，以保爲普查分區，由保長兼任分區主任，主持全分區事務，另設普查員一人，由縣政府就保長副保長小學教員及其他適當人員選派兼任，負實際挨戶查記之責。各縣於選派普查員時，每一普查區應選派預備普查員一人至五人，參加受訓；普查員因故不能執行職務時，由預備普查員接充。各選縣戶口普查處職員姓名表見附錄表2,3,4.

第三節　經費

第一目　省普委會經費

省普委會經費之來源，除四川省政府三十年度預算列有戶籍普查經費二十萬元外，另由國民政府主計處補助二十萬元，合計四十萬元，是爲辦理此次選縣戶口普查之全部經費。其預算之分配共分六項：（一）省普委會開辦費，（二）省普委會經費，（三）縣普查處經費，（四）普查人員講習費，（五）整理統計費，（六）準備費。依照此項分配標準支付，於省普委會結束前，編造計算表送請審計部四川省審計處審核。茲將省普委會經費預算與計算之比較表附列如次：（見表一）

第二目　縣普查處經費

縣普查處之經費原定由省普委會全部補助，各縣依照核定預算開支，嗣因物價飛漲全部預算，不敷甚鉅，爲補救各縣困難計，乃將各縣普查處講習經費，飭由各該縣三十一年度戶口普查費及保甲臨時費項下動支，以資挹注。茲將各選縣戶口普查處支給標準分別摘錄如次：

一、彭縣戶口普查處經費支給標準

（一）縣戶口普查處工作員役薪工補助費及辦公費：　縣戶口普查處設普查長一人，月支膳食補助費一二〇元，副普查長二人，月各支膳食補助費八〇元，幹事若干人，月各支膳食補助費五〇元，雇員若干人，月各支薪津一五〇元，公差一人，月支工餉津貼五〇元，辦公

表1 四川省選縣戶口普查委員會經費預算與計算之比較表

款	項	目	科目	預算數（元）	計算數（元）	比較數 增（元）	比較數 減（元）	備註
1			四川省選縣戶口普查委員會經費	400,000.00	398,145.31		1,854.69	
	1		本會開辦費	42,000.00	40,282.66		1,717.34	
		1	本會開辦費	42,000.00	40,282.66		1,717.34	
	2		本會經常費	179,625.00	157.502.72		22,122.28	
		1	調用人員膳食補助費	38,060.00	37,544.13		515.87	
		2	雇用人員薪餉及津貼	10,000.00	12,222.12	2,222.12		
		3	辦公費	63,785.00	63,719.37		65.63	本會辦公費以物價高漲關係經簽准主任委員將準備金全數撥作財源辦理追加以資挹注
		4	印刷費	38,000.00	22,096.50		15,9[illegible]3.50	
		5	購置費	5,000.00			5,000.00	
		6	租金	3,000.00	3,940.00	940.00		
		7	旅運費	21,000.00	17,550.60		3,439.40	
		8	雇用員役制服及採辦費	780.00	420.00		360.00	
	3		各縣戶口普查處經費	89,367.00	121,384.00	32,017.00		彭雙崇三縣普查處經費照原預算共不敷三萬餘元因迭據該兩等呈請補救經准增加彭縣為68,356.00雙流為31,348.00崇寧為21.680.00此項經增加經費來源就本會其他各項節餘移注
		1	彭縣戶口普查處經費	46,495.00	68,356.00	21,861.00		
		2	雙流縣戶口普查處經費	21,480.00	31,348.00	9,868,00		
		3	崇寧縣戶口普查處經費	21,392.00	21,680.00	288,00		
	4		普查人員講習費	30,378.00	5,731.80		24,646,20	
		1	省講習會經費	5,650.00	5,731.80	81.80		
		2	縣講習會經費	24,728.00			24,728.00	
	5		整理統計費	58,630.00	73,244.13	14,614.13		
		1	整理統計費	58,630.00	73,244.13	14,614.13		

費每月五〇〇元。均以三個月為限。

（二）旅運費：　普查長，副普查長，縣督導員及縣普查處職員出差旅費，及鄰縣統計主任兼縣督導員由各該縣至彭縣往返川旅費，及在督導期間之旅食費，一律按照四川省公務人員出差旅費規則辦理。惟交通費之支給，均以此鄉鎮到達彼鄉鎮公所所在地為限，分赴各保督導時，不支交通費。

（三）普查區辦公費：　設普查區三十一處，每處各共支辦公費六〇元，事竣核實報銷。

（四）編查人員旅食費：　凡普查分區主任不兼普查員者，不支旅食費。普查區副主任及普查員旅食費每人一律日支六元（編戶最多五日，查口最多七日，兩共最多十二日）。

（五）縣講習會經費：

甲、伙食費：　調集普查區主任三十一人，普查區副主任一百八十七人（約每三保一人），普查員五百六十一人（每保一人），預備普查員六十二人，共八百四十一人，講習五日，應開伙食四千二百零五天。講習會分四區舉行，每區職員伙夫十人，四區共四十人，五天應開伙食二百天。又調集不兼普查員之普查分區主任四百人，講習一天，應開伙食四百天。以上三共應開伙食四千八百天，每人每天支伙食費最高以三．五〇元為限，撙節開支，事竣核實報銷。

乙、開辦費：　講習會職員會員床鋪，稻草，燈油，設備及工役伙食津貼共列二三二〇元，核實開支，事竣核實報銷。

二、雙流縣戶口普查處經費支給標準

（一）縣戶口普查處工作員役薪工補助費及辦公費：　縣戶口普查處設普查長一人，月支膳食補助費一二〇元，副普查長二人，月各支膳食補助費八〇元，幹事若干人，月各支膳食補助費五〇元，僱員一人，月支薪津一五〇元，公差一人，月支工餉津貼五〇元，辦公費每月四〇〇元。均以三個月為限。

（二）旅運費：　普查長，副普查長，縣督導員及縣普查處職員出差旅費，一律按照四川省公務人員出差旅費規則辦理。惟交通費之支給，均以此鄉鎮到達彼鄉鎮公所所在地為限，分赴各保督導時，不支交通費。

（三）普查區辦公費：　設普查區十六處，各共支辦公費六〇元，事竣核實報銷。

（四）編查人員旅食費：　凡普查分區主任不兼普查員者，不支旅食費。普查區副主任及普查員每人一律日支旅食費六元（編戶最多五日，查口最多七日，兩共最多十二日）。

(五)縣講習會經費：

甲、伙食費： 調集，普查區主任十六人普查區副主任八十人，(三保或四保一人)，普查員二百五十四人(每保一人)，預備普查員三十二人，共三百八十二人，講習五日，應開伙食一千九百零十天。講習會分兩區舉行，每區職員伙伕十人，共二十人，五日應開伙食一百天。又調集不兼普查員之普查分區主任一百二十人，講習一日，應開伙食一百二十天，以上三共應開伙食二千一百三十天，每人每天伙食費最高以三·五〇元為限，撙節開支，事竣核實報銷。

乙、開辦費： 講習會職員會員床舖，稻草，燈油，設備及工役伙食津貼共列一一五〇元，撙節開支，事竣核實報銷。

三、崇寧縣戶口普查處經費支給標準

(一)縣戶口普查處工作員役薪工補助費及辦公費： 設普查長一人，月支膳食補助費一二〇元，副普查長二人，月各支膳食補助費八〇元，幹事若干人，月各支膳食補助費五〇元，僱員一人，月支薪津一五〇元，公差一人，月支工餉津貼五〇元，辦公費每月三〇〇元。均以三個月為限。

(二)旅運費： 普查長，副普查長，縣督導員及縣普查處職員出差旅費，一律按照四川省公務人員出差旅費規則辦理。惟交通費之支給均以此鄉鎮到彼鄉鎮公所所在地為限，分赴各保督導時，不支交通費。

(三)普查區辦公費： 設普查區十處，各共支辦公費六〇元，事竣核實報銷。

(四)編查人員旅食費： 凡普查分區主任不兼普查員者，不支旅食費。普查區副主任及普查員旅食費每人一律日支六元(編戶最多五日，查口最多七日，兩共最多十二日)。

(五)縣講習會經費：

甲、伙食費： 調集普查區主任十人，普查區副主任五十人(三保或四保一人)，普查員一百六十六人(每保一人)，預備普查員二十人，共二百四十六人，講習五日，應開伙食一千二百三十天。講習會集中城區舉行，職員伙伕十五人五天應開伙食七十五天。又調集不兼普查員之普查分區主任八十三人，講習一日，應開伙食八十三天。以上三共應開伙食一千三百八十八天，每人每天伙食費最多以三·五〇元為限，撙節開支，事竣核實報銷。

乙、開辦費： 講習會職員會員床舖，稻草，燈油，設備及公差伙食津貼共列六四〇元，撙節開支，事竣核實報銷。

第二章 督導制度

省普委會及縣普查處各級組織概況已如前章所云，本章尙須特別加以闡述者，即爲其中之督導制度也。

關於督導制度之規定，在普查方案中未列有專章，惟於第二部「實施方案」乙章「組織人員與經費」內，已確定該項制度之組織與系統，並於其餘各章節分別規定其運用。吾人於擬訂普查方案之初，對於督導制度即先有明確之觀念，而於制訂方案之時，已將其組織與運用分別訂入有關各章節中，惟此項制度關係此次編查工作之成效至鉅，頗有作一系統介紹之價値。茲於下章論及「編查工作」之前，首述關於此項制度之規定，而更申論其特點於後。

第一節 督導制度之規定

督導制度在戶口普查條例第十二條僅規定，「縣市戶口普查時，省政府應遴派統計人員前往巡視指導，國民政府主計處得派員前往，視察指導」。此次舉辦四川省三縣戶口普查爲適應地方實際需要，以廣巡察指導之效能，乃於普查方案中，作更詳盡之規劃，茲將普查方案對此項制度之規定，綜述如後：

(一)省普委會設督導員若干人，分别派赴各縣，於普查實施前與縣普查長共同主持縣講習會（此項講習會，在戶口衆多，地域遼闊之縣份，規定應分區同時舉行，每區由省派督導員一人主持辦理，訓練並甄別各級編查人員，派定其職務；於普查實施時，負全縣（在分區講習之縣爲全區）普查工作之督促指導及抽查考核之責（詳見普查方案第55，72及74頁）。

(二)縣戶口普查處設督導員若干人，承普查長與省派督導員之命並受副普查長之督導，於普查實施前，協助辦理縣講習會；於普查實施時，分别派赴指定之指導區域內，負全區普查工作之督促指導及抽查考核之責。鄉鎮普查區設主任一人，副主任三至五人，普查區主任主持全普查區事務，副主任輔助主任處理各項事務，並分別督促指導與考核所轄若干普查分區之普查工作，審核彙收各普查分區之普查表冊（詳見普查方案第59頁）。

(三)在編查實施期中，如發現有妨礙普查工作進行之事件，上述省縣督導人員，得按其情節之輕重，爲緊急權宜之措置，但須於事後分別專案詳敍呈報備核（詳見普查方案第129頁）。

(四)抽查工作，經規定爲查口實施期中省縣督導員等之主要工作，限於查口工作開始後第二月起，各縣各區，同時舉行，悉依照規定之抽查辦法辦理（詳見普查方案第136及138頁）。

(五)關於普查表冊之查對改正與點收，戶口普查區戶口總數初步報告之編製，戶口普查區已填表冊之包裝呈驗，以及在實施查口期間督飭各保保甲長報告戶口異動情形等事務，均經規定詳細明確之辦法，純由戶口普查區副主任實際主持辦理（詳見普查方案129，131，140，143及147頁）。

(六)縣督導員所轄督導區以下各級工作人員成績之考核，規定由上述各級督導人員主持辦理，縣戶口普查處內部工作人員成績，規定由各該縣普查長會同省派督導員考核後，由縣普查處呈轉省普委會備核（詳見普查方案第151及165頁）。

第二節　督導制度之特點

關於督導制度之規定，已如前節所述，茲更申論其特點以明其運用之功效。

(一)各級督導人員之派定：　就一般情形言之，上級政府機關或人員對於下級政府機關或人員，即有監督指揮之責權，但以道路暌隔耳目未週，對於各項法令，下級機關人員是否切實奉行，既欠明瞭，而於奉行之際，是否確合標準，亦無從隨時予以考察糾正，故上級政府機關往往派遣專門人員前往視察指導，以資補救。戶口普查條例第十二條及第十三條更硬性規定督視指導人員之遣派，其重視此點於此可見。惟戶口普查條例所規定者，僅及省派專職督導人員爲止，而普查工作之屬於縣級以下者尤形繁細，省派督導人員勢難致察周詳，切實指導，故普查方案中，除規定省派督導員外，復有派定縣督導員及普查區副主任之規定，以收層層節制督察指導之效。

(二)各級督導人員之職掌與工作之釐訂：　上級政府機關派遣視察指導人員，對於其本身之職掌，往往缺乏明確之規定；其工作範圍則任其自由支配，其工作時間則任其自由伸縮；其視察指導結果，則任其自由撰述報告，或則籠統全局，而缺乏具體事實之佐證，或則鋪陳瑣屑，而缺乏有系統之敍述與評斷，往往無法加以綜核比較。至各視察指導人員其自身工作之勤惰與是否切實完成任務，則更屬無從考核。此猶未足以言確收督導之效也。普查方案則就編查人員之訓練指導與考核，普查表冊之抽查等工作範圍，以確定各級督導人員之職掌，並釐訂其工作程序與辦法，規定其報告之內容及其造送之時日，於是責任分明，遂更確定督導之效乃著，督導人員自身工作亦不難予以考核。

(三)督導系統之獨立與運用： 按普查方案第二部乙章「組織人員與經費」之規定，此次選縣戶口普查，以省普委會（主任委員）——縣普查處（普查長）——普查區主任——普查分區主任，普查員，為一貫之行政系統，以普查員為實際擔任查記工作之人員，省普委會為最高監督指揮機關。凡發佈命令，在省為省普委會，在縣為縣普查處；所有分發表冊，核發經費，編查戶口，彙送表冊，編造戶口總數初步報告等業務，概循此一貫之行政系統辦理。至省派督導員及縣派督導員僅負所轄督導區域內督導之責（分區舉行縣講習會之縣份，主持各該講習會之省督導員即擔任該講習會區域內之督導工作），對於行政上各項業務決不直接處理，省督導員對於鄉鎮以下各級人員雖有甄別之責，但其職務之派定仍屬縣普查長之職權。普查區副主任雖兼辦彙收表冊及編造戶口總數初步報告表等工作，但其主要職務仍在督導；其對於普查分區主任及普查員工作成績之考核，即直接對縣督導員負責，毋須由普查區主任核轉也。縣督導員及普查區副主任雖同為縣普查處所派之人員，但在督導工作上普查區副主任仍受縣督導員直接監督指揮；同時縣督導員在督導工作上亦受省派督導員之直接監督指揮。是督導工作自有其獨立行使之系統，而省派督導員之督導力量，即可依此系統直達於最下層工作人員，以收迅速切實之效。

惟此項督導系統，僅為行使督導工作之運用，並非與行政系統完全脫離，亦不含有任何「超然」性質。例如縣督導員及普查區副主任即由縣普查處直接指派；省督導員對於普查區副主任之人選雖有甄別之責，但其最後指派之權則不加干預。縣講習會實際雖由省督導員主持，而其負責人則仍為縣普查長（縣普查長為會長，省督導員為副會長），講習會一切事務之進行，仍以縣普查長名義發佈命令，並直接對省普委會負責。縣督導員各項工作雖須逕向省督導員報告，但同時仍須對縣普查處負責。故所謂督導系統者，實為整個行政系統，不可分離，僅為督導工作運用時之一種系統耳。

(四)特殊事件之處理： 各級督導人員原則上僅負督導責任，對於行政上各項業務決不直接處理，若遇普查方案所規定之臨時緊急事件之發生，致有阻礙調查工作迅速進行之危險者，則予省縣督導員以臨時緊急措置之權，事後仍須分別專案詳報省普委會及縣普查處備核；是最後處分之權仍在縣普查處或省普委會也。

(五)普查區副主任之任務： 普查區副主任之職權雖以督導為主，但其任務則多為行政上之事務；此尚須特別加以說明者也。按普查工作之行政系統，普查分區主任應親自辦理所轄分區內普查表冊之查對與彙收工作，普查區主任應負彙轉表冊及編造該區戶口總數初步報告之責，故應由縣另派鄉鎮督導人員，專司督導工作，惟就目前鄉鎮長及保長之程度觀之，實不足以担任此等繁重之技術任務；而普查機構與自治保甲組織不可分離既屬已定之原則，戶口普查條例並有明白之規定，且傳達命令，動員保甲人員，勸導民衆，鄉鎮保長實無旁貸，亦具有實際權力，其應爲普查區主任及普查分區主任，亦決無變更之理。爲調整此項實際困難起見，即改縣級督導員之設置爲普查區副主任，除仍任督導工作外，並將普查分區主任及普查區主任一部份之技術任務逕劃歸其掌管。普查區主任及分區主任仍負傳達命令，動員保甲人員，勸導民衆之責。此普查區副主任任務特殊所由來也。

第三章　編查工作

第一節　編查實施前之準備工作

四川省選縣戶口普查委員會旣於民國三十年十一月二十六日組織成立，十二月一日正式開始辦公，旋即根據四川省選縣戶口普查方案規定之選縣標準（見普查方案第64頁）選定彭縣、雙流、崇寧等三縣為實施辦理戶口普查縣份，並決定三十一年四月五日（即農曆二月二十日清明節）為普查標準日。為準備戶口普查及供若干實際問題之討論參考，即將原方案所定之縣概況調查表發交各該選定普查縣份查填具報。同時並着手修改方案，編訂各級人員工作手冊，分別付印。又估定三縣普查應用各項表件之數量，限期印就，以便於編查實施前分發各該縣應用。上項表件之名稱數量及價值表列如下：

表 2　應用表件之名稱與印製數量價目表

表件名稱	印製數量	總價（元）
總計		38,953.50
四川省選縣戶口普查方案	485（本）	3,312.00
戶口普查表	178,000（張）	6,457.00
戶簽	160,000（張）	1,400.00
查訖證	160,000（張）	700.00
戶冊	2,000（本）	1,500.00
普查區主任、副主任工作手冊	300（本）	450.00
普查員工作手冊	5200（本）	2,000.00
區號機關填寫戶口普查表說明	3000（本）	420.00
區號機關人口概況調查表	3000（張）	114.00
戶冊發還改正事由單	10000（張）	380.00
戶口普查表發還改正事由單	20000（張）	760.00
編戶習題	2500（張）	95.00
查口習題	2500（張）	95.00
戶卡片	130000（張）	8,933.00
口卡片	10000（張）	687.00
保甲戶口表	33[illegible],000（張）	11,650.00

第二節　省縣講習會

省講習會在省普委會舉行，於民國三十一年二月二十四日開始，三月三日結束。計調集各縣民政科長四人，統計主任八人，縣指導員八人，區指導員一人，助理統計者一人，科員一人，暨省普委會全體工作人員參加講習。旁聽人員有四川省政府各廳處職員十餘人，濟濟一堂，頗極一時之盛。省講習會於二月二十四日舉行開幕式，由胡副主任委員及各委員等致訓詞，嗣即依據四川省選縣戶口普查方案規定之省講習會「講習綱要」（見普查方案第68頁），分别由省普委會委員兼總幹事李成謨，副總幹事劉炳中，督導員藺梅堅劉宏若張逸銘等担任講述，並領導實習編查統計，討論各項實際問題。講習完畢，旋即於三月三日舉行閉幕式國民政府主計處派統計局副局長朱君毅氏代表陳主計長致訓，四川省政府亦派主任秘書孟廣彭氏代表張主席致訓，省普委會胡副主任委員及各委員等均相繼先後致訓，參加講習人員莫不感奮異常，省講習會即告圓滿結束（訓詞見四川省政府民政廳編印之縣政月刊第一卷第六期）。

縣講習會於民國三十一年三月二十一日，三縣同時開始舉行，講習期間五日，至三月二十五日同時結束。彭縣分四區舉行，雙流分兩區舉行，崇寧集中縣城一處舉行，分别由各該縣普查長任講習會會長，由省派督導員分任副會長主持實際講習事宜。省督導員在各縣主持縣講習會地點表列如下：

表3 縣講習會地點一覽表

縣別	縣講習會舉行地點	主持省督導員姓名	備考
彭縣	縣城	藺梅堅	並負聯絡各區之責
	濛陽鎮	何南陔	
	敖家場	楊道深	
	海窩子	吳仲申	
雙流	縣城	劉宏若	並負聯絡兩區之責
	彭家場	紀中倫	
崇寧	縣城	張逸銘	

此外，省普委會並派幹事朱懋傚顧立衡富本枝前往彭縣，幹事范達福前往雙流幹事丁步崧前往崇寧，協助各省派督導員主持縣講習會事宜，崇寧雙流兩縣省派人員較少，丁范兩幹事頗爲得力。

三縣講習會總計調集各鄉鎮長各保保長，及其他應參加講習會人員一千五百人（不兼普查員之保長未計算在內），分别於講習開始前到各指定地點報到，參加講習。各省派督導員依照規定主持講述各種工作手册，領導實習編查統計，討論各項實際問題。三縣講習會開始之日，省普委會副主任委員胡次威，委員朱君毅李景清委員兼總幹事李成謨一行四人，聯袂先後蒞臨各縣講習會訓導致詞。三月二十五日各縣各區講習會同時結束，並依照規定贈發講習人員，分發旅食費，發給普查應用紙件等。

先是省派督導員到達指定縣份後，即分別會同各該縣普查長及副普查長劃分縣督導區，派定縣督導員，其分劃派定結果如下：

表4 彭縣督導區一覽表

縣督導區次第	所轄鄉鎮	縣督導員姓名	備考
1	中心鎮致和鄉	鄧常安	以下第一區
2	太平鄉人和鄉	吳澄之	
3	清平鄉利安鄉	劉輝濱	
4	[illegible]春鄉隆豐鄉[illegible]口鄉	賈秉誠	
5	竹瓦鄉三邑鄉濛陽鎮	趙汝泉	以下第二區
6	義和鄉九尺鄉昇平鄉	蔣列福	
7	敖平鄉萬年鄉紅岩鄉	胡樹人	以下第三區
8	人平鄉[illegible]萬鄉軍屯鄉	張三盛	
9	楠木鄉集賢鄉永定鄉	李功銳	
10	新興鄉[illegible]春鄉	陳孝階	以下第四區
11	寶興鄉復興鄉	蔡德元	
12	思文鄉白鹿鄉通濟鄉	葉青	

表5 雙流縣督導區一覽表

縣督導區次第	所轄鄉鎮	縣督導員姓名	備考
1	中心鎮彭鎮永福鄉[illegible]華鄉	萬紹宗	
2	紅岩鄉[illegible]鄉[illegible]鄉	葉清源	
3	[illegible]鎮金花鄉[illegible]江鄉	楊紹龍	
4	黃水[illegible]鄉寶甲鄉	吳月溪	
5	昇平鄉九江鄉柑梓鄉	呂鴻勛	

表6 崇寧縣督導區一覽表

縣督導區次第	所轄鄉鎮	縣督導員姓名	備考
1	唐昌鎮[illegible]春鄉元覺鄉	劉昌雲	
2	萬壽鄉安德鄉竹瓦鄉[illegible]聖鄉	高冠卿	
3	廣興鄉桂花鄉豐樂鄉	張篤信	

自縣講習會舉行至編查實施前數日間，三縣普查長均根據省普查會規定之「宣傳辦法」[illegible]工作，除由普查長親自下鄉向民衆宣傳外，並將宣傳綱要[illegible]長等，廣爲宣傳戶口普查之意義，祛除民衆之疑慮。

第三節　編查之實施

編戶工作，三縣同時於民國三十一年三月二十九日開始，先後於五日內，即四月二日以前編竣，以事前準備充分，普查方案規定詳審，執行結果，尚稱順利。四月五日夜間，三縣同時編查僅有之船舶戶口查記旅館客寓及流氓乞丐流浪無定之人口；四月六日晨，開始挨戶查口，先後於四月十二日以前全部查記完成。此項編查工作，除間有局部變通及細節補充外，概依四川省選縣戶口普查方案之規定辦理。

編查實施期中，各級督導人員，皆分赴所轄區域巡察指導與抽查，各縣副普查長之不兼任縣督導員者，亦皆出發各鄉鎮視導，並利用各縣原有電話網之設備以資聯絡。根據督導人員報告：編查初期之指導較為繁瑣，但最關重要，稍或疏忽，即致累積錯誤，不可收拾；且普查員對工作手冊不能透徹了解者，頗不乏人，因而令督導人員於巡察時幾致全力於指導，抽查工作均於匆促中依照規定辦理，未能發揮最大之效用，但一致認為指導重於抽查。

第四節　編製縣戶口總數初步報告

三縣之編查工作先後於民國三十一年四月十二日以前竣，各鄉鎮普查區表冊於四月十三日以前依限一律驗收完畢，依照「戶口普查區戶口總數初步報告編製方法」，開始編製各該普查區之戶口總數初步報告，先後於四月十五日以前呈送縣普查處彙編全縣統計。三縣戶口總數初步報告先後於四月二十日前送達省普委會。各縣戶口總數分列如下：

表7　彭縣戶口總數初步報告

戶類別	戶數	常住人口			現在人口		
		共計	男	女	共計	男	女
總計	77.187	375.577	197.718	177.859	372.170	195.323	176.847
普通戶	74.792	360.961	186.810	174.151	358.375	184.720	173.655
營業戶	1.554	8.317	6.649	1.668	8.864	7.297	1.567
公共戶	841	6.299	4.259	2.040	4.931	3.306	1.625

普查長皮松雲　　　　31年4月20日

表8　雙流縣戶口總數初步報告

戶類別	戶數	常住人口			現在人口		
		共計	男	女	共計	男	女
總計	33.564	156.568	80.753	75.815	155.334	80.289	75.045
普通戶	31.515	144.042	70.757	73.285	142.923	70.347	72.576
營業戶	1.264	4.738	3.153	1.585	5.008	3.387	1.621
公共戶	785	7.788	6.843	945	7.403	6.555	848

普查長葉　楷　　　　31年4月15日

表9 崇寧縣戶口總數初步報告

戶類別	戶數	常住人口			現在人口		
		共計	男	女	共計	男	女
總計	20.741	95.700	50.166	45.534	94.455	48.988	45.467
普通戶	19.940	92.755	47.680	45.075	92.151	47.021	45.130
營業戶	369	764	723	41	724	677	47
公共戶	432	2.182	1.763	418	1.580	1.290	290

普查長周希茂　　　　31年4月18日

第五節 保甲之整編

自民國三十一年四月十六日起，各縣各鄉鎮普查區依普查方案規定之「各鄉鎮整編保甲之程序與辦法」，辦理查填保甲編查冊及繕造保甲戶口冊工作，先後於五月二日以前，查填繕造完竣。已填之普查表冊均先後於五月四日前，包裝呈縣轉送省普委會點收。

此項工作，普查方案規定由鄉鎮公所全體工作人員辦理，嗣以工作繁重，鄉鎮工作人員有限，各縣普查處乃酌量令一部份編查人員無報酬參加工作，又原規定保甲編查冊及保甲戶口冊謄錄完畢，已填普查表冊呈縣後，應即辦理聯保連坐切結，填發戶牌，登記民槍，訂定保甲規約等工作，均依次進行，

第六節 編查人員成績之考核結果

編查工作辦竣後，各縣各級督導人員即辦理縣督導區以下工作人員成績考核工作，各依照普查方案之規定，編裝名單逐級呈核，其考核結果見附錄表50

第七節 補充或變更方案特殊事件之解決辦法

三縣編查工作悉依照普查方案之規定實施辦理，如限完成，已如前述。惟據省派督導員報告，三縣於實施編查時，為適應實際需要，間有局部變更方案規定辦理之處，又有若干細節為普查方案所不及備載者，乃酌予補充之規定。至特殊事件之發生，須為緊急權宜之措置者，亦所在皆有。茲就「變更方案規定事項」，「補充方案規定事項」及「特殊事件之處理」三點分縣敘述如下：

一、彭縣

（一）變更方案規定事項：

甲、縣各區講習會，為便管理便利，每區增設訓導一員，以縣督導充任。

乙、編製各普查區戶口總數初步報告時，以各副主任之能力過低，多不勝任，因規定縣督導員召集所轄副主任集中普查區，親自指導辦理。

丙、普查員每日查填之戶口普查表，原規定按日送交各該管普查區副主任查對後，發還原普查員保管。惟事實上實行甚感困難，且縣督導員抽查時，亦深感不便，因規定改由各副主任查對後自行保管。

（二）補充方案規定事項：

甲、縣講習會人員報到時，分別令其填寫個別表一張，以供遴定受訓人員之參考。

乙、於編戶未實施前，為便利戶口普查工作之推進，根據普查方案規定，摘要編訂「編查時應注意事項」一種，印發各級編查人員並飭各縣督導員隨加督飭。

丙、在編查未實施前，為防止抄襲舊戶口冊籍計，由縣普查處製給封條，交由各縣督導員將各鄉鎮之保甲戶口冊封存。

丁、各級工作人員之聯絡，普查方案未有詳細規定，因此點極關重要；經規定：

（Ⅰ）省縣督導員每日早晚以電話聯絡；

（Ⅱ）縣督導員因巡察指導或抽查，離去常駐地點時，應通知該普查區；

（Ⅲ）普查區副主任應常駐於所轄各分區之中心地點，俾與普查員及縣督導員取得密切聯繫。

戊、過錄保甲戶口表辦法，普查方案未加規定，各鄉鎮有由普查員抄錄者，有集中鄉鎮公所抄寫者，其過錄辦法，經由縣普查處製定「過錄保甲戶口表須知」一種，印發各普查區依照辦理。該須知內有一重要指示，即『戶口普查表最後三列：在「是否在本戶常時住宿」欄填「不」，在「普通戶不在本戶常時住宿之家屬他往何地居住」欄填「×」，而於「[illegible]二月二十日夜間是否在本戶過夜」填「是」之各個人，即係臨時來客，保甲戶口表上不予轉錄』。

己、各保有地域異常遼闊者，普查員一人，勢難如期查完，因規定在此種情形下，應由預備普查員協助調查。

（三）特殊事件之處理：

甲、本縣試查結果，戶數與估計頗相差甚鉅，致原發普查表不敷達萬份，為免查口工作中輟，因呈請省普委會准由縣墊款代印戶口普查表一萬六千張，保甲戶口表一萬張，分發應用。

乙、彭縣普查長於編查工作開始前，以公務纏身，未能分赴各鄉鎮宣傳，各保有未依定召開保內居民大會者，因即決定由縣按照「宣傳綱要」之內容，擬備標語分貼縣城鄉鎮及場集，並鉛印傳單數千份分發各保各甲，以發揮宣傳之效，喚起民衆注意，祛除民衆之疑慮。

丙、編戶時，發現有同時查口者，因與規定不合，均經分令各縣督導員及時糾正，並舉行再編戶。

丁、通濟鄉第一保普查員能力過低，錯誤百出，當令調新興鄉第二、三、四保（此三保已先期查口完成）之普查員三人前往辦理。

戊、成茂師管區司令部派來彭縣接兵部隊拒絕普查，當請縣府軍事科長前往解喩，接受調查。

巳、省立及教會學校對於普查甚爲漠視，發交自填之普查表迄不填送，經副普查長及縣督導員前往譬解，始行照填。

庚、中心鎮副主任歐陽濂周放棄職守，經予申斥並扣發三分之一補助費。

辛、關於保甲整編，普查方案以各鄉鎮區劃，前經努力調整，規定此次調整保甲而不變更鄉鎮。惟本縣情形特殊，鄉鎮區劃多有甚不合理者，此次仍予徹底調整。計經調整之鄉鎮有人和、隆豐、太平、壩口、新興、恩文、通濟、磁峯等八鄉。通濟復興兩鄉，因雙方爭執甚力，致調整後仍未實行。按調整鄉鎮困難孔多，尤以鄉鎮之封建思想不易打破，以致執行異常困難。

壬、此外，在此次調查實施期中適值縣府奉令征兵，各鄉鎮保普查人員均須同時兼辦兵役要政，倍感困難，幸各級督導人員指導有方，仍得順利實施普查。

二、雙流縣

（一）變更方案規定事項：

甲、於調查實施期中，規定各普查區副主任每日晚間均須齊集各該管鄉鎮公所，報告工作及其所遇困難，由各該管普查區主任彙齊記錄，請省縣督導員指導。

乙、關於兼有營業性質之普通戶判別標準，普查員工作手冊內所載「編戶須知」內「營業戶判別標準」一節之第(5)第(6)兩項，係將普查方案之規定，加以修改。但實施編戶時頗滋誤解，乃決定仍依普查方案之規定辦理（見普查方案第86—87頁）。

丙、普查方案規定業經查填之戶口普查表，經主管普查區副主任查對無誤，即發還普查員保管，嗣於實施抽查時頗感不便，因乃改定查對無誤之戶口普查表一律存放鄉鎮公所保管，俾便督導人員之督促考核與抽查。

（二）補充方案規定事項：

甲、於調查開始前，經普查處處務會議決定爲使調查人員徹底明瞭其應負之責任，根據各級人員工作手冊之規定，抽要編訂「各級編查人員應注意事項」一種，印發各級編查人員依照辦理。

乙、因當地仍多以屬象干支計算年齡者，即由縣印發屬象干支年齡對照表一種，散給普查員應用。

丙、省縣督導員實有密切聯繫之必要。惟流全縣均可通電話，因規定各縣督導員於每日清晨或夜間與省督導員通話一次，報告工作，并解決隨時發生之困難問題。

丁、於編查實施前，令各縣督導員攜縣政府封條，分赴所轄各鄉鎮，將所有舊戶口冊籍一律封存，以防止編查人員照抄舊冊塞責之弊。

戊、關於填寫戶冊及普查表，如有誤填須改正時，應如何塗改一點，普查方案未有明確之規定。嗣後初期巡察時，發現有挖補及字迹模糊不能辨識者，因即規定辦法，通飭依照辦理。

(I)不得挖補，

(II)不得在原字上塗改，

(III)不得將原填錯應改正之字用任何方法將其釐滅。

(IV)遇有誤填須改正者，應將原填文字或符號一一圈去，再於欄內空白處改填。

已、各普查區副主任，對於普查方案規定編造之各該區「戶口總數初步報告」多不勝任，而編查期中，副主任之工作殊關重要，實有嚴密督察之必要，普查方案對此未及詳加考慮。當時省派督導員曾擬將編製普查區「戶口總數初步報告」之方法化簡并設計可供考核副主任查對工作之方法，但以時間迫促未及實施。

庚、實施編查時，發現戶簽與查訖證粘貼戶外之位置參差不齊，檢察為難，且不美觀，普查方案對此僅規定貼於明顯易見之處，似嫌不足，將來續辦普查時，應為明確之規定。

辛、關於全縣應需普查表數量之估計，對本縣大量臨時戶戶口數，以為已包括保甲戶口數字之中，未加考慮，以致發生表件不敷應用情形，幸雙流距省較近，當經補領轉發。

（三）特殊事件之處理：

甲、應參加縣講習會人員遲到者，予以夜間禁閉之處分，並飭以禁閉時間研讀其應讀之手冊。

乙、全縣民眾無拒絕編查情事，僅有自華陽縣於標準日前新劃界併入兩戶，稍有誤會，經由副普查長楊卓爾前往瞭喻，即行服從。

丙、黃甲鄉及維新鄉互有插花之戶，兩方均意圖併入本鄉，曾發生爭執，即由副普查長楊卓爾依照規定前往糾正。

丁、編查開始之兩三日，發現編戶時先從街之一邊，由一端依次順編至另一端，然後再從街之另一邊依次順編，但普查方案規定應從街之一邊，兩邊交錯順次對編至街之另一端。因即通飭各鄉鎮一律改正，並飭縣督導員密切注意，必要時得親為「示範編戶」。

戊、楊公鄉普查員李仁，偷抄冊（隱匿不交出封存），意圖謀混塞責，查明屬實，即由該管縣督導員將其拘押，送縣府懲辦，予以撤職之處分。該管普查區主任失察，即撤鄉長職留任，並通令全縣各鄉鎮轉飭所屬知照。

三、崇寧縣

（一）變更方案規定事項：

甲、講習會之講述，由省派督導員與在省受訓之縣普查總副普查長分別担任之，有關理論之部份，則由省派督導員担任，有關實際查記之問題。即由副普查長担任，如此言語方面不致隔閡，理論方面亦可闡發無遺。

乙、普查方案中有省督導員抽查之規定，此與縣督導員之抽查，似屬重複，但作用實在各區成績之考核，故在執行時，乃將辦理方法加以變更，待全縣各鄉調各級編查人員工作成績考核後，就其最優及最劣人員中各選三人，抽查其查填之表冊，以觀其工作成績考核是否確實，而各鄉鎮間之工作優劣，亦可得正確之評定。

（二）特殊事件之處理：

甲、安德鄉有一戶，久為第八第九兩保所爭，經年未結，此次編戶之時，兩普查分區之普查員均前往編戶，是顯屬錯誤，於是責令該管普查區主任為之解決，未有結果，不得已乃由省派督導員會同該區之縣督導員親自前往察看，並召集兩普查分區主任副主任及普查員就該戶之自然環境，為公正之判斷，此項爭執始告解決。

乙、有一戶因與普查員發生誤會，拒絕編查，經普查區主任及各級工作人員之勸說，均屬無效，乃請縣政府將該戶長拘押，責令悔過並遵從法令，結果仍依照規定編查竣事。

丙、有一、二普查員意圖取巧，於編戶時即行查口，當督導員發現此項不法情事時，殊為駭異，當即為緊急之處置，除撤省該普查員外，並將已經分發之戶口普查表收回，使其無法先行查口。

第四章 統計工作

第一節 整理經過

第一目 整理統計前之準備工作

整理統計工作，至爲繁瑣，欲求統計結果之精確，必先擬有詳細之步驟與方法及完善之管理，否則難望達成。此次有鑒及此，對於整理統計時，所需之各項設備，均詳爲設計，於調查工作未開始前，即先行估定需用之數量預爲定製（如戶口卡片之印製數量已詳本報告第三章第一節內）。并據原方案中關於整理統計部分之規定，另訂各項實際進行辦法（計有「戶口普查表冊審查統計工作實際進行辦法」及「戶口卡片轉錄與分類工作實際進行辦法暨各項整理表式」），以爲補充說明，作辦理此次整理統計工作之依據。故於調查工作結束，各普查縣份已填表冊送會經點收完竣指定人員負責保管後（表冊點收與保管辦法見原方案168頁至170頁），即向本會附近開化寺租得殿房五間闢爲臨時統計處所，招收臨時統計人員，開始工作。

準備工作中，除各種文具及各項實際進行辦法暨應用表卡，均預爲購置或印製外，關於保管方面需用之櫥櫃及分類方面應用之分類匣之設計，於此須稍加說明者，茲分述於后：

（一）櫥櫃計分普查表冊櫥戶卡片櫃及口卡片櫃三種，均用堅固木質，依照設計式樣，招商承造。

普查表冊櫥用爲存管點收後之各縣已填普查表冊。其設計係以每一單櫥等分四格，每格容積以足放一鄉鎮普查區之普查表冊爲度，以每兩單櫥及一櫥脚疊放爲一整櫥，取其便於安放及搬移，并於每格櫥門適中部份，由表冊保管人加貼鄉鎮普查區次第及名稱標簽，每單櫥上端粘貼普查縣名標簽，故在未開啟櫥門之前，即可明瞭其存放之表冊爲何縣何鄉鎮，此次共製有是項單櫥拾捌個。

戶卡片櫃用爲存管轉錄後之戶卡片，每單櫃共有十抽屜，分爲兩排，每排各五抽屜，至每一抽屜之容積，以足放一鄉鎮普查區之戶卡片，每抽屜中復以格板分隔爲二等分，每等分之寬度，則較戶卡片之長度稍闊，以便戶卡片側臥其中。其四壁之高度，以其前壁（正面）較戶卡片之寬度稍高，兩側及後壁則較戶卡片之寬度稍低，以便卡片移取較易。其餘放情形與普查表冊櫥相仿，不過另由卡片保管人加粘普查縣名標簽於櫃之上端，及鄉鎮普查區次第及名稱標簽於各屜面上適中部份。此次共製有是項單櫃八個。

口卡片櫃用爲存管轉錄後之口卡片。每單櫃共有抽屜五個，每一抽屜之容積以足放一鄉鎮普查區之男口卡片或女口卡片，每抽屜中復以格板分隔爲五等分，每等分之寬度及其四壁之高度，均與戶卡片櫃抽屜之設計相同。其叠放情形及貼粘標簽之處，亦與戶卡片櫃相同，惟因男女口卡片異櫃存放，故各櫃內存放之口卡片種類（男口或女口），亦設法於標簽上註明。此次共製有是項單櫃三十二個。

（二）卡片分類匣係作戶口卡片單項分類之用，爲便於分類應用起見，計有六格八格十格十四格之別。各分類匣每格之寬度，略大於戶口卡片之寬度，其前壁特厚，并漆以黑漆，供分類時以粉筆書明各次分類之組別或類別符號之用。此次共製有六格分類匣二十六個，八格者二十四個，十格者五十個，及十四格者二十四個。

第二目　工作分配

整理統計工作，分戶口普查表之審查標註，戶口卡片之轉錄與分類，及彙編統計三大步驟，循序進行。全部工作預定爲四個月完成。但爲使能於較短期間即可獲得相當統計結果起見，各步整理工作，俱以縣爲單位，次第辦理，首崇寧，次雙流，再次彭縣。

各縣已填戶口普查表冊經彙送省普委會點收齊全後，隨即開始整理統計，指定督導員蕭拘堅，劉崇若共同負實際領導審查標註工作之責，督導員張逸銘負實際領導轉錄分類及彙編統計工作之責，並指定幹事宋汝浩丁步洪范達疆王晉魁鄭潤平分別協助之。

戶口普查表之審查標註工作，由幹事以上人員親手辦理；另行招致統計計算員，辦理戶口卡片之轉錄與分類工作，并雇用臨時雇員十一人，視各人之資歷，分別參加普查表之審查標註，彙編統計，及普查表冊或戶口卡片之點管工作。

第三目　招致統計計算員

戶口卡片之轉錄與分類工作，極爲繁重瑣細且易使工作者感覺疲勞，故擔任工作之人員，必須頭腦敏捷體魄健強，始克勝任，復因統計工作均逐步訂有進度，各按工作繁簡分配其工作人數，人員分配既定，不宜有所變更，俾整個工作得以循序推進不致中途因局部人員變動，影響全局。

基於上述情形，招致統計計算員時之錄取標準，則以相當於中學程度而有敏捷之頭腦，健強之體格，并志願於預定完成統計工作期間內繼續服務者爲合格，考試時首重口試應致人員須經口試及格後，始得參加筆試，筆試科目，計分國文常識珠算及錄寫四項。

整理統計之準備工作籌劃竣事後，旋於六月二十九日在省普委會舉行統計計算員考試，報名應試者達二百二十人，時以審查標註工作人手缺乏，所審註之普查表數尚不足供給轉理轉錄與分類者二十餘人工作，為節省經費計，旋錄取劉德脩等二十名，嗣以辦理彭縣戶口普查表之審查標註工作人員增加，遂於九月二十七日假成都文廟前街四川省地方行政幹部人員訓練團（下稱省訓團），再次招致統計計算員，應考者三百八十八人，經錄取吳西等五十名，前後兩次共錄用統計計算員共七十名。

統計計算員之待遇，前後兩次錄取者不同，第一次錄取之人員，因係派在離城十餘里之鄉間臨時統計處所工作，故由會供給膳宿，另發給每人每月生活費一百五十元，并訂有獎金辦法以鼓勵工作，獎金分甲乙兩等，每等各月金額為累進者，茲摘附如下：

子，甲等獎金：第一月五十元；第二月八十元；第三月一百二十元；第四月一百五十元。

丑，乙等獎金：第一月三十元；第二月五十元；第三月八十元；第四月一百一十元。

獎金於到職後第二個月起按月發給，但每月僅發給上月應得獎金百分之二十，其餘積存未發之獎金，於工作終了時一次發給，但中途離職者則應領未發之獎金即不發給，統計計算員中，有從未獲得上述獎金而服務勤奮繼續工作者，則於工作終了時，酌予一次之補助金。

第二次致取之統計計算員派在省訓團內之臨時統計處所工作，每月每人待遇分甲乙丙三等，甲等五百元，乙等四百五十元，丙等四百元，并訂曠職遲到扣金辦法，獎懲勤惰。

各次統計計算員於開始担任實際工作前，均經過相當之訓練務使其了解所担任各項工作方法，暨其逐步處理程序。以第一次招收之人員言，入會後即指定幹事范建編担任講解戶卡片轉錄與分類各項實際進行辦法，并將已標註完竣之崇寧縣唐昌鎮普查區全部戶口普查表，以每一計算員担任一保普查分區，按已講解之方法從事轉錄與分類之實習，并由幹事丁步崇等分組指導，依既定各項辦法切實糾正其錯誤，務使其領悟全部，而後始正式担任工作，以第二次招致之人員言，雖仍由前次担任訓練人員予以講述指導，不過方法上略有變更，係按工作性質分段訓練，於講述某項單元工作辦法後，隨即正式工作。

第四目　戶口普查表之審查標註

戶口普查表之審查標註工作於三十一年七月十七日開始，十月四日全部完成，參加工作人員前後共為十九人，內担任查註崇寧縣普查表者十人，担任查註雙流縣普查表者七人，担任查註彭縣普查表者十二人。

崇寧雙流兩縣普查表之審查標註人員，分兩組工作，由指定領導工作之督導員二人各領一組，分別負責組內人員工作之分配與指導，及審核已查註普查表等工作，其後有查註人員數人中途辭職，因感人手缺乏，經商請四川省政府於八月二十四日調派統計處科員高庭琳等七人，到會參加彭縣戶口普查表審查標註工作，并將各組人數重新分配，增為三組，俾便指導，另指定幹事宋汝潛協助領導工作。

每份戶口普查表之審查標註，均按照所定戶口普查表審查標註工作實際進行辦法之規定，分「表內答案之審查及戶內人口之點計」，「劃除戶內非常住人口」，及「表內答案之標註」三步驟，依次辦理，此項工作頗為繁瑣，特殊問題時時發生，且因担任工作人員，開始查註之初，方法上未能熟練，一般觀念之錯誤，在所難免，既經錯誤之後，欲求挽救，亦屬不易，且就普查表上塗改原標註之錯誤，必致模糊不清，實有增加轉錄戶口卡片錯誤之危險，為免除上述困難計，於查註工作開始之前，除將戶口普查表審查標註工作實際進行辦法油印分發各參加人員，并令熟讀外，復以崇寧縣唐昌鎮各保普查分區之戶口普查表，首先試用鉛筆標註，以為實習，遇有困難問題，由報告領導工作之督導員，提出討論，并紀錄討論結果，油印分發全體工作人員，以資共同遵守，茲後中途參加工作人員，亦使先用鉛筆實查若干普查表，以資習練。

審查標註工作之初，以規定之各種標註符號，一時難於熟記，及對於表內各欄填寫答案之判別，毫無經驗，困難甚多，影響工作進度，致每日每人查註速度，僅及六十至一百份。俟至辦理彭縣普查表之審查標註時，熟練人員每日查註速度竟達五百餘份，如此速率，或為遵照戶口普查表審查標註工作實際進行辦法規定之程序與方法辦理查註工作之最高速度，表內填寫答案之標註，以「在何人家或商號機關當時做事」及「做何事」兩欄問題最多，因「做甚事」項下填寫之職業名稱常為當地俗稱，或為所從事職業之術語，故查註人員，每不能判知其係屬於何行業。例如「放老鴰」即是以鸕捕魚者，「裝人匠」即是紙紮匠，「打苿子」即是織布工，「叫豬」即是業飼養配種豬隻者。似此等職業名稱，不勝枚舉，嗣後曾蒐集該項職業上之俗稱或術語，詳加說明，隨時印發工作人員，備作參考。

第五目　戶口卡片之轉錄與分類

第一次招考之統計計算員，分四組辦理卡片之轉錄與分類工作，由幹事丁步洪、鄧建福、王晉魁、鄒蜀平各領一組，分別負責組內人員工作之分配，成績之考核，以及戶口卡片之轉錄與分類結果之審核等工作，其後因兩次考選人員參加工作，原有臨時統計處所，不敷應用，因向四川省地方幹部人員訓練團，借用教室宿舍十餘間，闢為第二次招考之統計計算員工作處所，第二次招考人員，亦分四組工作，各組領組係調派第一次招考人員領組丁鄧王三員及前協助督導標註工作之幹事宋汝潛，分別担任之。其所遺之第一次招考人員三個組工作，則由督導員鄧逸銘兼理。

第一次招致人員於八月一日開始轉錄崇寗縣戶口卡片，至十月三十一日完成雙流縣戶口卡片之分類，此兩縣卡片之轉錄與分類工作，共費時三月，十月六日第二次招致之人員開始轉錄彭縣戶口卡片，至辦理彭縣卡片分類工作時，并隨增調業已完成辦理雙流縣卡片分類之第一次招致人員參加工作，至十一月二十一日彭縣卡片分類工作，亦告竣事，計費時一個半月。

統計計算員中，每日轉錄卡片速度最快者，可達七百餘張，最慢者僅三百餘張，一般轉錄速度，約在四百五十張左右；至卡片分類速度，以之與其卡片轉錄所費時間而言，約爲三與二之比。

戶口卡片轉錄方法，頗爲簡易，但往往因求迅速，亦易發生錯誤，故轉錄完竣之卡片，均須逐張審愼核對，是其審核工作較之轉錄工作更爲繁重。至戶口卡片之分類，因係採單項分類辦法，不僅手續簡便，且兼收逐步審核之效，故審核工作較易辦理。此次卡片分類工作，因所製卡片係用兩層土紙糊成，一受濕氣，常易脫離，增加點數卡片時之困難，此點實有待於改進。

第六目　彙編基本統計報告表

各分類人員，將每一階段之整理表送經主管領組審核無誤後，隨即送請担任彙編人員核收，存備彙編。

此次彙編工作，崇寗雙流兩縣，卽指由領導工作之督導員張逸銘兼理，另於各組統計計算員中，抽調三數人，協助核對暨數字彙總等工作；至辦理彭縣時，則實由各領組共同辦理。

各項基本統計報告表之彙編，因採單項分類整理，結果工作較爲繁重，但除須注意各表間之相互關係，及逐步核對以防其不符外，餘則爲數字彙總工作，其間或因統計表層次過多，則有二級三級以至四級整理表之應用，如口基本統計報告表之彙編，有首按鄉鎭，次按戶類，最後按婚姻狀况，分別合併者，惟各級整理表，則悉以其原始整理表充用。

第二節　統計分析

第一目　戶量

三縣戶口普查，關於戶口之總數，悉依普通住家，旅館客寓，寺廟機關寄宿舍，營業處所，公共處所五類統計，惟戶量統計之意義，在顯示家庭之大小，故僅適用於普通住家，而與其他各類無關。

三縣之戶量至爲接近，其中以彭縣爲最大，計平均每戶爲四、七九人，雙流次之爲四、五七人，崇寧最小爲四、五五人，見表8。

表8　三縣普通住家之戶量

縣別	戶數	常住人口	戶量（每戶平均口數）
總計	127,285	597,887	4.70
彭縣	75,031	359,471	4.79
雙流	32,187	147,012	4.57
崇寧	20,067	91,404	4.55

材料來源：本報告第二部彭縣，雙流，崇寧三縣統計基本報告表1。

至以三縣與其他各縣比較，除新都定縣兩縣之戶量較大，超過五人以外，其餘各縣均不足五人，詳見表9。

表9　十一縣普通住家戶量之比較

縣別	戶量（每戶平均口數）
彭縣	4.79
雙流	4.57
崇寧	4.55
江寧	4.44
句容	4.93
江陰	4.70
蘭谿	4.88
新都	5.21
呈貢	4.41
定縣	5.58
鄒平	4.92

材料來源：（1）江寧見江寧自治實驗縣政府民國二十三年十一月編印之江寧縣政府概況第40頁及41頁第1.2.兩表。

（2）句容見參謀本部國防設計委員會，民國二十三年三月編印之試辦句容人口農業總調查報告第174頁。

（3）江陰見 An Experiment in the Registration of Vital Statistics in China, Scripps Foundation for Research in Population Problems, Oxford, Ohio, U.S.A., 1938，第5頁第1表。

（4）蘭谿見蘭谿實驗縣政府民國二十五年九月編印之蘭谿實驗縣戶口統計及分析第14頁第11表。

（5）新都見新都實驗縣縣政府實驗集第二種戶籍概要第51頁。

（6）呈貢見雲南呈貢縣人口普查初步報告第117頁第27表第104頁第21表。

（7）定縣見李景漢著從定縣人口總調查所發現之人口調查技術問題國立清華大學社會學報第2卷第三期第20頁。

（8）鄒平見中華書局民國二十六年七月出版之鄒平實驗縣戶口調查報告第117頁3表。

第二目　性比例

一、　出生性比例

準確之出生性比例，有賴於人事登記制度之健全。此處所據以推算之材料，爲普查所得之零歲常住人口。此種人口已受一週年內嬰兒死亡率之影響，故其所能顯說兩性於出生時之分配情形有其限度。以下所列，不過用以顯示其概況而已。三縣性比例見表10。

表 10　　三縣常住人口之出生性比例

縣別	○歲人口男子數	○歲人口女子數	出生性比例（每百女子所當男子數）
總計	5,887	5,922	99
彭縣	3,484	3,438	101
雙流	1,326	1,440	92
崇寧	1,067	1,044	102

材料來源：本報告第二部彭縣，雙流，崇寧三縣統計志本報告表11。

三縣與其他縣比較，其出生性比例，除高於呈貢外，較其餘各縣爲低，詳見表11。

表 11　八縣常住人口出生性比例之比較

縣別	出生性比例 （每百女子所當男子數）
彭縣	101
雙流	92
崇寧	102
句容	115.0
江陰	125.5
蘭谿	123.3
新都	111.0
呈貢	89.1

材料來源：（1）句容見本報告第一部表9之材料來源（2）第174頁。
（2）江陰見本報告第一部表9之材料來源（3）第28頁第17表。
（3）蘭谿見本報告第一部表9之材料來源（4）第21頁。
（4）新都見本報告第一部表9之材料來源（5）第73頁。
（5）呈貢見本報告第一部表9之材料來源（6）第75頁第2表。

二、　普通性比例

三縣之普通性比例，以彭縣之一〇九爲最大，崇寧之一〇八居其次，雙流之一〇五爲最小。三者所示尚屬兩性人口分配之正常狀態，并不若他縣此項比例之懸殊，詳見表12及表13。

表 12　三縣常住人口之普通性比例

縣別	男	女	普通性比例 （每百女子所當男子數）
總計	321,947	297,624	108
彭縣	192,771	176,284	109
雙流	80,110	75,975	105
崇寧	48,966	45,365	108

材料來源：本報告第二部彭縣，雙流，崇寧三縣統計表本報告表1。

表 13　十一縣人口普通性比例之比較

縣別	普通性比例（每百女子所當男子數）
彭縣	109.00
雙流	105.00
崇寧	108.00
江寧	106.20
句容	116.60
江陰	112.10
蘭谿	125.30
新都	121.07
呈貢	90.70
定縣	110.49
鄒平	93.10

材料來源：（1）江寧見本報告第一部表9之材料來源（1）第40.41頁第3表。

（2）句容見本報告第一部表9之材料來源（2）第174頁。

（3）江陰見本報告第一部表9之材料來源（3）第13頁第17表。

（4）蘭谿見本報告第一部表9之材料來源（4）第21頁。

（5）新都見本報告第一部表9之材料來源（5）第79頁。

（6）呈貢見本報告第一部表9之材料來源（6）第75頁第2表。

（7）定縣見本報告第一部表9之材料來源（7）第24頁第7表。

（8）鄒平見本報告第一部表9之材料來源（8）第183及200頁。

第三目　年齡分配

年齡分配之常態現象，吾人如將人口依其年齡自幼至長次第向上排列一行，在尋常情形之下，總得漸上漸少之現象，如再將其作成圖示，則其形狀頗類一金字塔，故此種現象，亦名爲人口金字塔。

在圖上凡有反乎上述現象之處，必出現一種不能用曲線修匀法除去之凹凸，此種凹凸，吾人稱之曰不規則現象。

三縣常住人口之年齡分配有下列三種不規則現象：（1）零歲之人口過少；（2）十五至四十四歲人口與其上下年齡組人口比較亦少（指相對而言），在兩性中此種現象以男性較爲顯著，（3）就十五歲至五十四歲人口內之年歲分配而言，則十五至三十四歲人口較三十五至五十四歲人口爲少，且兩者相差甚鉅。詳見表14及15。

表 14　　三縣常住人口之年齡分配

年齡組	共		計	彭		縣	雙		流	崇		寧
	小計	男	女	小計	男	女	小計	男	女	小計	男	女
總計	615,467	317,991	297,476	368,747	192,536	176,211	152,427	76,522	75,905	94,293	48,933	45,360
0	11,799	5,877	5,922	6,922	3,484	3,438	2,766	1,326	1,440	2,111	1,067	1,044
1	21,180	10,399	10,781	13,006	6,492	6,514	5,150	2,409	2,741	3,024	1,498	1,526
2	19,729	9,965	9,764	12,145	6,223	5,922	4,609	2,247	2,362	2,975	1,495	1,480
3	18,831	9,804	9,027	11,299	5,953	5,346	4,751	2,382	2,369	2,781	1,469	1,312
4	16,754	8,759	7,995	10,175	5,358	4,817	4,154	2,124	2,030	2,425	1,277	1,148
0—4	88,293	44,804	43,489	53,547	27,510	26,037	21,430	10,488	10,942	13,316	6,806	6,510
5—9	74,331	40,616	33,715	44,835	24,701	20,134	18,594	10,064	8,530	10,902	5,851	5,051
10—14	70,156	40,075	30,081	42,357	24,417	17,940	17,158	9,338	7,820	10,641	6,320	4,321
15—19	37,612	19,254	18,358	21,835	11,812	10,023	9,080	3,954	5,126	6,697	3,488	3,209
20—24	28,464	13,568	14,896	16,274	7,884	8,390	7,164	3,199	3,965	5,026	2,485	2,541
25—29	31,509	15,466	16,043	17,939	8,798	9,141	8,302	4,046	4,256	5,268	2,622	2,646
30—34	37,621	17,741	19,880	22,360	10,728	11,632	9,592	4,344	5,248	5,669	2,669	3,000
35—39	41,482	19,872	21,610	24,907	12,118	12,789	10,500	4,888	5,612	6,075	2,866	3,209
40—44	36,813	17,031	19,782	22,430	10,396	12,034	9,034	4,190	4,844	5,349	2,445	2,904
45—49	42,646	23,773	18,873	26,395	14,728	11,667	9,899	5,487	4,412	6,352	3,558	2,794
50—54	38,367	22,684	15,683	23,157	13,628	9,529	9,551	5,705	3,846	5,659	3,351	2,308
55—59	25,697	14,250	11,447	15,369	8,535	6,834	6,439	3,582	2,857	3,889	2,133	1,756
60—64	24,245	12,197	12,048	14,643	7,347	7,296	5,961	3,024	2,937	3,641	1,826	1,815
65—69	15,648	7,393	8,255	9,407	4,403	5,004	3,798	1,807	1,991	2,443	1,183	1,260
70—74	12,281	5,319	6,962	7,525	3,286	4,239	2,968	1,279	1,689	1,788	754	1,034
75—79	6,153	2,480	3,673	3,484	1,412	2,072	1,716	706	1,010	953	362	591
80—84	3,029	1,110	1,919	1,707	641	1,066	862	299	563	460	170	290
85—89	856	285	571	452	148	304	281	98	183	123	39	84
90—94	216	57	159	100	35	65	81	19	62	35	3	32
95—99	46	15	31	23	8	15	16	5	11	7	2	5
100歲及以上	2	1	1	1	1	—	1	—	1	—	—	—
未詳	190	115	75	121	67	54	31	15	16	38	33	5

材料來源：本報告第二部彭縣，雙流，崇寧三縣統計及本報告表11。

表 15　　三縣常住人口年齡分配之百分比

年齡組	共計			彭縣			雙流			崇寧		
	男女人口	男	女	男女人口	男	女	男女人口	男	女	男女人口	男	女
總計	100.00	100.00	100.00	100.00	100.00	100.00	100.00	100.00	100.00	100.00	100.00	100.00
0	1.92	1.85	1.99	1.88	1.84	1.95	1.81	1.73	1.90	2.24	2.18	2.30
1	3.44	3.27	3.66	3.53	3.38	3.70	3.38	3.15	3.61	3.21	3.06	3.36
2	3.21	3.13	3.28	3.29	3.23	3.36	3.02	2.94	3.11	3.16	3.06	3.26
3	3.06	3.08	3.03	3.06	3.09	3.03	3.12	3.11	3.12	2.95	3.00	2.89
4	2.72	2.75	2.69	2.76	2.78	2.73	2.73	2.78	2.67	2.57	2.61	2.53
0—4	14.35	14.09	14.62	14.52	14.29	14.78	14.06	13.71	14.42	14.12	13.91	14.35
5—9	15.08	10.79	11.33	12.16	12.83	11.43	12.20	13.15	11.24	11.56	11.96	11.14
10—14	11.40	12.60	10.11	11.39	12.68	10.18	11.26	12.20	10.30	11.29	12.92	9.53
15—19	6.11	6.05	6.17	5.92	6.13	5.69	5.96	5.17	6.75	7.10	7.13	7.07
20—24	4.62	4.27	5.01	4.41	4.09	4.76	4.70	4.18	5.22	5.33	5.08	5.60
25—29	5.12	4.86	5.39	4.86	4.58	5.19	5.45	5.29	5.61	5.59	5.36	5.81
30—34	6.11	5.60	6.68	6.06	5.57	6.60	6.29	5.68	6.91	6.01	5.45	6.61
35—39	6.74	6.25	7.26	6.75	6.29	7.26	6.89	6.39	7.39	6.44	5.85	7.07
40—44	5.98	5.36	6.65	6.08	5.40	6.83	5.93	5.48	6.38	5.67	5.00	6.40
45—49	6.93	7.48	6.34	7.16	7.65	6.63	6.49	7.17	5.81	6.74	7.27	6.16
50—54	6.23	7.15	5.27	6.28	7.08	5.41	6.27	7.46	5.07	6.00	6.85	5.09
55—59	4.18	4.48	3.85	4.17	4.43	3.88	4.22	4.68	3.76	4.12	4.36	3.87
60—64	3.94	3.84	4.05	3.97	3.82	4.14	3.91	3.95	3.87	3.86	3.73	4.00
65—69	2.54	2.32	2.78	2.55	2.29	2.84	2.49	2.36	2.62	2.59	2.42	2.78
70—74	2.00	1.67	2.34	2.04	1.71	2.41	1.95	1.67	2.23	1.90	1.54	2.28
75—100歲以上	1.67	1.24	2.14	1.56	1.17	2.00	1.94	1.47	2.41	1.67	1.18	2.21

材料來源：根據本報告第一部14表計算。

表內之百分數因四捨五入關係，致每縱行細加之和與總計稍有出入。後倣此。

至於三縣人口年齡分配與其他縣相較，與呈貢縣同呈不規則之處，但其他各縣均未有此種現象，詳見表16。

表 16　八縣人口年齡分配之百分比

年齡組	彭縣	雙流	崇寧	句容	江陰	蘭谿	呈貢	定縣
總計	100.00	100.00	100.00	100.00	100.00	100.00	100.00	100.00
0	1.88	1.81	2.24	4.17	3.80	3.64	4.57	—
1	3.53	3.38	3.21	3.07	3.60	2.97	3.30	—
2	3.29	3.02	3.16	2.93	3.30	2.90	2.29	—
3	3.06	3.12	2.95	2.77	3.30	2.80	1.88	—
4	2.76	2.73	2.57	3.13	2.60	2.44	1.91	—
0—4	14.52	14.06	14.12	16.08	16.60	14.76	13.95	13.16
5—14	23.65	23.46	22.85	24.56	23.60	21.52	20.87	20.15
15—24	10.33	10.66	12.43	16.78	16.90	17.60	13.69	15.43
25—34	10.92	11.74	11.60	14.35	14.30	15.16	14.70	14.81
35—44	12.83	12.82	12.11	11.91	11.20	12.75	14.32	12.91
45—54	13.44	12.76	12.74	8.70	8.60	8.59	10.55	10.96
55—64	8.14	8.13	7.98	5.72	6.70	6.44	8.03	6.75
65—74	4.59	4.44	4.49	1.51	1.40	2.55	3.28	4.25
75及以上	1.56	1.94	1.67	0.39	0.70	0.53	0.55	1.56
年齡不明	—(1)	—(1)	—(1)	—	—	0.08	0.06	—

材料來源（1）句容見本報告第一部表9之材料來源（2）第104頁第4表。

（2）江陰見本報告第一部表9之材料來源（3）第24頁第12表。

（3）蘭谿見本報告第一部表9之材料來源（4）第30—31頁中間之第16表。

（4）呈貢見本報告第一部表9之材料來源（6）第60頁第24表。

（5）定縣見本報告第一部表9之材料來源（7）第24頁第7表。

說明（1）年齡不明人數未列入，彭縣此項人數佔該縣總人口之0.03，雙流佔該縣總人口之0.01，崇寧佔該縣總人口之0.04。

就Sundbärg氏人口年齡三分法比較，三縣人口所示者爲接近於人口之穩定式，至於與各縣相較，三縣之老年（五十歲以上）一組，概較他縣爲高，頗堪注意。詳見表17。

表 17　九縣人口年齡依Sundbarg氏人口年齡三分法比較

縣別	各年齡組			
	共計	少年（0—14）	壯年（15—49）	老年（50— ）
彭縣	100	38.17	41.24	20.57
雙流	100	37.52	41.71	20.78
崇寧	100	36.97	42.88	20.14
句容	100	40.64	47.65	11.71
江陰	100	40.20	46.70	13.10
蘭谿	100	36.30	50.20	13.50
新都	100	36.89	45.90	17.21
呈貢	100	34.85	48.41	16.74
定縣	100	33.32	49.11	17.56

材料來源：（1）句容見本報告第一部表9之材料來源（2）第104頁第4表。

（2）江陰見本報告第一部表9之材料來源（3）第24頁第12表。

（3）蘭谿見本報告第一部表9之材料來源（4）第33頁第19表。

（4）新都見本報告第一部表9之材料來源（5）第79頁第10表。

（5）呈貢見本報告第一部表9之材料來源（6）第59頁第23表。

（6）定縣見本報告第一部表9之材料來源（7）第23頁第[illegible]表。

附：Sundbarg氏人口三分法：

年齡組	人口前進式百分比分配	人口穩定式百分比分配	人口後退式百分比分配
總計	100	100	100
少年（0—14）	40	33	20
壯年（15—49）	50	50	50
老年（50及以上）	10	17	30

第四目　婚姻狀況

三縣人口之婚姻狀況計分未婚，有配偶，喪偶，離婚四種。此與我國他縣之分爲未婚，已婚，鰥寡，離婚者，大致相同，惟吾人分類中之有配偶，與喪偶兩項，當[illegible]較已婚與鰥寡稍廣。前二者包括未有法律根據之結合與其喪亡在內，蓋此係以現狀事實計也。

三縣男子未婚者，彭縣佔其總人口百分之五四、三九；雙流佔五三、一六；崇寧佔五四、四三。男子有配偶者，彭縣佔百分之四〇、五六；雙流佔四一、〇九；崇寧佔四〇、一。男子喪偶者，彭縣佔百分之四、八〇；雙流佔五、四九；崇寧佔五、一七。男子離婚者，三縣各不及百分之一。

三縣女子未婚者，彭縣佔百分之四〇、三三；雙流佔四二、〇三；崇寧佔三九、八一。女子有配偶者，彭縣佔百分之四五、三五；雙流佔四三、〇八；崇寧佔四四、三四。女子喪偶者，彭縣佔百分之一四、二五；雙流佔一四、八一；崇寧佔一五、七八。女子離婚者，三縣各不及千分之一。詳見表18及19。

表 18　三縣常住人口之婚姻狀況

婚姻狀況	共計			彭縣			雙流			崇寧		
	小計	男	女	小計	男	女	小計	男	女	小計	男	女
總計	615,657	318,106	297,551	368,868	192,603	176,265	152,458	76,537	75,921	94,331	48,966	45,365
未婚	292,743	171,770	120,973	175,557	104,512	71,045	72,510	40,632	31,878	44,676	26,626	18,050
有配偶	261,625	128,969	132,656	157,823	77,942	79,881	64,073	31,405	32,668	39,729	19,622	20,107
喪偶	59,436	15,948	43,488	34,334	9,229	25,105	15,421	4,193	11,228	9,681	2,526	7,155
離婚	1,050	839	211	602	487	115	274	209	65	174	143	31
未詳	803	580	223	552	433	119	180	98	82	71	49	22

材料來源：本報告第二編彭縣，雙流，崇寧三縣統計並本報告表16。

表 19　三縣常住人口婚姻狀況之百分比

婚姻狀況	共計			彭縣			雙流			崇寧		
	男女人口	男	女	男女人口	男	女	男女人口	男	女	男女人口	男	女
總計	100.00	100.00	100.00	100.00	100.00	100.00	100.00	100.00	100.00	100.00	100.00	100.00
未婚	47.61	54.10	40.69	54.39	54.39	40.33	47.62	53.16	42.03	47.39	54.43	39.81
有配偶	42.55	40.62	44.62	40.56	40.56	45.35	42.08	41.09	43.08	42.14	40.11	44.34
喪偶	9.67	5.02	14.62	4.80	14.80	14.25	10.12	5.49	14.81	10.28	5.17	15.78
離婚	0.17	0.26	0.07	0.25	0.25	0.07	0.18	0.27	0.08	0.19	0.29	0.07

材料來源：根據本報告第一編表18計算。

至於三縣與他縣比較，未婚人數以呈貢，鄱不兩縣所佔之百分比爲最小。呈貢未婚男子佔其男子總數百分之四五、〇三；鄱不佔三八、五二。其餘各縣，均佔百分之五〇以上。呈貢未婚女子佔其女子總數百分之三五、二九；鄱不佔二九、七二。其餘各縣，除崇寧爲三九、八一而外，均在百分之四〇以上。

有配偶人數，以鄱不，呈貢兩縣所佔百分比爲最大。鄱不有配偶男子佔男子總數百分之五五、一一，呈貢佔五〇、五二。其餘各縣，均約佔百分之四〇左右。鄱不有配偶女子佔女子人數百分之五九、三二；呈貢佔五一、三二。其餘各縣，均約佔百分之四五左右。

喪偶人數之百分比，各縣均甚接近。男子以鄱不之六、二四爲最大，以呈貢之四、四二爲最小。餘均在百分之五左右。女子則以崇寧之一五、七八爲最大，而以鄱不之一〇、九四爲最小。

各縣離婚人數所佔之百分比均甚小，皆不及其各該總人數百分之一。詳見表20。

表 20　　八縣人口婚姻狀況之百分比

婚姻狀況	彭縣			雙流			崇寧			江寧		
	男女人口	男	女	男女人口	男	女	男女人口	男	女	男女人口	男	女
總計	100.00	100.00	100.00	100.00	100.00	100.00	100.00	100.00	100.00	100.00	100.00	100.00
未婚	47.66	54.39	40.33	47.62	53.16	42.03	47.39	54.43	39.81	48.50	54.72	41.90
有配偶	42.85	40.56	45.35	42.08	41.09	43.08	42.14	40.11	44.34	41.86	38.72	45.20
喪偶	9.33	4.80	14.25	10.12	5.49	14.81	10.28	5.17	15.78	8.85	5.03	12.92
離婚	0.16	0.25	0.07	0.18	0.27	0.08	0.19	0.29	0.07	—	—	—
未詳	—(1)	—(1)	—(1)	—(1)	—(1)	—(1)	—(1)	—(1)	—(1)	0.75	1.52	0.00

表20　　八縣人口婚姻狀況之百分比　(續)

婚姻狀況	旬容			廬谿			呈貢			郫平		
	男女人口	男	女	男女人口	男	女	男女人口	男	女	男女人口	男	女
總計	100.00	100.00	100.00	100.00	100.00	100.00	100.00	100.00	100.00	100.00	100.00	100.00
未婚	48.46	53.32	43.00	49.24	55.92	40.86	39.92	45.03	35.29	33.85	38.52	29.72
有配偶	43.20	40.79	45.98	42.19	38.40	46.95	50.95	50.52	51.32	57.37	55.11	59.32
喪偶	8.34	5.99	11.02	8.37	5.34	12.16	9.05	4.42	13.25	8.73	6.24	10.94
離婚	—	—	—	0.20	0.34	0.02	—	—	—	0.00	0.01	0.00
未詳	—	—	—	—	—	—	0.08	0.02	0.14	0.07	0.12	0.02

材料來源：（1）江寧見本報告第一部表9之材料來源（1）第40—41頁第4表。

（2）旬容見本報告第一部表9之材料來源（2）第101頁第2表。

（3）廬谿見本報告第一部表9之材料來源（4）第38頁第21表。

（4）呈貢見本報告第一部表9之材料來源（6）第64頁第25表。

（5）郫平見本報告第一部表9之材料來源（8）第225頁第31表。

說　明：（1）未詳人口未列入。

第五目 識字情形與教育程度

一、識字情形

三縣人口之識字，比較普遍。如依各百分比大小順序述之，則雙流識字者佔其總人數百分之三四、七八；崇寧佔二九、一八，彭縣佔二四、八五。如更按性別區分之，則雙流男子識字者佔男子總人數百分之四九、四三；崇寧佔四三、五七，彭縣佔三七、二五。雙流女子識字人數佔女子總人數百分之二〇、〇二；崇寧佔一三、四五；彭縣佔一一、三一。其他各縣之識字人口，均遠較上列三縣落後。惟各縣對於識字之定義多不相同，例如江寧以認識本人姓名為識字，江陰以能寫讀農村帳單為識字，呈貢以能記錄家庭帳目為識字，句容以被調查者之回答以為判，彭縣，雙流，崇寧以受私塾及學校教育者為識字，讀者於披閱後列之比較表時，應注意及之。詳見表21，22，23。

表 21　三縣常住人口之識字情形與教育程度

識字情形與教育程度	共計			彭縣			雙流			崇寧		
	小計	男	女	小計	男	女	小計	男	女	小計	男	女
總計	615,657	318,106	297,551	368,868	192,603	176,265	152,458	76,537	75,921	94,331	48,966	45,365
不識字者	443,224	186,964	256,060	277,047	120,763	156,284	99,392	38,674	60,718	66,785	27,527	39,258
識字者	172,127	130,906	41,221	91,610	71,686	19,924	53,006	37,811	15,195	27,511	21,409	6,102
私塾	103,494	86,379	17,115	58,239	49,619	8,620	29,382	22,945	6,437	15,873	13,813	2,058
小學程度	57,622	37,286	20,336	27,996	18,773	9,193	20,151	12,408	7,743	9,505	6,105	3,400
中學程度	7,853	4,792	3,061	2,738	2,024	1,714	2,418	1,590	828	1,697	1,178	519
大學程度	713	624	89	252	221	31	345	309	36	116	94	22
程度未詳	2,445	1,825	620	1,415	1,049	366	710	559	151	320	217	103
識字與否未詳	306	236	70	211	154	57	61	52	8	35	30	5

材料來源：本報告第二部彭縣，雙流，崇寧三縣統計基本報告表14及15。

表 22　　三縣常住人口識字與不識字之百分比

識字情形	三縣總計			彭縣			雙流			崇寧		
	男女人口	男	女	男女人口	男	女	男女人口	男	女	男女人口	男	女
總計	100.00	100.00	100.00	100.00	100.00	100.00	100.00	100.00	100.00	100.00	100.00	109.00
識字者	72.03	58.82	86.14	75.05	62.75	88.69	65.22	50.57	79.98	70.82	56.25	86.55
不識字者	27.97	41.18	13.86	24.85	37.25	11.31	34.78	49.43	20.02	29.18	43.75	13.45

材料來源：根據本報告第一部表21計算。

表 23　　八縣人口識字情形之百分比

識字情形	彭縣			雙流			崇寧			江寧		
	男女人口	男	女	男女人口	男	女	男女人口	男	女	男女人口	男	女
總計	100.00	100.00	100.00	100.00	100.00	100.00	100.00	100.00	100.00	100.00	100.00	100.00
識字	24.85	37.25	11.31	34.78	49.43	20.02	29.18	43.75	13.45	11.44	19.93	1.45
不識字	75.05	62.75	88.69	65.22	50.57	79.98	70.82	56.25	86.55	88.56	80.07	98.55
未詳	—(1)	—(1)	—(1)	—(1)	—(1)	—(1)	—(1)	—(1)	—(1)	0.00	0.00	0.00

表 23

八縣人口識字情形之百分比(續)

識字情形	句容			江陰			呈貢			郫不		
	男女人口	男	女	男女人口	男	女	男女人口	男	女	男女人口	男	女
總計	100.00	100.00	100.00	100.00	100.00	100.00	100.00	100.00	100.00	100.00	100.00	100.00
識字	11.34	21.17	1.15	11.90	22.30	1.20	7.24	14.59	0.58	14.78	29.26	1.30
不識字	88.66	78.83	98.85	87.60	77.60	97.90	92.76	85.41	99.42	85.20	70.71	98.69
未詳	0.00	0.00	0.00	0.50	0.10	0.90	0.00	0.00	0.00	0.02	0.03	0.01

材料來源：（1）江寧見本報告第一部表 9 之材料來源（1）第40—41頁第6表。

（2）句容見本報告第一部表 9 之材料來源（2）第101頁第3表。

（3）江陰見本報告第一部表 9 之材料來源（3）第32頁第19表。

（4）呈貢見本報告第一部表 9 之材料來源（6）第66頁第26表。

（5）郫不見本報告第一部表 9 之材料來源（8）第409頁第62表。

說　明：（1）未詳人口未列入。

二、教育程度

彭縣受私塾教育者，佔其受教育人數百分之六四、五七；崇寧佔五八、三七；雙流佔五六、一九。其受小學教育者，雙流佔百分之三八、五三；崇寧佔三四、九六；彭縣佔三一、〇一。其受中學教育者，崇寧佔六、二四；雙流佔四、六二；彭縣佔四、一四。其受大學教育者，則均不及百分之一。

至於按性別區分，則彭縣男子受私塾教育者，佔男子受教育人數百分之七〇、二四；崇寧佔六五、一九；雙流佔六一、五九。其受小學教育者，雙流佔百分之三三、三一；崇寧佔二八、八一；彭縣佔二六、五八。其受中學教育者，崇寧佔百分之五、五六；雙流佔四、二七；彭縣佔二、八七。其受大學教育者，則各不及百分之一。

至於女子受私塾教育者，彭縣佔女子受教育人數百分之四四、〇八；雙流佔四二、七九；崇寧佔三四、三〇。其受小學教育者，崇寧佔百分之五六、六八；雙流佔五一、四七；彭縣佔四七、〇〇。其受中學教育者，彭縣佔百分之八、七六；崇寧佔八、六五；雙流佔五、五〇。其受大學教育者，則各不及百分之一。詳見表24。

表 24 三縣常住人口識字者教育程度之百分比(1)

識字者教育程度	共計			彭縣			雙流			崇寧		
	男女人口	男	女	男女人口	男	女	男女人口	男	女	男女人口	男	女
總計	100.00	100.00	100.00	100.00	100.00	100.00	100.00	100.00	100.00	100.00	100.00	100.00
私塾	60.99	66.92	42.15	64.57	70.24	44.08	56.19	61.59	42.79	58.37	65.19	34.30
小學程度	33.96	28.89	50.09	31.01	26.58	47.00	38.53	33.31	51.47	34.96	28.81	56.68
中學程度	4.63	3.71	7.54	4.14	2.87	8.76	4.62	4.27	5.50	6.24	5.56	8.65
大學程度	0.42	0.48	0.22	0.28	0.31	0.16	0.66	0.83	0.24	0.43	0.44	0.37

材料來源：根據本報告第一部表21計算。

說　明：(1)程度未詳人數未列入。

三，學齡兒童之就學情形

學齡兒童係指六至十二歲之兒童而言，其就學情形分爲已就學及未就學兩項。三縣男學齡兒童已就學者以雙流之百分比爲最大，計佔男學齡兒童總數百分之六五、六六；崇寧次之，佔五五、三四；彭縣爲最小，佔四四，六〇。至於女童，則亦以雙流爲最大，佔女學齡兒童總數百分之四三、一二；崇寧次之，佔三五、〇七；彭縣爲最小，佔二三、五七。見表25及26。

表 25　三縣普通住家常住人口學齡兒童（6—12歲）之就學情形

就學情形	共計			彭縣			雙流			崇寧		
	小計	男	女	小計	男	女	小計	男	女	小計	男	女
總計	102,791	57,233	45,558	62,475	35,026	27,449	25,327	13,822	11,505	14,989	8,385	6,604
已就學	43,013	29,282	13,731	22,044	15,586	6,458	14,024	9,066	4,958	6,945	4,630	2,315
未就學	59,617	27,846	31,771	40,313	19,369	20,944	11,282	4,741	6,541	8,022	3,736	4,286
未詳	161	105	56	118	71	47	21	15	6	22	19	3

材料來源：本報告第二部彭縣，雙流，崇寧三縣統計基本報告表表13。

三縣與各縣比較，各縣男學齡兒童之已就學者均約佔男學齡兒童人數之半數，其中以雙流之比數爲最大，計佔六五、六六，彭縣爲最小佔四四、六〇；至於女學齡兒童之已就學者亦以雙流之比數爲最大，計佔四三、一二；而以鄰水爲最小，計佔七、〇六。詳見表27。

表 26　三縣普通住家常住人口學齡兒童（6—12歲）就學情形之百分比

就學情形	共計			彭縣			雙流			崇寧		
	男女人口	男	女	男女人口	男	女	男女人口	男	女	男女人口	男	女
總計	100.00	100.00	100.00	100.00	100.00	100.00	100.00	100.00	100.00	100.00	100.00	100.00
已就學	41.91	51.26	30.18	35.35	44.60	23.57	55.42	65.66	43.12	46.40	55.34	35.07
未就學	58.09	48.74	69.82	64.65	55.40	76.43	44.58	34.34	56.88	53.60	44.66	64.93

材料來源：根據本報告第一部表25計算。

表 27　六縣學齡兒童（6—12歲）就學情形之百分比

就學情形	彰縣[1] 男女人口	彰縣[1] 男	彰縣[1] 女	雙流[1] 男女人口	雙流[1] 男	雙流[1] 女	崇慶[1] 男女人口	崇慶[1] 男	崇慶[1] 女
總計	100.00	100.00	100.00	100.00	100.00	100.00	100.00	100.00	100.00
已就學	35.35	44.60	23.57	55.42	65.66	43.12	46.40	55.34	35.07
未就學	64.65	55.40	76.43	44.58	34.34	56.88	53.00	44.66	64.93

表 27　六縣學齡兒童（6—12歲）就學情形之百分比（續）

就學情形	蘭谿 男女人口	蘭谿 男	蘭谿 女	新都 男女人口	新都 男	新都 女	鄒平 男女人口	鄒平 男	鄒平 女
總計	100.00	100.00	100.00	100.00	100.00	100.00	100.00	100.00	100.00
已就學	33.00	47.30	14.40	41.04	54.41	24.36	28.94	49.85	7.06
未就學	67.00	52.70	85.60	58.96	45.59	75.64	71.06	50.15	92.94

材料來源：（1）蘭谿見本報告第一部表9之材料來源（4）第64頁第33表。

（2）新都見本報告第一部表9之材料來源（5）第87頁。

（3）鄒平見本報告第一部表9之材料來源（8）第497頁第83表。

說　明：（1）已未就學未詳人口未列入。

第六目　職業分配

三縣人口職業之分類係採用國聯統計專家委員會於一九三八年所釐定者，其行業類別計分農林漁牧，採礦，製造工業，建築營造，運輸交通，商業，旅館及人事服務，及公共服務八大類。三縣依此分類統計之結果，以從事於農業者為最多，計彭縣佔其有業人口百分之六五・〇一，崇寧佔五九・八五，雙流佔四二・一一；工業居其次，計雙流佔百分之三八・三〇，崇寧佔一七・六二；彭縣佔一六・三〇。其餘各業之百分比均各不及百分之一〇。見表28。

表 28　三縣常住人口之職業分配

行業類別	共計			彭縣			雙流			崇寧		
	小計	男	女	小計	男	女	小計	男	女	小計	男	女
總計	615,657	318,106	297,551	368,868	192,603	176,265	152,458	76,539	75,921	94,331	48,966	45,365
農林漁牧	147,395	123,381	24,014	99,386	79,783	19,603	28,959	25,804	3,155	19,050	17,794	1,256
採礦	2,615	2,609	6	2,559	2,553	6	—	—	—	56	56	—
製造工業	56,857	17,505	39,352	24,910	9,306	15,604	26,339	5,822	20,517	5,608	23,377	3,231
建築營造	2,102	2,099	3	1,075	1,073	2	699	699	—	328	327	1
運輸交通	7,588	7,550	38	4,983	4,952	31	1,759	1,754	5	846	844	2
商業	13,478	12,012	1,466	8,505	7,684	821	2,843	2,431	412	2,130	1,897	233
旅館人事服務	10,777	7,070	3,707	5,967	3,882	2,085	3,025	1,998	1,027	1,785	1,190	595
公共服務	12,663	11,351	1,312	5,489	4,906	583	5,145	4,581	564	2,029	1,864	165
行業未詳	3,101	2,720	381	1,933	1,743	190	564	519	45	604	458(1)	146
無業	359,035	131,777	227,258	214,042	96,711	137,331	83,123	32,927	50,196	61,870	22,139	39,731
有無業未詳	46	32	14	19	10	9	2	2	—	25	20	5

材料來源：本報告第二部彭縣，雙流，崇寧三縣統計基本報告表表17。

三縣與他縣比較，他縣職業分類多不相同，分類標準亦相懸殊，縱勉強彙列而納於一表，終鮮意義，故無所取。惟呈貢縣之職業分類，與吾人所用者頗爲接近，可供比較，爰將該縣材料，重加調製，列表於後。

呈貢縣之職業分配，亦以從事農業者所佔有業人口之百分數爲大，計九三・三八一，工業次之，計三・〇一八，此與三縣之情形類似。特呈貢之從事於農業者比數特高而已。詳見表29及30。

表 29　四縣人口職業分配之百分比

行業類別	彭縣(1)			雙流(1)			崇寧(1)			呈貢		
	男女人口	男	女	男女人口	男	女	男女人口	男	女	男女人口	男	女
總計	100.00	100.00	100.00	100.00	100.00	100.00	100.00	100.00	100.00	100.000	100.000	100.000
農林漁牧	65.01	69.90	50.60	42.11	59.89	12.29	59.85	67.53	22.91	93.381	92.222	94.491
採礦	1.67	2.24	0.02	—	—	—	0.17	0.21	—	—	—	—
製造工業	16.30	8.15	40.28	38.30	13.51	79.89	17.62	9.02	58.93	3.018	2.453	3.561
建築營造	0.70	0.94	—	1.02	1.62	—	1.03	1.24	0.02	0.177	0.353	0.010
運輸交通	3.26	4.34	0.08	2.56	4.07	0.02	2.66	3.20	0.03	0.158	0.313	0.009
商業	5.56	6.73	2.12	4.13	5.64	1.60	6.69	7.19	4.25	1.081	1.284	0.888
旅館人事服務	3.91	3.40	5.38	4.40	4.64	4.00	3.61	4.52	10.85	0.913	1.348	0.498
公共服務	3.59	4.30	1.51	7.48	10.63	2.20	6.37	7.07	3.01	1.251	2.033	0.542

材料來源：（1）彭縣，雙流，崇寧三縣係根據本報告第一部表28計算。

（2）呈貢係根據本報告第一部表9之材料來源（6）第94及95頁第12表計算。

說　明：（1）有無業未詳人口未列入。

表 30　　四縣人口有業無業之百分比

有無業別	彭縣(1) 男女人口	男	女	雙流(1) 男女人口	男	女	崇寧(1) 男女人口	男	女	呈貢 男女人口	男	女
總計	100.00	100.00	100.00	100.00	100.00	100.00	100.00	100.00	100.00	100.00	100.00	100.00
有業	41.97	30.17	22.08	45.48	56.98	33.88	34.39	54.77	12.41	57.81	59.40	56.37
無業	58.03	39.83	77.92	54.52	43.02	66.12	65.61	45.23	87.59	42.19	40.60	43.63

材料來源：（1）彭縣，雙流，崇寧三縣係根據本報告第一部表28計算。

（2）呈貢係根據本報告第一部表9之材料來源（6）第73頁第1表及第94頁第12表計算。

說　明：（1）有無業未詳人口未列入。

第七目 國際比較

表 31 三縣與十二國人口性比例之比較

國別	性比例（每千男子所當女子數）	調查年份
亞洲		
中國（四川省彭縣雙流及崇寧三縣）	925	1942
印度	940	1931
日本	990	1930
蘇俄（亞洲之部）	953	1926
土耳其	1,036	1935
歐洲		
英國（英格蘭及威爾士）	1,088	1931
法國	1,071	1931
德國	1,058	1933
意國	1,035	1936
美洲		
美國	976	1930
巴西	984	1920
澳洲		
澳洲聯邦	969	1933
非洲		
埃及	1,009	1927

材料來源：三縣資料見本總報告統計分析表12三縣常住人口普通性比例；其他國家之資料，係根據海牙萬國統計學社常用辦事處出版之世界各國統計提要1929—1936之材料編製。

表 32　　三縣與十二國人口年齡百分比之比較

國別	男											
	共計	0—4	5—9	10—14	15—24	25—34	35—44	45—54	55—64	65—74	75歲及以上	未詳
亞洲												
中國（四川省彭縣雙流及崇寧三縣）	100.00	14.09	10.77	12.60	10.32	10.46	11.61	14.61	8.32	3.99	1.24	—
印度	100.00	14.54	13.09	11.87	17.79	16.33	11.77	7.51	4.10	0.88(1)	1.23(2)	4.89
日本	100.00	14.03	12.09	10.61	18.94	14.37	10.94	9.06	5.89	3.03	4.04	—
蘇聯（亞洲之部）	100.00	15.68	11.25	11.29	18.53	14.84	11.59	7.87	5.14	2.54	1.17	0.10
土耳其	100.00	18.03	15.26	10.70	16.48	15.30	10.21	5.91	4.25	3.51(3)	—	0.45
歐洲												
英國（英格蘭及威爾士）	100.00	7.89	8.77	8.47	17.82	16.01	13.13	12.03	9.23	4.99	1.66	—
法國	100.00	9.13	8.98	5.95	16.36	17.17	12.47	11.81	9.84	6.06	2.21	—
德國	100.00	6.89	8.55	9.17	16.26	18.76	13.01	11.[illegible]	9.36	5.13	1.74	[illegible]
[illegible]國	100.00	10.31	10.[illegible]	[illegible]	16.39	[illegible]	[illegible]	9.38	[illegible].44	4.98	2.16	0.01
美洲												
美國	100.00	9.34	10.27	9.77	17.86	1[illegible].16	14.19	10.95	7.03	3.88	1.47	0.08
巴西	100.00	15.01	15.05	12.88	19.85	7.97(4)	11.96(4)	8.18(4)	4.88(4)	2.65(4)	1.81(4)	0.23
澳洲												
澳洲聯邦	100.00	8.63	9.47	9.43	18.03	15.64	13.56	11.27	7.32	4.70	1.65	0.30
非洲												
埃及	100.00	14.09	13.28	12.19	17.03	15.13	12.35	7.86	5.18(5)	—	2.63(2)	0.26

表 32　三縣與十二國人口年齡百分比之比較(續)

國別	女												調查年份
	共計	0—4	5—9	10—14	15—24	25—34	35—44	45—54	55—64	65—74	75歲及以上	未詳	
亞洲													
中國(四川省彭縣雙流及崇寧三縣)	100.00	14.62	1.133	10.11	11.18	12.67	13.91	11.63	7.90	5.12	2.14	—	1942
印度	100.00	15.81	12.70	11.15	19.05	16.10	10.90	6.98	4.21	0.91(1)	1.34(2)	0.85	1931
日本	100.00	13.94	12.02	10.49	18.51	13.70	10.38	9.17	6.34	3.75	1.70	—	1930
蘇聯(亞洲之部)	100.00	16.13	11.25	10.41	19.07	15.98	10.85	6.96	5.26	2.70	1.31	0.08	1926
土耳其	100.00	15.78	13.72	9.07	13.70	16.58	11.96	8.51	5.99	4.25(3)	—	0.44	1935
歐洲													
英國(英格蘭及威爾士)	100.00	7.11	7.90	7.62	16.11	16.09	14.19	12.65	9.41	5.70	2.42	—	1931
法國	100.00	8.34	8.19	5.38	14.90	15.69	14.03	12.77	10.36	7.09	3.25	—	1931
德國	100.00	6.28	7.84	8.38	15.18	17.92	15.12	12.08	9.38	5.56	2.26	—	1933
意國	100.00	9.79	9.85	10.01	15.99	15.64	12.75	10.49	7.76	5.24	2.47	0.01	1936
美洲													
美國	100.00	9.30	10.27	9.79	18.67	15.7	13.82	10.25	6.65	3.81	1.65	0.07	1930
巴西	100.00	14.97	14.81	12.64	21.66	8.27(4)	11.28(4)	7.49(4)	4.59(4)	2.59(4)	1.52(4)	0.18	1920
澳洲													
澳洲聯邦	100.00	8.54	9.45	9.43	18.01	15.09	14.17	11.06	7.41	4.73	1.84	0.27	1933
非洲													
埃及	100.00	14.55	12.95	10.10	16.74	17.19	12.00	7.67	5.35(5)	—	3.16(2)	0.29	1927

材料來源：三縣資料見本報告統計分析表15三縣常住人口年齡分配之百分比，其他國家資料來源與表31同。

說　明：(1)指65——69歲年齡組。　(4)指25——29，30——39，40——49，50——59，60——69，70歲及以上年齡組。

(2)指70歲及以上年齡組。　(5)指55——69歲年齡組。

(3)指65歲及以上年齡組。

表 33　三縣與十二國人口密度之比較

國別	人口密度（每平方公里人數）
亞洲	
中國（四川省彭縣雙流及崇寧三縣）	349.8
印度	85.4
日本	189.4
蘇俄（亞洲之部）	1.2
土耳其（亞洲之部）	20.2
歐洲	
英國（英格蘭及威爾士）	270.3
法國	76.1
德國	143.1
意國	138.6
美洲	
美國	16.7
巴西	5.4
澳洲	
澳洲聯邦	0.9
非洲	
埃及	441.2

材料來源：三縣人口總數見本報告三縣基本報告表1，三縣土地面積見內政部統計處編印之全國行政區劃及土地面積統計，其他國家材料來源與表31同。

表 34　三縣與十二國十五歲以上人口婚姻狀況百分比之比較

國別	男 共計	男 未婚	男 有配偶	男 喪偶	男 離婚	女 共計	女 未婚	女 有配偶	女 喪偶	女 離婚	調查年份
亞洲											
中國（四川省彭縣雙流及崇寧三縣）	100.00	24.2	67.0	8.4	0.4	100.00	7.4	69.5	23.0	0.1	1942
印度	100.00	18.7	72.7	8.6(2)	—	100.00	4.4	69.8	25.8(2)	—	1931
日本	100.00	32.3	60.9	5.4	1.4	100.00	21.2	61.4	15.5	1.9	1930
蘇俄（亞洲之部）(1)	—	—	—	—	—	—	—	—	—	—	—
土耳其	100.00	25.6	71.7	2.4	0.3	100.00	12.3	66.2	20.8	0.7	1935
歐洲											
英國（英格蘭及威爾士）	100.00	35.2	59.7	5.0	0.1	100.00	35.4	53.4	11.1	0.1	1931
法國	100.00	30.5	63.0	5.8	0.7	100.00	24.7	57.4	16.9	1.0	1931
德國	100.00	35.2	59.9	4.1	0.8	100.00	32.1	55.1	11.6	1.2	1933
意國	100.00	38.4	56.5	5.1	0.0	100.00	33.1	53.9	13.0	0.0	1936
美洲											
美國	100.00	34.3	60.0	4.6	1.1	100.00	26.4	61.2	11.1	1.3	1930
巴西(1)	—	—	—	—	—	—	—	—	—	—	—
澳洲											
澳洲聯邦	100.00	41.9	53.5	4.2	0.4	100.00	34.9	54.9	9.7	0.5	1933
非洲											
埃及	100.00	30.2	65.7	2.5	1.6	100.00	11.9	65.7	19.7	2.7	1927

材料來源：三縣資料係由本報告三縣基本統計報告表16，減去14歲以下人口計算而得，其他國家資料來源與表31同。

說　明：（1）該國此項材料缺。

（2）包括離婚數字在內。

表35 三縣與十二國人口識字與不識字者百分比之比較

國別	年齡組	識字 男女人口	識字 男	識字 女	不識字 男女人口	不識字 男	不識字 女	調查年份
亞洲								
中國（四川省彭縣雙流及崇寧三縣）	6歲及以上	33.83	48.82	17.33	66.17	51.18	82.95	1942
印度	5歲及以上	9.48	15.55	2.92	90.52	84.45	97.08	1931
日本(1)	—	—	—	—	—	—	—	—
蘇俄（亞洲之部）	5歲及以上	26.94	35.89	17.50	73.06	64.11	82.50	1926
土耳其	5歲及以上	18.84	28.54	9.73	81.16	71.46	90.27	1935
歐洲								
英國（英格蘭及威爾士）(1)	—	—	—	—	—	—	—	—
法國	5歲及以上	93.92	94.26	93.61	6.08	5.74	6.39	1931
德國(1)	—	—	—	—	—	—	—	—
意國	6歲及以上	79.11	82.63	75.79	20.89	17.37	24.21	1931
美洲								
美國	10歲及以上	95.66	95.60	95.72	4.34	4.40	4.28	1930
巴西	7歲及以上	31.17	36.62	25.69	68.83	63.38	74.31	1920
澳洲								
澳洲聯邦	5歲及以上	95.74	95.32	96.16	4.26	4.68	3.84	1921
非洲								
埃及	5歲及以上	13.94	23.05	4.86	86.06	76.95	95.14	1927

材料來源：三縣資料係由本報告三縣基本報告表14，減去5歲以下之人數計算而得，其他國家材料來源，與表31同。

說　明：（1）該國此項材料缺。

表 36　　三縣與十二國職業人口百分比之比較

國別	農林漁業	工礦業	交通及商業	國防	公務及自由職業	人事服務	調查年份
亞洲							
中國（四川省彭縣雙流及崇寧三縣）	58.12(4)	24.29(5)	8.32(6)		5.01(7)	4.26(8)	1942
印度	70.70	10.90	6.90	0.20	2.90	8.40	1931
日本	49.60	22.00	18.90		6.90	2.60	1930
蘇俄(1)	85.00	8.90	2.90	0.7	2.70	—	1926
土耳其	81.60	7.90	5.10	3.00	2.40	—	1927
歐洲							
英國(2)	6.60	48.10	27.10	0.90	10.20	7.10	1931
法國	35.70	35.10	16.50	1.90	7.40	3.40	1631
德國	28.80	40.60	18.40	0.30	8.00	3.90	1933
意國	48.20	29.30	12.60	1.10	5.20	3.60	1936
美洲							
美國	22.00	35.20	27.40	0.30	8.90	6.20	1930
巴西(3)	—	—	—	—	—	—	—
澳洲							
澳洲聯邦(3)	—	—	—	—	—	—	—
非洲							
埃及	67.10	10.90	12.20	0.30	5.50	4.00	1927

材料來源：三縣資料係由本報告統計分析表28三縣常住人口職業分配轉錄及計算而得，其他國家資料係根據國民政府主計處統計局編印之中華民國統計提要二十九年輯第236頁之材料編製。

說　明：（1）包括歐亞兩部。
（2）指英聯合王國。
（3）該國此項材料缺。
（4）在三縣統計，指農林漁牧。
（5）在三縣統計，指採礦，製造工業，及建築營造。
（6）在三縣統計，指運輸交通及商業。
（7）在三縣統計，指公共服務，內包括國防事務。
（8）在三縣統計，指旅館人事服務。

第五章　總檢討

此次四川省選縣戶口普查，自開始籌備以迄全部工作辦理完成，歷時經年，始告竣事。關於各項普查工作辦理之經過：如普查方案之擬訂，普查組織之設立，普查人員之訓練，編戶查口之實施，整編保甲之舉辦，以及普查結果之整理等等，已於本報告以前各章詳加記述。茲為明瞭此次選縣戶口普查所採各項方法之得失，藉為今後改進之張本計，爰就實際辦理之經驗，將全部普查工作，按次加以檢討：

一、此次四川省選縣戶口普查方案之擬訂，係完全根據戶口普查條例之規定，綜其內容，有二特點：一為與整編保甲取得密切之聯繫，即於編戶過程中同時整編保甲，使戶口普查，得憑藉保甲組織，順利推行，而整編保甲，亦得根據普查結果，益臻縝密。此項措施，雖使編查工作，較為繁重，惟對於保甲整編，兼顧並籌。實為戶口行政上最經濟與最合理之措施。一為方案中關於調查人口之規定，除仿照各國成規，採取「常住人口」與「現在人口」為對象外，同時兼查記常時工作之人口，藉視各地日間實際工作人口之分佈，俾供將來辦理各項產業普查之參考。

二、辦理戶口普查，事前須有充分之準備。此次選縣戶口普查，各項籌備工作，備極周密：如普查方案之擬訂，普查經費預算之編製，表式手冊等之印刷，均能審慎辦理，限期完成。

普查標準日之決定，通常須視氣候與環境而定。此次規定以清明節（四月五日）為普查標準日，其理由為：（一）春季氣候和暖，便於編查工作之進行；（二）我國習俗，是日為掃墓佳節，戶口異動較少，調查所得結果，自較正確；（三）此時農忙未屆，舉行普查，亦不致有妨民間工作。

三、三縣戶口普查經費實際支出，總計三十九萬餘元（詳見本報告第一章）。三縣人口總數，共約計六十一萬人（見本報告第二部基本統計報告表1之常住人口）平均每一人之編查統計費用，為六角四分三厘，似乎為費稍鉅。但綜觀民國三十一年六月成都之貨幣購買力，按物價指數計算，祇等於戰前（二十六年上半年）五十分之一。是上項經費全部，僅相當於戰前八千元，每一人口之編查統計費用僅佔一分三厘，況此次三縣戶口普查，除提供一切有關戶口靜態之統計而外，並為整編保甲之用，使整編保甲之經費大量節省，故此次支出，實甚經濟。

四、督導制度，關係此次普查工作之成敗至鉅，於本報告第二章已詳述其各項規定與特點。按此項制度之建立，實以技術上之指導為其主要任務。綜觀此次戶口普查之實施辦理經過，自縣講習會之舉行，以至編查統計工作之完成，自始至終，皆本戶口普查條例第十二條規定之精神，由省普委會派遣專門人員巡視督導或主持辦理，故一切工作，皆能按照預定計劃，辦理完成。此項督導制度，實應予以確立，繼續推行。

五、戶口普查，事屬創舉，倘不預向人民詳加曉諭，勢必引起其疑慮，阻礙普查工作之進行。此次普查委員會鑑於宣傳工作之重要，除擬訂宣傳綱要，印發各縣各鄉廣為宣傳外，並由中央與省府大員分別巡視各縣，親向普查工作人員訓話，以激發其服務精神，因之各級編查人員及一般民眾，咸能認識此次戶口普查之重要，盡心協力，以完成此項重大之工作。

六、舉辦省縣講習會，於本報告第三章已述其經過情形。省講習會以參加者多為各縣高級行政人員，一切均按預定計劃進行，故講習成績，甚為圓滿。縣講習會係調集鄉鎮保各級編查人員參加講習，因人數眾多，素質不齊，管理教學，倍感困難。此次各縣講習會，一律採用軍事管理，每一鄉鎮（普查區）編為一隊，以鄉鎮長為隊長，無論食宿及授課，均以隊為單位，由隊長統率，因之，紀律嚴肅，秩序井然。教學方面，除關於普查方法之講述外，尤注重編查實務之實習，務使參加講習者，均能切實明瞭實際編查之過程與方法，故進行編查時，得收迅速確實之效。

七、編戶與查口為戶口普查最重要之工作。此次編查工作之獲得迅速完成，其主要原因：一為進度確定。自開始編戶，以至表冊彙解為止，對於各項工作辦理之期限，均有嚴密之規定，各級編查人員均須切實依照預定進度，迅速辦理完成，不得稍有拖延；一為督察嚴密。遇有怠惰玩忽工作不力之普查人員，即由各級督導人員立予督飭糾正，并於編查工作開始實施前，將各鄉鎮舊有保甲戶口冊封存，以杜抄襲偽造之弊，故查記結果得臻正確。

八、戶口普查與整編保甲之聯繫，為此次選縣戶口普查之特點，已於前文言及，按此次保甲之整編，係於編戶時同時擬定保甲番號，俟編查工作完成，再由普查區主任召集各級編查人員，會同加以調整，凡插花飛戶及編制不合等情形，均照依法整編；惟實際執行之際，間有鄉鎮保甲人員，仍存舊有觀念，對于保甲區劃，不願變更，以致整編工作，倍感困難。但經省縣督導人員嚴格執行之結果，所有插花紊亂等不合理之現象，均已依照規定，一律加以調整，今後對於保甲之管理與運用，益感便利。

九、戶口普查之最終目的，在獲得一切有關戶口靜態之統計數字，故統計工作，甚為重要。此次三縣戶口普查之統計工作，其詳細經過，具見本報告第四章第一節所述。綜其特點

：（一）關于整理統計方法，係採用卡片整理法，並應用單項分類。按卡片整理法之優點，世人已有論列，毋待贅述，至單項分類，其優點甚多：第一，為工作簡單，易於熟練；第二為計算員程度不必太高，招考容易；第三為根據口卡片基本編定表，各項分類有無錯誤，可以逐步檢驗；第四為分類次數雖較多，但速度則因精確易檢而加快，故實際所費時間，並不增多。根據此次實際辦法之經驗，是項方法實較多項分類為優。（二）關於人口職業統計之分類，國際聯盟統計專家委員會曾製訂行業類別表與職位類別表，建議各國政府予以採用，俾供國際間之比較，此次三縣戶口普查即係完全依據是項分類標準，從事整理統計，其所得結果，詳見本報告第二部基本統計報告表職業統計各表。

在統計過程中，最感困難者，為戶口普查表之審查與標註。蓋担任是項工作者，必須具有高等之學歷與豐富之常識，始克勝任。根據此次經驗，此項人員必須於事前多方設法羅致，予以訓練，庶免臨事周張。

以上所述，為辦理此次選縣戶口普查各項工作之得失與利弊。當此全國各省政治建設積極推進之際，戶口普查為健全地方自衛與自治組織，奠定戶籍行政基礎之首要工作，吾人自應根據此次辦理普查之實際經驗，繼續改進，以發展我國戶口普查之大業，而促成建國之要務。

附　　錄

表1　四川省選縣戶口普查委員會職員

職別	姓名	原服務機關及本職銜	註
主任委員	吳大鈞	國民政府主計處統計局局長	
副主任委員	胡次威	四川省政府民政廳廳長	
委員	朱君毅	國民政府主計處統計局副局長	
	李景清	四川省政府統計長	
委員兼總幹事	李成謨	國民政府主計處統計局科長	
副總幹事兼調查組組長	劉炳中	四川省政府民政廳科長	該員以調充閬中縣長離職
	李錫年	四川省民政廳科長	該員接充劉炳中職務
統計組組長	劉顯榮	四川省政府統計處科長	該員以調充四川省政府秘書處統計主任離職
	張世文	四川省政府統計處科長	該員接充劉顯榮職務
總務組長	謝傑民	四川省政府民政廳科長	
督導員	黃拘驥	國民政府主計處統計局專員	
	劉宏若	國民政府主計處統計局專員	
	張逸銘	國民政府主計處統計局專員	
	趙守信	國民政府主計處統計局專員	
	張世文	四川省政府統計處專員	該員以本職調充同級兼任本會科長
	何南陔	四川省政府民政廳視察員	
	紀中愉	四川省政府民政廳督導員	
	楊道琛	四川省政府統計處股長	
	吳仲平	四川省政府統計處股長	
調查組副組長	李廷標	四川省政府民政廳股長	
總務組副組長	張紹先	四川省政府民政廳股長	
會計幹事	倪玉璣	四川省政府民政廳會計室股長	該員調充重慶大學會計主任離職
	楊志復	四川省政府民政廳會計室股長	該員接充倪玉璣職務
幹事	宋汝濟	國民政府主計處統計局科員	
	朱懋夢	國民政府主計處統計局科員	

表1　四川省選縣戶口普查委員會職員(續)

職別	姓名	原服務機關及本職	備註
幹事	顧立衡	國民政府主計處統計局科員	
	丁步梁	國民政府主計處統計局科員	
	范建綱	國民政府主計處統計局科員	
	霍本枝	國民政府主計處統計局科員	
	王晉魁	國民政府主計處統計局科員	
	柯知明	國民政府主計處統計局科員	
	鄒家膜	國民政府主計處統計局科員	
	彭梓成	四川省政府民政廳科員	
	吳澄之	四川省政府民政廳科員,	
	梁忠燮	四川省政府民政廳科員	
	爺自拔	四川省政府民政廳科員	
	吳錫信	四川省政府民政廳科員	
	呂鴻勛	四川省政府秘書處統計室科員	
	楊伏馨	四川省政府統計處科員	
	鄭蜀平	四川省政府統計處科員	
	郭宵洪	四川省政府統計處科員	
	王家珊	四川省政府統計處科員	
助理幹事	許錦丞	國民政府主計處統計局辦事員	
	王克勤	國民政府主計處統計局辦事員	
	楊志復	四川省政府民政廳科員	該員以本職升充股長兼任本會會計幹事
	徐悅	四川省政府民政廳科員	
	劉德誠	四川省政府民政廳科員	
	侯美德	四川省政府民政廳科員	
	夏朝麟	四川省政府民政廳科員	
	鄒傳華	四川省政府民政廳科員	
[illegible]員	鍾可立		
	何鑑		

表2　彭縣戶口普查處職員

職別	姓名	原服務機關及本職	担任職務或督導區域	備註
普查長	皮松雲	彭縣縣長	綜理全處事務	
副普查長兼調查組長	吳左東	彭縣縣政府民政科長	協助處理處務綜核文書及辦理調查事項	
副普查長兼統計組長	鄧常安	彭縣縣政府統計主任	協助處理處務審核普查表冊及辦理統計事項	
副普查長兼督導員	鄧常安	彭縣縣政府統計主任	中心鎮致和鄉	
督導員	劉輝漢	彭縣縣政府助理祕書	清平鄉利安鄉	
	吳澄之	四川省政府民政廳科員	太平鄉人和鄉	由省普委會派員兼充
	賈秉誠	郫縣縣政府統計室主任	麗春鄉隆豐鄉場口鎮	
	趙汶泉	彭縣縣政府指導員	竹瓦鄉三邑鄉濛陽鎮	
	龔列樞	彭縣縣政府指導員	昇平鄉九尺鋪義和鄉	
	劉勵人	彭縣縣政府指導員	敖平鄉萬年鄉紅岩鄉	
	張三盛	灌縣縣政府統計室主任	人平鄉麗高鄉軍屯鄉	
	李功毅	新繁縣政府統計主任	桶木鄉集賢鄉永定鄉	
	陳孝驗	彭縣縣政府指導員	新興鄉磁峯鄉	
	蔡德元	成都縣政府統計主任	寶興鄉復興鄉	
	葉一青	彭縣第四區區指導員	思文鄉通濟鄉白鹿鄉	
幹事	張昌明	彭縣縣政府科員	担任文書之撰擬事項	
	馬中和	彭縣縣政府統計佐理員	担任表冊之領發登記事項	
	李鼎全	彭縣縣政府統計佐理員	辦理統計事項	
	彭孔懷	彭縣縣政府會計主任	辦理庶務出納事項	
	張治淮	彭縣縣政府會計佐理員	辦理會計事項	
雇員	黃子擧	彭縣縣政府	抄寫文書	
	彭希古	彭縣縣政府	抄寫文書	

表 3 雙流縣戶口普查處職員

職別	姓名	原服務機關及本職	担任職務或督導區域	備註
普查長	葉楷	雙流縣長	綜理全處事務	
副普查長兼調查組長	楊卓爾	雙流縣政府民政科長	協助處理處務綜核文書及辦理調查事項	
副普查長兼統計組長	萬紹忠	雙流縣政府統計主任	協助處理處務審核普查表冊及辦理統計事項	
副普查長兼督導員	萬紹忠	雙流縣政府統計主任	中心鎮彭鎮雙華鄉永福鄉	
督導員	吳月溪	雙流縣政府縣指導員	黃水鄉黃甲鄉維新鄉	
	葉清涵	雙流縣政府縣指導員	紅石鄉煤耳鄉楊公鄉	
	楊懋龍	雙流縣政府縣指導員	金花鄉簇橋鄉通江鄉	
幹事	呂鴻助	四川省政府秘書處統計室科員	柑梓鄉昇平鄉九江鄉	由省普委會派員兼充
	張壽亭	雙流縣政府科員	辦理庶務出納事項	
	周懋輝	雙流縣政府科員	辦理普查表冊之保管分發事項	
	曾澤夫	雙流縣政府統計佐理員	辦理統計事項	
	鄒至誠	雙流縣政府會計佐理員	辦理會計事項	
助理幹事	劉錫禹	雙流縣政府辦事員	辦理收發文件及檔卷管理事項	
雇員	王定遠		辦理抄寫事項	專任
	侯潔如		辦理抄寫事項	專任

表 4　崇寧縣戶口普查處職員

職別	姓名	原服務機關及本職	担任職務或督導區域	備註
普查長	周希茂	崇寧縣長	綜理全處事務	
副普查長兼調查組長	李伯龍	崇寧縣政府民政科長	協助處理處務兼掌文書及辦理調查事項	
副普查長兼統計組長	劉昌羣	崇寧縣政府統計主任	協助處理處務審核普查表冊及辦理統計事項	
副普查長兼督導員	劉昌羣	崇寧縣政府統計主任	唐昌鎮調覺鄉錦春鄉	
	高冠卿	崇寧縣政府指導員	安德鄉竹瓦鄉萬壽鄉豐聯鄉	
	張篤信	崇寧縣政府縣指導員	慶興鄉豐樂鄉桂花鄉	
幹事	余壽年	崇寧縣政府科員	担任文書之撰擬事項	
	張伯洋	崇寧縣政府科員	辦理統計事項	
	謝玉泉	崇寧縣政府員科	辦理庶務出納事項	
助理幹事	周先治	崇寧縣政府統計佐理員	辦理普查表冊之保管分發事項	

表5 四川省彭縣崇寧雙流三縣戶口普查縣以上各級工作人員之獎懲

縣別	職別	姓名	獎懲
彭縣	縣長兼普查長	皮松雲	不予獎懲
	統計主任兼副普查長	鄧常安	記功一次
	會計主任兼幹事	彭孔懷	嘉獎
	統計室科員兼幹事	馬中和	嘉獎
	縣督導員	吳澄之	記功一次
	縣指導員兼縣督導員	冒秉誠	記功一次
	縣指導員兼縣督導員	趙汶泉	記功一次
	縣指導員兼縣督導員	陳孝隋	記功一次
	成都統計主任兼縣督導員	袁德元	記功一次
	區指導員兼縣督導員	龔青	記功一次
	新繁統計主任兼縣督導員	李功毅	嘉獎
	縣指導員兼縣督導員	胡樹人	不予獎懲
	灌縣統計主任兼縣督導員	張三盛	不予獎懲
雙流	縣長兼普查長	龔楷	記功一次
	民政科長兼副普查長	楊卓爾	記功一次
	統計主任兼縣督導員	萬紹宗	嘉獎
	縣指導員兼縣督導員	楊懋龍	嘉獎
	縣督導員	呂鴻勛	嘉獎
	縣指導員兼縣督導員	葉清瀛	嘉獎
	民政科科員兼幹事	張壽亭	記功一次
	民政科科員兼幹事	周燮[暉?]	記功一次
	統計室科員兼幹事	曾厚夫	不予獎懲
	民政科科員兼幹事	[鄢?]玉誠	不予獎懲
	縣普查處書記	劉錫禹	不予獎懲
崇寧	縣長兼普查長	周希茂	不予獎懲
	民政科長兼副普查長	李伯龍	嘉獎
	統計主任兼副普查長	劉昌霖	不予獎懲
	縣指導員兼縣督導員	高冠卿	記功一次
	縣指導員兼縣督導員	張篤信	嘉獎
	民政科科員兼幹事	余壽年	記功一次

第二部　統計結果

I　彭縣統計基本報告表

表 1　彭縣戶口總數(1)

戶類別	戶數(2)	常住人口			現在人口		
		共計	男	女	共計	男	女
總計	76,539	369,055	192,771	176,284	368,692	192,916	175,776
普通住家	75,031	359,471	184,626	174,845	358,670	184,297	174,373
旅館客寓	25	61	60	1	476	442	34
廠號機關寄宿舍	5	14	9	5	17	12	5
營業處所	897	4,762	4,722	40	4,905	4,850	55
公共處所	581	4,747	3,354	1,393	4,624	3,315	1,309

說明：（1）包括常在本縣停泊之船舶及外國籍人口。

（2）僅包括有常住人口之戶數。

表 1a　彭縣外國籍人口總數

國籍別	常住人口			現在人口		
	共計	男	女	共計	男	女
總計	9	6	3	9	6	3
加拿大	4	1	3	4	1	3
英國	5	5	—	5	5	—

表 2 彭縣各鄉鎮各類戶之常住人口(1)

鄉鎮別	共計 戶(3)數	共計 人口數 小計	共計 人口數 男	共計 人口數 女	普通住家 戶數	普通住家 人口數 小計	普通住家 人口數 男	普通住家 人口數 女	旅館客寓 戶數	旅館客寓 人口數 小計	旅館客寓 人口數 男	旅館客寓 人口數 女
總計	76,539	369,055	192,771	176,284	75,031	359,471	184,626	174,845	25	61	60	1
中心鎮	6,255	27,472	13,514	13,958	5,335	24,187	11,256	12,931	9	34	34	—
清平鄉	2,320	11,562	5,854	5,708	2,310	11,528	5,831	5,697	—	—	—	—
發和鄉	3,885	19,559	10,202	9,357	3,867	19,189	9,850	9,339	1	1	1	—
太平鄉	2,655	13,855	7,097	6,758	2,627	13,727	6,984	6,743	—	—	—	—
人和鄉	2,933	14,447	7,323	7,124	2,922	14,407	7,295	7,112	—	—	—	—
利安鄉	3,374	17,202	8,807	8,395	3,363	17,169	8,776	8,393	—	—	—	—
棗春鄉	2,562	12,814	6,533	6,281	2,534	12,732	6,456	6,276	—	—	—	—
隆豐鄉	2,436	11,261	5,840	5,421	2,393	11,141	5,739	5,402	2	4	4	—
關口鄉	1,766	7,942	4,259	3,683	1,706	7,535	3,895	3,640	3	6	5	1
濛陽鎮	3,271	15,313	8,119	7,194	3,146	14,967	7,792	7,175	3	5	5	—
昇平鄉	3,213	16,315	8,455	7,860	3,196	16,256	8,412	7,844	—	—	—	—
義和鄉	2,987	14,924	8,016	6,908	2,959	14,853	7,959	6,894	—	—	—	—
竹瓦鄉	2,587	13,295	6,976	6,319	2,540	13,241	6,936	6,305	—	—	—	—
三邑鄉	1,961	9,311	4,865	4,446	1,935	9,248	4,819	4,429	—	—	—	—
九尺鄉	3,049	14,479	7,626	6,853	3,003	14,319	7,487	6,832	—	—	—	—
敖平鄉	1,747	7,702	4,021	3,681	1,674	7,494	3,825	3,669	1	3	3	—
人平鄉	1,724	8,079	4,228	3,851	1,713	8,034	4,198	3,836	—	—	—	—
軍屯鄉	2,604	12,734	6,608	6,126	2,584	12,669	6,545	6,124	—	—	—	—
聯萬鄉	1,079	4,998	2,673	2,325	1,070	4,958	2,638	2,320	1	1	1	—
栢木鄉	2,944	13,910	7,230	6,680	2,898	13,749	7,083	6,666	—	—	—	—
集賢鄉	1,764	10,206	5,266	4,940	1,749	10,139	5,208	4,931	—	—	—	—
永安鄉	1,886	9,287	4,783	4,504	1,867	9,210	4,715	4,495	—	—	—	—
高年鄉	2,122	9,416	5,015	4,401	2,088	9,291	4,896	4,395	—	—	—	—
紅岩鄉	[illegible]	10,577	5,632	4,945	2,548	10,443	5,505	4,938	—	—	—	—
新興鄉	2,967	13,484	7,177	6,307	[illegible]	12,847	6,557	6,290	4	5	5	—
慈文鄉	727	3,423	1,738	1,685	695	3,056	1,582	1,474	—	—	—	—
白鹿鄉	[illegible]	8,946	4,850	4,096	1,870	8,507	4,454	4,053	—	—	—	—
寶[illegible]鄉	[illegible]	6,328	3,720	2,608	1,098	5,605	3,001	2,604	—	—	—	—
復興鄉	[illegible]	5,708	2,991	2,717	1,180	5,611	2,919	2,692	—	—	—	—
通濟鄉	[illegible]	13,788	7,531	6,257	2,655	12,945	6,714	6,231	1	2	2	—
磁峯鄉	[illegible]	10,818	5,692	5,126	2,154	10,414	5,299	5,115	—	—	—	—
船舶(2)	—	—	—	—	—	—	—	—	—	—	—	—

表2　彭縣各鄉鎮各類戶之常住人口(1)　（續）

鄉鎮別	廟觀僧團寄宿舍 戶數	人口數 小計	男	女	營業處所 戶數	人口數 小計	男	女	公共處所 戶數	人口數 小計	男	女
總計	5	14	9	5	897	4,762	4,722	40	581	4,747	3,354	1,393
中心鎮	1	4	—	4	316	1,138	1,124	14	94	2,109	1,100	1,009
清平鄉	—	—	—	—	—	—	—	—	10	34	23	11
致和鄉	—	—	—	—	2	6	6	—	15	363	345	18
太平鄉	—	—	—	—	11	19	19	—	17	109	94	15
人和鄉	—	—	—	—	2	18	18	—	9	22	10	12
利安鄉	—	—	—	—	—	—	—	—	11	33	31	2
西泰鄉	—	—	—	—	24	46	46	—	4	36	31	5
隆豐鄉	—	—	—	—	28	62	62	—	13	54	35	19
關口鄉	—	—	—	—	25	221	220	1	32	180	139	41
濛陽鄉	—	—	—	—	100	226	224	2	22	115	98	17
升平鄉	—	—	—	—	5	10	10	—	12	49	33	16
義和鄉	—	—	—	—	10	13	13	—	18	58	44	14
竹瓦鄉	—	—	—	—	13	23	23	—	14	31	17	14
三邑鄉	—	—	—	—	12	18	17	1	14	45	29	16
九尺鄉	—	—	—	—	28	104	104	—	18	56	35	21
敖平鄉	—	—	—	—	52	130	127	3	20	75	66	9
入个鄉	—	—	—	—	1	2	2	—	10	43	28	15
軍屯鄉	—	—	—	—	10	28	27	1	10	37	36	1
麗春鄉	—	—	—	—	1	1	1	—	7	38	33	5
楠木鄉	—	—	—	—	20	35	35	—	26	126	112	14
[illegible]寶鄉	—	—	—	—	2	3	3	—	13	64	55	9
永定鄉	—	—	—	—	9	21	21	—	10	56	47	9
鳳年鄉	1	2	1	1	13	70	70	—	20	53	48	5
紅岩鄉	—	—	—	—	12	13	13	—	15	121	114	7
新興鄉	—	—	—	—	51	523	522	1	30	109	93	16
思文鄉	—	—	—	—	21	321	318	3	11	46	38	8
白鹿鄉	1	4	4	—	5	295	291	4	25	140	131	9
寶興鄉	2	4	4	—	22	276	276	—	17	343	339	4
復興鄉	—	—	—	—	14	61	56	5	16	36	16	20
通濟鄉	—	—	—	—	48	724	723	1	34	117	92	25
磁峯鄉	—	—	—	—	40	355	351	4	14	49	42	7
船舶(2)	—	—	—	—	—	—	—	—	—	—	—	—

說明：（1）包括外縣籍人口。
（2）鄉鎮別除按各鄉鎮排列外，共在本縣當時停泊之船舶另爲一列，附於各鄉鎮之後。
（3）祇包括有常住人口之戶數。

表 2a 彭縣各鄉鎮外國籍之常住人口

鄉鎮別	共計			加拿大			法國		
	小計	男	女	小計	男	女	小計	男	女
總計	9	6	3	4	1	3	5	5	—
中心鎮	4	1	3	4	1	3	—	—	—
白鹿鄉	5	5	—	—	—	—	5	5	—

表 2b 彭縣各鄉鎮外僑戶之常住人口(1)

鄉鎮別	戶長國籍別	戶數	人口數			
			共計	與戶長同國籍	中國籍	其他國籍
總計		1	1	1	—	—
白鹿鄉	法國	1	1	1	—	—

說明：（1）外僑戶指外僑住家而言。

表 3　彭縣各鄉鎮寺廟處所之常住人口(1)

鄉鎮別	戶數	人口數 共計	男	女
總計	300	905	683	222
中心鎮	31	151	140	11
淸平鄉	5	7	3	4
致和鄉	7	19	4	15
太平鄉	10	29	17	12
人和鄉	6	16	4	12
利安鄉	6	8	8	—
麗春鄉	2	3	—	3
磁豐鄉	8	16	7	9
場口鄉	24	82	55	27
濛陽鎮	8	28	18	10
昇平鄉	7	24	14	10
隆和鄉	12	28	22	6
竹瓦鄉	8	20	9	11
三邑鄉	11	27	19	8
九尺鄉	11	20	12	8
敖平鄉	14	31	27	4
人平鄉	7	26	14	12
軍屯鄉	—	—	—	—
[illegible]萬鄉	5	8	8	—
楠木鄉	8	52	49	3
集賢鄉	8	23	17	6
永定鄉	6	22	21	1
萬年鄉	13	33	32	1
紅岩鄉	11	19	17	2
新興鄉	27	40	31	9
思文鄉	7	24	21	3
白鹿鄉	2	8	7	1
寶興鄉	9	25	23	2
復興鄉	12	32	12	20
通濟鄉	20	66	53	11
[illegible]	7	18	17	1
船舶	—	—	—	—

說明：(1) 包括外國籍人口。

表 4　彭縣各城市場集各類戶之常住人口[1][2]

城市場集名稱	所在鄉鎮	共計 戶數	共計 人口數 小計	共計 人口數 男	共計 人口數 女	普通住家 戶數	普通住家 人口數 小計	普通住家 人口數 男	普通住家 人口數 女	旅館客寓 戶數	旅館客寓 人口 小計	旅館客寓 人口 男	旅館客寓 人口 女
總計		14,324	60,987	31,495	29,492	13,275	55,414	27,091	28,323	22	58	58	—
縣城	中心鎮	6,004	26,543	13,059	13,484	5,584	23,259	10,797	12,462	9	34	34	—
太平場	太平鄉	209	763	429	334	167	634	315	319	—	—	—	—
利安場	利安鄉	168	705	373	332	164	685	355	330	—	—	—	—
華[illegible]子	[illegible]春鄉	445	1,826	909	917	419	1,752	835	917	—	—	—	—
隆豐場	隆豐鄉	303	1,970	1,022	948	468	1,873	936	937	2	4	4	—
關口	關口鄉	446	1,764	979	785	421	1,676	900	776	1	4	4	—
濛陽鎮	濛陽鎮	1,241	5,512	2,907	2,605	1,116	5,159	2,574	2,585	3	5	5	—
升平場	升平鄉	239	1,088	593	495	231	1,056	564	492	—	—	—	—
致和場	致和鄉	269	1,094	589	505	255	1,057	556	501	—	—	—	—
竹瓦鋪	竹瓦鄉	130	588	317	271	119	569	298	271	—	—	—	—
三邑場	三邑鄉	89	297	170	127	77	282	156	126	—	—	—	—
九尺鋪	九尺鄉	687	2,919	1,542	1,377	641	2,759	1,403	1,356	—	—	—	—
敖家場	敖平鄉	692	2,642	1,386	1,256	625	2,451	1,207	1,244	1	3	3	—
軍屯鎮	軍屯鄉	162	647	362	285	150	608	323	285	—	—	—	—
[illegible]家場	[illegible]萬鄉	208	799	439	360	200	762	407	355	1	1	1	—
楠木場	楠木鄉	302	1,232	641	591	274	1,183	593	590	—	—	—	—
集賢場	集賢鄉	17	26	13	13	7	26	13	13	—	—	—	—
永定場	永定鄉	230	986	501	485	222	956	471	485	—	—	—	—
萬年場	萬年鄉	156	616	374	242	123	494	258	236	—	—	—	—
紅岩子	紅岩鄉	207	807	463	344	187	683	342	341	—	—	—	—
海窩子	新興鄉	611	2,534	1,345	1,189	569	2,434	1,246	1,188	4	5	5	—
思文場	思文鄉	106	374	188	186	101	362	177	185	—	—	—	—
河壩場	白鹿鄉	234	1,018	555	463	224	923	466	457	—	—	—	—
白水河	寶興鄉	212	1,079	740	339	200	730	393	337	—	—	—	—
小魚洞	復興鄉	244	956	492	464	234	938	479	459	—	—	—	—
青杠林	通濟鄉	278	1,099	574	525	262	1,037	525	512	1	2	2	—
磁峯場	磁峯鄉	245	1,103	533	570	235	1,066	502	564	—	—	—	—

表 4　彭縣各城市場集各類戶之常住人口(1)(2)　（二）

城市場集名稱	所在鄉鎮	旅館機關寄宿舍 戶數	人口數 小計	人口數 男	人口數 女	營業處所 戶數	人口數 小計	人口數 男	人口數 女	公共處所 戶數	人口數 小計	人口數 男	人口數 女
總計		3	8	3	5	733	2,077	2,056	21	291	3,430	2,287	1,143
縣城	中心鎮	1	4	—	4	316	1,140	1,127	13	94	2,106	1,101	1,005
太平場	太平鄉	—	—	—	—	18	19	19	—	24	110	95	15
利安場	利安鄉	—	—	—	—	—	—	—	—	4	20	18	2
濛蓋子	濛春鄉	—	—	—	—	24	43	43	—	2	31	31	—
隆豐場	隆峯鄉	—	—	—	—	25	56	56	—	8	37	26	11
關口場	關口鄉	—	—	—	—	20	54	54	—	4	20	21	9
濛陽鎮	濛陽鎮	—	—	—	—	100	227	225	2	22	121	103	18
升平場	升平鄉	—	—	—	—	4	8	8	—	4	24	21	3
義和場	義和鄉	—	—	—	—	9	10	10	—	5	27	23	4
竹瓦街	竹瓦鄉	—	—	—	—	10	17	17	—	1	2	2	—
三邑場	三邑鄉	—	—	—	—	11	14	13	1	1	1	1	—
九尺鋪	九尺鄉	—	—	—	—	29	104	104	—	18	56	35	21
敖平鎮	敖平鄉	—	—	—	—	52	130	127	3	14	58	49	9
軍屯鎮	軍屯鄉	—	—	—	—	19	16	16	—	3	23	23	—
麗春場	麗萬鄉	—	—	—	—	1	1	1	—	6	35	30	5
楠木場	楠木鄉	—	—	—	—	28	19	19	—	5	30	29	1
集賢場	集賢鄉	—	—	—	—	—	—	—	—	—	—	—	—
永定場	永定鄉	—	—	—	—	7	18	18	—	1	12	12	—
萬年場	萬年鄉	1	2	—	1	12	68	68	—	20	52	47	5
新岩子	新若鄉	—	—	—	—	11	16	16	—	9	108	105	3
海窩子	新興鄉	—	—	—	—	22	36	35	1	16	59	59	—
思文場	思文鄉	—	—	—	—	4	6	5	1	1	6	6	—
河壩場	白鹿鄉	—	—	—	—	5	6	6	—	5	89	83	6
白水河	寶興鄉	1	2	2	—	5	33	33	—	6	314	312	2
小魚洞	復興鄉	—	—	—	—	6	11	11	—	4	7	2	5
青紅林	通濟鄉	—	—	—	—	9	22	22	—	6	38	25	13
溢岩場	溢家鄉	—	—	—	—	2	3	3	—	8	34	28	6

說明：（1）包括外國籍人口。

（2）不包括船舶在內。

— 7 —

表 4a　彭縣各城市場集外國籍之常住人口

城市場集名稱	所在鄉鎮	共計			加拿大			法國		
		小計	男	女	小計	男	女	小計	男	女
總計		5	2	3	4	1	3	1	1	—
縣城	中心鎮	4	1	3	4	1	3	—	—	—
河壩場	白鹿鄉	1	1	—	—	—	—	1	1	—

表 5　彭縣普通住家戶數按各戶內常住人數與常住家屬人數之分配(1)

戶內常住人數	共計	0	1	2	3	4	5	6	7	8	9	10	11	12	13	14	15及以上	未詳
	戶內常住家屬人數																	
總計	75,030	41	5,265	9,873	12,831	13,553	11,804	8,209	5,015	3,017	1,916	1,230	749	481	291	225	530	—
1	4,856	16	4,840	—	—	—	—	—	—	—	—	—	—	—	—	—	—	—
2	9,324	16	295	9,013	—	—	—	—	—	—	—	—	—	—	—	—	—	—
3	12,343	6	75	617	11,645	—	—	—	—	—	—	—	—	—	—	—	—	—
4	13,058	3	26	159	861	12,009	—	—	—	—	—	—	—	—	—	—	—	—
5	11,615	—	15	44	203	1,131	10,222	—	—	—	—	—	—	—	—	—	—	—
6	8,419	—	7	16	72	278	1,154	6,892	—	—	—	—	—	—	—	—	—	—
7	5,367	—	4	11	31	75	267	916	4,063	—	—	—	—	—	—	—	—	—
8	3,403	—	—	3	6	34	104	257	653	2,346	—	—	—	—	—	—	—	—
9	2,252	—	2	3	9	16	37	87	197	443	1,458	—	—	—	—	—	—	—
10	1,562	—	—	3	1	4	13	36	64	152	318	971	—	—	—	—	—	—
11	839	—	—	1	2	2	3	10	17	46	78	161	519	—	—	—	—	—
12	612	—	1	2	1	2	1	3	9	16	37	65	133	342	—	—	—	—
13	385	—	—	—	—	—	3	1	7	8	10	20	53	78	205	—	—	—
14	302	—	—	1	—	1	—	3	3	2	10	6	23	36	60	157	—	—
15及以上	693	—	—	—	—	1	—	4	2	4	5	7	21	25	26	68	530	—
未詳	—	—	—	—	—	—	—	—	—	—	—	—	—	—	—	—	—	—

說明：（1）不包括外僑戶。

表 6　彭縣普通住家戶數按各戶內常住與他往家屬人數之分配(1)

戶內常住家屬人數	戶內他往家屬人數：共計	0	1	2	3	4	5	6	7	8	9	10	11	12	13	14	15及以上	未詳
總計	75,030	64,459	7,973	1,882	504	131	42	22	4	8	—	1	2	—	—	1	1	—
0	41	—	31	7	1	1	—	—	—	—	—	—	—	—	—	—	1	—
1	5,265	3,955	974	236	69	19	7	3	1	1	—	—	—	—	—	—	—	—
2	9,873	7,964	1,425	353	95	22	8	4	1	1	—	—	—	—	—	—	—	—
3	12,831	10,925	1,447	343	87	17	6	5	—	1	—	—	—	—	—	—	—	—
4	13,553	11,873	1,309	282	63	17	5	—	—	2	—	1	1	—	—	—	—	—
5	11,804	10,539	946	221	67	23	5	3	—	—	—	—	—	—	—	—	—	—
6	8,209	7,362	636	150	43	10	3	3	1	—	—	—	—	—	—	1	—	—
7	5,015	4,435	455	97	24	2	1	1	—	—	—	—	—	—	—	—	—	—
8	3,017	2,721	220	60	8	4	1	1	—	1	—	—	1	—	—	—	—	—
9	1,916	1,661	195	39	10	7	4	—	—	—	—	—	—	—	—	—	—	—
10	1,230	1,078	103	33	14	2	—	—	—	—	—	—	—	—	—	—	—	—
11	749	651	70	15	9	1	2	1	—	—	—	—	—	—	—	—	—	—
12	481	412	50	12	4	2	—	—	—	1	—	—	—	—	—	—	—	—
13	291	242	33	10	3	2	—	—	1	—	—	—	—	—	—	—	—	—
14	225	193	25	5	—	—	—	1	—	1	—	—	—	—	—	—	—	—
15及以上	530	448	54	19	7	2	—	—	—	—	—	—	—	—	—	—	—	—
未詳	—	—	—	—	—	—	—	—	—	—	—	—	—	—	—	—	—	—

說明：（1）不包括外僑戶。

表 7　彭縣城市場集普通住家戶數按各戶內常住人數與常住家屬人數之分配(1)

戶內常住人數	戶內常住家屬人數 共計	0	1	2	3	4	5	6	7	8	9	10	11	12	13	14	15及以上	未詳
總計	13,274	22	1,868	2,439	2,563	2,274	1,520	1,009	715	330	219	116	71	62	16	15	35	—
1	1,671	14	1,657	—	—	—	—	—	—	—	—	—	—	—	—	—	—	—
2	2,233	5	151	2,077	—	—	—	—	—	—	—	—	—	—	—	—	—	—
3	2,377	2	42	246	2,087	—	—	—	—	—	—	—	—	—	—	—	—	—
4	2,186	1	12	77	314	1,782	—	—	—	—	—	—	—	—	—	—	—	—
5	1,503	—	2	25	98	307	1,071	—	—	—	—	—	—	—	—	—	—	—
6	1,206	—	2	6	39	128	283	748	—	—	—	—	—	—	—	—	—	—
7	806	—	1	4	17	31	82	141	530	—	—	—	—	—	—	—	—	—
8	443	—	—	2	4	15	52	67	94	209	—	—	—	—	—	—	—	—
9	284	—	—	2	3	7	20	26	49	51	126	—	—	—	—	—	—	—
10	239	—	—	—	—	2	8	17	29	43	58	82	—	—	—	—	—	—
11	99	—	—	—	1	1	1	6	6	16	14	11	43	—	—	—	—	—
12	90	—	1	—	—	1	—	2	2	3	9	15	13	44	—	—	—	—
13	41	—	—	—	—	—	3	1	2	5	5	3	6	8	8	—	—	—
14	34	—	—	—	—	—	—	—	3	—	4	3	5	7	4	8	—	—
15及以上	62	—	—	—	—	—	—	1	—	3	3	2	4	3	4	7	35	—
未詳	—	—	—	—	—	—	—	—	—	—	—	—	—	—	—	—	—	—

說明：(1)不包括外僑戶。

表 8　彭縣普通住家內之常時營業與家事管理侍從傭役之人口

戶業別	(1) 戶數	人口數														
		共計			營業人口											
					農林漁(牧)			採礦			製造工業			建築營造		
		小計	男	女	小計	男	女	小計	男	女	小計	男	女	小計	男	女
總計	68,913	142,995	106,047	36,948	98,983	80,163	18,820	22	19	3	23,024	7,670	15,354	994	984	10
純粹普通住家	896	1,543	703	840	—	—	—	—	—	—	—	—	—	—	—	—
兼有營業性質普通住家	67,117	141,452	105,344	36,108	98,983	80,163	18,820	22	19	3	23,024	7,670	15,354	994	984	10
農林漁(牧)	49,098	109,107	81,452	27,655	96,249	78,748	17,501	7	7	—	10,745	821	9,924	170	169	1
採礦	10	55	23	32	10	5	5	13	11	2	1	—	1	—	—	—
製造工業	5,354	11,089	7,430	3,659	797	496	301	—	—	—	9,900	6,661	3,239	9	9	—
建築營造	668	1,182	902	280	174	82	92	—	—	—	185	14	171	778	771	7
運輸交通	3,019	5,413	4,074	1,339	831	268	563	1	—	1	735	40	695	10	9	1
商業	4,565	8,116	6,459	1,657	480	292	188	—	—	—	854	89	765	16	15	1
[illegible]人[illegible]服務	1,631	3,042	2,435	607	129	72	57	1	1	—	264	24	240	5	5	—
公共服務	1,020	1,833	1,452	381	239	165	74	—	—	—	194	9	185	3	3	—
行業未詳	951	1,414	1,116	298	74	35	39	—	—	—	146	12	134	3	3	—
純粹或營業未詳	1	1	1	—	—	—	—	—	—	—	—	—	—	—	—	—

表 8　彭縣普通住家內之常時營業與家事管理侍從傭役之人口　（續）

戶業別	人口數：營業人口(1)：運輸交通			商業			旅館人事服務(2)			公共服務			行業未詳			家事管理人口			侍從傭役人口(3)		
	小計	男	女	小計	男	女	小計	男	女	小計	男	女	小計	男	女	小計	男	女	小計	男	女
總計	4,712	4,676	36	7,226	6,509	717	3,014	2,361	653	1,606	1,498	108	1,528	1,363	165	1	—	1	1,885	804	1,081
純粹普通住家	—	—	—	—	—	—	—	—	—	4	4	—	—	—	—	1	—	1	1,538	699	839
兼有營業性質普通住家	4,712	4,676	36	7,226	6,509	717	3,014	2,361	653	1,602	1,494	198	1,528	1,363	165	—	—	—	347	105	242
農林漁（牧）	829	819	10	429	389	40	104	66	38	242	230	12	195	170	25	—	—	—	137	33	104
採礦	2	2	—	2	2	—	23	—	23	—	—	—	2	2	—	—	—	—	2	1	1
製造工業	56	54	2	128	95	33	48	18	30	21	18	3	65	51	14	—	—	—	65	28	37
建築營造	16	16	—	12	6	6	1	—	1	4	3	1	12	10	2	—	—	—	—	—	—
運輸交通	3,683	3,660	23	70	44	26	33	12	21	6	5	1	39	33	6	—	—	—	5	3	2
商業	72	71	1	6,494	5,910	584	45	12	34	13	12	1	46	37	9	—	—	—	96	22	74
旅館人事服務	28	28	—	44	36	8	2,746	2,251	495	7	7	—	10	10	—	—	—	—	8	1	7
公共服務	14	14	—	29	17	12	7	2	5	1,306	1,216	90	13	12	1	—	—	—	28	14	14
行業未詳	12	12	—	18	10	8	7	1	6	3	3	—	1,145	1,037	108	—	—	—	6	3	3
純粹或營業未詳	—	—	—	—	—	—	—	—	—	—	—	—	1	1	—	—	—	—	—	—	—

說明：（1）祇包括有常時營業或做事人口，或僅有家事管理侍從傭役人口之普通住家。

（2）家事管理侍從傭役不在內。

（3）祇包括受僱用者，家庭主婦不在內。

表 9　彭縣營業戶內之常時營業之人口[1]

戶業別	戶數[2]	人口數		
		共計	男	女
總計	1,240	5,986	5,904	82
農林漁(牧)	2	20	20	—
採礦	184	2,210	2,197	13
製造工業	320	1,543	1,516	27
建築營造	1	3	3	—
運輸交通	8	32	32	—
商業	434	1,216	1,198	18
旅館人事服務	620	899	882	17
公共服務	20	41	38	3
行業未詳	10	22	18	4

說明：（1）包括各營業戶內所有在各該戶內常時工作之人口。

（2）係包括戶內有常時營業人口之營業戶及旅館寄寓，營業組織另設之寄宿舍等所成之戶不計內。

表 10　彭縣公共戶內之常時辦事與受管率之人口(1)

機關性質別	戶數(2)	人口數					
		辦事			受管率		
		共計	男	女	共計	男	女
總計	829	4,991	4,446	545	16,637	10,767	5,870
政府機關	216	1,803	1,784	19	65	60	5
軍警團隊	21	678	676	2	—	—	—
學校	223	1,252	978	274	16,339	10,497	5,842
社團	13	64	51	13	—	—	—
公共醫療所	2	37	25	12	—	—	—
救濟收容所	12	104	95	9	39	24	15
監獄與拘留所	2	20	18	2	194	186	8
寺廟	335	1,027	813	214	—	—	—
會館	5	6	6	—	—	—	—
其他	—	—	—	—	—	—	—

說明：（1）包括各公共戶內所有在各該戶內常時工作之人口。

（2）祇包括戶內有常時辦事與受管率之公共戶，公共戶另設之寄宿舍等所成之戶不在內。

表 11 彭縣各類戶常住人口

年齡組	共計			普通住家			旅館客寓		
	小計	男	女	小計	男	女	小計	男	女
總計	368,868	192,603	176,265	359,470	184,625	174,845	61	60	1
0—4	53,547	27,510	26,037	53,545	27,510	26,035	—	—	—
未滿1歲	6,922	3,484	3,438	6,922	3,484	3,438	—	—	—
1	13,006	6,492	6,514	13,006	6,492	6,514	—	—	—
2	12,145	6,223	5,922	12,145	6,223	5,922	—	—	—
3	11,299	5,953	5,346	11,298	5,953	5,345	—	—	—
4	10,175	5,358	4,317	10,174	5,358	4,316	—	—	—
5—9	44,835	24,701	20,134	44,786	24,660	20,126	1	1	—
5	9,261	4,938	4,323	9,254	4,934	4,320	—	—	—
6	10,944	6,013	4,931	10,938	6,008	4,930	—	—	—
7	7,177	3,853	3,324	7,173	3,849	3,324	—	—	—
8	10,915	6,103	4,812	10,899	6,088	4,811	—	—	—
9	6,538	3,794	2,744	6,522	3,781	2,741	1	1	—
10—14	42,357	24,417	17,940	41,133	23,537	17,596	3	3	—
10	10,707	5,932	4,775	10,661	5,889	4,772	—	—	—
11	6,211	3,626	2,585	6,138	3,564	2,574	1	1	—
12	10,399	6,045	4,354	10,144	5,847	4,297	2	2	—
13	7,104	4,164	2,940	6,730	3,913	2,817	—	—	—
14	7,936	4,650	3,286	7,460	4,324	3,136	—	—	—
15—19	21,835	11,812	10,023	20,305	10,827	9,478	5	5	—
15	6,327	3,667	2,660	5,925	3,388	2,537	2	2	—
16	5,828	3,135	2,693	5,426	2,872	2,554	2	2	—
17	3,255	1,683	1,572	3,001	1,537	1,464	—	—	—
18	4,502	2,314	2,188	4,185	2,097	2,088	1	1	—
19	1,923	1,013	910	1,768	913	855	—	—	—
20—24	16,274	7,884	8,390	15,136	6,861	8,275	8	8	—
20	5,527	2,628	2,899	5,144	2,289	2,855	3	3	—
21	1,901	954	947	1,765	834	931	1	1	—
22	3,688	1,820	1,868	3,422	1,574	1,848	4	4	—
23	1,908	986	922	1,762	860	902	—	—	—
24	3,250	1,496	1,754	3,043	1,304	1,739	—	—	—
25—29	17,939	8,798	9,141	16,851	7,784	9,067	6	6	—
25	4,259	2,062	2,197	3,981	1,812	2,169	3	3	—
26	3,501	1,585	1,916	3,582	1,675	1,907	2	2	—
27	2,024	1,006	1,018	1,895	883	1,012	1	1	—
28	5,956	2,870	3,086	5,610	2,552	3,058	—	—	—
29	1,899	975	924	1,783	862	921	—	—	—
30—34	22,360	10,728	11,632	21,287	9,712	11,575	8	8	—
30	9,397	4,504	4,893	8,913	4,044	4,869	2	2	—
31	2,457	1,214	1,243	2,346	1,107	1,239	3	3	—
32	5,301	2,580	2,721	5,048	2,339	2,709	—	—	—
33	1,760	842	918	1,683	772	911	1	1	—
34	3,445	1,588	1,857	3,297	1,450	1,847	2	2	[illegible]

按年齡與性別之分類(1)(2)

救濟機關善會			營業處所			公共處所		
小計	男	女	小計	男	女	小計	男	女
10	5	5	4,762	4,722	40	4,565	3,191	1,374
—	—	—	—	—	—	2	—	2
—	—	—	—	—	—	—	—	—
—	—	—	—	—	—	—	—	—
—	—	—	—	—	—	—	—	—
—	—	—	—	—	—	1	—	1
—	—	—	—	—	—	1	—	1
—	—	—	7	7	—	41	33	8
—	—	—	1	1	—	6	3	3
—	—	—	—	—	—	6	5	1
—	—	—	1	1	—	3	3	—
—	—	—	2	2	—	14	13	1
—	—	—	3	3	—	12	9	3
3	2	1	492	491	1	726	384	342
—	—	—	21	21	—	25	22	3
1	1	—	29	29	—	42	31	11
—	—	—	107	106	1	146	90	56
1	—	1	137	137	—	236	114	122
1	1	—	198	198	—	277	127	50
1	—	1	698	698	—	826	282	454
—	—	—	192	192	—	208	85	123
1	—	1	198	196	—	201	63	138
—	—	—	94	94	—	160	32	128
—	—	—	154	154	—	162	62	100
—	—	—	60	60	—	95	40	55
1	—	1	543	537	6	586	478	108
—	—	—	203	200	3	177	136	41
—	—	—	48	48	—	87	71	16
1	—	1	132	130	2	129	112	17
—	—	—	63	62	1	83	64	19
—	—	—	97	97	—	110	95	15
2	2	—	514	511	3	566	495	71
1	1	—	139	137	2	135	109	26
—	—	—	108	108	—	109	100	9
1	1	—	47	47	—	80	74	6
—	—	—	175	174	1	171	144	27
—	—	—	45	45	—	71	68	3
1	1	—	563	558	5	501	449	52
1	1	—	289	284	5	192	173	19
—	—	—	41	41	—	67	63	4
—	—	—	139	139	—	114	102	12
—	—	—	19	19	—	57	50	7
—	—	—	75	75	—	71	61	10

表 11 彭縣各類戶常住人口

年齡組	共計			普通住家			旅館寄寓		
	小計	男	女	小計	男	女	小計	男	女
35——39	24,907	12,118	12,789	24,138	11,381	12,757	2	2	—
35	5,626	2,745	2,881	5,408	2,536	2,872	—	—	—
36	5,510	2,598	2,912	5,331	2,422	2,909	—	—	—
37	2,842	1,314	1,528	2,767	1,245	1,522	1	1	—
38	7,947	3,782	4,165	7,729	3,577	4,152	1	1	—
39	2,982	1,679	1,303	2,903	1,601	1,302	—	—	—
40——44	22,430	10,396	12,034	21,841	9,846	11,995	3	3	—
40	9,472	4,457	5,015	9,186	4,190	4,996	—	—	—
41	2,605	1,277	1,328	2,536	1,214	1,322	1	1	—
42	5,448	2,472	2,976	5,316	2,348	2,968	1	1	—
43	2,164	1,024	1,140	2,119	981	1,138	1	1	—
44	2,741	1,166	1,575	2,684	1,113	1,571	—	—	—
45——49	26,395	14,728	11,667	25,825	14,193	11,632	6	6	—
45	5,797	2,870	2,927	5,639	2,724	2,915	—	—	—
46	5,723	3,058	2,665	5,623	2,962	2,661	1	1	—
47	3,101	1,809	1,292	3,033	1,745	1,288	1	1	—
48	8,166	4,646	3,520	7,990	4,477	3,513	3	3	—
49	3,608	2,345	1,263	3,540	2,285	1,255	1	1	—
50——54	23,157	13,628	9,529	22,614	13,131	9,483	10	9	1
50	9,479	5,119	4,360	9,219	4,882	4,337	5	4	1
51	3,007	1,959	1,048	2,951	1,910	1,041	—	—	—
52	5,210	3,243	1,967	5,107	3,144	1,963	2	2	—
53	2,147	1,353	794	2,093	1,305	788	2	2	—
54	3,314	1,954	1,360	3,244	1,890	1,354	1	1	—
55——59	15,369	8,535	6,834	15,086	8,278	6,808	3	3	—
55	3,346	1,953	1,393	3,278	1,893	1,385	1	1	—
56	4,073	2,277	1,796	3,987	2,196	1,791	1	1	—
57	1,666	891	775	1,644	872	772	1	1	—
58	4,723	2,568	2,155	4,645	2,498	2,147	—	—	—
59	1,561	846	715	1,532	810	713	—	—	—
60——64	14,643	7,347	7,296	14,385	7,115	7,270	4	4	—
60	6,602	3,184	3,418	6,473	3,070	3,403	2	2	—
61	1,802	949	853	1,777	926	851	1	1	—
62	3,049	1,605	1,444	2,991	1,554	1,437	1	1	—
63	1,254	656	598	1,236	639	597	—	—	—
64	1,936	953	983	1,908	926	982	—	—	—
65——69	9,407	4,403	5,004	9,293	4,307	4,986	1	1	—
65	2,681	1,305	1,376	2,645	1,275	1,370	—	—	—
66	1,848	881	967	1,820	860	960	1	1	—
67	1,336	618	718	1,325	607	718	—	—	—
68	2,661	1,200	1,461	2,628	1,172	1,456	—	—	—
69	881	399	482	875	393	482	—	—	—

按年齡與性別之分類(1)(2) (續)

簡易旅館寄宿舍			營業處所			公共處所		
小計	男	女	小計	男	女	小計	男	女
—	—	—	470	468	2	297	267	30
—	—	—	143	142	1	75	67	8
—	—	—	106	106	—	73	70	3
—	—	—	36	36	—	38	32	6
—	—	—	143	142	1	74	62	12
—	—	—	42	42	—	37	36	1
—	—	—	375	372	3	211	175	36
—	—	—	191	190	1	95	77	18
—	—	—	34	34	—	34	28	6
—	—	—	88	88	—	43	35	8
—	—	—	24	23	1	20	19	1
—	—	—	38	37	1	19	16	3
2	—	2	376	372	4	186	157	29
—	—	—	102	100	2	56	46	10
1	—	1	67	67	—	31	28	3
—	—	—	47	47	—	20	16	4
—	—	—	129	129	—	44	37	7
1	—	1	31	29	2	35	30	5
—	—	—	340	331	9	193	157	36
—	—	—	166	159	7	89	74	15
—	—	—	31	31	—	25	18	7
—	—	—	67	67	—	34	30	4
—	—	—	31	29	2	21	17	4
—	—	—	45	45	—	24	18	6
—	—	—	175	173	2	105	81	24
—	—	—	37	37	—	30	22	8
—	—	—	55	55	—	30	25	5
—	—	—	12	12	—	9	6	3
—	—	—	52	50	2	26	20	6
—	—	—	19	19	—	10	8	2
—	—	—	129	127	2	125	101	24
—	—	—	63	61	2	64	51	13
—	—	—	10	10	—	14	12	2
—	—	—	29	29	—	28	21	7
—	—	—	9	9	—	9	8	1
—	—	—	18	18	—	10	9	1
—	—	—	45	45	—	68	50	18
—	—	—	18	18	—	18	12	6
—	—	—	6	6	—	21	14	7
—	—	—	3	3	—	8	8	—
—	—	—	15	15	—	18	13	5
—	—	—	3	3	—	3	3	—

表11　彭縣各類戶常住人口

年齡組	共計			普通住家			旅舘客寓		
	小計	男	女	小計	男	女	小計	男	女
70——74	7,525	3,286	4,239	7,443	3,229	4,214	1	1	—
70	3,562	1,501	2,061	3,523	1,476	2,047	—	—	—
71	967	466	501	954	457	497	—	—	—
72	1,420	624	796	1,409	616	793	—	—	—
73	701	305	396	689	296	393	1	1	—
74	875	390	485	868	384	484	—	—	—
75——79	3,484	1,412	2,072	3,455	1,391	2,064	—	—	—
75	960	380	580	954	375	579	—	—	—
76	887	358	529	877	350	527	—	—	—
77	312	136	176	308	132	176	—	—	—
78	1,061	430	631	1,053	427	626	—	—	—
79	264	108	156	263	107	156	—	—	—
80——84	1,707	641	1,066	1,697	634	1,063	—	—	—
80	888	331	557	882	326	556	—	—	—
81	202	77	125	201	76	125	—	—	—
82	308	118	190	306	118	188	—	—	—
83	126	45	81	125	44	81	—	—	—
84	183	70	113	183	70	113	—	—	—
85——89	452	148	304	449	146	303	—	—	—
85	143	51	92	142	50	92	—	—	—
86	130	43	87	129	43	86	—	—	—
87	45	13	32	44	12	32	—	—	—
88	87	27	60	87	27	60	—	—	—
89	47	14	33	47	14	33	—	—	—
90——94	100	35	65	100	35	65	—	—	—
90	51	25	26	51	25	26	—	—	—
91	19	5	14	19	5	14	—	—	—
92	11	1	10	11	1	10	—	—	—
93	6	1	5	6	1	5	—	—	—
94	13	3	10	13	3	10	—	—	—
95——99	23	8	15	23	8	15	—	—	—
95	10	4	6	10	4	6	—	—	—
96	7	3	4	7	3	4	—	—	—
97	1	—	1	1	—	1	—	—	—
98	1	1	—	1	1	—	—	—	—
99	4	—	4	4	—	4	—	—	—
100歲及以上	1	1	—	—	—	—	—	—	—
未詳	121	67	54	78	40	38	—	—	—

說明：(1)不包括外國籍人口。

(2)未填報戶口普查表只填報人口概況調查表之公共戶內常住人口，計男167人，女

按年齡與性別之分類(1)(2)　(續)

廠號機關寄宿舍			營業處所			公共處所		
小計	男	女	小計	男	女	小計	男	女
—	—	—	18	16	2	63	40	23
—	—	—	7	5	2	32	20	12
—	—	—	1	1	—	12	8	4
—	—	—	5	5	—	6	3	3
—	—	—	3	3	—	8	5	3
—	—	—	2	2	—	5	4	1
—	—	—	6	6	—	23	15	8
—	—	—	—	—	—	6	5	1
—	—	—	3	3	—	7	5	2
—	—	—	2	2	—	2	2	—
—	—	—	—	—	—	8	3	5
—	—	—	1	1	—	—	—	—
—	—	—	—	—	—	10	7	3
—	—	—	—	—	—	6	5	1
—	—	—	—	—	—	1	1	—
—	—	—	—	—	—	2	—	2
—	—	—	—	—	—	1	1	—
—	—	—	—	—	—	—	—	—
—	—	—	—	—	—	3	2	1
—	—	—	—	—	—	1	1	—
—	—	—	—	—	—	1	—	1
—	—	—	—	—	—	1	1	—
—	—	—	—	—	—	—	—	—
—	—	—	—	—	—	—	—	—
—	—	—	—	—	—	—	—	—
—	—	—	—	—	—	—	—	—
—	—	—	—	—	—	—	—	—
—	—	—	—	—	—	—	—	—
—	—	—	—	—	—	—	—	—
—	—	—	—	—	—	—	—	—
—	—	—	—	—	—	—	—	—
—	—	—	—	—	—	—	—	—
—	—	—	—	—	—	—	—	—
—	—	—	—	—	—	—	—	—
—	—	—	—	—	—	—	—	—
—	—	—	—	—	—	—	—	—
—	—	—	—	—	—	1	1	—
—	—	—	11	10	1	32	17	15

14人，共 178 人未統計在內。

表 12　彭縣各鄉鎮各類戶常

鄉鎮別	共計					普通住家					旅館客寓				
	小計	18—20	21—25	26—35	36—45	小計	18—20	21—25	26—35	36—45	小計	18—20	21—25	26—35	36—45
總計	56,121	5,955	7,318	20,209	22,639	51,318	5,299	6,384	18,220	21,415	28	4	8	11	5
中心鎮	4,200	515	652	1,587	1,446	2,924	330	383	1,043	1,168	20	3	6	8	3
清平鄉	1,464	119	164	481	700	1,450	119	161	474	696	—	—	—	—	—
致和鄉	2,629	258	313	940	1,118	2,535	240	296	904	1,095	—	—	—	—	—
太平鄉	2,140	259	275	753	853	2,087	251	263	730	843	—	—	—	—	—
人和鄉	1,875	191	237	626	821	1,866	188	236	623	819	—	—	—	—	—
利安鄉	2,299	229	267	829	974	2,275	217	264	821	973	—	—	—	—	—
麗春鄉	1,811	166	241	682	722	1,757	157	229	661	710	—	—	—	—	—
隆豐鄉	1,698	209	257	558	674	1,647	194	246	541	666	—	—	—	—	—
塲口鄉	1,390	175	216	505	494	1,169	138	158	422	451	2	—	—	1	1
濛陽鎮	2,335	245	254	870	966	2,192	220	234	810	928	1	—	1	—	—
昇平鄉	2,172	197	242	794	939	2,143	194	238	780	931	—	—	—	—	—
護和鄉	2,340	207	263	863	1,007	2,298	202	252	848	996	—	—	—	—	—
竹瓦鄉	1,920	190	204	633	893	1,902	189	201	630	882	—	—	—	—	—
三邑鄉	1,408	131	158	486	633	1,386	129	151	482	624	—	—	—	—	—
九尺鄉	2,156	212	257	781	906	2,084	200	241	752	891	—	—	—	—	—
敖平鄉	1,088	139	147	409	393	992	123	127	367	375	2	1	—	—	1
人平鄉	1,200	128	142	443	487	1,193	127	141	442	483	—	—	—	—	—
軍屯鄉	1,846	209	202	636	799	1,805	206	197	613	789	—	—	—	—	—
羅萬鄉	719	63	89	251	316	716	63	87	250	316	1	—	1	—	—
楠木鄉	2,072	193	243	776	860	1,987	182	224	745	836	—	—	—	—	—
集賢鄉	1,415	132	177	484	622	1,369	128	172	463	606	—	—	—	—	—
永定鄉	1,258	126	150	427	555	1,224	120	145	411	548	—	—	—	—	—
萬年鄉	1,470	157	176	528	609	1,394	148	161	493	592	—	—	—	—	—
紅岩鄉	1,938	229	201	712	796	1,837	224	182	648	783	—	—	—	—	—
新興鄉	2,419	274	354	878	913	2,006	208	273	715	810	2	—	—	2	—
思文鄉	674	70	96	259	249	463	52	70	169	172	—	—	—	—	—
白鹿鄉	1,537	161	252	543	581	1,309	141	193	466	509	—	—	—	—	—
寶興鄉	1,420	156	243	571	450	896	90	120	328	358	—	—	—	—	—
復興鄉	962	101	177	354	330	920	96	169	341	314	—	—	—	—	—
通濟鄉	2,451	291	379	881	900	1,915	219	313	679	704	—	—	—	—	—
磁峯鄉	1,815	223	290	669	633	1,577	204	257	569	547	—	—	—	—	—
船舶	—	—	—	—	—	—	—	—	—	—	—	—	—	—	—

說明　(1)不包括外國籍人口。

(2)未填戶口普查表只填個人口概況調查表之公共戶內常住男口，未統計在內。

住人口壯丁之年齡分配(1)(2)

區號機關寄宿舍					營業總所					公共場所				
小計	18—20	21—25	26—35	36—45	小計	18—20	21—25	26—35	36—45	小計	18—20	21—25	26—35	36—45
3	—	1	2	—	2,760	414	474	1,074	[illegible]	2,012	238	451	[illegible]	[illegible]
—	—	—	—	—	482	407	10[illegible]	470	10[illegible]	774	75	159	366	[illegible]
—	—	—	—	—	—	—	—	—	—	14	—	3	7	4
—	—	—	—	—	4	2	—	1	1	90	16	17	35	22
—	—	—	—	—	9	2	2	2	3	44	6	10	21	7
—	—	—	—	—	5	2	1	2	—	4	1	—	1	2
—	—	—	—	—	—	—	—	—	—	24	12	3	8	1
—	—	—	—	—	26	6	5	9	6	28	3	7	12	6
—	—	—	—	—	27	6	8	9	4	24	9	3	8	4
—	—	—	—	—	150	27	37	60	26	69	10	21	22	16
—	—	—	—	—	116	25	[illegible]	44	35	26	—	7	16	3
—	—	—	—	—	7	1	1	2	3	22	2	3	12	5
—	—	—	—	—	9	1	1	3	4	33	4	10	12	7
—	—	—	—	—	11	1	3	2	5	7	—	—	1	6
—	—	—	—	—	9	1	5	1	2	13	1	2	3	7
—	—	—	—	—	48	8	9	18	13	24	4	7	11	2
—	—	—	—	—	58	10	17	23	8	36	5	3	19	9
—	—	—	—	—	2	1	—	1	—	5	—	1	—	4
—	—	—	—	—	16	3	2	8	3	25	—	3	15	7
—	—	—	—	—	—	—	—	—	—	2	—	1	1	—
—	—	—	—	—	22	3	2	9	8	63	8	17	22	16
—	—	—	—	—	—	—	—	—	—	46	4	5	21	16
—	—	—	—	—	43	4	1	4	4	21	2	4	12	3
—	—	—	—	—	47	7	9	20	11	29	2	6	15	6
—	—	—	—	—	11	1	3	6	1	90	4	16	58	12
—	—	—	—	—	[illegible]47	56	64	437	90	64	10	17	24	13
—	—	—	—	—	292	15	20	83	74	19	3	6	7	3
—	—	—	—	—	182	15	37	62	68	46	5	22	15	4
3	—	1	2	—	228	23	42	111	52	293	43	80	130	40
—	—	—	—	—	38	5	8	11	14	4	—	—	2	2
—	—	—	—	—	493	64	53	192	184	43	8	13	10	12
—	—	—	—	—	208	18	28	84	78	30	1	5	16	8
—	—	—	—	—	—	—	—	—	—	—	—	—	—	—

表 13 彭縣各鄉鎮普通住家常住人口六歲至十二歲兒童按性別與已未就學之分類 (1)

鄉鎮別	共計 小計	共計 男	共計 女	已就學 小計	已就學 男	已就學 女	未就學 小計	未就學 男	未就學 女	未詳 小計	未詳 男	未詳 女
總計	62,575	35,126	27,449	22,044	15,586	6,458	40,313	19,369	20,944	118	71	47
中心鎮	4,099	2,165	1,934	1,915	1,636	1,279	1,166	518	648	18	11	7
清平鄉	2,169	1,188	981	854	596	258	1,303	585	718	12	7	5
致和鄉	3,579	1,979	1,600	1,279	955	324	2,295	1,020	1,275	5	4	1
太平鄉	2,404	1,280	1,124	909	654	255	1,494	625	869	1	1	—
人和鄉	2,347	1,277	1,070	882	661	221	1,463	614	849	2	2	—
利安鄉	2,967	1,637	1,330	708	505	203	2,259	1,132	1,127	—	—	—
麗春鄉	2,066	1,151	915	668	469	199	1,395	682	713	3	—	3
隆豐鄉	1,783	1,005	778	545	382	163	1,238	623	615	—	—	—
[illegible]口鄉	1,171	658	513	340	242	98	826	416	410	5	—	5
濛陽鎮	2,704	1,544	1,160	1,318	865	453	1,386	679	707	—	—	—
昇平鄉	2,964	1,702	1,262	914	720	194	2,039	973	1,066	11	9	2
義和鄉	2,624	1,538	1,086	883	700	183	1,726	827	899	15	11	4
竹瓦鄉	2,429	1,380	1,049	925	712	213	1,493	661	832	11	7	4
三邑鄉	1,764	1,006	758	754	578	176	1,006	424	582	4	4	—
九尺鄉	2,532	1,427	1,105	962	618	344	1,569	809	760	1	—	1
敖平鄉	1,295	737	558	590	393	197	705	344	361	—	—	—

人千鄉	1,334	753	581	479	346	133	855	407	448	—	—	—
軍屯鄉	2,322	1,340	982	752	570	182	1,569	769	800	1	1	—
[illegible]鹿鄉	883	531	352	362	293	69	521	238	283	—	—	—
樹木鄉	2,132	1,286	1046	720	521	199	1,612	765	847	—	—	—
[illegible]寶鄉	1,829	1,028	801	611	433	178	1,210	589	621	8	6	2
永定鄉	1,577	865	712	595	445	150	980	419	561	2	1	1
萬年鄉	1,194	876	618	497	357	140	990	514	476	7	5	2
紅岩鄉	1,658	970	688	263	205	58	1,395	765	630	—	—	—
新興鄉	2,175	1,214	961	532	387	145	1,633	825	808	10	2	8
[illegible]文鄉	548	306	242	127	94	33	421	212	209	—	—	—
白龍鄉	1,141	821	620	284	206	78	1,157	615	542	—	—	—
寶興鄉	953	550	403	175	121	54	778	429	349	—	—	—
復興鄉	969	553	416	221	165	56	748	388	360	—	—	—
[illegible]河鄉	2,252	1,285	967	682	520	162	1,568	765	803	2	—	2
[illegible]峯鄉	1,811	974	837	298	237	61	1,513	737	776	—	—	—
[illegible]	—	—	—	—	—	—	—	—	—	—	—	—

說明：（1）不包括外國籍人口。

表 14　彭縣常住人口按年齡性別與是否識字之分類 (1)(2)

年齡組	共計			識字者			不識字者			未詳		
	小計	男	女	小計	男	女	小計	男	女	小計	男	女
總計	368,868	192,603	176,265	91,610	71,686	19,924	277,047	120,763	156,284	211	154	57
0——4	53,547	27,510	26,037	303	195	108	53,242	27,315	25,927	2	—	2
未滿1歲	6,922	3,484	3,438	—	—	—	6,922	3,484	3,438	—	—	—
1	13,006	6,492	6,514	—	—	—	13,006	6,492	6,514	—	—	—
2	12,145	6,223	5,922	2	—	2	12,143	6,223	5,920	—	—	—
3	11,299	5,953	5,346	30	21	9	11,269	5,932	5,337	—	—	—
4	10,175	5,358	4,817	271	174	97	9,902	5,184	4,718	2	—	2
5——9	44,835	24,701	20,134	12,103	8,415	3,688	32,713	16,279	13,434	19	7	12
5	9,261	4,938	4,323	823	525	298	8,436	4,413	4,023	2	—	2
6	10,944	6,013	4,931	2,367	1,598	769	8,572	4,413	4,159	5	2	3
7	7,177	3,853	3,324	2,196	1,465	731	4,977	2,386	2,591	4	2	2
8	10,915	6,103	4,812	3,938	2,837	1,101	6,972	3,265	3,707	5	1	4
9	6,538	3,794	2,744	2,779	1,990	789	3,756	1,802	1,954	3	2	1
10——14	42,357	24,417	17,940	17,210	12,284	4,926	25,132	12,127	13,005	15	6	9
10	10,707	5,932	4,775	4,160	2,994	1,166	6,543	2,937	3,606	4	1	3
11	6,211	3,626	2,585	2,702	1,958	744	3,508	1,667	1,841	1	1	—
12	10,399	6,045	4,354	4,223	3,021	1,202	6,170	3,022	3,148	6	2	4
13	7,104	4,164	2,940	2,947	2,081	866	4,156	2,082	2,074	1	1	—
14	7,936	4,650	3,286	3,178	2,230	948	4,755	2,419	2,336	3	1	2
15——19	21,835	11,812	10,023	8,423	5,559	2,864	13,398	6,243	7,155	14	10	4
15	6,327	3,667	2,660	2,515	1,724	791	3,809	1,940	1,869	3	3	—
16	5,828	3,135	2,693	2,240	1,459	781	3,583	1,672	1,911	5	4	1
17	3,255	1,683	1,572	1,352	860	492	1,902	822	1,080	1	1	—

18	4,502	2,314	2,188	1,568	1,031	537	2,932	1,282	1,650	2	1	1
19	1,923	1,013	910	748	485	263	1,172	527	645	3	1	2
20——24	16,274	7,884	8,390	5,247	3,841	1,406	11,015	4,033	6,982	12	10	2
25——29	17,939	8,798	9,141	5,653	4,356	1,297	12,249	4,408	7,841	37	34	5
30——34	22,360	10,728	11,632	6,281	5,004	1,277	16,045	5,696	10,349	34	28	6
35——39	24,709	12,118	12,789	6,914	5,739	1,175	17,980	6,369	11,611	13	10	3
40——44	22,430	10,396	12,034	5,563	4,593	970	16,858	5,797	11,061	9	6	3
45——49	26,395	14,728	11,667	7,388	6,568	820	18,995	8,149	10,846	12	11	1
50——54	23,157	13,628	9,529	5,860	5,315	545	17,294	8,311	8,983	3	2	1
55——59	15,369	8,535	6,834	3,697	3,404	293	11,666	5,129	6,537	6	2	4
60——64	14,643	7,347	7,296	2,948	2,715	233	11,690	4,628	7,062	5	4	1
65——69	9,407	4,403	5,004	1,795	1,659	136	7,609	2,742	4,867	3	2	1
70——74	7,525	3,286	4,239	1,274	1,177	97	6,247	2,107	4,140	4	2	2
75——79	3,484	1,412	2,072	609	556	53	2,875	856	2,019	—	—	—
80——84	1,707	641	1,066	226	213	13	1,481	428	1,053	—	—	—
85——89	452	148	304	58	53	5	394	95	299	—	—	—
90——94	100	35	65	12	12	—	88	23	65	—	—	—
95——99	23	8	15	1	1	—	22	7	15	—	—	—
100歲及以上	1	1	—	1	1	—	—	—	—	—	—	—
未　詳	121	67	54	44	26	18	54	21	33	23	20	3

說明：（1）不包括外國籍人口。
（2）未填戶口普查表只填戶口概況調查表之公共戶內常住人口，未統計在內。

表 14a 彭縣普通住家常住人口按年齡性別與是否識字之分類（1）

年齡組	共計 小計	共計 男	共計 女	識字者 小計	識字者 男	識字者 女	不識字者 小計	不識字者 男	不識字者 女	未詳 小計	未詳 男	未詳 女
總計	359,470	184,625	174,845	85,883	67,177	18,706	273,474	117,386	156,088	113	62	51
0—4	53,545	27,510	26,035	302	195	107	53,241	27,315	25,926	2	—	2
未滿1歲	6,922	3,484	3,438	—	—	—	6,922	3,484	3,438	—	—	—
1	13,006	6,492	6,514	—	—	—	13,006	6,492	6,514	—	—	—
2	12,145	6,293	5,922	2	—	2	12,143	6,223	5,920	—	—	—
3	11,298	5,953	5,345	29	21	8	11,269	5,932	5,337	—	—	—
4	10,174	5,358	4,816	271	174	97	9,901	5,184	4,717	2	—	2
5—9	44,786	24,660	20,126	12,066	8,384	3,682	32,701	16,269	16,432	19	7	12
5	9,254	4,934	4,320	819	523	296	8,433	4,411	4,022	2	—	2
6	10,938	6,008	4,930	2,361	1,593	768	8,572	4,413	4,159	5	2	3
7	7,173	3,849	3,324	2,194	1,463	731	4,975	2,384	2,591	4	2	2
8	10,899	6,088	4,811	3,928	2,827	1,101	6,966	3,260	3,706	5	1	4
9	6,522	3,781	2,741	2,764	1,978	786	3,755	1,801	1,954	3	2	1
10—14	41,133	23,537	17,596	16,232	11,645	4,587	24,886	11,886	13,000	15	6	9
10	10,661	5,889	4,772	4,136	2,973	1,163	6,521	2,915	3,606	4	1	3
11	6,138	3,564	2,574	2,643	1,910	733	3,494	1,653	1,841	1	1	—
12	10,144	5,847	4,297	4,029	2,881	1,148	6,109	2,964	3,145	6	2	4
13	7,030	4,213	2,817	2,635	1,891	744	4,394	2,321	2,073	1	1	—
14	7,460	4,324	3,136	2,789	1,990	799	4,668	2,333	2,335	3	1	2
15—19	20,305	10,827	9,478	7,233	4,909	2,324	13,058	5,908	7,150	14	10	4
15	5,925	3,388	2,537	2,198	1,528	670	3,724	1,857	1,867	3	3	—
16	5,426	2,872	2,554	1,923	1,280	643	3,498	1,588	1,910	5	4	1
17	3,001	1,557	1,444	1,141	776	365	1,859	780	1,079	1	1	—

18	4,185	2,097	2,088	1,338	900	438	2,845	1,196	1,649	2	1	1
19	1,768	913	855	633	425	208	1,132	487	645	3	1	2
20—24	15,136	6,861	8,275	4,533	3,232	1,301	10,600	3,628	6,972	3	1	2
25—29	16,851	7,784	9,067	5,001	3,768	1,233	11,845	4,014	7,831	5	2	3
30—34	21,287	9,712	11,575	5,732	4,499	1,233	15,547	5,209	10,338	8	4	4
35—39	24,138	11,381	12,757	6,521	5,362	1,159	17,606	6,011	11,595	11	8	3
40—44	21,841	9,846	11,995	5,277	4,329	948	16,559	5,513	11,046	5	4	1
45—49	25,825	14,193	11,632	7,107	6,310	797	18,711	7,877	10,834	7	6	1
50—54	22,614	13,131	9,483	5,593	5,066	527	17,020	8,064	8,956	1	1	—
55—59	15,086	8,278	6,808	3,560	3,276	284	11,523	5,002	6,521	3	—	3
60—64	14,385	7,115	7,270	2,843	2,616	227	11,540	4,498	7,042	2	1	1
65—69	9,293	4,307	4,986	1,747	1,614	133	7,544	2,692	4,852	2	1	1
70—74	7,443	3,229	4,214	1,229	1,140	89	6,210	2,087	4,123	4	2	2
75—79	3,455	1,391	2,064	596	543	53	2,859	848	2,011	—	—	—
80—84	1,697	634	1,063	225	212	13	1,472	422	1,050	—	—	—
85—89	449	146	303	58	53	5	391	93	298	—	—	—
90—94	100	35	65	12	12	—	88	23	65	—	—	—
95—99	23	8	15	1	1	—	22	7	15	—	—	—
100歲及以上	—	—	—	—	—	—	—	—	—	—	—	—
未詳	78	40	38	15	11	4	51	20	31	12	9	3

說明：（1）不包括外國籍人口。

表 15　彭縣常住人口識字者按年齡性別與教育程度之分類[1][2]

年齡組	共計			私塾			小學程度								
							肄業			畢業			未詳		
	小計	男	女	小計	男	女	小計	男	女	小計	男	女	小計	男	女
總計	91,610	71,686	19,924	58,239	49,619	8,620	26,153	17,405	8,748	1,705	1,306	399	108	62	46
0—4	303	195	108	34	30	4	248	158	90	—	—	—	—	—	—
未滿1歲	—	—	—	—	—	—	—	—	—	—	—	—	—	—	—
1	—	—	—	—	—	—	—	—	—	—	—	—	—	—	—
2	2	—	2	—	—	—	—	—	—	—	—	—	—	—	—
3	30	21	9	4	3	1	17	17	—	—	—	—	—	—	—
4	271	174	97	30	27	3	231	141	90	—	—	—	—	—	—
5—9	12,103	8,415	3,688	1,961	1,644	317	10,037	6,692	3,345	17	17	—	3	3	—
5	823	525	298	72	57	15	746	465	281	—	—	—	—	—	—
6	2,367	1,598	769	332	279	53	2,013	1,304	709	—	—	—	—	—	—
7	2,196	1,465	731	327	266	61	1,848	1,184	664	—	—	—	—	—	—
8	3,938	2,837	1,101	678	583	95	3,234	2,237	997	—	—	—	1	1	—
9	2,779	1,990	789	552	459	93	2,196	1,502	694	17	17	—	2	2	—
10—14	17,210	12,284	4,926	5,292	4,410	882	10,214	6,878	3,336	672	526	146	21	16	5
10	4,160	2,994	1,166	981	824	157	3,061	2,073	988	83	78	5	2	2	—
11	2,702	1,958	744	674	563	111	1,889	1,293	596	98	82	16	3	3	—
12	4,223	3,021	1,202	1,251	1,032	219	2,578	1,743	835	209	159	50	6	3	3
13	2,947	2,081	866	1,043	8,72	171	1,431	959	472	118	88	30	3	3	—
14	3,178	2,230	948	1,343	1,119	224	1,255	810	445	164	119	45	7	5	2
15—19	8,423	5,559	2,864	4,291	3,371	920	2,497	1,509	988	354	249	105	16	5	11
15	2,515	1,724	791	1,244	995	249	829	505	324	111	83	28	1	1	—

16	2,240	1,459	781	1,077	863	214	721	421	300	94	68	26	5	2	3
17	1,352	860	492	694	532	162	369	234	135	50	32	18	2	—	2
18	1,568	1,031	537	865	666	199	402	242	160	75	49	26	4	1	3
19	748	485	263	411	315	96	176	107	69	24	17	7	4	1	3
20——24	5,247	3,841	1,406	3,503	2,741	762	909	574	335	180	121	59	13	6	7
25——29	5,653	4,356	1,297	4,216	3,355	861	703	463	240	130	96	34	15	7	8
30——34	6,281	5,004	1,277	5,158	4,174	984	541	365	176	93	76	17	7	3	4
35——39	6,914	5,739	1,175	5,972	5,000	972	431	315	116	112	95	17	6	3	3
40——44	5,563	4,593	970	5,985	4,146	839	259	178	81	54	43	11	5	2	3
45——49	7,388	6,568	820	6,892	6,120	772	195	175	20	55	48	7	7	5	2
50——54	5,860	5,315	545	5,615	5,097	518	60	53	7	25	22	3	6	5	1
55——59	3,697	3,404	293	3,564	3,290	274	20	15	5	4	4	—	3	1	2
60——64	2,948	2,715	233	2,867	2,646	221	13	9	4	9	9	—	3	3	—
65——69	1,795	1,659	136	1,748	1,619	129	9	6	3	—	—	—	2	2	—
70——74	1,274	1,177	97	1,239	1,145	94	3	2	1	—	—	—	—	—	—
75——79	609	556	53	597	546	51	2	2	—	—	—	—	—	—	—
80——84	226	213	13	219	207	12	1	1	—	—	—	—	1	1	—
85——89	58	53	5	57	52	5	—	—	—	—	—	—	—	—	—
90——94	12	12	—	12	12	—	—	—	—	—	—	—	—	—	—
95——99	1	1	—	1	1	—	—	—	—	—	—	—	—	—	—
100歲及以上	1	1	—	1	1	—	—	—	—	—	—	—	—	—	—
未　詳	44	26	18	15	12	3	11	10	1	—	—	—	—	—	—

表 15　　彭縣常住人口識字者按年齡性別與教育程度之分類(1)(2)　　(續)

年齡組	中學程度									大學程度									未詳		
	肄業			畢業			未詳			肄業			畢業			未詳					
	小計	男	女	小計	男	女	小計	男	女	小計	男	女	小計	男	女	小計	男	女	小計	男	女
總計	3,230	1,617	1,613	460	372	88	48	35	13	144	128	16	99	86	13	9	7	2	1,415	1,049	366
0—4	—	—	—	—	—	—	—	—	—	—	—	—	—	—	—	—	—	—	21	7	14
未滿1歲	—	—	—	—	—	—	—	—	—	—	—	—	—	—	—	—	—	—	—	—	—
1	—	—	—	—	—	—	—	—	—	—	—	—	—	—	—	—	—	—	—	—	—
2	—	—	—	—	—	—	—	—	—	—	—	—	—	—	—	—	—	—	2	—	2
3	—	—	—	—	—	—	—	—	—	—	—	—	—	—	—	—	—	—	9	1	8
4	—	—	—	—	—	—	—	—	—	—	—	—	—	—	—	—	—	—	10	6	4
5—9	1		—	—	—	—	—	—	—	—	—	—	—	—	—	—	—	—	84	58	26
5	—	—	—	—	—	—	—	—	—	—	—	—	—	—	—	—	—	—	5	3	2
6	—	—	—	—	—	—	—	—	—	—	—	—	—	—	—	—	—	—	22	15	7
7	—	—	—	—	—	—	—	—	—	—	—	—	—	—	—	—	—	—	21	15	6
8	—	—	—	—	—	—	—	—	—	—	—	—	—	—	—	—	—	—	25	16	9
9	1	1	—	—	—	—	—	—	—	—	—	—	—	—	—	—	—	—	11	9	2
10—14	817	309	508	7	5	2	—	—	—	—	—	—	—	—	—	—	—	—	187	140	47
10	2	—	2	—	—	—	—	—	—	—	—	—	—	—	—	—	—	—	31	17	14
11	20	5	15	—	—	—	—	—	—	—	—	—	—	—	—	—	—	—	18	12	6
12	139	50	89	—	—	—	—	—	—	—	—	—	—	—	—	—	—	—	40	34	6
13	302	120	182	2	1	1	—	—	—	—	—	—	—	—	—	—	—	—	48	38	10
14	354	134	220	5	4	1	—	—	—	—	—	—	—	—	—	—	—	—	50	39	11
15—19	1,090	312	778	40	23	17	4	2	2	4	4	—	—	—	—	—	—	—	127	84	43
15	292	110	182	4	3	1	—	—	—	—	—	—	—	—	—	—	—	—	34	27	7

16	299	76	223	5	5	—	2	2	—	—	—	—	—	—	—	—	—	—	37	22	15
17	215	50	165	6	3	3	—	—	—	—	—	—	—	—	—	—	—	—	16	9	7
18	181	46	135	13	7	6	2	—	2	2	2	—	—	—	—	—	—	—	24	18	6
19	103	30	73	12	5	7	—	—	—	2	2	—	—	—	—	—	—	—	16	8	8
20——24	375	214	161	90	61	29	6	3	3	12	7	5	1	—	1	—	—	—	153	114	44
25——29	300	219	81	80	61	19	7	4	3	20	15	5	16	12	4	1	—	1	165	124	41
30——34	218	185	33	63	48	15	6	4	2	24	22	2	27	21	6	2	2	—	142	104	38
35——39	133	115	18	62	59	3	11	9	2	26	25	1	14	14	—	4	3	1	143	101	42
40——44	94	81	13	33	31	2	8	8	—	21	19	2	14	12	2	1	1	—	89	72	17
45——49	95	91	4	38	37	1	3	3	—	14	13	1	13	13	—	1	1	—	75	62	13
50——54	49	46	3	18	18	—	1	—	1	14	14	—	3	3	—	—	—	—	69	57	12
55——59	25	23	2	16	16	—	2	2	—	5	5	—	5	5	—	—	—	—	53	43	10
60——64	14	12	2	8	8	—	—	—	—	2	2	—	1	1	—	—	—	—	31	25	6
65——69	4	4	—	4	4	—	—	—	—	2	2	—	3	3	—	—	—	—	23	19	4
70——74	2	2	—	1	1	—	—	—	—	—	—	—	1	—	—	—	—	—	28	26	2
75——79	2	2	—	—	—	—	—	—	—	—	—	—	—	—	—	—	—	—	8	6	2
80——84	—	—	—	—	—	—	—	—	—	—	—	—	—	—	—	—	—	—	5	4	1
85——89	—	—	—	—	—	—	—	—	—	—	—	—	—	—	—	—	—	—	1	1	—
90——94	—	—	—	—	—	—	—	—	—	—	—	—	—	—	—	—	—	—	—	—	—
95——99	—	—	—	—	—	—	—	—	—	—	—	—	—	—	—	—	—	—	—	—	—
100歲及以上	—	—	—	—	—	—	—	—	—	—	—	—	—	—	—	—	—	—	—	—	—
未詳	11	1	10	—	—	—	—	—	—	—	—	—	1	1	—	—	—	—	6	2	4

說明：（1）不包括外國籍人口。

（2）未填送戶口普查表只填報人口概況調查表之公戶內當住人口，未統計在內。

表 15a　彭縣普通住家常住人口識字者按年齡性別與教育程度之分類

年齡組	共計			私塾			小學程度								
							肄業			畢業			未詳		
	小計	男	女	小計	男	女	小計	男	女	小計	男	女	小計	男	女
總計	85,883	67,177	18,706	55,437	46,938	8,499	25,589	16,840	8,719	1,589	1,194	395	102	58	44
0—4	302	195	107	34	30	4	248	158	90	—	—	—	—	—	—
未滿1歲	—	—	—	—	—	—	—	—	—	—	—	—	—	—	—
1	—	—	—	—	—	—	—	—	—	—	—	—	—	—	—
2	2	—	2	—	—	—	—	—	—	—	—	—	—	—	—
3	29	21	8	4	3	1	17	17	—	—	—	—	—	—	—
4	271	174	97	30	27	3	231	141	90	—	—	—	—	—	—
5—9	12.066	8,384	3,682	1,958	1,643	315	10,008	6,667	3,341	16	16	—	3	3	—
5	819	523	296	72	57	15	743	464	279	—	—	—	—	—	—
6	2,361	1,593	768	331	278	53	2,008	1,300	708	—	—	—	—	—	—
7	2,194	1,463	731	327	266	61	1,848	1,184	664	—	—	—	—	—	—
8	3,928	2,827	1,101	678	583	95	3,225	2,228	997	—	—	—	1	1	—
9	2,764	1,978	786	550	459	91	2,184	1,491	693	16	16	—	2	2	—
10—14	16,232	11,645	4,587	5,078	4,200	878	10,033	6,706	3,327	663	517	146	19	14	5
10	4.136	2,973	1,163	978	821	157	3,041	2,055	986	83	78	5	2	2	—
11	2,643	1,910	733	657	546	111	1,860	1,265	595	98	82	16	3	3	—
12	4,029	2,881	1,148	1,210	991	219	2,520	1,687	833	206	156	50	6	3	3
13	2,635	1,891	744	979	810	169	1,396	926	470	116	86	30	3	3	—
14	2,789	1,990	799	1,254	1,032	222	1,216	773	443	160	115	45	5	3	2
15—19	7,233	4,909	2,324	3,962	3,051	911	2,351	1,370	981	325	221	104	14	3	11
15	2,198	1,528	670	1,152	905	247	798	476	322	102	74	28	1	1	—
16	1,923	1,280	643	985	775	210	683	383	300	88	62	26	5	2	3

17	1,141	776	365	647	485	162	347	217	130	49	31	18	2	—	2
18	1,338	900	438	796	599	197	367	207	160	63	38	25	3	—	3
19	633	425	208	382	287	95	156	87	69	23	16	7	3	—	3
20—24	4,533	3,232	1,301	3,176	2,419	757	820	489	331	157	99	58	13	6	7
25—29	5,001	3,768	1,233	3,876	3,027	849	654	414	240	111	78	33	15	7	8
30—34	5,732	4,499	1,233	4,832	3,865	967	504	329	175	83	66	17	7	3	4
35—39	6,521	5,362	1,159	5,708	4,745	963	411	295	116	107	90	17	6	3	3
40—44	5,277	4,329	948	4,771	3,944	827	241	162	79	48	38	10	5	2	3
45—49	7,107	6,310	797	6,660	5,905	755	188	168	20	46	39	7	6	5	1
50—54	5,593	5,066	527	5,378	4,874	504	58	51	7	22	19	3	5	5	—
55—59	3,560	3,276	284	3,439	3,173	266	19	14	5	3	3	—	3	1	2
60—64	2,843	2,616	227	2,773	2,555	218	10	7	3	8	8	—	3	3	—
65—69	1,747	1,614	133	1,707	1,580	127	8	5	3	—	—	—	2	2	—
70—74	1,229	1,140	89	1,199	1,112	87	2	2	—	—	—	—	—	—	—
75—79	596	543	53	585	534	51	1	1	—	—	—	—	—	—	—
80—84	225	212	13	218	206	12	1	1	—	—	—	—	1	1	—
85—89	58	55	5	57	52	5	—	—	—	—	—	—	—	—	—
90—94	12	13	—	12	12	—	—	—	—	—	—	—	—	—	—
95—99	1	1	—	1	1	—	—	—	—	—	—	—	—	—	—
100歲及以上	—	—	—	—	—	—	—	—	—	—	—	—	—	—	—
不詳	15	11	4	13	10	3	2	1	1	—	—	—	—	—	—

表 15a　彭縣普通住家常住人口識字者按年齡性別與教育程度之分類　（續）

年齡組	中學程度 肄業			中學程度 畢業			中學程度 未詳			大學程度 肄業			大學程度 畢業			大學程度 未詳			未詳		
	小計	男	女	小計	男	女	小計	男	女	小計	男	女	小計	男	女	小計	男	女	小計	男	女
總計	1,665	1,021	644	336	272	64	40	29	11	108	97	11	65	63	2	3	3	—	979	662	317
0—4	—	—	—	—	—	—	—	—	—	—	—	—	—	—	—	—	—	—	20	7	13
未滿1歲	—	—	—	—	—	—	—	—	—	—	—	—	—	—	—	—	—	—	—	—	—
1	—	—	—	—	—	—	—	—	—	—	—	—	—	—	—	—	—	—	—	—	—
2	—	—	—	—	—	—	—	—	—	—	—	—	—	—	—	—	—	—	2	—	2
3	—	—	—	—	—	—	—	—	—	—	—	—	—	—	—	—	—	—	8	1	7
4	—	—	—	—	—	—	—	—	—	—	—	—	—	—	—	—	—	—	10	6	4
5—9	1	1	—	—	—	—	—	—	—	—	—	—	—	—	—	—	—	—	80	54	26
5	—	—	—	—	—	—	—	—	—	—	—	—	—	—	—	—	—	—	4	2	2
6	—	—	—	—	—	—	—	—	—	—	—	—	—	—	—	—	—	—	22	15	7
7	—	—	—	—	—	—	—	—	—	—	—	—	—	—	—	—	—	—	19	13	6
8	—	—	—	—	—	—	—	—	—	—	—	—	—	—	—	—	—	—	24	15	9
9	1	1	—	—	—	—	—	—	—	—	—	—	—	—	—	—	—	—	11	9	2
10—14	304	116	188	2	2	—	—	—	—	—	—	—	—	—	—	—	—	—	133	90	43
10	2	—	2	—	—	—	—	—	—	—	—	—	—	—	—	—	—	—	30	17	13
11	11	4	7	—	—	—	—	—	—	—	—	—	—	—	—	—	—	—	14	10	4
12	60	23	37	—	—	—	—	—	—	—	—	—	—	—	—	—	—	—	27	21	6
13	109	43	66	—	—	—	—	—	—	—	—	—	—	—	—	—	—	—	32	23	9
14	122	46	76	2	2	—	—	—	—	—	—	—	—	—	—	—	—	—	30	19	11
15—19	453	189	264	26	16	10	3	2	1	3	3	—	—	—	—	—	—	—	96	54	42
15	119	53	66	3	3	—	—	—	—	—	—	—	—	—	—	—	—	—	23	16	7
16	126	37	89	5	5	—	2	2	—	—	—	—	—	—	—	—	—	—	29	14	15

17	78	35	43	5	2	3	—	—	—	—	—	—	—	—	—	—	—	—	13	6	7
18	81	38	43	6	3	3	1	—	1	1	1	—	—	—	—	—	—	—	20	14	6
19	49	26	23	7	3	4	—	—	—	2	2	—	—	—	—	—	—	—	11	4	7
20—24	221	136	85	59	34	25	4	2	2	8	6	2	—	—	—	—	—	—	75	41	34
25—29	187	140	47	56	43	13	5	2	3	11	7	4	5	5	—	—	—	—	81	45	36
30—34	149	123	26	40	30	10	5	3	2	16	15	1	14	13	1	1	1	—	81	51	30
35—39	107	92	15	48	45	3	9	7	2	18	17	1	10	10	—	1	1	—	96	57	39
40—44	74	63	11	25	23	2	8	8	—	20	18	2	12	11	1	1	1	—	72	59	13
45—49	85	83	2	35	34	1	3	3	—	12	11	1	13	13	—	—	—	—	59	49	10
50—54	41	39	2	17	17	—	1	—	1	11	11	—	3	3	—	—	—	—	57	47	10
55—59	23	21	2	16	16	—	2	2	—	5	5	—	5	5	—	—	—	—	45	36	9
60—64	12	10	2	7	7	—	—	—	—	2	2	—	1	1	—	—	—	—	27	23	4
65—69	4	4	—	4	4	—	—	—	—	2	2	—	1	1	—	—	—	—	19	16	3
70—74	2	2	—	1	1	—	—	—	—	—	—	—	1	1	—	—	—	—	24	22	2
75—79	2	2	—	—	—	—	—	—	—	—	—	—	—	—	—	—	—	—	8	6	2
80—84	—	—	—	—	—	—	—	—	—	—	—	—	—	—	—	—	—	—	5	4	1
85—89	—	—	—	—	—	—	—	—	—	—	—	—	—	—	—	—	—	—	1	1	—
90—94	—	—	—	—	—	—	—	—	—	—	—	—	—	—	—	—	—	—	—	—	—
95—99	—	—	—	—	—	—	—	—	—	—	—	—	—	—	—	—	—	—	—	—	—
100歲及以上	—	—	—	—	—	—	—	—	—	—	—	—	—	—	—	—	—	—	—	—	—
未詳	—	—	—	—	—	—	—	—	—	—	—	—	—	—	—	—	—	—	—	—	—

表 16 彭縣常住人口按年齡性別

年齡組	共計			未婚			有配	
	小計	男	女	小計	男	女	小計	男
總計	368,868	192,603	176,265	175,557	104,512	71,045	157,823	77,942
0—4	53,547	27,510	26,037	53,547	27,510	26,037	—	—
未滿1歲	6,922	3,484	3,438	6,922	3,484	3,438	—	—
1	13,006	6,492	6,514	13,006	6,492	6,514	—	—
2	12,145	6,223	5,922	12,145	6,223	5,922	—	—
3	11,299	5,953	5,346	11,299	5,953	5,346	—	—
4	10,175	5,358	4,817	10,175	5,358	4,817	—	—
5—9	44,835	24,701	20,134	44,829	24,701	20,128	6	—
5	9,261	4,938	4,323	9,261	4,938	4,323	—	—
6	10,944	6,013	4,931	10,944	6,013	4,931	—	—
7	7,177	3,853	3,324	7,177	3,853	3,324	—	—
8	10,915	6,103	4,812	10,915	6,103	4,812	—	—
9	6,538	3,794	2,744	6,532	3,794	2,738	6	—
10—14	42,357	24,417	17,940	41,321	23,946	17,375	940	381
10	10,707	5,932	4,775	10,655	5,906	4,749	51	25
11	6,211	3,626	2,585	6,171	3,597	2,574	38	28
12	10,399	6,045	4,354	10,215	5,962	4,253	181	80
13	7,104	4,164	2,940	6,582	4,076	2,506	210	78
14	7,936	4,650	3,286	7,398	4,405	2,993	460	170
15—19	21,835	11,812	10,023	15,999	9,876	6,123	5,658	1,799
15	6,327	3,667	2,660	5,534	3,342	2,192	730	266
16	5,828	3,135	2,693	4,540	2,868	1,672	1,237	423
17	3,255	1,683	1,572	2,261	1,318	943	967	345
18	4,502	2,314	2,188	2,667	1,834	833	1,818	471
19	1,923	1,013	910	997	714	283	906	292
20—24	16,774	7,884	8,890	4,728	4,280	448	11,245	3,484
25—29	17,939	8,798	9,141	3,295	3,133	162	14,137	5,442
30—34	22,360	10,728	11,632	3,080	2,890	190	18,270	7,497
35—39	24,907	12,148	12,759	2,292	2,150	142	21,342	9,551
40—44	22,330	[illegible]	[illegible]	1,603	1,503	100	18,717	8,337
45—49	26,395	14,726	11,667	1,617	1,525	92	21,954	12,310
50—54	23,157	13,628	9,529	1,350	1,270	80	17,275	10,959
55—59	15,369	8,535	6,834	694	653	41	10,888	6,739
60—64	14,643	7,349	7,296	593	553	40	8,392	5,311
65—69	9,407	4,403	5,004	274	252	22	4,730	3,027
70—74	7,525	3,286	4,239	189	159	30	2,786	1,971
75—79	3,484	1,412	2,072	63	58	5	1,026	768
80—84	1,707	641	1,066	23	19	4	331	261
85—89	452	148	304	8	6	2	76	53
90—94	100	35	65	3	2	1	16	13
95—99	23	8	15	—	—	—	1	1
100歲及以上	1	1	—	—	—	—	—	—
未詳	121	67	54	49	26	23	52	16

說明：（1）不包括外國籍人口。

（2）未填寫戶口普查表只填寫人口概況調查表之公共戶內常住人口，未包括在內。

與婚姻狀況之分類(1)(2)

偶	喪偶			離婚			未詳		
女	小計	男	女	小計	男	女	小計	男	女
79,881	34,334	9,229	25,105	602	487	115	552	433	119
—	—	—	—	—	—	—	—	—	—
—	—	—	—	—	—	—	—	—	—
—	—	—	—	—	—	—	—	—	—
—	—	—	—	—	—	—	—	—	—
—	—	—	—	—	—	—	—	—	—
—	—	—	—	—	—	—	—	—	—
6	—	—	—	—	—	—	—	—	—
—	—	—	—	—	—	—	—	—	—
—	—	—	—	—	—	—	—	—	—
—	—	—	—	—	—	—	—	—	—
—	—	—	—	—	—	—	—	—	—
6	—	—	—	—	—	—	—	—	—
559	1	—	1	1	1	—	94	89	5
26	—	—	—	—	—	—	1	1	—
10	—	—	—	—	—	—	2	1	1
101	—	—	—	—	—	—	3	3	—
132	—	—	—	1	1	—	11	9	2
290	1	—	1	—	—	—	77	75	2
3,859	52	21	31	11	4	7	115	112	3
464	5	2	3	1	—	—	57	56	1
812	10	5	5	3	—	3	38	37	1
622	12	7	5	3	1	2	12	12	—
1,347	9	3	6	3	2	1	5	4	1
614	16	4	12	1	—	1	3	3	—
7,761	229	62	167	43	32	11	29	26	3
8,695	388	122	266	54	44	10	65	57	8
10,773	858	228	630	98	66	32	54	47	7
11,791	1,163	327	836	78	68	10	32	22	10
10,360	2,026	474	1,552	67	56	11	17	6	11
9,644	2,708	802	1,906	92	81	11	24	10	14
6,316	4,432	1,317	3,115	76	70	6	24	12	12
4,150	3,736	1,104	2,632	34	30	4	16	9	7
3,081	5,612	1,455	4,157	23	18	5	23	10	13
1,703	4,381	1,111	3,270	13	8	5	9	5	4
815	4,528	1,144	3,384	8	5	3	14	7	7
258	2,387	584	1,803	2	2	—	6	—	6
70	1,349	359	990	1	1	—	3	1	2
23	365	88	277	—	—	—	3	1	2
1	81	18	63	—	—	—	—	—	—
—	21	6	15	—	—	—	1	1	—
—	—	—	—	1	1	—	—	—	—
16	17	7	10	—	—	—	23	18	5

表16a 彭縣普通住家常住人口按

年齡組	共計 小計	共計 男	共計 女	未婚 小計	未婚 男	未婚 女	有配偶 小計	有配偶 男
總計	35[illegible],470	18[illegible],[illegible]25	17[illegible],345	16[illegible],[illegible]55	9[illegible],[illegible]9[illegible]	6[illegible],361	155,130	75,352
0—4	5[illegible],345	27,510	2[illegible],[illegible]35	5[illegible],345	27,510	2[illegible],035	—	—
未滿1歲	[illegible],922	[illegible],[illegible]84	3,[illegible]38	[illegible],922	3,[illegible]34	3,[illegible]38	—	—
1	1[illegible],006	[illegible],[illegible]92	[illegible],514	1[illegible],[illegible]06	6,[illegible]92	6,5[illegible]4	—	—
2	12,145	[illegible],[illegible]23	5,922	1[illegible],[illegible]45	6,[illegible]23	5,922	—	—
3	1[illegible],[illegible]98	5,[illegible]53	5,345	1[illegible],[illegible]93	5,[illegible]53	5,345	—	—
4	10,[illegible]74	5,[illegible]58	4,[illegible]16	10,[illegible]74	5,358	4,316	—	—
5—9	44,786	2[illegible],[illegible]60	20,126	44,780	24,560	20,120	6	—
5	9,[illegible]54	4,934	4,[illegible]20	9,[illegible]54	4,934	4,[illegible]20	—	—
6	10,938	[illegible],[illegible]08	[illegible],[illegible]30	10,938	6,[illegible]08	[illegible],[illegible]30	—	—
7	[illegible],[illegible]73	[illegible],[illegible]49	3,[illegible]24	7,[illegible]73	3,[illegible]49	[illegible],[illegible]24	—	—
8	1[illegible],[illegible]99	[illegible],[illegible]8	4,[illegible]11	10,[illegible]99	[illegible],[illegible]88	[illegible],311	—	—
9	6,[illegible]22	[illegible],[illegible]1	[illegible],[illegible]41	6,5[illegible]6	3,[illegible]81	[illegible],735	6	—
10—14	4[illegible],[illegible]33	2[illegible],337	1[illegible],[illegible]96	4[illegible],[illegible]86	2[illegible],[illegible]53	1[illegible],033	938	379
10	1[illegible],[illegible]61	[illegible],[illegible]89	4,772	1[illegible],[illegible]09	[illegible],[illegible]63	[illegible],[illegible]5	51	23
11	[illegible],[illegible]38	[illegible],[illegible]64	[illegible],574	[illegible],[illegible]98	[illegible],[illegible]35	[illegible],[illegible]63	38	28
12	[illegible],[illegible]44	[illegible],[illegible]7	[illegible],[illegible]7	[illegible],[illegible]62	[illegible],[illegible]66	[illegible],[illegible]96	1[illegible]1	80
13	[illegible],[illegible]0	[illegible],[illegible]3	[illegible],[illegible]7	[illegible],[illegible]9	[illegible],[illegible]5	[illegible],[illegible]84	2[illegible]9	77
14	[illegible],[illegible]60	[illegible],324	[illegible],[illegible]36	[illegible],[illegible]98	4,[illegible]54	[illegible],[illegible]44	459	[illegible]69
15—19	2[illegible],[illegible]05	1[illegible],[illegible]27	[illegible],[illegible]78	1[illegible],[illegible]46	[illegible],[illegible]63	[illegible],[illegible]33	5,[illegible]	1,735
15	5,9[illegible]5	[illegible],[illegible]88	[illegible],[illegible]57	5,[illegible]93	3,[illegible]23	[illegible],370	7[illegible]4	261
16	5,[illegible]6	[illegible],[illegible]72	[illegible],[illegible]54	4,[illegible]8	2,[illegible]52	1,734	1,[illegible]26	414
17	3,[illegible]01	[illegible],557	1,[illegible]4	2,[illegible]31	1,[illegible]16	815	955	333
18	4,[illegible]85	2,[illegible]97	2,[illegible]68	2,[illegible]78	1,[illegible]43	734	1,794	448
19	1,[illegible]8	913	855	[illegible]59	629	230	[illegible]91	279
20—24	[illegible],[illegible]36	[illegible],861	[illegible],[illegible]75	3,[illegible]06	2,[illegible]44	362	10,9[illegible]1	[illegible],[illegible]25
25—29	1[illegible],[illegible]1	[illegible],784	5,[illegible]67	[illegible],[illegible]11	2,[illegible]02	109	1[illegible],714	5,[illegible]35
30—34	[illegible],[illegible]87	[illegible],712	1[illegible],575	2,[illegible]	[illegible],[illegible]54	158	1[illegible],759	7,[illegible]06
35—39	[illegible]4,135	1[illegible],[illegible]81	1[illegible],[illegible]57	1,[illegible]70	1,[illegible]43	127	2[illegible],9[illegible]2	9,[illegible]82
40—44	2[illegible],[illegible]41	9,[illegible]46	[illegible],[illegible]95	1,[illegible]49	1,[illegible]70	79	1[illegible],[illegible]52	[illegible],[illegible]01
45—49	2[illegible],[illegible]25	14,[illegible]9[illegible]	1[illegible],[illegible]32	1,[illegible]04	1,[illegible]29	75	2[illegible],[illegible]81	12,[illegible]40
50—54	2[illegible],[illegible]14	1[illegible],[illegible]31	[illegible],[illegible]3	1,[illegible]64	1,[illegible]06	58	17,[illegible]28	10,718
55—59	1[illegible],[illegible]86	6,278	[illegible],[illegible]8	593	562	31	1[illegible],775	6,[illegible]28
60—64	14,[illegible]85	[illegible],115	[illegible],[illegible]70	494	462	32	8,[illegible]15	5,[illegible]37
65—69	[illegible],[illegible]93	4,[illegible]07	[illegible],[illegible]86	234	216	18	4,704	3,[illegible]02
70—74	[illegible],[illegible]43	[illegible],[illegible]9	[illegible],[illegible]14	154	132	22	2,773	1,958
75—79	3,[illegible]55	1,391	[illegible],[illegible]64	53	49	4	1,024	766
80—84	1,[illegible]97	634	1,063	19	15	4	331	261
85—89	449	146	303	6	[illegible]5	1	76	53
90—94	100	35	65	3	[illegible]2	1	16	15
95—99	23	8	15	—	—	—	1	1
100歲及以上	—	—	—	—	—	—	—	—
未詳	78	40	38	26	17	9	24	10

說明：（1）不包括外國籍人口。

年齡性別與婚姻狀況之分類(1)

偶	喪		偶	離		婚	未		詳
女	小計	男	女	小計	男	女	小計	男	女
7[illegible]78	3[illegible],747	8,751	24,996	571	457	114	1[illegible]7	71	96
—	—	—	—	—	—	—	—	—	—
—	—	—	—	—	—	—	—	—	—
—	—	—	—	—	—	—	—	—	—
—	—	—	—	—	—	—	—	—	—
—	—	—	—	—	—	—	—	—	—
—	—	—	—	—	—	—	—	—	—
6	—	—	—	—	—	—	—	—	—
—	—	—	—	—	—	—	—	—	—
—	—	—	—	—	—	—	—	—	—
—	—	—	—	—	—	—	—	—	—
—	—	—	—	—	—	—	—	—	—
6	—	—	—	—	—	—	—	—	—
55[illegible]	1	—	1	1	1	—	7	4	3
26	—	—	—	—	—	—	1	1	—
10	—	—	—	—	—	—	2	1	1
101	—	—	—	—	—	—	1	1	—
1[illegible]2	—	—	—	1	1	—	1	—	1
290	1	—	1	—	—	—	2	1	1
3,855	51	20	31	11	4	7	7	5	2
463	5	2	3	1	1	—	2	1	1
8[illegible]2	10	5	5	3	—	3	1	1	—
622	12	7	5	3	1	2	—	—	—
1,346	8	2	6	3	2	1	3	2	1
612	16	4	12	1	—	1	1	1	—
7,736	221	56	165	43	32	11	5	4	1
8,679	368	105	263	49	39	10	9	3	6
10 753	8[illegible]6	191	625	92	60	32	8	1	7
11,780	1,116	282	834	76	66	10	14	8	6
10,351	1,964	419	1,545	63	52	11	13	4	9
9,641	2,637	741	1,[illegible]96	88	77	11	15	6	9
6,310	4,331	1,234	3,0[illegible]7	72	66	6	19	7	12
4,147	3,675	1,055	2,620	32	28	4	11	5	6
3,078	5,538	1,394	4,144	20	16	4	18	6	12
1,702	4,337	1,078	3,259	13	8	5	5	3	2
815	4,495	1,128	3,367	8	5	3	13	6	7
258	2,370	574	1,796	2	2	—	6	—	6
70	1,345	357	988	1	1	—	1	—	1
23	364	87	277	—	—	—	3	1	2
1	81	18	63	—	—	—	—	—	—
—	21	6	15	—	—	—	1	1	—
—	—	—	—	—	—	—	—	—	—
14	16	6	10	—	—	—	12	7	5

表 17　彭縣常住人口按性別與職業之分類(1)(2)

行業別	共計 小計	共計 男	共計 女	僱主 小計	僱主 男	僱主 女	業主 小計	業主 男	業主 女	幫同作業之家屬 小計	幫同作業之家屬 男	幫同作業之家屬 女
總計	368,868	192,603	176,265	3,159	3,006	153	84,817	65,185	19,632	44,565	27,666	16,899
農林漁(牧)業	99,386	70,783	19,603	1,767	1,685	82	51,017	46,476	4,541	39,843	24,990	14,853
農作畜牧	97,788	79,285	18,503	1,760	1,681	79	49,679	46,103	3,576	39,619	24,894	14,725
林業狩獵捕撈	1,572	481	1,091	7	4	3	1,330	365	965	206	87	119
漁業	26	17	9	—	—	—	8	8	—	18	9	9
採礦	2,559	2,553	6	11	11	—	39	37	2	9	9	—
採取煤及其他礦質	2,554	2,548	6	11	11	—	37	35	2	7	7	—
土石等建築材料	5	5	—	—	—	—	2	2	—	2	2	—
製造工業	24,910	9,306	15,604	668	632	36	18,400	4,489	13,911	2,557	964	1,593
食品製造	1,812	1,554	258	132	122	10	956	800	156	259	171	88
飲料及調味品製造	353	326	27	54	50	4	86	76	10	41	30	11
煙草製造	244	205	39	11	10	1	70	53	17	39	23	16
動植物油脂製造	59	57	2	5	5	—	27	26	1	4	3	1
化學工業	192	161	31	16	16	—	100	77	23	33	25	8
橡皮製造	—	—	—	—	—	—	—	—	—	—	—	—
木材竹木等製造	2,923	2,827	96	132	131	1	1,853	1,807	46	399	354	45
造紙及紙製物品	529	441	88	37	32	5	171	127	44	61	32	29
印刷	103	99	4	10	10	—	24	23	1	11	8	3
皮革	29	28	1	1	1	—	17	17	—	3	2	1
紡織	7,732	695	7,037	55	46	9	6,547	331	6,216	883	82	801
衣著服用品	8,628	670	7,958	48	43	5	7,784	410	7,374	623	59	564
水電煤氣供應	101	93	8	4	4	—	47	44	3	7	4	3
燃料	58	58	—	4	4	—	8	8	—	3	3	—
非金屬礦產製造	678	665	13	10	10	—	125	124	1	36	31	5
金屬冶鍊	67	67	—	7	7	—	7	7	—	2	2	—
金屬製品	924	914	10	106	106	—	333	330	3	115	108	7
機器	26	26	—	5	5	—	13	13	—	1	1	—
儀器飾物	112	103	9	8	7	1	73	67	6	9	7	2
其他	298	282	16	21	21	—	133	129	4	28	19	9
工業區別未詳	42	35	7	2	2	—	26	20	6	—	—	—
建築營造	1,075	1,073	2	15	15	—	914	912	2	79	79	—
運輸交通	4,983	4,952	31	9	9	—	4,339	4,320	19	508	502	6

鐵路運輸	—	—	—	—	—	—	—	—	—	—	—	—
道路運輸	4,848	4,822	26	8	8	—	4,278	4,259	19	492	486	6
水上運輸	82	82	—	1	1	—	64	61	—	16	16	—
航空運輸	—	—	—	—	—	—	—	—	—	—	—	—
郵政電報電話	53	48	5	—	—	—	—	—	—	—	—	—
商業	8,505	7,684	821	373	356	17	5,737	5,169	568	808	609	199
批發及零售	7,664	6,903	761	352	335	17	5,107	4,579	528	762	280	182
金融保險	125	122	3	8	8	—	11	10	1	1	1	—
其他	716	659	57	33	13	—	619	580	39	45	28	17
旅館人事服務	5,967	3,882	2,085	268	252	16	1,864	1,451	413	525	322	203
膳宿供應	3,167	2,735	432	236	220	16	1,429	1,236	193	472	256	186
財物人體修理	693	417	276	31	31	—	422	202	220	51	54	17
家庭管理人事服務	2,080	703	1,377	—	—	—	—	—	—	—	—	—
娛樂及運動	27	27	—	1	1	—	13	13	—	2	2	—
公共服務	5,489	4,906	583	34	34	—	1,229	1,184	45	124	111	13
醫藥衛生	740	708	32	24	24	—	547	534	13	58	53	5
教育宗教文藝科學	2,882	2,360	522	10	10	—	682	650	32	66	58	8
國防軍務	81	78	3	—	—	—	—	—	—	—	—	—
工人公會等工團組織	—	—	—	—	—	—	—	—	—	—	—	—
公共服務	1,786	1,760	26	—	—	—	—	—	—	—	—	—
行業未詳	1,933	1,743	190	14	12	2	1,278	1,147	131	112	80	32
無業	214,042	76,711	137,331	—	—	—	—	—	—	—	—	—
有無業未詳	19	10	9	—	—	—	—	—	—	—	—	—

表 17　彭縣常住人口按性別與職業之分類(1)(2)　(二)

行業別	經理人或主持人			其他須受薪俸之人員			領受工餉之工役			無業			職業或行業未詳		
	小計	男	女	小計	男	女	小計	男	女	小計	男	女	小計	男	女
總計	1029	952	77	3,033	2,670	363	18,179	16,3[illegible]2	1,797	214,342	76,711	137,[illegible]	44	31	13
農林漁(牧)	119	119	—	17	17	—	6,615	6,490	125	—	—	—	8	6	2
農作畜飼	118	118	—	6	6	—	6,599	6,477	122	—	—	—	7	6	1
林業狩獵捕	1	1	—	11	11	—	16	13	3	—	—	—	1	—	1
漁業	—	—	—	—	—	—	—	—	—	—	—	—	—	—	—
採礦	123	123	—	214	213	1	2,163	2,160	3	—	—	—	—	—	—
礦業及其他採石	123	123	—	214	213	1	2,162	2,159	3	—	—	—	—	—	—
土石等建築材料	—	—	—	—	—	—	1	1	—	—	—	—	—	—	—
製造工業	43	43	—	248	247	1	2,987	2,924	63	—	—	—	2	2	—
食品製造	6	6	—	33	33	—	426	422	4	—	—	—	—	—	—
飲料及煙草製造	3	3	—	3	3	—	165	163	2	—	—	—	1		—
[illegible]衣鞋製造	—	—	—	4	4	—	120	115	5	—	—	—	—	—	—
動植物油脂製造	—	—	—	1	1	—	22	22	—	—	—	—	—	—	—
化學工業	—	—	—	—	—	—	43	43	—	—	—	—	—	—	—
橡皮製造	—	—	—	—	—	—	—	—	—	—	—	—	—	—	—
木材及木竹等製造	6	6	—	29	29	—	503	499	4	—	—	—	—	—	—
造紙及紙製品	9	9	—	11	11	—	240	23[illegible]	10	—	—	—	—	—	—
印刷	—	—	—	7	7	—	51	51	—	—	—	—	—	—	—
皮革	—	—	—	—	—	—	8	8	—	—	—	—	—	—	—
紡織	2	2	—	8	7	1	237	227	10	—	—	—	—	—	—
衣著服用品	1	1	—	27	27	—	145	13[illegible]	15	—	—	—	—	—	—
水電煤氣供應	2	2	—	15	15	—	26	24	2	—	—	—	—	—	—
燃料	5	5	—	8	8	—	30	30	—	—	—	—	—	—	—
非金屬礦物製造	7	7	—	62	62	—	433	431	7	—	—	—	—	—	—
金屬鎔鑄	1	1	—	3	3	—	47	47	—	—	—	—	—	—	—
金屬製品	5	5	—	3	3	—	362	362	—	—	—	—	—	—	—
機器	—	—	—	—	—	—	7	7	—	—	—	—	—	—	—
儀器飾物	1	1	—	1	1	—	20	20	—	—	—	—	—	—	—
其他	—	—	—	32	32	—	84	81	3	—	—	—	—	—	—
工業區別未詳	—	—	—	1	1	—	13	12	1	—	—	—	—	—	—
建築營造	1	1	—	14	14	—	52	52	—	—	—	—	—	—	—

運輸交通	10	10	—	36	33	3	81	78	3	—	—	—	—	—	—
鐵路運輸	—	—	—	—	—	—	—	—	—	—	—	—	—	—	—
道路運輸	2	2	—	7	7	—	61	60	1	—	—	—	—	—	—
水上運輸	2	2	—	—	—	—	2	2	—	—	—	—	—	—	—
航空運輸	—	—	—	—	—	—	—	—	—	—	—	—	—	—	—
郵政電報電話	6	6	—	29	26	3	18	16	2	—	—	—	—	—	—
商業	71	71	—	309	303	6	1,205	1,175	30	—	—	—	2	1	1
批發及零售	62	62	—	258	254	4	1,121	1,092	29	—	—	—	2	1	1
金融保險	6	6	—	44	42	2	55	55	—	—	—	—	—	—	—
其他	3	3	—	7	7	—	29	28	1	—	—	—	—	—	—
旅館人事服務	23	21	2	36	36	—	3,251	1,800	1,451	—	—	—	—	—	—
膳宿供應	19	17	2	32	32	—	979	944	35	—	—	—	—	—	—
財物人體整潔	3	3	—	4	4	—	182	143	39	—	—	—	—	—	—
家事外對人事服務	—	—	—	—	—	—	2,050	703	1,377	—	—	—	—	—	—
娛樂及運動	1	1	—	—	—	—	10	10	—	—	—	—	—	—	—
公共服務	623	550	73	2,147	1,797	350	1,328	1,227	101	—	—	—	4	3	1
醫藥衛生	10	9	1	43	31	12	58	57	1	—	—	—	—	—	—
教育宗教文藝科學	388	316	72	1,280	965	315	453	359	94	—	—	—	3	2	1
國防軍務	9	9	—	33	32	1	39	37	2	—	—	—	—	—	—
工人與雇工團體組織	—	—	—	—	—	—	—	—	—	—	—	—	1	1	—
公共服務	216	216	—	791	769	22	778	774	4	—	—	—	9	9	—
行業未詳	11	9	2	12	10	2	497	476	21	—	—	—	—	—	—
無業	—	—	—	—	—	—	—	—	—	214,042	76,711	137,331	—	—	—
有無業未詳	—	—	—	—	—	—	—	—	—	—	—	—	19	10	9

說明：（1）不包括外國籍人口。

（2）未填據戶口普查表只填證人口概況而查表之公共戶內常住人口，未統計在內。

表 18 彭縣有配偶之常住人口按性別與職業之分類(1)(2)

行業別	共計 小計	共計 男	共計 女	僱主 小計	僱主 男	僱主 女	業主 小計	業主 男	業主 女	附同作業之家屬 小計	附同作業之家屬 男	附同作業之家屬 女
總計	157,823	77,942	79,881	2,694	2,642	52	62,487	50,987	11,500	25,200	12,280	12,920
農林漁(牧)	66,060	51,759	14,301	1,570	1,543	27	40,305	37,929	2,376	23,184	11,331	11,853
農作畜飼	65,331	51,674	13,657	1,567	1,542	25	39,664	37,875	1,789	23,117	11,318	11,799
林業狩獵	709	74	635	3	1	2	639	52	587	49	4	45
捕魚業	20	11	9	—	—	—	2	2	—	18	9	9
採礦	1,003	1,000	3	9	9	—	29	27	2	5	5	—
鐵砂煤及其他礦質	1,000	997	3	9	9	—	27	25	2	4	4	—
土石等建築材料	3	3	—	—	—	—	2	2	—	1	1	—
製造工業	14,147	4,774	9,373	547	532	15	11,770	3,159	8,611	1,090	373	717
食品製造	1,084	911	173	106	104	2	734	636	95	156	80	76
飲料及釀造	184	164	20	48	46	2	69	61	8	25	17	8
煙草製造	94	69	25	10	10	—	46	35	11	17	7	10
動植物油脂製造	38	36	2	4	4	—	21	20	1	2	1	1
化學工業	96	76	20	15	15	—	63	50	13	13	6	7
橡皮製造	—	—	—	—	—	—	—	—	—	—	—	—
木材軟木等製造	1,617	1,347	70	104	104	—	1,277	1,247	30	159	121	38
造紙及紙製物品	224	182	42	28	26	2	102	83	19	29	12	17
印刷	44	42	2	8	8	—	17	17	—	5	3	2
皮及皮革	21	20	1	—	—	—	14	14	—	3	2	1
紡織	4,304	361	3,943	48	43	5	3,850	214	3,636	331	34	297
衣着服用品	5,380	340	5,040	40	36	4	5,051	262	4,789	264	21	243
水電煤氣供應	54	48	6	4	4	—	23	21	2	4	1	3
燃料	31	31	—	3	3	—	7	7	—	3	3	—
非金屬礦產製造	257	247	10	10	10	—	85	84	1	13	10	3
金屬冶鍊	27	27	—	5	5	—	7	7	—	—	—	—
金屬製品	431	425	6	85	85	—	242	242	—	47	41	6
機器	13	13	—	3	3	—	9	9	—	1	1	—
儀器飾物	66	63	3	7	7	—	50	48	2	5	4	1
其他	158	152	6	18	18	—	89	88	1	13	9	4
工業區別未詳	24	23	4	1	1	—	17	14	3	—	—	—
建築營造	685	683	2	12	12	—	623	621	2	30	30	—

運輸交通	2,971	2,952	19	5	5	—	2,792	2,779	13	105	100	5
鐵路運輸	—	—	—	—	—	—	—	—	—	—	—	—
公路運輸	2,878	2,860	18	4	4	—	2,745	2,732	13	102	97	5
水上運輸	52	52	—	1	1	—	47	47	—	3	3	—
航空運輸	—	—	—	—	—	—	—	—	—	—	—	—
郵政電報電話	41	40	1	—	—	—	—	—	—	—	—	—
商業	5,260	4,878	382	314	309	5	4,081	3,873	208	389	240	149
批發及零售	4,659	4,300	359	294	289	5	3,600	3,400	200	364	228	136
金融保險	78	75	3	8	8	—	9	8	1	1	1	—
其他	523	503	20	12	12	—	472	465	7	24	11	13
旅館人事服務	2,826	1,789	1,037	200	196	4	1,319	1,109	210	279	121	158
膳宿供應	1,709	1,449	260	177	173	4	1,074	987	87	266	115	151
財物人體整潔	292	156	136	22	22	—	235	112	123	12	5	7
家事管理人事服務	810	169	641	—	—	—	—	—	—	—	—	—
娛樂及運動	15	15	—	1	1	—	10	10	—	1	1	—
公共服務	3,122	2,976	146	28	28	—	924	909	15	80	69	11
醫事衛生	539	521	18	19	19	—	435	430	5	42	37	5
教育宗教文藝科學	1,381	1,262	119	9	9	—	489	479	10	38	32	6
國防事務	37	37	—	—	—	—	—	—	—	—	—	—
工人農等工商組織	—	—	—	—	—	—	—	—	—	—	—	—
公共服務	1,165	1,156	9	—	—	—	—	—	—	—	—	—
行業未詳	856	753	103	9	8	1	644	581	63	38	11	27
無業	60,888	6,374	54,514	—	—	—	—	—	—	—	—	—
有無業未詳	5	[illegible]	1	—	—	—	—	—	—	—	—	—

表 18　彭縣有配偶之常住人口按性別與職業之分類(1)(2)(續)

行業別	經理人或主持人			其他領受薪給之人員			領受工餉之工役			無業			以前或有無業未詳		
	小計	男	女	小計	男	女	小計	男	女	小計	男	女	小計	男	女
總計	614	606	8	1,756	1,659	97	4,160	3,373	787	60,888	6,374	54,514	24	21	3
農林漁(牧)	1	1	—	10	10	—	984	940	44	—	—	—	6	5	1
農作畜牧	—	—	—	—	—	—	977	934	43	—	—	—	6	5	1
林業狩獵伐樵	1	1	—	10	10	—	7	6	1	—	—	—	—	—	—
漁業	—	—	—	—	—	—	—	—	—	—	—	—	—	—	—
礦業	113	113	—	148	147	1	699	699	—	—	—	—	—	—	—
鐵砂煤礦及其他礦產	113	113	—	148	147	1	699	699	—	—	—	—	—	—	—
土石等建築材料	—	—	—	—	—	—	—	—	—	—	—	—	—	—	—
製造工業	41	41	—	119	119	—	579	540	30	—	—	—	1	1	—
食品製造	4	4	—	15	15	—	72	72	—	—	—	—	—	—	—
飲料及釀造	2	2	—	2	2	—	38	36	2	—	—	—	—	—	—
菸草製造	—	—	—	1	1	—	20	16	4	—	—	—	—	—	—
[illegible]	—	—	—	1	1	—	10	10	—	—	—	—	—	—	—
化學工業	—	—	—	—	—	—	5	5	—	—	—	—	—	—	—
橡皮製造	—	—	—	—	—	—	—	—	—	—	—	—	—	—	—
木材及木器製造	4	4	—	10	10	—	62	60	2	—	—	—	1	1	—
造紙及紙製品	8	8	—	3	3	—	54	50	4	—	—	—	—	—	—
印刷	—	—	—	3	3	—	11	11	—	—	—	—	—	—	—
皮革	—	—	—	—	—	—	4	4	—	—	—	—	—	—	—
紡織	2	2	—	6	6	—	67	62	5	—	—	—	—	—	—
衣著服用品	1	1	—	8	8	—	16	12	4	—	—	—	—	—	—
水電煤氣供應	2	2	—	10	10	—	11	10	1	—	—	—	—	—	—
營造	5	5	—	5	5	—	8	8	—	—	—	—	—	—	—
非金屬礦產製造	6	6	—	33	33	—	110	104	6	—	—	—	—	—	—
金屬製造	1	1	—	3	3	—	11	11	—	—	—	—	—	—	—
金屬製品	5	5	—	—	—	—	52	52	—	—	—	—	—	—	—
機器	—	—	—	—	—	—	—	—	—	—	—	—	—	—	—
儀器飾物	1	1	—	—	—	—	3	3	—	—	—	—	—	—	—
其他	—	—	—	18	18	—	20	19	1	—	—	—	—	—	—
工業區別未詳	—	—	—	1	1	—	5	4	1	—	—	—	—	—	—
建築營造	—	—	—	13	13	—	7	7	—	—	—	—	—	—	—

運輸交通	8	8	—	30	29	1	31	81	—	—	—	—	—	—	—
鐵路運輸	—	—	—	—	—	—	—	—	—	—	—	—	—	—	—
道路運輸	1	1	—	6	6	—	20	20	—	—	—	—	—	—	—
水上運輸	1	1	—	—	—	—	—	—	—	—	—	—	—	—	—
航空運輸	—	—	—	—	—	—	—	—	—	—	—	—	—	—	—
郵政電報電話	6	6	—	24	23	1	11	11	—	—	—	—	—	—	—
商業	59	59	—	179	176	3	236	220	16	—	—	—	2	1	1
批發及零售	50	50	—	135	134	1	214	198	16	—	—	—	2	1	1
金融保險	6	6	—	40	38	2	14	14	—	—	—	—	—	—	—
其他	3	3	—	4	4	—	8	8	—	—	—	—	—	—	—
旅館人事服務	16	16	—	12	12	—	1,000	335	665	—	—	—	—	—	—
餐飲供應	14	14	—	11	11	—	167	149	18	—	—	—	—	—	—
財物人體修理	2	2	—	1	1	—	20	14	6	—	—	—	—	—	—
家事管理人事服務	—	—	—	—	—	—	810	169	641	—	—	—	—	—	—
娛樂及運動	—	—	—	—	—	—	3	3	—	—	—	—	—	—	—
公共服務	367	360	7	1,235	1,145	90	485	462	23	—	—	—	3	3	—
醫藥衛生	5	5	—	24	17	7	14	13	1	—	—	—	—	—	—
教育宗教文化科學	163	156	7	573	497	76	107	87	20	—	—	—	2	2	—
國防警務	3	3	—	19	19	—	15	15	—	—	—	—	—	—	—
工人社會工團組織	—	—	—	—	—	—	—	—	—	—	—	—	—	—	—
公共服務	196	196	—	619	612	7	349	347	2	—	—	—	1	1	—
行業未詳	9	8	1	10	8	2	139	130	9	—	—	—	7	7	—
無業	—	—	—	—	—	—	—	—	—	60,888	6,374	54,514	—	—	—
有無業未詳	—	—	—	—	—	—	—	—	—	—	—	—	5	4	1

說明：（1）不包括外國籍人口。

（2）未填戶口普查表只填人口概況調查表之公共戶內常住人口，未統計在內。

表 19　彭縣無配偶之常住人口按性別與職業之分類(1)(2)

行業別	共計			僱主			業主			幫同作業之家屬		
	小計	男	女	小計	男	女	小計	男	女	小計	男	女
總計	210,493	114,228	96,265	465	364	101	22,281	14,160	8,121	19,354	15,381	3,973
農林漁(牧)	33,272	27,979	5,293	197	142	55	10,690	8,527	2,163	16,648	13,654	2,994
農作畜飼	32,404	27,566	4,838	193	139	54	9,993	8,208	1,785	16,491	13,571	2,920
林業狩獵捕	862	407	455	4	3	1	691	313	378	157	83	74
漁業	6	6	—	—	—	—	6	6	—	—	—	—
採礦	1,548	1,545	3	2	2	—	10	10	—	4	4	—
礦砂煤及其他礦質	1,546	1,543	3	2	2	—	10	10	—	3	3	—
土石等建築材料	2	2	—	—	—	—	—	—	—	1	1	—
製造工業	10,748	4,523	6,225	121	100	21	6,621	1,327	5,294	1,467	591	876
食品製造	727	642	85	26	18	8	225	164	61	103	91	12
飲料及釀造	169	162	7	6	4	2	17	15	2	16	13	3
煙草製造	150	136	14	1	—	1	24	18	6	22	16	6
動植物油脂製造	21	21	—	1	1	—	6	6	—	2	2	—
化學工業	96	85	11	1	1	—	37	27	10	20	19	1
橡皮製造	—	—	—	—	—	—	—	—	—	—	—	—
木材竹藤木等製造	1,304	1,278	26	28	27	1	575	559	16	240	233	7
造紙及紙製物品	301	255	46	9	6	3	69	44	25	32	20	12
印刷	58	56	2	2	2	—	6	5	1	6	5	1
皮革	8	8	—	1	1	—	3	3	—	—	—	—
紡織	3,427	334	3,093	7	3	4	2,696	117	2,579	552	48	504
衣着服用品	3,242	329	2,913	8	7	1	2,727	147	2,580	359	38	321
水電煤氣供應	47	45	2	—	—	—	24	23	1	3	3	—
燃料	27	27	—	1	1	—	1	1	—	—	—	—
非金屬礦產製造	421	418	3	—	—	—	40	40	—	23	21	2
金屬冶鑄	40	40	—	2	2	—	—	—	—	2	2	—
金屬製品	493	489	4	21	21	—	91	88	3	68	67	1
機器	13	13	—	2	2	—	4	4	—	—	—	—
儀器飾物	46	40	6	1	—	1	23	19	4	4	3	1
其他	140	130	10	3	3	—	44	41	3	15	10	5
工業區別未詳	18	15	3	1	1	—	9	6	3	—	—	—
建築營造	389	389	—	3	3	—	290	290	—	49	49	—

運輸交通	2,009	1,997	12	4	4	—	1,544	1,538	6	403	402	1
鐵路運輸	—	—	—	—	—	—	—	—	—	—	—	—
道路運輸	1,967	1,959	8	4	4	—	1,530	1,524	6	390	389	1
水上運輸	30	30	—	—	—	—	14	14	—	13	13	—
航空運輸	—	—	—	—	—	—	—	—	—	—	—	—
郵政電報電話	12	8	4	—	—	—	—	—	—	—	—	—
商業	3,234	2,799	435	59	47	12	1,649	1,291	358	419	369	50
批發及零售	2,994	2,596	398	58	46	12	1,500	1,174	326	398	352	46
金融保險	47	47	—	—	—	—	2	2	—	—	—	—
其他	193	156	37	1	1	—	147	115	32	21	17	4
旅館人事服務	3,118	2,091	1,027	68	56	12	544	342	202	246	201	45
膳宿供應	1,458	1,286	172	59	47	12	355	249	106	206	171	35
財物人體整潔	400	261	139	9	9	—	186	90	96	39	29	10
家事管理人事服務	1,248	532	716	—	—	—	—	—	—	—	—	—
娛樂及運動	12	12	—	—	—	—	3	3	—	1	1	—
公共服務	2,189	1,774	415	6	6	—	304	274	30	44	42	2
醫藥衛生	197	183	14	5	5	—	112	104	8	16	16	—
教育宗教文藝科學	1,459	1,078	381	1	1	—	192	170	22	28	26	2
國防事務	44	41	3	—	—	—	—	—	—	—	—	—
工人僱等工團組織	—	—	—	—	—	—	—	—	—	—	—	—
公共服務	489	472	17	—	—	—	—	—	—	—	—	—
行業未詳	1,069	982	87	5	4	1	629	561	68	74	69	5
無業	152,908	70,143	82,765	—	—	—	—	—	—	—	—	—
有無業未詳	9	6	3	—	—	—	—	—	—	—	—	—

表 19 彭縣無配偶之常住人口按性別與職業之分類[1][2] (續)

行業別	經理人或主持人 小計	經理人或主持人 男	經理人或主持人 女	其他領受薪俸之人員 小計	其他領受薪俸之人員 男	其他領受薪俸之人員 女	領受工餉之工役 小計	領受工餉之工役 男	領受工餉之工役 女	無業 小計	無業 男	無業 女	職位或有無業未詳 小計	職位或有無業未詳 男	職位或有無業未詳 女
總計	400	336	64	1,201	949	252	13,872	12,886	986	152,908	70,143	82,765	12	9	3
農林漁(牧)	118	118	—	7	7	—	5,611	5,530	81	—	—	—	1	1	—
農作畜飼	118	118	—	6	6	—	5,602	5,523	79	—	—	—	1	1	—
林業狩獵採捕	—	—	—	1	1	—	9	7	2	—	—	—	—	—	—
漁業	—	—	—	—	—	—	—	—	—	—	—	—	—	—	—
礦業	10	10	—	66	66	—	1,456	1,453	5	—	—	—	—	—	—
礦砂煤及其他礦質	10	10	—	66	66	—	1,455	1,452	5	—	—	—	—	—	—
土石等建築材料	—	—	—	—	—	—	1	1	—	—	—	—	—	—	—
製造工業	7	7	—	128	127	1	2,403	2,370	33	—	—	—	—	—	—
食品製造	2	2	—	17	17	—	354	350	4	—	—	—	—	—	—
飲料及烟製造	1	1	—	1	1	—	127	127	—	—	—	—	—	—	—
碾米製造	—	—	—	3	3	—	100	99	1	—	—	—	—	—	—
動植物油脂製造	—	—	—	—	—	—	12	12	—	—	—	—	—	—	—
化學工業	—	—	—	—	—	—	38	38	—	—	—	—	—	—	—
橡皮製造	—	—	—	—	—	—	—	—	—	—	—	—	—	—	—
木材竹木等製造	2	2	—	19	19	—	440	438	2	—	—	—	—	—	—
造紙及紙製物品	1	1	—	8	8	—	182	176	6	—	—	—	—	—	—
印刷	—	—	—	4	4	—	40	40	—	—	—	—	—	—	—
皮革	—	—	—	—	—	—	4	4	—	—	—	—	—	—	—
紡織	—	—	—	2	1	1	170	165	5	—	—	—	—	—	—
衣着服用品	—	—	—	19	19	—	129	118	11	—	—	—	—	—	—
水電煤氣供應	—	—	—	5	5	—	15	14	1	—	—	—	—	—	—
燃料	—	—	—	3	3	—	22	22	—	—	—	—	—	—	—
非金屬礦產製造	1	1	—	29	29	—	328	327	1	—	—	—	—	—	—
金屬冶鍊	—	—	—	—	—	—	36	36	—	—	—	—	—	—	—
金屬製造	—	—	—	3	3	—	310	310	—	—	—	—	—	—	—
機械	—	—	—	—	—	—	7	7	—	—	—	—	—	—	—
儀器飾物	—	—	—	1	1	—	17	17	—	—	—	—	—	—	—
其他	—	—	—	14	14	—	64	62	2	—	—	—	—	—	—
工業區別未詳	—	—	—	—	—	—	8	8	—	—	—	—	—	—	—
建築營造	1	1	—	1	1	—	45	45	—	—	—	—	—	—	—

運輸交通	3	2	—	6	4	2	50	47	3	—	—	—	—	—	—
鐵路運輸	—	—	—	—	—	—	—	—	—	—	—	—	—	—	—
道路運輸	1	1	—	1	1	—	41	40	1	—	—	—	—	—	—
水上運輸	1	1	—	—	—	—	2	2	—	—	—	—	—	—	—
航空運輸	—	—	—	—	—	—	—	—	—	—	—	—	—	—	—
郵政電報電話	—	—	—	5	3	2	7	5	2	—	—	—	—	—	—
商業	12	12	—	129	127	2	966	953	13	—	—	—	—	—	—
批發及零售	12	12	—	122	120	2	904	892	12	—	—	—	—	—	—
金融保險	—	—	—	4	4	—	41	41	—	—	—	—	—	—	—
其他	—	—	—	3	3	—	21	20	1	—	—	—	—	—	—
旅宿人事服務	7	5	2	24	24	—	2,229	1,463	766	—	—	—	—	—	—
膳宿供應	5	3	2	21	21	—	812	795	17	—	—	—	—	—	—
財務人體整潔	1	1	—	3	3	—	162	129	33	—	—	—	—	—	—
家事管理人事服務	—	—	—	—	—	—	1,248	532	716	—	—	—	—	—	—
娛樂及運動	1	1	—	—	—	—	7	7	—	—	—	—	—	—	—
公共服務	241	180	61	838	591	247	756	681	75	—	—	—	—	—	—
醫學衛生	4	3	1	18	13	5	42	42	—	—	—	—	—	—	—
教育宗教文藝科學	214	154	60	688	462	226	336	265	71	—	—	—	—	—	—
國防事務	6	6	—	14	13	1	24	22	2	—	—	—	—	—	—
工人營等工團組織	—	—	—	—	—	—	—	—	—	—	—	—	—	—	—
公共服務	17	17	—	118	103	15	354	352	2	—	—	—	—	—	—
行業未詳	2	1	1	2	2	—	355	343	12	—	—	—	2	2	—
無業	—	—	—	—	—	—	—	—	—	152,908	70.143	82.765	—	—	—
有無業未詳	—	—	—	—	—	—	1	1	—	—	—	—	8	5	3

說明：（1）不包括外國籍人口。

（2）未填證戶口普查表只填證人口概況調查表之公共戶內常住人口，未統計在內。

表 20 彭縣年滿二十歲之常住人口按本籍居住本縣年數與性別之分類(1)(2)

籍別	共計			未滿半年			半年至未滿一年			一年至未滿二年			二年至未滿三年		
	小計	男	女	小計	男	女	小計	男	女	小計	男	女	小計	男	女
總計	206,173	104,096	102,077	1,815	1,360	455	490	350	140	2,717	1,801	916	2,103	1,165	938
四川省	205,596	103,663	101,933	1,766	1,329	437	465	331	134	2,652	1,750	902	2,039	1,126	913
彭縣	196,592	98,973	97,619	1,001	733	268	259	176	83	1,592	912	680	1,330	642	688
其他各縣(市)	8,923	4,647	4,276	760	591	169	206	155	51	1,051	832	219	708	483	225
未詳	81	43	38	5	5	—	—	—	—	9	6	3	1	1	—
江蘇省	13	6	7	4	1	3	3	3	—	4	2	2	—	—	—
浙江省	14	10	4	—	—	—	—	—	—	4	4	—	4	3	1
安徽省	6	5	1	3	3	—	1	—	1	1	1	—	—	—	—
江西省	13	12	1	4	4	—	1	1	—	1	1	—	2	1	1
湖北省	24	20	4	5	4	1	3	2	1	9	8	1	4	4	—
湖南省	48	36	12	6	6	—	2	2	—	9	9	—	18	12	6
西康省	8	6	2	—	—	—	—	—	—	2	2	—	1	1	—
福建省	2	2	—	1	1	—	—	—	—	—	—	—	—	—	—
廣東省	5	—	5	2	—	2	—	—	—	—	—	—	1	—	1
雲南省	2	2	—	1	1	—	1	1	—	—	—	—	—	—	—
貴州省	5	5	—	2	2	—	—	—	—	—	—	—	—	—	—
河北省	11	9	2	2	1	1	—	—	—	5	5	—	1	1	—
河南省	10	10	—	1	1	—	3	3	—	3	3	—	—	—	—
山東省	12	9	3	4	3	1	4	4	—	—	—	—	1	1	—
山西省	3	3	—	—	—	—	—	—	—	1	1	—	1	1	—
陝西省	89	83	6	3	1	2	—	—	—	8	8	—	7	5	2
寧夏省	3	1	2	—	—	—	—	—	—	—	—	—	3	1	2
南京市	1	—	1	—	—	—	1	—	1	—	—	—	—	—	—
上海市	1	—	1	—	—	—	—	—	—	1	—	1	—	—	—
北平市	1	1	—	1	1	—	—	—	—	—	—	—	—	—	—
天津市	1	1	—	—	—	—	—	—	—	—	—	—	—	—	—
重慶市	49	27	22	3	1	2	2	2	—	5	4	1	5	3	2
省市未詳	256	185	71	7	1	6	4	1	3	12	3	9	16	6	10

表 20　彭縣年滿二十歲之常住人口按本籍居住本縣年數與性別之分類(1)(2)　（續）

籍別	三年至未滿五年			五年至未滿十年			十年至未滿二十年			二十年至未滿五十年			五十年及以上			未詳		
	小計	男	女	小計	男	女	小計	男	女	小計	男	女	小計	男	女	小計	男	女
總計	3,986	1,909	2,077	5,159	1,919	3,240	6,392	1,518	4,874	116,258	57,704	58,554	66,735	35,989	30,746	518	381	137
四川省	3,933	1,877	2,056	5,124	1,892	3,232	6,359	1,492	4,867	116,204	57,661	58,543	66,722	35,982	30,740	332	223	109
彭縣	2,805	1,201	1,604	3,925	1,311	2,614	4,975	980	3,995	114,189	57,007	57,182	66,346	35,885	30,461	170	126	44
其他各縣（市）	1,121	672	449	1,195	579	616	1,377	511	866	2,002	645	1,357	376	97	279	127	82	45
未詳	7	4	3	4	2	2	7	1	6	13	9	4	—	—	—	35	15	20
江蘇省	—	—	—	—	—	—	1	—	1	—	—	—	—	—	—	1	—	1
浙江省	2	1	1	1	1	—	—	—	—	1	1	—	—	—	—	2	—	2
安徽省	—	—	—	—	—	—	—	—	—	—	—	—	1	1	—	—	—	—
江西省	2	2	—	1	1	—	1	1	—	1	1	—	—	—	—	—	—	—
湖北省	—	—	—	—	—	—	—	—	—	—	—	—	1	1	—	2	1	1
湖南省	6	3	3	3	1	2	1	1	—	1	1	—	1	1	—	1	—	1
西康省	—	—	—	2	2	—	2	1	1	—	—	—	—	—	—	1	—	1
福建省	—	—	—	—	—	—	—	—	—	1	1	—	—	—	—	—	—	—
廣東省	—	—	—	—	—	—	—	—	—	—	—	—	1	—	1	1	—	1
雲南省	—	—	—	—	—	—	—	—	—	—	—	—	—	—	—	—	—	—
貴州省	1	1	—	—	—	—	1	1	—	1	1	—	—	—	—	—	—	—
河北省	1	1	—	1	1	—	—	—	—	—	—	—	—	—	—	1	—	1
河南省	2	2	—	—	—	—	—	—	—	—	—	—	1	1	—	—	—	—
山東省	—	—	—	—	—	—	—	—	—	1	1	—	—	—	—	2	—	2
山西省	1	1	—	—	—	—	—	—	—	—	—	—	—	—	—	—	—	—
陝西省	9	8	1	15	14	1	17	17	—	29	29	—	1	1	—	—	—	—
遼寧省	—	—	—	—	—	—	—	—	—	—	—	—	—	—	—	—	—	—
南京市	—	—	—	—	—	—	—	—	—	—	—	—	—	—	—	—	—	—
上海市	—	—	—	—	—	—	—	—	—	—	—	—	—	—	—	—	—	—
北平市	—	—	—	—	—	—	—	—	—	—	—	—	—	—	—	—	—	—
天津市	1	1	—	—	—	—	—	—	—	—	—	—	—	—	—	—	—	—
重慶市	9	3	6	6	4	2	8	5	3	10	5	5	—	—	—	1	—	1
省市未詳	19	9	10	6	3	3	2	—	2	9	3	6	7	2	5	174	157	17

說明：（1）不包括外國籍人口。

（2）未填滿戶口普查表只填戶口概況調查表之公共戶內常住人口，未加入統計。

表 20　彭縣普通住家年滿二十歲之常住人口按本籍居住本縣年數與性別之分類(1)

籍別	共計			未滿半年			半年至未滿一年			一年至未滿二年			二年至未滿三年		
	小計	男	女	小計	男	女	小計	男	女	小計	男	女	小計	男	女
總計	199,623	98,051	101,572	1,235	833	402	302	176	126	2,007	1,109	898	1,648	758	890
四川省	199,425	97,956	101,469	1,213	820	393	295	174	121	1,982	1,096	886	1,611	742	869
彭縣	192,759	95,427	97,332	842	582	260	202	119	83	1,475	796	679	1,224	544	680
其他各縣(市)	6,616	2,514	4,102	367	234	133	93	55	38	503	299	204	387	198	189
未詳	50	15	35	4	4	—	—	—	—	4	1	3	—	—	—
江蘇省	3	2	1	—	—	—	1	1	—	1	1	—	—	—	—
浙江省	7	6	1	—	—	—	—	—	—	3	3	—	3	2	1
安徽省	2	2	—	—	—	—	—	—	—	1	1	—	—	—	—
江西省	9	8	1	3	3	—	—	—	—	—	—	—	1	1	—
湖北省	7	4	3	4	3	1	1	—	1	1	—	1	1	1	—
湖南省	19	8	11	—	—	—	—	—	—	1	1	—	9	3	6
西康省	3	2	1	—	—	—	—	—	—	—	—	—	—	—	—
廣東省	2	—	2	—	—	—	—	—	—	—	—	—	1	—	1
貴州省	2	2	—	1	1	—	—	—	—	—	—	—	—	—	—
河北省	4	4	—	1	1	—	—	—	—	2	2	—	—	—	—
河南省	2	2	—	—	—	—	—	—	—	—	—	—	—	—	—
山東省	3	3	—	3	3	—	—	—	—	—	—	—	—	—	—
山西省	1	1	—	—	—	—	—	—	—	—	—	—	—	—	—
陝西省	12	8	4	3	1	2	—	—	—	2	2	—	—	—	—
[illegible]青省	2	1	1	—	—	—	—	—	—	—	—	—	2	1	1
南京市	1	—	1	—	—	—	1	—	1	—	—	—	—	—	—
上海市	1	—	1	—	—	—	—	—	—	1	—	1	—	—	—
重慶市	29	8	21	1	—	1	—	—	—	2	1	1	4	2	2
省市未詳	89	34	55	6	1	5	4	1	3	11	2	9	16	6	10

表 20 彭縣普通住家年滿二十歲之常住人口按本籍居住本縣年數與性別之分類[1]（續）

別籍	三年至未滿五年			五年至未滿十年			十年至未滿二十年			二十年至未滿五十年			五十年及以上			未詳		
	小計	男	女	小計	男	女	小計	男	女	小計	男	女	小計	男	女	小計	男	女
總計	3,421	1,379	2,042	4,802	1,593	3,209	6,155	1,322	4,833	113,855	55,406	58,449	65,990	35,337	30,653	208	138	70
四川省	3,392	1,369	2,023	4,787	1,587	3,200	6,142	1,316	4,826	113,834	55,395	58,439	65,979	35,232	30,647	190	125	65
彭縣	2,615	1,035	1,580	3,815	1,208	2,607	4,907	932	3,975	111,926	54,861	57,065	65,616	35,253	30,363	137	97	40
其他各縣（市）	772	332	440	969	378	591	1,228	383	845	1,901	531	1,370	363	79	284	33	25	8
未詳	5	2	3	3	1	2	7	1	6	7	3	4	—	—	—	20	3	17
江蘇省	—	—	—	—	—	—	1	—	1	—	—	—	—	—	—	—	—	—
浙江省	—	—	—	1	1	—	—	—	—	—	—	—	—	—	—	—	—	—
安徽省	—	—	—	—	—	—	—	—	—	—	—	—	1	1	—	—	—	—
江西省	3	2	1	—	—	—	1	1	—	1	1	—	—	—	—	—	—	—
湖北省	—	—	—	—	—	—	—	—	—	—	—	—	—	—	—	—	—	—
湖南省	4	1	3	3	1	2	—	—	—	1	1	—	1	1	—	—	—	—
西康省	—	—	—	1	1	—	2	1	1	—	—	—	—	—	—	—	—	—
廣東省	—	—	—	—	—	—	—	—	—	—	—	—	1	—	1	—	—	—
貴州省	—	—	—	—	—	—	—	—	—	1	1	—	—	—	—	—	—	—
河北省	—	—	—	1	1	—	—	—	—	—	—	—	—	—	—	—	—	—
河南省	1	1	—	—	—	—	—	—	—	—	—	—	1	1	—	—	—	—
山東省	—	—	—	—	—	—	—	—	—	—	—	—	—	—	—	—	—	—
山西省	1	1	—	—	—	—	—	—	—	—	—	—	—	—	—	—	—	—
陝西省	2	1	1	1	—	1	1	1	—	3	3	—	—	—	—	—	—	—
遼寧省	—	—	—	—	—	—	—	—	—	—	—	—	—	—	—	—	—	—
南京市	—	—	—	—	—	—	—	—	—	—	—	—	—	—	—	—	—	—
上海市	—	—	—	—	—	—	—	—	—	—	—	—	—	—	—	—	—	—
重慶市	6	—	6	3	—	3	6	3	3	7	2	5	—	—	—	—	—	—
省市未詳	12	4	8	5	2	3	2	—	2	8	3	5	7	2	5	18	13	5

說明：（1）不包括外國籍人口。

II 雙流縣統計基本報告表

表 1 雙流縣戶口總數(1)

戶類別	戶數(2)	常住人口			現在人口		
		共計	男	女	共計	男	女
總計	33,068	156,085	80,110	75,975	155,443	80,016	75,427
普通住家	32,187	147,012	72,081	74,931	146,780	72,362	74,418
旅館客寓	12	28	24	4	136	124	12
廠號機關寄宿舍	—	—	—	—	—	—	—
營業處所	513	1,481	1,407	74	1,597	1,508	89
公共處所	356	7,564	6,598	966	6,930	6,022	908

說明：(1)包括當在本縣停泊之船舶及外國籍人口在內。

(2)祇包括有常住人口之戶數。

表 2 雙流縣各鄉鎮各類戶之常住人口(1)(2)

鄉鎮別	共計				普通住家				旅館客寓			
	戶數(3)	人口數			戶數	人口數			戶數	人口數		
		小計	男	女		小計	男	女		小計	男	女
總計	33,068	156,085	80,110	75,975	32,187	147,012	72,081	74,931	12	28	24	4
中心鎮	2,136	8,714	4,595	4,119	1,933	7,320	3,298	4,022	3	7	7	—
簇錦鎮	2,657	13,393	8,038	5,355	2,521	10,080	4,936	5,144	—	—	—	—
金花鄉	2,356	10,665	5,343	5,322	2,309	10,124	4,827	5,297	4	4	3	1
通江鄉	3,043	15,379	8,198	7,181	2,965	13,693	6,758	6,935	—	—	—	—
彭家鎮	2,270	9,732	4,842	4,890	2,170	9,435	4,582	4,853	—	—	—	—
擦耳鄉	2,006	9,341	4,596	4,745	1,992	9,272	4,539	4,733	—	—	—	—
永福鄉	2,182	10,543	5,224	5,319	2,136	10,291	5,081	5,210	1	3	1	2
雙華鄉	1,967	9,186	4,716	4,470	1,947	8,980	4,532	4,448	—	—	—	—
紅石鄉	2,123	10,670	5,174	5,496	2,097	10,531	5,092	5,439	—	—	—	—
楊公鄉	1,973	9,378	4,616	4,762	1,950	9,288	4,551	4,737	1	2	2	—
九江鄉	1,394	6,639	3,296	3,343	1,366	6,545	3,231	3,314	—	—	—	—
柑梓鄉	2,296	11,161	5,678	5,483	2,260	10,904	5,471	5,433	—	—	—	—
昇平鄉	1,413	6,799	3,423	3,376	1,382	6,726	3,378	3,348	—	—	—	—
黃水鄉	2,053	9,997	5,008	4,989	1,999	9,539	4,596	4,943	3	12	11	1
維新鄉	1,665	7,463	3,818	3,645	1,641	6,313	3,707	3,606	—	—	—	—
黃甲鄉	1,534	7,025	3,545	3,480	1,519	6,971	3,502	3,469	—	—	—	—
船舶(2)	—	—	—	—	—	—	—	—	—	—	—	—

表2 雙流縣各鄉鎮各類戶之常住人口(1)(2) (續)

鄉鎮別	團隊機關寄宿舍 戶數	人口數 小計	男	女	營業處所 戶數	人口數 小計	男	女	公共處所 戶數	人口數 小計	男	女
總計	—	—	—	—	513	1,481	1,407	74	356	7,564	6,598	966
中心鎮	—	—	—	—	158	423	411	12	142	964	879	85
簇錦鎮	—	—	—	—	90	395	371	24	46	2,918	2,731	187
金花鄉	—	—	—	—	9	24	24	—	34	513	489	24
通江鄉	—	—	—	—	49	115	108	7	29	1,571	1,332	239
彭家鎮	—	—	—	—	81	173	153	20	19	124	107	17
擦耳鄉	—	—	—	—	2	10	10	—	12	59	47	12
永福鄉	—	—	—	—	20	44	42	2	25	205	100	105
雙華鄉	—	—	—	—	6	37	37	—	14	169	147	22
紅石鄉	—	—	—	—	7	29	28	1	19	110	54	56
楊公鄉	—	—	—	—	5	18	18	—	17	70	45	25
九江鄉	—	—	—	—	15	29	28	1	13	65	37	28
柑梓鄉	—	—	—	—	12	43	42	1	24	214	165	49
昇平鄉	—	—	—	—	17	25	24	1	14	48	21	27
黃水鄉	—	—	—	—	25	76	72	4	26	370	329	41
維新鄉	—	—	—	—	11	30	29	1	13	120	82	38
貳甲鄉	—	—	—	—	6	10	10	—	9	44	33	11
船舶(2)	—	—	—	—	—	—	—	—	—	—	—	—

說明：(1)包括外國籍人口。

(2)鄉鎮別除按各鄉鎮排列外，其在本縣內常時停泊之船舶則爲一列，附於各鄉鎮之後。

(3)祗包括有常住人口之戶數。

表 3　雙流縣各鄉鎮寺廟處所之常住人口 (1)

鄉鎮別	戶數	人口數		
		共計	男	女
總計	154	550	184	366
中心鎮	4	8	6	2
簇錦鎮	10	25	8	17
金花鄉	10	33	12	21
通江鄉	11	30	20	10
彭家鎮	10	22	12	10
擦耳鄉	5	15	8	7
永福鄉	15	75	19	56
雙華鄉	6	17	2	15
紅石鄉	14	67	13	54
楊公鄉	13	38	16	22
九江鄉	7	33	12	21
柑梓鄉	18	58	18	40
昇平鄉	10	33	9	24
黄水鄉	12	47	9	38
維新鄉	7	39	13	26
黄甲鄉	2	10	7	3
船舶	—	—	—	—

說明：（1）包括外國籍人口。

表 4 雙流縣各城市場集各類戶之常住人口 (1)(2)

城市場集名稱	所在鄉鎮	共計 戶數	共計 人口數 小計	共計 人口數 男	共計 人口數 女	普通住家 戶數	普通住家 人口數 小計	普通住家 人口數 男	普通住家 人口數 女	旅館客寓 戶數	旅館客寓 人口數 小計	旅館客寓 人口數 男	旅館客寓 人口數 女
總計	—	5,729	22,635	11,974	10,661	5,245	19,545	9,199	10,346	6	19	18	1
縣城	中心鎮	2,135	8,418	4,299	4,119	1,933	7,320	3,298	4,022	3	7	7	—
簇橋	簇錦鎮	786	2,983	1,545	1,438	752	2,559	1,235	1,324	—	—	—	—
馬家寺	通江鄉	168	618	321	297	146	559	270	289	—	—	—	—
街頭橋	通江鄉	101	1,058	915	143	86	300	157	143	—	—	—	—
彭家場	彭家鎮	1,043	4,046	2,000	2,046	957	2,770	1,758	2,012	—	—	—	—
義和場	彭家鎮	45	144	61	83	41	140	59	81	—	—	—	—
擦耳岩	擦耳鄉	169	661	317	344	167	653	309	344	—	—	—	—
秦家寺	擦耳鄉	53	195	110	85	49	168	89	79	—	—	—	—
永福場	永福鄉	64	220	119	101	51	200	99	101	—	—	—	—
雙華場	雙華鄉	52	193	106	87	51	191	104	87	—	—	—	—
紅石橋	紅石鄉	35	139	81	58	27	119	61	58	—	—	—	—
雙南場	楊公鄉	135	520	265	255	127	478	230	248	—	—	—	—
花園場	楊公鄉	53	193	105	88	53	193	105	88	—	—	—	—
臭水函	九江鄉	126	451	242	209	110	415	208	207	—	—	—	—
柑梓園	柑梓鄉	163	633	329	304	151	570	276	294	—	—	—	—
鄧家場	昇平鄉	132	446	250	196	114	408	216	192	—	—	—	—
黃水河	黃水鄉	204	717	353	364	187	645	289	356	3	12	11	1
曾家店	維新鄉	70	274	164	110	59	179	84	95	—	—	—	—
黃甲場	黃甲鄉	195	726	392	334	184	678	352	326	—	—	—	—

表 4　雙流縣各城市場集各類戶之常住人口（1）（2）　（續）

城市場集名稱	所在鄉鎮	旅館機關寄宿舍 戶數	旅館機關寄宿舍 人口數 小計	男	女	營業處所 戶數	營業處所 人口數 小計	男	女	公共處所 戶數	公共處所 人口數 小計	男	女
總計		—	—	—	—	372	869	816	53	106	2,202	1,941	261
縣城	中心鎮	—	—	—	—	158	423	411	12	41	668	583	85
簇橋	簇錦鎮	—	—	—	—	24	99	92	7	10	325	218	107
馬家寺	通江鄉	—	—	—	—	19	34	27	7	3	25	24	1
街頭橋	通江鄉	—	—	—	—	14	19	19	—	1	739	739	—
彭家場	彭家鎮	—	—	—	—	71	158	140	18	15	118	102	16
義和場	彭家鎮	—	—	—	—	4	4	2	2	—	—	—	—
擦耳岩	擦耳鄉	—	—	—	—	1	8	8	—	1	—	—	—
李家寺	擦耳鄉	—	—	—	—	—	—	—	—	4	27	21	6
永福場	永福鄉	—	—	—	—	12	16	16	—	1	4	4	—
雙華寨	雙華鄉	—	—	—	—	—	—	—	—	1	2	2	—
紅石橋	紅石鄉	—	—	—	—	7	—	—	—	1	20	20	—
雙南場	楊公鄉	—	—	—	—	2	6	6	—	6	36	29	7
花園場	楊公鄉	—	—	—	—	—	—	—	—	—	—	—	—
泉水凼	九江鄉	—	—	—	—	12	24	23	1	4	12	11	1
柑梓樹	柑梓鄉	—	—	—	—	7	9	8	1	5	54	45	9
鄧家場	昇平鄉	—	—	—	—	15	19	18	1	3	19	16	3
黃水河	黃水鄉	—	—	—	—	12	30	26	4	2	30	27	3
曾家店	臨新鄉	—	—	—	—	8	10	10	—	3	85	70	15
黃甲場	黃甲鄉	—	—	—	—	6	10	10	—	3	88	80	8

說明：（1）不包括外國籍人口。
（2）不包括船舶在內。

表 5 雙流縣普通住家戶數按各戶內常住人數與常住家屬人數之分配(1)

戶內常住人數	戶內常住家屬人數																
	共計	0	1	2	3	4	5	6	7	8	9	10	11	12	13	14	15及以上	未詳
總計	32,187	30	2,476	4,564	5,752	5,833	4,928	3,481	2,135	1,252	682	398	245	162	87	60	102	—
1	2,326	26	2,300	—	—	—	—	—	—	—	—	—	—	—	—	—	—	—
2	4,355	4	135	4,216	—	—	—	—	—	—	—	—	—	—	—	—	—	—
3	5,513	—	29	257	5,227	—	—	—	—	—	—	—	—	—	—	—	—	—
4	5,665	—	8	57	405	5,195	—	—	—	—	—	—	—	—	—	—	—	—
5	4,819	—	2	20	77	491	4,229	—	—	—	—	—	—	—	—	—	—	—
6	3,556	—	2	5	20	96	516	2,917	—	—	—	—	—	—	—	—	—	—
7	2,299	—	—	5	13	31	122	431	1,697	—	—	—	—	—	—	—	—	—
8	1,476	—	—	3	6	14	38	91	335	989	—	—	—	—	—	—	—	—
9	794	—	—	1	2	3	11	22	65	188	502	—	—	—	—	—	—	—
10	529	—	—	—	1	1	6	13	22	45	138	303	—	—	—	—	—	—
11	285	—	—	—	—	1	1	3	8	25	25	64	158	—	—	—	—	—
12	211	—	—	—	—	—	3	3	5	5	9	21	59	106	—	—	—	—
13	130	—	—	—	1	1	1	—	1	—	5	5	15	37	64	—	—	—
14	75	—	—	—	—	—	1	1	—	—	1	3	8	16	12	33	—	—
15及以上	154	—	—	—	—	—	—	—	2	—	2	2	5	3	11	27	102	—
未詳	—	—	—	—	—	—	—	—	—	—	—	—	—	—	—	—	—	—

說明：（1）[illegible]戶。

表 6　雙流縣普通住家戶數按各戶內常住與他住家屬人數之分配（1）

戶內常住家屬人數	戶內他住家屬人數：共計	0	1	2	3	4	5	6	7	8	9	10	11	12	13	14	15及以上	未詳
總計	32,187	25,371	5,197	1,168	272	104	38	15	12	6	2	—	—	1	—	1	—	—
0	30	4	19	6	1	—	—	—	—	—	—	—	—	—	—	—	—	—
1	2,476	1,785	494	131	44	14	6	1	1	—	—	—	—	—	—	—	—	—
2	4,564	3,479	828	186	36	21	8	2	3	1	—	—	—	—	—	—	—	—
3	5,752	4,509	968	200	50	17	3	—	3	1	—	—	—	—	—	1	—	—
4	5,833	4,790	823	175	27	9	3	1	4	1	—	—	—	—	—	—	—	—
5	4,928	3,999	741	137	34	9	5	1	—	1	—	—	—	1	—	—	—	—
6	3,481	2,862	465	111	32	7	3	1	—	—	—	—	—	—	—	—	—	—
7	2,135	1,718	312	83	14	5	1	2	—	—	—	—	—	—	—	—	—	—
8	1,252	992	194	44	9	6	4	2	—	1	—	—	—	—	—	—	—	—
9	682	498	139	30	9	3	2	1	—	—	—	—	—	—	—	—	—	—
10	398	287	81	23	2	3	1	1	—	—	—	—	—	—	—	—	—	—
11	245	177	41	15	2	7	2	1	—	—	—	—	—	—	—	—	—	—
12	162	116	31	10	4	1	—	—	—	—	—	—	—	—	—	—	—	—
13	87	59	21	6	—	—	—	—	—	1	—	—	—	—	—	—	—	—
14	60	36	12	3	5	2	—	1	—	—	1	—	—	—	—	—	—	—
15及以上	102	60	28	8	3	—	—	1	1	—	1	—	—	—	—	—	—	—
未詳	—	—	—	—	—	—	—	—	—	—	—	—	—	—	—	—	—	—

說明：（1）不包括外僑戶。

表 7　雙流縣城市場集普通住家戶數按各戶內常住人數與常住家屬人數之分配（1）

戶內常住人口	戶內常住家屬人數																
	共計	0	1	2	3	4	5	6	7	8	9	10	11	12	13	14	15及以上	未詳
總計	5,245	13	801	1,086	1,080	896	629	342	183	95	45	32	15	10	4	5	4	—
1	735	15	729	—	—	—	—	—	—	—	—	—	—	—	—	—	—	—
2	1,047	3	67	977	—	—	—	—	—	—	—	—	—	—	—	—	—	—
3	1,008	—	11	83	914	—	—	—	—	—	—	—	—	—	—	—	—	—
4	869	—	3	15	120	731	—	—	—	—	—	—	—	—	—	—	—	—
5	667	—	—	8	30	122	507	—	—	—	—	—	—	—	—	—	—	—
6	375	—	—	1	8	32	66	268	—	—	—	—	—	—	—	—	—	—
7	224	—	—	1	5	5	32	48	133	—	—	—	—	—	—	—	—	—
8	133	—	—	—	2	5	17	17	30	62	—	—	—	—	—	—	—	—
9	73	—	—	1	—	1	4	6	13	18	30	—	—	—	—	—	—	—
10	47	—	—	—	1	—	3	2	4	7	12	18	—	—	—	—	—	—
11	22	—	—	—	—	—	—	—	2	5	—	8	7	—	—	—	—	—
12	19	—	—	—	—	—	—	1	1	3	1	1	8	4	—	—	—	—
13	5	—	—	—	—	—	—	—	—	—	—	1	—	3	1	—	—	—
14	8	—	—	—	—	—	—	—	—	—	1	3	—	2	—	2	—	—
15及以上	13	—	—	—	—	—	—	—	—	—	1	1	—	1	3	3	4	—
未詳	—	—	—	—	—	—	—	—	—	—	—	—	—	—	—	—	—	—

說明：（1）不包括外僑戶。

表 8 (1) 雙流縣普通住家內之常時營業與家事管理侍從傭役之人口

戶業別	戶數	共計 小計	共計 男	共計 女	農林漁牧 小計	農林漁牧 男	農林漁牧 女	採礦 小計	採礦 男	採礦 女	製造工業 小計	製造工業 男	製造工業 女
總計	28,335	61,966	36,925	25,041	28,165	25,212	2,953	—	—	—	25,408	4,693	20,715
純粹普通住家	546	723	188	535	—	—	—	—	—	—	—	—	—
兼有營業性質普通住家	27,789	61,243	36,737	24,506	28,165	25,212	2,953	—	—	—	25,408	4,693	20,715
農林漁牧	18,034	42,378	25,869	16,509	27,361	24,585	2,776	—	—	—	14,301	707	13,594
採礦	—	—	—	—	—	—	—	—	—	—	—	—	—
製造工業	4,539	9,384	4,465	4,919	442	372	70	—	—	—	8,665	3,877	4,788
建築營造	416	825	558	267	64	43	21	—	—	—	248	15	233
運輸交通	1,355	2,305	1,592	713	69	47	22	—	—	—	681	25	656
商業	1,747	3,107	2,054	1,053	99	75	24	—	—	—	755	33	722
旅館人事服務	946	1,920	1,298	622	66	46	20	—	—	—	399	16	383
公共服務	399	755	503	252	51	38	13	—	—	—	212	10	202
行業未詳	353	569	398	171	13	6	7	—	—	—	147	10	137
純粹或營業未詳	—	—	—	—	—	—	—	—	—	—	—	—	—

表 8　雙流縣普通住家內之常時營業與家事管理侍從傭役之人口（續）

戶，業別	建築營造 小計	建築營造 男	建築營造 女	運輸交通 小計	運輸交通 男	運輸交通 女	商業 小計	商業 男	商業 女	旅館人事服務(2) 小計	旅館人事服務(2) 男	旅館人事服務(2) 女	公共服務 小計	公共服務 男	公共服務 女	行業未詳 小計	行業未詳 男	行業未詳 女	家事管理人口 小計	家事管理人口 男	家事管理人口 女	侍從傭役人口(3) 小計	侍從傭役人口(3) 男	侍從傭役人口(3) 女
總計	672	665	7	1,736	1,723	13	2,426	2,066	360	1,525	1,273	252	583	552	31	516	470	46	1	1	—	934	270	664
純粹普通住家	—	—	—	—	—	—	—	—	—	—	—	—	—	—	—	—	—	—	—	—	—	723	188	535
僅有營業性質普通住家	672	665	7	1,736	1,723	13	2,426	2,066	360	1,525	1,273	252	583	552	31	516	470	46	1	1	—	211	82	129
農林漁牧	140	138	2	139	138	1	121	94	27	63	52	11	81	76	5	65	47	18	1	1	—	106	31	75
採礦	—	—	—	—	—	—	—	—	—	—	—	—	—	—	—	—	—	—	—	—	—	—	—	—
製造工業	25	25	—	53	53	—	71	57	14	29	19	10	21	18	3	20	18	2	—	—	—	58	26	32
建築營造	491	486	5	5	5	—	8	5	3	4	—	4	1	—	1	4	4	—	—	—	—	—	—	—
運輸交通	8	8	—	1,498	1,486	12	22	9	13	8	1	7	2	2	—	17	14	3	—	—	—	—	—	—
商業	2	2	—	28	28	—	2,155	1,870	285	16	8	8	15	14	1	11	10	1	—	—	—	26	14	12
旅館人事服務	2	2	—	8	8	—	34	22	12	1,397	1,191	206	6	6	—	5	5	—	—	—	—	3	2	1
公共服務	—	—	—	2	2	—	10	7	3	3	—	3	457	436	21	3	2	1	—	—	—	17	8	9
行業未詳	4	4	—	3	3	—	5	2	3	5	2	3	—	—	—	391	370	21	—	—	—	1	1	—
純粹或營業未詳	—	—	—	—	—	—	—	—	—	—	—	—	—	—	—	—	—	—	—	—	—	—	—	—

說明：（1）祇包括有常時營業或做事人口或僅有家事管理侍從傭役人口之普通住家。
（2）家事管理侍從傭役不在內。
（3）祇包括受僱用者家庭主婦不在內。

表 9　雙流縣營業戶內之常時營業之人口 [1]

戶業別	戶數[2]	人口數 共計	人口數 男	人口數 女
總計	763	2,200	2,094	106
農林漁牧	2	21	21	—
採礦	—	—	—	—
製造工業	306	1,142	1,102	40
建築營造	3	31	31	—
運輸交通	4	10	9	1
商業	198	400	374	26
旅館人事服務	230	558	520	38
公共服務	15	32	31	1
行業未詳	5	6	6	—

說明：（1）包括各營業戶內所有各該戶內常時工作之人口。

（2）祇包括戶內有常時營業人口之營業戶及旅館客寓，營業組織另設之寄宿舍等所成之戶不在內。

表 10　雙流縣公共戶內之常時辦事與受管率之人口 (1)

機關性質別	戶數(2)	人口數					
		做事			受管率		
		共計	男	女	共計	男	女
總計	775	6,202	5,499	703	20,086	13,933	6,153
政府機關	314	1,725	1,683	42	—	—	—
軍警團隊	75	2,627	2,627	—	—	—	—
學校	203	1,212	919	293	19,885	13,758	6,127
社團	10	27	26	1	—	—	—
公共醫療所	1	2	2	—	—	—	—
救濟收容所	7	34	84	—	58	43	15
監獄與拘留所	3	—	—	—	143	132	11
寺廟	158	570	203	367	—	—	—
會館	4	5	5	—	—	—	—
其他	—	—	—	—	—	—	—

說明：（1）包括各公共戶內所有在各該戶內常時工作之人口。

（2）祇包括戶內有常時辦事與受管率人口之公共戶，公共戶另設之寄宿舍所成之戶不在內。

表11　雙流縣各類戶常住人口

年齡組	共計			普通住家			旅館客寓		
	小計	男	女	小計	男	女	小計	男	女
總計	152,458	76,537	75,921	147,012	72,081	74,931	28	24	4
0—4	21,430	10,488	10,942	21,424	10,486	10,938	—	—	—
未滿1歲	2,766	1,326	1,440	2,766	1,326	1,440	—	—	—
1	5,150	2,409	2,741	5,150	2,409	2,741	—	—	—
2	4,609	2,247	2,362	4,609	2,247	2,362	—	—	—
3	4,751	2,382	2,369	4,750	2,382	2,368	—	—	—
4	4,154	2,124	2,030	4,149	2,122	2,027	—	—	—
5—9	18,594	10,064	8,530	18,380	9,942	8,438	—	—	—
5	4,012	2,140	1,872	4,005	2,135	1,870	—	—	—
6	4,148	2,203	1,945	4,097	2,173	1,924	—	—	—
7	3,451	1,851	1,600	3,393	1,819	1,574	—	—	—
8	3,965	2,202	1,763	3,920	2,181	1,739	—	—	—
9	3,018	1,668	1,350	2,965	1,634	1,331	—	—	—
10—14	17,158	9,338	7,820	16,521	8,845	7,676	3	3	—
10	4,072	2,233	1,839	3,973	2,171	1,802	—	—	—
11	2,913	1,662	1,251	2,846	1,609	1,237	—	—	—
12	4,283	2,365	1,918	4,133	2,235	1,898	1	1	—
13	2,999	1,605	1,394	2,834	1,468	1,366	1	1	—
14	2,891	1,473	1,418	2,735	1,362	1,373	1	1	—
15—19	9,080	3,954	5,126	8,391	3,508	4,883	—	—	—
15	2,507	1,226	1,281	2,350	1,118	1,232	—	—	—
16	2,167	984	1,183	2,033	894	1,139	—	—	—
17	1,443	610	833	1,325	556	769	—	—	—
18	1,942	673	1,269	1,771	566	1,205	—	—	—
19	1,021	461	560	912	374	538	—	—	—
20—24	7,164	3,199	3,965	6,243	2,383	3,860	2	2	—
20	2,175	885	1,290	1,935	680	1,255	1	1	—
21	986	440	546	825	298	527	—	—	—
22	1,526	682	844	1,320	497	823	—	—	—
23	1,010	514	496	863	385	478	—	—	—
24	1,467	678	789	1,300	523	777	1	1	—
25—29	8,302	4,046	4,256	7,439	3,237	4,202	4	4	—
25	2,075	1,010	1,065	1,834	781	1,053	4	4	—
26	1,592	787	805	1,436	645	791	—	—	—
27	1,040	528	512	920	416	504	—	—	—
28	2,507	1,179	1,328	2,263	951	1,312	—	—	—
29	1,088	542	546	986	444	542	—	—	—
30—34	9,592	4,344	5,248	8,975	3,791	5,184	4	2	2
30	3,535	1,609	1,926	3,261	1,366	1,895	2	1	1
31	1,366	672	694	1,268	579	689	—	—	—
32	2,254	992	1,262	2,125	877	1,248	—	—	—
33	979	462	517	931	418	513	1	—	1
34	1,458	609	849	1,390	551	839	1	1	—

按年齡與性別之分類 (1)(2)

廠號機關寄宿舍			營業處所			公共處所		
小計	男	女	小計	男	女	小計	男	女
—	—	—	1,481	1,407	74	3,937	3,025	912
—	—	—	1	1	—	5	1	4
—	—	—	—	—	—	—	—	—
—	—	—	—	—	—	—	—	—
—	—	—	—	—	—	—	—	—
—	—	—	—	—	—	1	—	1
—	—	—	1	1	—	4	1	3
—	—	—	5	5	—	209	117	92
—	—	—	—	—	—	7	5	2
—	—	—	—	—	—	51	30	21
—	—	—	—	—	—	58	32	26
—	—	—	4	4	—	41	17	24
—	—	—	1	1	—	52	33	19
—	—	—	238	231	7	396	259	137
—	—	—	16	15	1	83	47	36
—	—	—	21	21	—	46	32	14
—	—	—	67	66	1	82	63	19
—	—	—	75	72	3	89	64	25
—	—	—	59	57	2	96	53	43
—	—	—	223	220	3	466	226	240
—	—	—	64	62	2	93	46	47
—	—	—	56	56	—	78	34	44
—	—	—	33	33	—	85	21	64
—	—	—	48	47	1	123	60	63
—	—	—	22	22	—	87	65	22
—	—	—	119	116	3	800	698	102
—	—	—	44	43	1	195	161	34
—	—	—	13	13	—	148	129	19
—	—	—	28	28	—	178	157	21
—	—	—	12	11	1	135	118	17
—	—	—	22	21	1	144	133	11
—	—	—	117	110	7	742	695	47
—	—	—	32	31	1	205	194	11
—	—	—	24	22	2	132	120	12
—	—	—	12	9	3	108	103	5
—	—	—	35	34	1	209	194	15
—	—	—	14	14	—	88	84	4
—	—	—	128	120	8	485	431	54
—	—	—	57	52	5	215	190	25
—	—	—	14	14	—	84	79	5
—	—	—	31	29	2	98	86	12
—	—	—	12	12	—	35	32	3
—	—	—	14	13	1	53	44	9

表11 雙流縣各類戶常住人口

年齡組	共計			普通住家			旅館客寓		
	小計	男	女	小計	男	女	小計	男	女
35——39	10,500	4,888	5,612	10,128	4,572	5,556	1	1	—
35	2,415	1,089	1,326	2,303	999	1,304	—	—	—
36	2,070	962	1,108	2,012	915	1,097	—	—	—
37	1,420	643	777	1,383	611	772	1	1	—
38	3,048	1,349	1,699	2,929	1,243	1,686	—	—	—
39	1,547	845	702	1,501	804	697	—	—	—
40——44	9,034	4,190	4,844	8,804	3,998	4,806	1	1	—
40	3,325	1,448	1,877	3,219	1,357	1,862	—	—	—
41	1,333	664	669	1,306	642	664	—	—	—
42	2,112	989	1,123	2,064	949	1,115	—	—	—
43	1,113	548	565	1,093	535	558	—	—	—
44	1,151	541	610	1,122	515	607	1	1	—
45——49	9,899	5,487	4,412	9,663	5,286	4,377	2	2	—
45	2,378	1,113	1,265	2,310	1,058	1,252	—	—	—
46	2.076	1,166	910	2,028	1,124	904	—	—	—
47	1,316	825	491	1,289	803	486	1	1	—
48	2,678	1,433	1,245	2,613	1,376	1,237	1	1	—
49	1,451	950	501	1,423	925	498	—	—	—
50——54	9,551	5,705	3,846	9,332	5,518	3,844	4	3	1
50	3,237	1,741	1,496	3,143	1,665	1,478	2	1	1
51	1,536	991	545	1,506	963	543	1	1	—
52	2,174	1,360	814	2,119	1,311	808	1	1	—
53	1,174	780	394	1,154	764	390	—	—	—
54	1,430	833	597	1,410	815	595	—	—	—
55——59	6,439	3,582	2,857	6,296	3,469	2,827	1	—	1
55	1,599	924	675	1,559	895	664	—	—	—
56	1,573	922	651	1,540	892	648	—	—	—
57	755	428	327	739	416	323	—	—	—
58	1,779	908	871	1,737	874	863	—	—	—
59	733	400	333	721	392	329	1	—	1
60——64	5,961	3,024	2,937	5,842	2,928	2,914	4	4	—
60	2,336	1,124	1,212	2,281	1,080	1,201	1	1	—
61	899	475	424	885	462	423	—	—	—
62	1,246	648	598	1,227	634	593	2	2	—
63	629	329	300	618	323	295	—	—	—
64	851	448	403	831	429	402	1	1	—
65——69	3,798	1,807	1,991	3,724	1,756	1.968	2	2	—
65	1,185	581	604	1,160	562	598	1	1	—
66	759	368	391	744	359	385	—	—	—
67	569	282	287	558	274	284	1	1	—
68	923	409	514	910	400	510	—	—	—
69	362	167	195	352	161	191	—	—	—

按年齡與性別之分類(1)(2)(續)

廠號機關寄宿舍			營業處所			公共處所		
小計	男	女	小計	男	女	小計	男	女
—	—	—	115	108	7	256	207	49
—	—	—	36	31	5	76	59	17
—	—	—	14	13	1	44	34	10
—	—	—	12	11	1	24	20	4
—	—	—	40	40	—	79	66	13
—	—	—	13	13	—	33	28	5
—	—	—	99	93	6	130	98	32
—	—	—	50	47	3	56	44	12
—	—	—	13	13	—	14	9	5
—	—	—	19	18	1	29	22	7
—	—	—	7	6	1	13	7	6
—	—	—	10	9	1	18	16	2
—	—	—	135	128	7	99	71	28
—	—	—	37	34	3	31	27	10
—	—	—	34	32	2	14	10	4
—	—	—	14	13	1	12	8	4
—	—	—	35	34	1	29	22	7
—	—	—	15	15	—	13	10	3
—	—	—	120	112	8	95	72	23
—	—	—	46	43	3	46	32	14
—	—	—	19	19	—	10	8	2
—	—	—	29	26	3	25	22	3
—	—	—	12	11	1	8	5	3
—	—	—	14	13	1	6	5	1
—	—	—	82	81	1	60	32	28
—	—	—	25	24	1	15	5	10
—	—	—	21	21	—	12	9	3
—	—	—	9	9	—	7	3	4
—	—	—	21	21	—	21	13	8
—	—	—	6	6	—	5	2	3
—	—	—	52	46	6	63	46	17
—	—	—	27	23	4	27	20	7
—	—	—	8	8	—	6	5	1
—	—	—	5	3	2	12	9	3
—	—	—	3	3	—	8	3	5
—	—	—	9	9	—	10	9	1
—	—	—	23	18	5	49	31	18
—	—	—	9	7	2	15	11	4
—	—	—	3	3	—	12	6	6
—	—	—	5	5	—	5	2	3
—	—	—	5	3	2	8	6	2
—	—	—	1	—	1	9	6	3

表 11　雙流縣各類戶常住人口

年齡組	共計			普通住家			旅館客寓		
	小計	男	女	小計	男	女	小計	男	女
70——74	2,968	1,279	1,689	2,912	1,244	1,668	—	—	—
70	1,189	512	677	1,174	504	670	—	—	—
71	456	203	253	447	198	249	—	—	—
72	620	266	354	601	253	348	—	—	—
73	331	147	184	321	140	181	—	—	—
74	372	151	221	369	149	220	—	—	—
75——79	1,716	706	1,010	1,693	696	997	—	—	—
75	537	217	320	531	214	317	—	—	—
76	369	138	231	364	135	229	—	—	—
77	175	74	101	172	72	100	—	—	—
78	472	200	272	466	199	267	—	—	—
79	163	77	86	160	76	84	—	—	—
80——84	562	299	563	854	297	557	—	—	—
80	371	114	257	367	114	253	—	—	—
81	146	58	88	146	58	88	—	—	—
82	158	58	100	158	58	100	—	—	—
83	92	33	59	91	32	59	—	—	—
84	95	36	59	92	35	57	—	—	—
85——89	281	98	183	276	96	180	—	—	—
85	114	44	70	112	43	69	—	—	—
86	53	16	37	52	16	36	—	—	—
87	30	16	14	29	15	14	—	—	—
88	53	13	40	52	13	39	—	—	—
89	31	9	22	31	9	22	—	—	—
90——94	81	19	62	80	18	62	—	—	—
90	45	12	33	45	12	33	—	—	—
91	10	3	7	9	2	17	—	—	—
92	15	2	13	15	2	3	—	—	—
93	7	1	6	7	1	6	—	—	—
94	4	1	3	4	1	3	—	—	—
95——99	16	5	11	16	5	11	—	—	—
95	8	3	5	8	3	5	—	—	—
96	1	1	—	1	1	—	—	—	—
97	5	—	5	5	—	5	—	—	—
98	1	—	1	1	—	1	—	—	—
99	1	1	—	1	1	—	—	—	—
100歲及以上	1	—	1	1	—	1	—	—	—
未詳	31	15	16	18	6	12	—	—	—

說明：（1）不包括外國籍人口。

（2）未填繕戶口普查表只填繕人口狀況調查表之公共戶內，常住人口男7,973人，女54

按年齡與性別之分類(1)(2)(續)

商號機關寄宿舍			營業處所			公共處所		
小計	男	女	小計	男	女	小計	男	女
—	—	—	15	14	1	41	21	20
—	—	—	1	1	—	14	7	7
—	—	—	4	4	—	5	1	4
—	—	—	8	7	1	11	6	5
—	—	—	2	2	—	8	5	3
—	—	—	—	—	—	3	2	1
—	—	—	6	4	2	17	6	11
—	—	—	2	1	1	4	2	2
—	—	—	3	2	1	2	1	1
—	—	—	—	—	—	3	2	1
—	—	—	—	—	—	6	1	5
—	—	—	1	1	—	2	—	2
—	—	—	1	—	1	7	2	5
—	—	—	1	—	1	3	—	3
—	—	—	—	—	—	—	—	—
—	—	—	—	—	—	—	—	—
—	—	—	—	—	—	1	1	—
—	—	—	—	—	—	3	1	2
—	—	—	—	—	—	5	2	5
—	—	—	—	—	—	2	1	1
—	—	—	—	—	—	1	—	1
—	—	—	—	—	—	1	1	—
—	—	—	—	—	—	1	—	1
—	—	—	—	—	—	—	—	—
—	—	—	—	—	—	1	1	—
—	—	—	—	—	—	—	—	—
—	—	—	—	—	—	1	1	—
—	—	—	—	—	—	—	—	—
—	—	—	—	—	—	—	—	—
—	—	—	—	—	—	—	—	—
—	—	—	—	—	—	—	—	—
—	—	—	—	—	—	—	—	—
—	—	—	—	—	—	—	—	—
—	—	—	—	—	—	—	—	—
—	—	—	—	—	—	—	—	—
—	—	—	—	—	—	—	—	—
—	—	—	—	—	—	—	—	—
—	—	—	2	—	2	11	9	2

人，共3,627人，未統計在內。

表12　雙流縣各鄉鎮各類戶常

鄉鎮別	共計					普通住家					旅館客寓				
	小計	18—20	21—25	26—35	36—45	小計	18—20	21—25	26—35	36—45	小計	18—20	21—25	26—35	36—45
總計	22,914	2,019	3,324	8.469	9,102	19,979	1,620	2,484	7,246	8,629	10	1	5	2	2
中心鎮	1,400	139	249	540	472	847	63	105	303	376	4	—	2	—	2
簇橋鎮	2,449	234	511	979	725	1,510	123	212	585	590	—	—	—	—	—
金花鄉	1,596	106	231	636	623	1,310	70	149	494	597	1	—	1	—	—
通江鄉	2,043	193	252	749	849	1,899	176	217	693	813	—	—	—	—	—
彭家鎮	1,348	117	178	486	567	1,239	107	158	441	533	—	—	—	—	—
擦耳鄉	1,330	120	193	511	506	1,295	116	176	501	502	—	—	—	—	—
永關鄉	1,472	144	188	498	642	1,370	123	161	458	628	—	—	—	—	—
雙華鄉	1,340	95	188	502	555	1,186	77	154	424	531	—	—	—	—	—
紅石鄉	1,391	107	151	511	622	1,347	104	145	490	608	—	—	—	—	—
楊公鄉	1,311	102	149	484	576	1.276	100	136	475	565	—	—	—	—	—
九江鄉	956	76	125	356	399	921	72	117	343	389	—	—	—	—	—
柑梓鄉	1,687	163	237	597	690	1,553	147	200	539	667	—	—	—	—	—
昇平鄉	1,002	83	131	395	393	976	79	124	387	386	—	—	—	—	—
黃水鄉	1,503	167	252	501	583	1,236	101	158	418	559	5	1	2	2	—
維新鄉	1,136	98	149	409	480	1,093	92	137	395	469	—	—	—	—	—
黃甲鄉	950	75	140	315	420	921	70	135	300	416	—	—	—	—	—
船舶	—	—	—	—	—	—	—	—	—	—	—	—	—	—	—

說明：（1）不包括外國籍人口。

（2）未填繳戶口普查表只填繳人口概況調查表之公共戶內常住男口未統計在內。

住人口壯丁之年齡分配(1)(2)

籍號機關寄宿舍					營業處所					公共處所				
小計	18—20	21—25	26—35	36—45	小計	18—20	21—25	26—35	36—45	小計	18—20	20—25	26—35	36—45
—	—	—	—	—	650	112	104	230	204	2,275	286	731	991	267
—	—	—	—	—	169	42	30	64	33	380	34	112	173	61
—	—	—	—	—	189	32	34	66	57	750	79	265	328	78
—	—	—	—	—	15	1	3	4	7	270	35	78	138	19
—	—	—	—	—	44	7	6	13	18	100	10	29	43	18
—	—	—	—	—	65	10	10	24	21	44	—	10	21	13
—	—	—	—	—	7	2	2	3	—	28	2	15	7	4
—	—	—	—	—	23	4	2	9	8	79	17	25	31	6
—	—	—	—	—	17	3	1	8	5	137	15	33	70	19
—	—	—	—	—	12	1	1	5	5	32	2	5	16	9
—	—	—	—	—	7	—	—	3	4	28	2	13	6	7
—	—	—	—	—	16	1	4	4	7	19	3	4	9	3
—	—	—	—	—	22	1	1	5	15	112	15	36	53	8
—	—	—	—	—	12	3	3	4	2	14	1	4	4	5
—	—	—	—	—	33	1	5	15	12	229	64	87	66	12
—	—	—	—	—	14	2	1	3	8	29	4	11	11	3
—	—	—	—	—	5	2	1	—	2	24	3	4	15	2
—	—	—	—	—	—	—	—	—	—	—	—	—	—	—

表 13 雙流縣各鄉鎮普通住家常住人口六歲

鄉鎮別	共計			已就學		
	小計	男	女	小計	男	女
總計	25,327	13,822	11,505	14,024	9,066	4,958
中心鎮	1,189	607	582	907	496	411
簇橋鎮	1,665	897	768	935	596	339
金花鄉	1,788	962	826	975	641	334
通江鄉	2,479	1,320	1,159	1,325	844	481
彭家鎮	1,607	868	739	1,075	638	437
澤月鄉	1,526	827	699	548	402	146
永福鄉	1,823	995	828	1,170	725	445
雙華鄉	1,515	860	655	812	556	256
紅石鄉	1,886	1,014	872	1,018	664	354
楊公鄉	1,606	900	706	890	630	260
九江鄉	1,198	667	531	674	446	228
柑梓鄉	1,868	1,000	868	975	616	359
昇平鄉	1,143	643	500	751	475	276
黃水鄉	1,617	896	721	972	640	332
維新鄉	1,210	683	527	509	351	158
黃甲鄉	1,207	683	524	488	346	142
船舶	—	—	—	—	—	—

說明：（1）不包括外國籍人口。

至十二歲兒童按性別與已未就學之分類(1)

未就學			未詳		
小計	男	女	小計	男	女
11,282	4,741	6,541	21	15	6
282	111	171	—	—	—
730	301	429	—	—	—
812	321	491	1	—	1
1,145	470	675	9	6	3
531	230	301	1	—	1
976	423	553	2	2	—
653	270	383	—	—	—
703	304	399	—	—	—
863	345	518	5	5	—
716	270	446	—	—	—
524	221	303	—	—	—
892	383	509	1	1	—
392	168	224	—	—	—
644	256	388	1	—	1
701	332	369	—	—	—
718	336	382	1	1	—
—	—	—	—	—	—

表 14　雙流縣常住人口按年齡性別與是否識字之分類(1)(2)

年齡組	共計 小計	共計 男	共計 女	識字者 小計	識字者 男	識字者 女	不識字者 小計	不識字者 男	不識字者 女	未詳 小計	未詳 男	未詳 女
總計	152,458	76,537	75,921	53,006	37,811	15,195	99,392	38,674	60,718	60	52	8
0——4	21,430	10,488	10,942	192	135	57	21,238	10,353	10,885	—	—	—
未滿1歲	2,766	1,326	1,440	—	—	—	2,766	1,326	1,440	—	—	—
1	5,150	2,409	2,741	—	—	—	5,150	2,409	2,741	—	—	—
2	4,609	2,247	2,362	—	—	—	4,609	2,247	2,362	—	—	—
3	4,751	2,382	2,369	20	15	5	4,731	2,367	2,364	—	—	—
4	4,154	2,124	2,030	172	120	52	3,982	2,004	1,978	—	—	—
5——9	18,594	10,064	8,530	8,351	5,450	2,901	10,240	4,614	5,626	3	—	3
5	4,012	2,140	1,872	753	521	232	5,258	1,619	1,639	1	—	1
6	4,148	2,203	1,945	1,568	1,013	555	2,580	1,190	1,390	—	—	—
7	3,451	1,851	1,600	1,769	1,142	627	1,681	709	972	1	—	1
8	3,965	2,202	1,763	2,325	1,526	799	1,639	676	693	1	—	1
9	3,018	1,668	1,350	1,936	1,248	688	1,082	420	662	—	—	—
10——14	17,158	9,338	7,820	10,200	6,477	3,723	6,956	2,860	4,096	2	1	1
10	4,072	2,233	1,839	2,513	1,605	908	1,559	628	931	—	—	—
11	2,913	1,662	1,251	1,875	1,219	656	1,037	443	594	1	—	1
12	4,283	2,365	1,918	2,507	1,631	876	1,776	734	1,042	—	—	—
13	2,999	1,605	1,394	1,754	1,077	677	1,245	528	717	—	—	—
14	2,891	1,473	1,418	1,551	945	606	1,339	527	812	1	1	—
15——19	9,080	3,954	5,126	4,554	2,402	2,152	4,515	1,542	2,973	11	10	1
15	2,507	1,226	1,281	1,349	753	596	1,158	473	685	—	—	—
16	2,167	984	1,183	1,048	564	484	1,119	420	699	—	—	—
17	1,443	610	833	734	384	350	709	226	483	—	—	—
18	1,942	673	1,269	889	390	499	1,049	280	769	4	3	1
19	1,021	461	560	534	311	223	480	143	337	7	7	—

20—24	7,164	3,199	3,965	3,238	2,047	1,191	3,891	1,118	2,773	35	34	1
25—29	8,302	4,046	4,256	3,720	2,591	1,129	4,578	1,451	3,127	4	4	—
30—34	9,592	4,344	5,248	3,677	2,630	1,047	5,913	1,712	4,201	2	2	—
35—39	10,500	4,888	5,612	3,953	2,983	970	6,546	1,905	4,641	1	—	1
40—44	9,034	4,190	4,844	3,124	2,431	693	5,910	1,759	4,151	—	—	—
45—49	9,899	5,487	4,412	3,468	2,997	471	6,431	2,490	3,941	—	—	—
50—54	9,551	5,705	3,846	3,091	2,773	318	6,460	2,932	3,528	—	—	—
55—59	6,439	3,582	2,857	1,866	1,673	193	4,573	1,909	2,664	—	—	—
60—64	5,961	3,024	2,937	1,467	1,312	155	4,494	1,712	2,782	—	—	—
65—6o	3,798	1,807	1,991	917	829	88	2,880	978	1,902	1	—	1
70—74	2,968	1,279	1,689	629	565	64	2,339	1,714	1,625	—	—	—
75—79	1,716	706	1,010	329	306	23	1,387	400	987	—	—	—
80—84	862	299	563	151	141	10	711	158	553	—	—	—
85—89	281	98	183	51	47	4	230	51	179	—	—	—
90—94	81	19	62	8	8	—	73	11	62	—	—	—
95—99	16	5	11	3	2	1	13	3	10	—	—	—
100歲及以上	1	—	1	—	—	—	1	—	1	—	—	—
未詳	31	15	16	17	12	5	13	2	11	1	1	—

說明：（1）不包括外僑籍人口。

（2）未填戶口普查表只填人口概況調查表之公共戶內常住人口未統計在內。

表 14a　雙流縣普通住家人口按年齡性別與是否識字之分類(1)

年齡組	共計			識字者			不識字者			未詳		
	小計	男	女	小計	男	女	小計	男	女	小計	男	女
總計	147,012	72,081	74,931	49,237	34,793	14,444	97,765	37,286	60,479	10	2	8
0—4	21,424	10,486	10,938	190	134	56	21,234	10,352	10,882	—	—	—
未滿1歲	2,766	1,326	1,440	—	—	—	2,766	1,326	1,440	—	—	—
1	5,150	2,409	2,741	—	—	—	5,150	2,409	2,741	—	—	—
2	4,609	2,247	2,362	—	—	—	4,609	2,247	2,362	—	—	—
3	4,751	2,382	2,368	20	15	5	4,730	2,367	2,363	—	—	—
4	4,149	2,122	2,027	170	119	51	3,979	2,003	1,976	—	—	—
5—9	18,380	9,942	8,438	8,149	5,334	2,815	10,228	4,608	5,620	3	—	3
5	4,005	2,135	1,870	746	516	230	3,258	1,619	1,639	1	—	1
6	4,097	2,173	1,924	1,518	983	535	2,578	1,190	1,389	—	—	—
7	3,393	1,819	1,574	1,713	1,111	602	1,679	708	971	1	—	1
8	3,920	2,181	1,739	2,285	1,508	777	1,634	673	965	1	—	1
9	2,965	1,634	1,331	1,887	1,216	671	1,078	418	660	—	—	—
10—14	16,521	8,845	7,676	9,679	6,083	3,596	6,840	2,761	4,079	2	1	1
10	3,973	2,171	1,802	2,426	1,551	875	1,547	620	927	—	—	—
11	2,846	1,609	1,237	1,819	1,177	642	1,026	432	594	1	—	1
12	4,133	2,235	1,898	2,393	1,535	858	1,740	700	1,040	—	—	—
13	2,834	1,468	1,366	1,621	966	655	1,213	502	711	—	—	—
14	2,735	1,362	1,373	1,420	854	566	1,314	507	807	1	1	—
15—19	8,391	3,508	4,883	3,998	2,079	1,919	4,392	1,429	2,963	1	—	1
15	2,350	1,118	1,232	1,217	668	549	1,133	450	683	—	—	—
16	2,033	894	1,139	934	492	442	1,099	402	697	—	—	—
17	1,325	556	769	636	348	288	689	208	481	—	—	—
18	1,771	566	1,205	758	320	438	1,012	246	766	1	—	1
19	912	374	538	443	251	202	459	123	336	—	—	—

20—24	6,243	2,383	3,860	2,571	1,472	1,099	3,671	911	2,760	1	—	1
25—29	7,439	3,237	4,[illegible]02	3,136	2,053	1,083	4,303	1,184	3,119	—	—	—
30—34	8,975	3,791	5,184	3,261	2,257	1,004	5,714	1,534	4,180	—	—	—
35—39	10,128	4,572	5,556	3,702	2,761	941	6,425	1,811	4,614	1	—	1
40—44	8,804	3,998	4,806	3,001	2,326	675	5,803	1,672	4,131	—	—	—
45—49	9,663	5,286	4,377	3,324	2,870	454	6,339	2,416	2,923	—	—	—
50—54	9,332	5,518	3,814	2,984	2,675	309	6,348	2,843	3,505	—	—	—
55—59	6,296	3,469	2,827	1,791	1,615	176	4,505	1,854	2,651	—	—	—
60—64	5,842	2,928	2,914	1,423	1,277	146	4,419	1,651	2,768	—	—	—
65—69	3,724	1,758	1,968	887	809	78	2,836	947	1,889	1	—	1
70—74	2,912	1,244	1,668	602	547	55	2,310	697	1,613	—	—	—
75—79	1,693	696	997	321	302	19	1,372	394	978	—	—	—
80—84	856	297	557	151	141	10	703	156	547	—	—	—
85—89	276	96	180	50	46	4	226	50	176	—	—	—
90—94	80	18	62	7	7	—	73	11	62	—	—	—
95—99	16	5	11	3	2	1	13	3	10	—	—	—
100歲及以上	1	—	1	—	—	—	1	—	1	—	—	—
未詳	18	6	12	7	3	4	10	2	8	1	1	—

說明：（1）不包括外縣籍人口。

表 15　雙流縣常住人口識字者按年齡性別與教育程度之分類[1][2]

年齡組	共計			私塾			小學程度								
							肄業			畢業			未詳		
	小計	男	女	小計	男	女	小計	男	女	小計	男	女	小計	男	女
總計	53,006	37,811	15,195	29,382	22,945	6,437	19,182	11,765	7,417	849	569	280	120	74	46
0—4	192	135	57	9	4	5	180	128	52	—	—	—	1	1	—
未滿1歲	—	—	—	—	—	—	—	—	—	—	—	—	—	—	—
1	—	—	—	—	—	—	—	—	—	—	—	—	—	—	—
2	—	—	—	—	—	—	—	—	—	—	—	—	—	—	—
3	20	15	5	1	1	—	17	12	5	—	—	—	1	1	—
4	172	120	52	8	3	5	163	116	47	—	—	—	—	—	—
5—9	8,351	5,450	2,901	746	591	155	7,575	4,841	2,734	2	1	1	5	1	4
5	753	521	232	54	49	5	695	471	224	—	—	—	1	—	1
6	1,568	1,013	555	102	83	19	1,457	925	532	—	—	—	1	1	—
7	1,769	1,142	627	149	110	39	1,617	1,029	588	—	—	—	—	—	—
8	2,325	1,526	799	240	200	40	2,080	1,323	757	—	—	—	2	—	2
9	1,936	1,248	688	201	149	52	1,726	1,093	633	2	1	1	1	—	1
10—14	10,200	6,477	3,723	1,954	1,422	532	7,879	4,839	3,040	92	57	35	5	4	1
10	2,513	1,605	908	316	251	65	2,173	1,343	830	13	6	7	—	—	—
11	1,875	1,219	656	291	210	81	1,557	991	566	13	9	4	—	—	—
12	2,507	1,631	876	465	339	126	1,980	1,252	728	23	16	7	1	1	—
13	1,754	1,077	677	416	299	117	1,237	712	525	20	15	5	2	1	1
14	1,551	945	606	466	323	143	932	541	391	23	11	12	2	2	—
15—19	4,554	2,402	2,152	2,002	1,205	797	1,748	809	939	182	100	82	22	11	11
15	1,34	753	596	493	327	166	648	313	335	37	19	18	4	3	1

16	1,048	564	484	464	289	175	437	195	242	34	24	16	7	5	6
17	734	384	350	343	213	130	237	111	126	32	19	13	2	1	1
18	889	390	499	441	216	225	274	107	167	48	20	28	3	1	2
19	534	311	223	261	160	101	152	83	69	31	18	13	6	3	3
20——24	3,238	2,047	1,191	1,862	1,242	620	554	300	254	162	86	76	29	16	13
25——29	3,720	2,591	1,129	2,434	1,690	744	453	276	177	142	101	41	28	21	7
30——34	3,677	2,630	1,047	3,778	1,955	823	313	202	111	102	82	20	13	7	6
35——39	3,953	2,983	970	3,322	2,473	849	231	170	61	75	63	12	10	7	3
40——44	3,124	2,431	693	2,800	2,157	643	107	88	19	52	40	12	4	3	1
45——49	3,468	2,997	471	3,216	2,774	442	76	60	16	25	24	1	2	2	—
50——54	3,091	2,773	318	2,951	2,646	305	35	29	6	10	10	—	1	1	—
55——59	1,866	1,673	193	1,817	1,632	185	7	4	3	4	4	—	—	—	—
60——64	1,467	1,312	155	1,434	1,285	149	4	2	2	—	—	—	—	—	—
65——69	917	829	88	902	817	85	4	3	1	1	1	—	—	—	—
70——74	629	565	64	619	555	64	3	3	—	—	—	—	—	—	—
75——79	329	306	23	322	301	21	2	2	—	—	—	—	—	—	—
80——84	151	141	10	148	138	10	2	2	—	—	—	—	—	—	—
85——89	51	47	4	50	46	4	—	—	—	—	—	—	—	—	—
90——94	8	8	—	8	8	—	—	—	—	—	—	—	—	—	—
95——99	3	2	1	3	2	1	—	—	—	—	—	—	—	—	—
100歲及以上	—	—	—	—	—	—	—	—	—	—	—	—	—	—	—
未詳	17	12	5	5	2	3	9	7	2	—	—	—	—	—	—

表 15 雙流縣常住人口識字者按年齡性別與教育程度之分類(1)(2)(續)

年齡組	中學程度 肄業 小計	男	女	畢業 小計	男	女	未詳 小計	男	女	大學程度 肄業 小計	男	女	畢業 小計	男	女	未詳 小計	男	女	未詳 小計	男	女
總計	1,644	1,041	603	608	430	178	166	119	47	211	195	16	130	110	20	4	4	—	710	559	151
0—4	—	—	—	—	—	—	—	—	—	—	—	—	—	—	—	—	—	—	2	2	—
未滿1歲	—	—	—	—	—	—	—	—	—	—	—	—	—	—	—	—	—	—	—	—	—
1	—	—	—	—	—	—	—	—	—	—	—	—	—	—	—	—	—	—	—	—	—
2	—	—	—	—	—	—	—	—	—	—	—	—	—	—	—	—	—	—	—	—	—
3	—	—	—	—	—	—	—	—	—	—	—	—	—	—	—	—	—	—	1	1	—
4	—	—	—	—	—	—	—	—	—	—	—	—	—	—	—	—	—	—	1	1	—
5—9	1	1	—	—	—	—	—	—	—	—	—	—	—	—	—	—	—	—	22	15	7
5	—	—	—	—	—	—	—	—	—	—	—	—	—	—	—	—	—	—	3	1	2
6	—	—	—	—	—	—	—	—	—	—	—	—	—	—	—	—	—	—	8	4	4
7	—	—	—	—	—	—	—	—	—	—	—	—	—	—	—	—	—	—	3	3	—
8	—	—	—	—	—	—	—	—	—	—	—	—	—	—	—	—	—	—	3	3	—
9	1	1	—	—	—	—	—	—	—	—	—	—	—	—	—	—	—	—	5	4	1
10—14	227	131	96	—	—	—	1	—	1	—	—	—	—	—	—	—	—	—	42	24	18
10	2	1	1	—	—	—	—	—	—	—	—	—	—	—	—	—	—	—	9	4	5
11	11	7	4	—	—	—	—	—	—	—	—	—	—	—	—	—	—	—	3	2	1
12	30	16	14	—	—	—	—	—	—	—	—	—	—	—	—	—	—	—	8	7	1
13	68	44	24	—	—	—	1	—	1	—	—	—	—	—	—	—	—	—	10	6	4
14	116	63	53	—	—	—	—	—	—	—	—	—	—	—	—	—	—	—	12	5	7
15—19	499	230	269	31	16	15	10	4	6	4	3	1	—	—	—	—	—	—	56	24	32
15	153	87	66	1	—	1	2	—	2	—	—	—	—	—	—	—	—	—	11	4	7

16	88	46	42	3	—	3	3	2	1	1	—	1	—	—	—	—	1	—	11	5	6
17	100	31	69	4	4	—	4	2	2	—	—	—	—	—	—	—	—	—	12	3	9
18	98	33	65	10	5	5	—	—	—	1	1	—	—	—	—	—	—	—	14	7	7
19	60	33	27	13	7	6	1	—	1	2	2	—	—	—	—	—	—	—	8	5	3
20—24	287	181	106	177	106	71	41	20	21	13	10	3	10	7	3	—	—	—	103	79	24
25—29	258	189	69	145	102	43	39	28	11	48	44	4	38	30	8	1	[illegible]	—	134	109	25
30—34	151	117	34	113	81	32	22	18	4	44	39	5	33	27	6	1	1	—	107	101	6
35—39	105	90	15	55	43	12	23	19	4	31	31	—	17	14	3	—	—	—	84	73	11
40—44	42	35	7	36	32	4	9	9	—	20	18	2	8	8	—	1	1	—	45	40	5
45—49	38	33	5	22	22	—	14	14	—	19	19	—	12	12	—	—	—	—	44	37	7
50—54	20	18	2	19	18	1	2	2	—	17	16	1	8	8	—	—	—	—	28	25	3
55—59	7	7	—	6	6	—	3	3	—	7	7	—	2	2	—	—	—	—	13	8	5
60—64	4	4	—	3	3	—	1	1	—	6	6	—	—	—	—	1	1	—	14	10	4
65—69	2	2	—	1	1	—	—	—	—	2	2	—	2	2	—	—	—	—	3	1	2
70—74	1	1	—	—	—	—	1	1	—	—	—	—	—	—	—	—	—	—	5	5	—
75—79	—	—	—	—	—	—	—	—	—	—	—	—	—	—	—	—	—	—	5	3	2
80—84	—	—	—	—	—	—	—	—	—	—	—	—	—	—	—	—	—	—	1	1	—
85—89	1	1	—	—	—	—	—	—	—	—	—	—	—	—	—	—	—	—	—	—	—
90—94	—	—	—	—	—	—	—	—	—	—	—	—	—	—	—	—	—	—	—	—	—
95—99	—	—	—	—	—	—	—	—	—	—	—	—	—	—	—	—	—	—	—	—	—
100歲及以上	—	—	—	—	—	—	—	—	—	—	—	—	—	—	—	—	—	—	—	—	—
未詳	1	1	—	—	—	—	—	—	—	—	—	—	—	—	—	—	—	—	2	2	—

說明：（1）不包括外國籍人口。

（2）未塡寫戶口普查表只塡寫人口概况調查表之公共戶內常住人口亦統計在內。

表 15a 雙流縣普通住家常住人口識字者按年齡性別與教育程度之分類(1)

年齡組	共計			私塾			小學程度								
							肄業			畢業			未詳		
	小計	男	女	小計	男	女	小計	男	女	小計	男	女	小計	男	女
總計	49,237	34,793	14,444	27,756	21,516	6,240	18,325	11,106	7,219	721	441	277	102	56	46
0——4	190	134	56	8	4	4	179	127	52	—	—	—	1	1	—
未滿1歲	—	—	—	—	—	—	—	—	—	—	—	—	—	—	—
1	—	—	—	—	—	—	—	—	—	—	—	—	—	—	—
2	—	—	—	—	—	—	—	—	—	—	—	—	—	—	—
3	20	15	5	1	1	—	17	12	5	—	—	—	1	1	—
4	170	119	51	7	3	4	162	115	47	—	—	—	—	—	—
5——9	8,149	5,334	2,815	738	585	153	7,381	4,731	2,650	2	1	1	5	1	4
5	746	516	230	54	49	5	688	466	222	—	—	—	1	—	1
6	1,518	983	535	99	80	19	1,410	898	512	—	—	—	1	1	—
7	1,713	1,111	602	145	107	38	1,565	1,001	564	—	—	—	—	—	—
8	2,285	1,508	777	240	200	40	2,040	1,305	735	—	—	—	2	—	2
9	1,887	1,216	671	200	149	51	1,678	1,061	617	2	1	1	1	—	1
10——14	9,679	6,083	3,596	1,839	1,319	520	7,570	4,599	2,971	82	47	35	5	4	1
10	2,426	1,551	875	306	244	62	2,099	1,296	803	13	6	7	—	—	—
11	1,819	1,177	642	282	203	79	1,512	958	554	11	7	4	—	—	—
12	2,393	1,535	858	436	313	123	1,902	1,188	714	21	14	7	1	1	—
13	1,621	966	655	375	261	114	1,167	655	512	17	12	5	2	1	1
14	1,420	854	566	440	298	142	890	502	388	20	8	12	2	2	—
15——19	3,998	2,079	1,919	1,832	1,051	781	1,651	729	922	157	76	81	17	6	11
15	1,217	668	549	466	302	164	619	290	329	32	14	18	3	2	1

16	934	492	442	418	245	173	414	179	235	30	21	9	6	2	4
17	636	348	288	316	189	127	230	105	125	30	17	13	2	1	1
18	758	320	438	394	176	218	255	90	165	32	14	28	[illegible]	—	2
19	453	251	202	238	139	99	133	65	68	23	10	13	4	1	3
20——24	2,571	1,472	1,099	1,614	1,009	605	450	210	240	128	52	76	23	10	13
25——29	3,136	2,053	1,083	2,171	1,443	728	387	220	167	105	65	40	25	18	7
30——34	3,261	2,257	1,004	2,566	1,769	797	271	162	109	91	72	19	10	4	6
35——39	3,702	2,76	941	3,178	2,347	831	208	148	60	69	57	12	9	6	3
40——44	3,001	2,326	675	2,713	2,087	626	101	82	19	52	40	12	4	3	1
45——49	3,324	2,570	454	3,103	2,678	425	73	57	16	21	20	1	2	2	—
50——54	2,984	2,675	309	2,863	2,566	297	33	27	6	9	9	—	1	1	—
55——59	1,791	1,615	176	1,745	1,577	168	7	4	3	4	4	—	—	—	—
60——64	1,423	1,277	146	1,391	1,251	140	4	2	2	—	—	—	—	—	—
65——69	887	809	78	873	798	75	4	3	1	1	1	—	—	—	—
70——74	602	547	55	594	539	55	2	2	—	—	—	—	—	—	—
75——79	321	302	19	315	298	17	1	1	—	—	—	—	—	—	—
80——84	151	141	10	148	138	10	2	2	—	—	—	—	—	—	—
85——89	50	46	4	50	46	4	—	—	—	—	—	—	—	—	—
90——94	7	7	—	7	7	—	—	—	—	—	—	—	—	—	—
95——99	3	2	1	3	2	1	—	—	—	—	—	—	—	—	—
100歲及以上	—	—	—	—	—	—	—	—	—	—	—	—	—	—	—
未　詳	7	3	4	5	2	3	1	—	1	—	—	—	—	—	—

表 15a 雙流縣普通住家常住人口識字者按年齡性別與教育程度之分類[1]（續）

年齡組	中學程度									大學程度									未詳		
	肄業			畢業			未詳			肄業			畢業			未詳					
	小計	男	女	小計	男	女	小計	男	女	小計	男	女	小計	男	女	小計	男	女	小計	男	女
總計	1,067	735	332	394	251	143	128	88	40	166	153	13	98	84	14	4	4	—	476	356	120
0——4	—	—	—	—	—	—	—	—	—	—	—	—	—	—	—	—	—	—	2	2	—
未滿1歲	—	—	—	—	—	—	—	—	—	—	—	—	—	—	—	—	—	—	—	—	—
1	—	—	—	—	—	—	—	—	—	—	—	—	—	—	—	—	—	—	—	—	—
2	—	—	—	—	—	—	—	—	—	—	—	—	—	—	—	—	—	—	—	—	—
3	—	—	—	—	—	—	—	—	—	—	—	—	—	—	—	—	—	—	1	1	—
4	—	—	—	—	—	—	—	—	—	—	—	—	—	—	—	—	—	—	1	1	—
5——9	1	1	—	—	—	—	—	—	—	—	—	—	—	—	—	—	—	—	22	15	7
5	—	—	—	—	—	—	—	—	—	—	—	—	—	—	—	—	—	—	3	1	2
6	—	—	—	—	—	—	—	—	—	—	—	—	—	—	—	—	—	—	8	4	4
7	—	—	—	—	—	—	—	—	—	—	—	—	—	—	—	—	—	—	3	3	—
8	—	—	—	—	—	—	—	—	—	—	—	—	—	—	—	—	—	—	3	3	—
9	1	1	—	—	—	—	—	—	—	—	—	—	—	—	—	—	—	—	5	4	1
10——14	146	92	54	—	—	—	1	—	1	—	—	—	—	—	—	—	—	—	36	22	14
10	2	1	1	—	—	—	—	—	—	—	—	—	—	—	—	—	—	—	6	4	2
11	11	7	4	—	—	—	—	—	—	—	—	—	—	—	—	—	—	—	3	2	1
12	25	12	13	—	—	—	—	—	—	—	—	—	—	—	—	—	—	—	8	7	1
13	50	32	18	—	—	—	1	—	1	—	—	—	—	—	—	—	—	—	9	5	4
14	58	40	18	—	—	—	—	—	—	—	—	—	—	—	—	—	—	—	10	4	6
15——19	266	186	80	27	12	15	10	4	6	3	2	1	—	—	—	—	—	—	35	13	22
15	83	56	27	1	—	1	2	—	2	—	—	—	—	—	—	—	—	—	[illegible]	4	7

16	53	40	15	3	—	3	3	2	1	1	—	[illegible]	—	—	—	—	—	—	6	3	3
17	43	29	14	3	3	—	4	2	2	—	—	—	—	—	—	—	—	—	8	[illegible]	6
18	49	33	16	9	4	5	—	—	—	—	—	—	—	—	—	—	—	—	7	3	4
19	38	28	10	11	5	6	1	—	1	2	2	—	—	—	—	—	—	—	3	1	2
20——24	188	112	76	84	34	50	25	10	15	12	9	3	10	7	3	—	—	—	37	19	18
25——29	180	117	63	97	60	37	33	22	11	37	34	3	26	20	6	1	1	—	74	53	21
30——34	104	72	32	72	47	25	19	15	4	37	32	5	23	18	5	1	1	—	67	65	2
35——39	83	70	13	40	29	11	17	14	3	25	25	—	12	12	—	—	—	—	61	53	8
40——44	37	30	7	27	23	4	6	6	—	12	11	1	8	8	—	1	1	—	40	35	5
45——49	33	28	5	19	19	—	10	10	—	14	14	—	10	10	—	—	—	—	39	32	7
50——54	18	16	2	18	17	1	2	2	—	11	11	—	6	6	—	—	—	—	23	20	3
55——59	5	5	—	6	6	—	3	3	—	7	7	—	1	1	—	—	—	—	13	8	5
60——64	4	4	—	3	3	—	1	1	—	6	6	—	—	—	—	1	1	—	13	9	4
65——69	1	1	—	1	1	—	—	—	—	2	2	—	2	2	—	—	—	—	3	1	2
70——74	1	1	—	—	—	—	1	1	—	—	—	—	—	—	—	—	—	—	4	4	—
75——79	—	—	—	—	—	—	—	—	—	—	—	—	—	—	—	—	—	—	5	3	2
80——84	—	—	—	—	—	—	—	—	—	—	—	—	—	—	—	—	—	—	1	1	—
85——89	—	—	—	—	—	—	—	—	—	—	—	—	—	—	—	—	—	—	—	—	—
90——94	—	—	—	—	—	—	—	—	—	—	—	—	—	—	—	—	—	—	—	—	—
95——99	—	—	—	—	—	—	—	—	—	—	—	—	—	—	—	—	—	—	—	—	—
100歲及以上	—	—	—	—	—	—	—	—	—	—	—	—	—	—	—	—	—	—	—	—	—
未詳	—	—	—	—	—	—	—	—	—	—	—	—	—	—	—	—	—	—	1	1	—

說明：（1）不包括外調職人口。

表16　雙流縣常住人口按年齡

年齡組	共計			未婚			有配偶		
	小計	男	女	小計	男	女	小計	男	女
總計	152,458	76,537	75,921	72,510	40,632	31,878	64,073	31,405	32,668
0——4	21,430	10,488	10,942	21,430	10,488	10,942	—	—	—
未滿1歲	2,766	1,326	1,440	2,766	1,326	1,440	—	—	—
1	5,150	2,409	2,741	5,150	2,409	2,741	—	—	—
2	4,609	2,247	2,362	4,609	2,247	2,362	—	—	—
3	4,751	2,382	2,369	4,751	2,382	2,369	—	—	—
4	4,154	2,124	2,030	4,154	2,124	2,030	—	—	—
5——9	18,594	10,064	8,530	18,593	10,064	8,529	1	—	1
5	4,012	2,140	1,872	4,012	2,140	1,872	—	—	—
6	4,148	2,203	1,945	4,148	2,203	1,945	—	—	—
7	3,451	1,851	1,600	3,451	1,851	1,600	—	—	—
8	3,965	2,202	1,763	3,965	2,202	1,763	—	—	—
9	3,018	1,668	1,350	3,017	1,668	1,349	1	—	1
10——14	17,158	9,338	7,820	16,774	9,147	7,627	383	191	192
10	4,072	2,233	1,839	4,057	2,230	1,827	15	3	12
11	2,913	1,662	1,251	2,899	1,659	1,240	14	3	11
12	4,283	2,365	1,918	4,233	2,334	1,899	50	31	19
13	2,999	1,605	1,394	2,889	1,545	1,344	110	60	50
14	2,891	1,473	1,418	2,696	1,379	1,317	194	94	100
15——19	9,080	3,954	5,126	6,658	3,158	3,500	2,361	771	1,590
15	2,507	1,226	1,281	2,199	1,090	1,109	306	134	172
16	2,167	984	1,183	1,694	807	887	456	174	282
17	1,443	610	833	1,010	446	564	425	160	265
18	1,942	673	1,269	1,202	516	686	722	152	570
19	1,021	461	560	553	299	254	452	151	301
20——24	7,164	3,199	3,965	2,270	1,761	509	4,712	1,357	3,355
25——29	8,302	4,046	4,256	1,600	1,467	133	6,474	2,509	3,965
30——34	9,592	4,344	5,248	1,275	1,131	144	7,789	3,097	4,692
35——39	10,500	4,888	5,612	912	793	119	8,884	3,930	4,954
40——44	9,034	4,190	4,844	703	622	81	7,386	3,367	4,019
45——49	9,899	5,487	4,412	687	639	48	7,937	4,479	3,458
50——54	9,551	5,705	3,846	591	543	48	7,088	4,584	2,504
55——59	6,439	3,582	2,857	361	322	39	4,294	2,696	1,598
60——64	5,961	3,024	2,937	292	264	28	3,226	2,046	1,180
65——69	3,798	1,807	1,991	197	106	91	1,808	1,159	649
70——74	2,968	1,279	1,689	101	81	20	1,045	716	329
75——79	1,716	706	1,010	29	19	10	489	351	138
80——84	862	299	563	15	11	4	137	112	25
85——89	281	98	183	8	6	2	40	31	9
90——94	81	19	62	2	2	—	4	3	1
95——99	16	5	11	—	—	—	2	1	1
100歲及以上	1	—	1	—	—	—	—	—	—
未詳	31	15	16	12	8	4	13	5	8

說明：（1）不包括外國籍人口。

（2）未填寫戶口普查表只填過人口概況調查表公共戶內常住人口未統計在內。

性別與婚姻狀況之分類[1][2]

偶			離婚			未詳		
小計	男	女	小計	男	女	小計	男	女
15,421	4,193	11,228	274	209	65	180	98	82
—	—	—	—	—	—	—	—	—
—	—	—	—	—	—	—	—	—
—	—	—	—	—	—	—	—	—
—	—	—	—	—	—	—	—	—
—	—	—	—	—	—	—	—	—
—	—	—	—	—	—	—	—	—
—	—	—	—	—	—	—	—	—
—	—	—	—	—	—	—	—	—
—	—	—	—	—	—	—	—	—
—	—	—	—	—	—	—	—	—
—	—	—	—	—	—	—	—	—
—	—	—	—	—	—	—	—	—
1	—	1	—	—	—	—	—	—
—	—	—	—	—	—	—	—	—
—	—	—	—	—	—	—	—	—
—	—	—	—	—	—	—	—	—
—	—	—	—	—	—	—	—	—
1	—	1	—	—	—	—	—	—
11	2	9	9	6	3	41	17	24
—	—	—	2	2	—	—	—	—
2	—	2	—	—	—	15	3	12
1	—	1	1	1	—	6	3	3
5	—	5	4	1	3	9	4	5
3	2	1	2	2	—	11	7	4
96	23	73	30	19	11	56	39	17
193	48	145	17	14	3	18	8	10
481	85	396	36	26	10	11	5	6
662	134	528	34	29	5	8	2	6
911	176	735	29	23	6	5	2	3
1,229	331	898	38	32	6	8	6	2
1,830	552	1,278	30	19	11	12	7	2
1,757	541	1,216	19	17	2	8	6	3
2,420	699	1,721	18	13	5	5	2	5
1,786	537	1,249	5	4	1	2	1	1
1,816	478	1,338	4	3	1	2	1	1
1,193	332	861	5	4	1	—	—	—
709	176	533	—	—	—	1	—	1
233	61	172	—	—	—	—	—	—
75	14	61	—	—	—	—	—	—
14	4	10	—	—	—	—	—	—
1	—	1	—	—	—	—	—	—
3	—	3	—	—	—	3	2	1

表 16a 雙流縣普通住家常住人口

年齡組	共計			未婚			有配偶		
	小計	男	女	小計	男	女	小計	男	女
總計	147,012	72,081	74,931	69,047	37,964	31,083	62,479	29,892	32,587
0——4	21,424	10,486	10,938	21,424	10,486	10,938	—	—	—
未滿1歲	2,766	1,326	1,440	2,766	1,326	1,440	—	—	—
1	5,150	2,409	2,741	5,150	2,409	2,741	—	—	—
2	4,609	2,247	2,362	4,609	2,247	2,362	—	—	—
3	4,750	2,382	2,368	4,750	2,382	2,368	—	—	—
4	4,149	2,122	2,027	4,149	2,122	2,027	—	—	—
5——9	18,380	9,942	8,438	18,379	9,942	8,437	1	—	1
5	4,005	2,135	1,870	4,005	2,135	1,870	—	—	—
6	4,097	2,173	1,924	4,097	2,173	1,924	—	—	—
7	3,393	1,819	1,574	3,393	1,819	1,574	—	—	—
8	3,920	2,181	1,739	3,920	2,181	1,739	—	—	—
9	2,965	1,634	1,331	2,964	1,634	1,330	1	—	1
10——14	16,521	8,845	7,676	16,140	8,657	7,483	380	188	192
10	3,973	2,171	1,802	3,958	2,168	1,790	15	3	12
11	2,846	1,609	1,237	2,832	1,606	1,226	14	3	11
12	4,133	2,235	1,898	4,083	2,204	1,879	50	31	19
13	2,834	1,468	1,366	2,725	1,409	1,316	109	59	50
14	2,735	1,362	1,373	2,542	1,270	1,272	192	92	100
15——19	8,391	3,508	4,883	6,038	2,755	3,283	2,331	744	1,587
15	2,350	1,118	1,232	2,045	984	1,061	303	132	171
16	2,033	894	1,139	1,578	723	855	453	171	282
17	1,325	556	769	900	397	503	422	157	265
18	1,771	566	1,205	1,048	421	627	713	144	569
19	912	374	538	467	230	237	440	140	300
20——24	6,243	2,383	3,860	1,646	1,219	427	4,470	1,124	3,346
52——29	7,439	3,237	4,202	1,127	1,028	99	6,100	2,149	3,951
30——34	8,975	3,791	5,184	986	886	100	7,487	2,808	4,679
35——39	10,128	4,572	5,556	768	684	84	8,670	3,731	4,939
40——44	8,804	[illegible]	4,806	608	552	56	7,270	3,260	4,010
45——49	9,663	5,286	4,377	588	565	23	7,823	4,371	3,452
50——54	9,332	5,518	3,814	521	491	30	6,987	4,489	2,498
55——59	6,296	3,469	2,827	303	287	16	4,241	2,645	1,596
60——64	5,842	2,928	2,914	240	226	14	3,200	2,022	1,178
65——69	3,724	1,75[illegible]	1,968	164	85	79	1,799	1,151	648
70——74	2,912	[illegible]	1,668	72	66	6	1,040	711	329
75——79	1,693	696	997	18	15	3	488	350	138
80——84	854	297	557	13	10	3	137	112	25
85——89	276	96	180	7	6	1	40	31	9
90——94	80	18	62	2	2	—	4	3	1
95——99	16	5	11	—	—	—	2	1	1
100歲及以上	1	—	1	—	—	—	—	—	1—
未詳	18	6	12	3	2	1	9	2	7

說明：（1）不包括外國籍人口。

按年齡性別與婚姻狀況之分類(1)

配偶			離婚			未詳		
小計	男	女	小計	男	女	小計	男	女
15,158	3,992	11,166	268	204	64	60	29	31
—	—	—	—	—	—	—	—	—
—	—	—	—	—	—	—	—	—
—	—	—	—	—	—	—	—	—
—	—	—	—	—	—	—	—	—
—	—	—	—	—	—	—	—	—
—	—	—	—	—	—	—	—	—
—	—	—	—	—	—	—	—	—
—	—	—	—	—	—	—	—	—
—	—	—	—	—	—	—	—	—
—	—	—	—	—	—	—	—	—
—	—	—	—	—	—	—	—	—
—	—	—	—	—	—	—	—	—
1	—	1	—	—	—	—	—	—
—	—	—	—	—	—	—	—	—
—	—	—	—	—	—	—	—	—
—	—	—	—	—	—	—	—	—
—	—	—	—	—	—	—	—	—
1	—	1	—	—	—	—	—	—
11	2	9	9	6	3	2	1	1
—	—	—	2	2	—	—	—	—
2	—	2	—	—	—	—	—	—
1	—	1	1	1	—	1	1	—
5	—	5	4	1	3	1	—	1
3	2	1	2	2	—	—	—	—
95	22	73	29	18	11	3	—	3
188	43	145	17	14	3	7	3	4
460	68	392	34	25	9	8	4	4
651	126	525	34	29	5	5	2	3
894	163	731	27	21	6	5	2	3
1,209	315	894	37	31	6	4	4	2
1,787	516	1,271	30	19	11	7	3	4
1,726	515	1,211	19	17	2	7	5	2
2,379	665	1,714	18	13	5	5	2	3
1,756	516	1,240	5	4	1	—	—	—
1,795	463	1,332	4	3	1	1	1	—
1,182	327	855	5	4	1	—	—	—
703	175	528	—	—	—	1	—	1
229	59	170	—	—	—	—	—	—
74	13	61	—	—	—	—	—	—
14	4	10	—	—	—	—	—	—
1	—	1	—	—	—	—	—	—
3	—	3	—	—	—	3	2	1

表17　　雙流縣常住人口按

行業別	共計			僱主			業主			幫同作業之家屬		
	小計	男	女	小計	男	女	小計	男	女	小計	男	女
總計	152,458	76,537	75,921	1,721	1,629	92	44,884	25,574	19,310	11,630	6,734	4,896
農林漁(牧)	28,959	25,804	3,155	1,095	1,046	49	17,786	16,731	1,055	7,705	5,694	2,011
農作畜飼	28,754	25,707	3,047	1,093	1,044	49	17,615	16,658	957	7,677	5,675	2,002
林業狩獵採捕	181	73	108	—	—	—	157	59	98	23	14	9
漁業	24	24	—	2	2	—	14	14	—	5	5	—
採礦	—	—	—	—	—	—	—	—	—	—	—	—
礦砂煤及其他礦質	—	—	—	—	—	—	—	—	—	—	—	—
土石等建築材料	—	—	—	—	—	—	—	—	—	—	—	—
製造工業	26,339	5,822	20,517	398	371	27	20,656	2,958	17,698	3,260	567	2,693
食品製造	623	560	63	52	51	1	283	254	29	73	45	28
飲料及釀造	5	4	1	—	—	—	3	2	1	—	—	—
煙草製造	72	66	6	6	5	1	12	10	2	4	2	2
動植物油脂製造	103	103	—	7	7	—	10	10	—	2	2	—
化學工業	103	71	32	9	9	—	40	23	17	23	8	15
橡皮製造	—	—	—	—	—	—	—	—	—	—	—	—
木材竹木等製造	1,873	1,494	379	53	53	—	1,367	1,093	274	270	167	103
造紙及紙製物品	289	271	18	35	34	1	107	94	13	24	20	4
印刷	39	37	2	4	4	—	11	10	1	5	4	1
皮革	7	7	—	—	—	—	2	2	—	—	—	—
紡織	11,181	1,903	9,278	145	128	17	8,354	713	7,641	1,762	217	1,545
衣着服用品	11,362	652	10,710	33	28	5	10,178	469	9,709	1,036	55	981
水電煤氣供應	9	8	1	—	—	—	9	8	1	—	—	—
燃料	3	1	2	—	—	—	3	1	2	—	—	—
非金屬礦產製造	177	174	3	16	15	1	66	66	—	11	9	2
金屬鎔鑄	—	—	—	—	—	—	—	—	—	—	—	—
金屬製品	228	228	—	22	22	—	108	108	—	20	20	—
機器	95	92	3	2	1	1	20	20	—	4	3	1
儀器飾物	29	29	—	2	2	—	11	11	—	2	2	—
其他	131	113	18	12	12	—	64	56	8	22	12	10
工業區別未詳	10	9	1	—	—	—	8	8	—	2	1	1
建築營造	699	699	—	9	9	—	580	580	—	60	60	—
運輸交通	1,759	1,754	5	1	1	—	1,623	1,620	3	99	98	1
鐵路運輸	—	—	—	—	—	—	—	—	—	—	—	—
道路運輸	1,723	1,719	4	1	1	—	1,612	1,609	3	99	98	1

性別與職業之分類(1)(2)

經理人或主持人			其他領受薪俸之人員			領受工資之工役			無業			職位或有無業未詳		
小計	男	女	小計	男	女	小計	男	女	小計	男	女	小計	男	女
395	333	62	2,441	2,018	423	8,260	7,318	942	83,123	32,927	50,196	4	4	—
2	2	—	5	5	—	2,366	2,326	40	—	—	—	—	—	—
2	2	—	5	5	—	2,362	2,323	39	—	—	—	—	—	—
—	—	—	—	—	—	1	—	1	—	—	—	—	—	—
—	—	—	—	—	—	3	3	—	—	—	—	—	—	—
—	—	—	—	—	—	—	—	—	—	—	—	—	—	—
—	—	—	—	—	—	—	—	—	—	—	—	—	—	—
—	—	—	—	—	—	—	—	—	—	—	—	—	—	—
23	20	3	115	111	4	1,887	1,795	92	—	—	—	—	—	—
2	2	—	13	13	—	200	195	5	—	—	—	—	—	—
—	—	—	—	—	—	2	2	—	—	—	—	—	—	—
—	—	—	7	7	—	43	42	1	—	—	—	—	—	—
1	1	—	4	4	—	79	79	—	—	—	—	—	—	—
1	1	—	1	1	—	29	29	—	—	—	—	—	—	—
—	—	—	—	—	—	—	—	—	—	—	—	—	—	—
5	5	—	8	8	—	170	168	2	—	—	—	—	—	—
—	—	—	3	3	—	120	120	—	—	—	—	—	—	—
—	—	—	4	4	—	15	15	—	—	—	—	—	—	—
—	—	—	—	—	—	5	5	—	—	—	—	—	—	—
9	9	—	20	17	3	891	819	72	—	—	—	—	—	—
3	—	3	7	7	—	105	93	12	—	—	—	—	—	—
—	—	—	—	—	—	—	—	—	—	—	—	—	—	—
—	—	—	—	—	—	—	—	—	—	—	—	—	—	—
2	2	—	2	2	—	80	80	—	—	—	—	—	—	—
—	—	—	—	—	—	—	—	—	—	—	—	—	—	—
—	—	—	4	4	—	74	74	—	—	—	—	—	—	—
—	—	—	40	39	1	29	29	—	—	—	—	—	—	—
—	—	—	2	2	—	12	12	—	—	—	—	—	—	—
—	—	—	—	—	—	33	33	—	—	—	—	—	—	—
—	—	—	—	—	—	—	—	—	—	—	—	—	—	—
—	—	—	1	1	—	49	49	—	—	—	—	—	—	—
4	4	—	19	18	1	13	13	—	—	—	—	—	—	—
—	—	—	—	—	—	—	—	—	—	—	—	—	—	—
1	1	—	2	2	—	8	8	—	—	—	—	—	—	—

表 17　　雙流縣常住人口按

行業別	共計			雇主			業主			幫同作業之家屬		
	小計	男	女	小計	男	女	小計	男	女	小計	男	女
水上運輸	11	11	—	—	—	—	11	11	—	—	—	—
航空運輸	—	—	—	—	—	—	—	—	—	—	—	—
郵政電報電話	25	24	1	—	—	—	—	—	—	—	—	—
商業	2,843	2,431	412	82	75	7	2,160	1,859	301	241	154	87
批發及零售	2,670	2,269	401	79	72	7	2,029	1,733	296	229	142	87
金融保險	17	11	6	—	—	—	1	1	—	—	—	—
其他	156	151	5	3	3	—	130	125	5	12	12	—
旅館人事服務	3,025	1,99[illegible]	1,027	125	116	9	1,076	885	191	201	110	91
膳宿供應	1,671	1,423	248	103	94	9	891	760	131	188	100	88
財物人體修潔	318	253	65	21	21	—	180	120	60	13	10	3
家事管理人事服務	1,024	313	711	—	—	—	4	4	—	—	—	—
娛樂及運動	12	9	3	1	1	—	1	1	—	—	—	—
公共服務	5,145	4,581	564	8	8	—	548	522	26	35	27	8
醫學衛生	307	289	18	7	7	—	234	225	9	16	10	6
教育宗教文藝科學	1,552	1,041	511	1	1	—	310	293	17	19	17	2
國防事務	2,152	2,149	3	—	—	—	—	—	—	—	—	—
工人營等工聯組織	—	—	—	—	—	—	—	—	—	—	—	—
公共服務	1,134	1,102	32	—	—	—	4	4	—	—	—	—
行業未詳	564	519	45	3	3	—	455	419	36	29	24	5
無業	83,123	32,927	50,196	—	—	—	—	—	—	—	—	—
有無業未詳	2	2	—	—	—	—	—	—	—	—	—	—

說明：（1）不包括外國籍人口。

（2）未填寫戶口普查表只填寫人口概況調查表之公共戶內常住人口未加入統計。

性別與職業之分類(1)(2)(續)

經理人或主持人			其他須受薪俸之人員			領受工資之工役			無業			職位或有無業不詳		
小計	男	女	小計	男	女	小計	男	女	小計	男	女	小計	男	女
—	—	—	—	—	—	—	—	—	—	—	—	—	—	—
—	—	—	—	—	—	—	—	—	—	—	—	—	—	—
3	3	—	17	16	1	5	5	—	—	—	—	—	—	—
26	25	1	80	75	5	254	243	11	—	—	—	—	—	—
24	23	1	67	66	1	242	233	9	—	—	—	—	—	—
2	2	—	10	6	4	4	2	2	—	—	—	—	—	—
—	—	—	3	3	—	8	8	—	—	—	—	—	—	—
10	10	—	53	52	1	1,560	825	735	—	—	—	—	—	—
8	8	—	39	38	1	442	423	19	—	—	—	—	—	—
1	1	—	12	12	—	91	89	2	—	—	—	—	—	—
—	—	—	—	—	—	1,020	309	711	—	—	—	—	—	—
1	1	—	2	2	—	7	4	3	—	—	—	—	—	—
330	272	58	2,166	1,756	410	2,057	1,995	62	—	—	—	1	1	—
5	5	—	21	20	1	24	22	2	—	—	—	—	—	—
177	119	58	840	460	380	205	151	54	—	—	—	—	—	—
52	52	—	728	726	2	1,372	1,371	1	—	—	—	—	—	—
—	—	—	—	—	—	—	—	—	—	—	—	—	—	—
96	96	—	577	550	27	456	451	5	—	—	—	1	1	—
—	—	—	2	—	2	74	72	2	—	—	—	1	1	—
—	—	—	—	—	—	—	—	—	83,123	32,927	50,196	—	—	—
—	—	—	—	—	—	—	—	—	—	—	—	2	2	—

表 18 雙流縣有配偶之常住人

行業別	共計			僱主			業主			幫同作業之家屬		
	小計	男	女	小計	男	女	小計	男	女	小計	男	女
總計	64,073	31,405	32,668	1,488	1,450	38	33,174	20,039	13,135	6,268	3,232	3,03
農林漁(牧)	20,199	18,038	2,161	981	963	18	14,321	13,892	429	4,558	2,853	1,70
農作畜飼	20,090	17,998	2,092	979	961	18	14,224	13,857	367	4,548	2,850	[illegible]
林業狩獵附捕	94	25	69	—	—	—	85	23	62	9	2	7
漁業	15	15	—	2	2	—	12	12	—	1	1	—
採鑛	—	—	—	—	—	—	—	—	—	—	—	—
鎢砂煤及其他鑛質	—	—	—	—	—	—	—	—	—	—	—	—
土石等建築材料	—	—	—	—	—	—	—	—	—	—	—	—
製造工業	16,715	3,037	13,678	340	323	17	14,519	2,075	12,444	1,396	219	1,177
食品製造	358	320	38	44	43	1	220	206	14	43	22	21
飲料及釀造	3	2	1	—	—	—	3	2	1	—	—	—
煙草製造	20	18	2	5	5	—	7	5	2	1	1	—
動植物油脂製造	57	57	—	7	7	—	9	9	—	1	1	—
化學工業	49	29	20	6	6	—	29	18	11	13	4	9
橡皮製造	—	—	—	—	—	—	—	—	—	—	—	—
木材籐木等製造	1,129	883	246	47	47	—	919	734	185	127	66	61
造紙及紙製物品	141	126	15	31	30	1	76	66	10	16	12	4
印刷	21	19	2	3	3	—	9	8	1	2	1	1
皮革	1	1	—	—	—	—	1	1	—	—	—	—
紡織	7,031	912	6,119	126	114	12	5,896	528	5,368	787	84	703
衣著服用品	7,574	358	7,216	23	20	3	7,155	310	6,845	386	20	366
水電煤氣供應	4	3	1	—	—	—	4	3	1	—	—	—
燃料	2	1	1	—	—	—	2	1	1	—	—	—
非金屬鑛產製造	84	82	2	14	14	—	54	54	—	3	1	2
金屬鎔鑄	—	—	—	—	—	—	—	—	—	—	—	—
金屬製品	113	113	—	21	21	—	77	77	—	6	6	—
機器	56	55	1	1	1	—	11	11	—	1	—	1
儀器飾物	12	12	—	1	1	—	9	9	—	—	—	—
其他	54	41	13	11	11	—	34	29	5	8	—	8
工業區別未詳	6	5	1	—	—	—	4	4	—	2	1	1
建築營造	357	357	—	7	7	—	328	325	—	17	17	—
運輸交通	1,081	1,077	4	—	—	—	1,050	1,047	3	10	10	—
鐵路運輸	—	—	—	—	—	—	—	—	—	—	—	—
道路運輸	1,060	1,057	3	—	—	—	1,042	1,039	3	10	10	—

口按性別與職業之分類(1)(2)

經理人或主持人 小計	男	女	其他領受薪俸之人員 小計	男	女	領受工資之工役 小計	男	女	無業 小計	男	女	職位或有無業未詳 小計	男	女
263	260	3	1,541	1,469	72	2,083	1,709	374	19,254	3,244	16,010	2	2	—
2	2	—	3	3	—	334	325	9	—	—	—	—	—	—
2	2	—	3	3	—	334	325	9	—	—	—	—	—	—
—	—	—	—	—	—	—	—	—	—	—	—	—	—	—
—	—	—	—	—	—	—	—	—	—	—	—	—	—	—
—	—	—	—	—	—	—	—	—	—	—	—	—	—	—
—	—	—	—	—	—	—	—	—	—	—	—	—	—	—
—	—	—	—	—	—	—	—	—	—	—	—	—	—	—
16	16	—	56	55	1	388	349	39	—	—	—	—	—	—
1	1	—	6	6	—	44	42	2	—	—	—	—	—	—
—	—	—	—	—	—	—	—	—	—	—	—	—	—	—
—	—	—	4	4	—	3	3	—	—	—	—	—	—	—
1	1	—	1	1	—	38	38	—	—	—	—	—	—	—
1	1	—	—	—	—	—	—	—	—	—	—	—	—	—
—	—	—	—	—	—	—	—	—	—	—	—	—	—	—
3	3	—	4	4	—	29	29	—	—	—	—	—	—	—
—	—	—	2	2	—	16	16	—	—	—	—	—	—	—
—	—	—	4	4	—	3	3	—	—	—	—	—	—	—
—	—	—	—	—	—	—	—	—	—	—	—	—	—	—
8	8	—	7	6	1	207	172	35	—	—	—	—	—	—
—	—	—	1	1	—	9	7	2	—	—	—	—	—	—
—	—	—	—	—	—	—	—	—	—	—	—	—	—	—
—	—	—	—	—	—	—	—	—	—	—	—	—	—	—
2	2	—	—	—	—	11	11	—	—	—	—	—	—	—
—	—	—	—	—	—	—	—	—	—	—	—	—	—	—
—	—	—	2	2	—	7	7	—	—	—	—	—	—	—
—	—	—	24	24	—	19	19	—	—	—	—	—	—	—
—	—	—	1	1	—	1	1	—	—	—	—	—	—	—
—	—	—	—	—	—	1	1	—	—	—	—	—	—	—
—	—	—	—	—	—	—	—	—	—	—	—	—	—	—
—	—	—	—	—	—	5	3	—	—	—	—	—	—	—
4	4	—	8	7		9	9	—	—	—	—	—	—	—
—	—	—	—	—	—	—	—	—	—	—	—	—	—	—
1	1	—	1	1	—	6	6	—	—	—	—	—	—	—

表 18 雙流縣有配偶之常住人

行業別	共計			僱主			業主			幫同作業之家屬		
	小計	男	女	小計	男	女	小計	男	女	小計	男	女
水上運輸	8	8	—	—	—	—	8	8	—	—	—	—
航空運輸	—	—	—	—	—	—	—	—	—	—	—	—
郵政電報電話	13	12	1	—	—	—	—	—	—	—	—	—
商業	1,869	1,651	218	59	58	1	1,549	1,411	138	135	62	73
批發及零售	1,750	1,539	211	57	56	1	1,451	1,316	135	130	57	73
金融保險	12	8	4	—	—	—	1	1	—	—	—	—
其他	107	104	3	2	2	—	97	94	3	5	5	—
旅館人事服務	1,449	973	476	95	93	2	786	692	94	117	46	71
膳宿供應	948	818	130	83	81	2	669	616	53	115	45	70
財物人體修潔	145	102	43	12	12	—	116	75	41	2	1	1
家事管理人事服務	352	50	302	—	—	—	1	1	—	—	—	—
娛樂及運動	4	3	1	—	—	—	—	—	—	—	—	—
公共服務	2,896	2,800	96	3	3	—	406	396	10	25	19	6
醫事衛生	209	202	7	2	2	—	181	179	2	11	6	5
教育宗教文藝科學	746	674	72	1	1	—	222	214	8	14	13	1
國防事務	1,122	1,120	2	—	—	—	—	—	—	—	—	—
工人團體工會組織	—	—	—	—	—	—	—	—	—	—	—	—
公共服務	819	804	15	—	—	—	3	3	—	—	—	—
行業未詳	253	228	25	3	3	—	215	198	17	10	6	4
無業	19,254	3,244	16.010	—	—	—	—	—	—	—	—	—
有無業未詳	—	—	—	—	—	—	—	—	—	—	—	—

說明：（1）不包括外僑籍人口。

（2）未填戶口普查表只填船舶人口概況調查表之公共戶內常住人口未統計在內。

口按性別與職業之分類(1)(2)(續)

經理人或主持人			其他領受薪俸之人員			領受工資之工役			無業			職位或有無業未詳		
小計	男	女	小計	男	女	小計	男	女	小計	男	女	小計	男	女
—	—	—	—	—	—	—	—	—	—	—	—	—	—	—
—	—	—	—	—	—	—	—	—	—	—	—	—	—	—
3	3	—	7	6	1	3	3	—	—	—	—	—	—	—
22	22	—	42	40	2	62	58	4	—	—	—	—	—	—
20	20	—	35	35	—	57	55	2	—	—	—	—	—	—
2	2	—	6	4	2	3	1	2	—	—	—	—	—	—
—	—	—	1	1	—	2	2	—	—	—	—	—	—	—
7	7	—	9	9	—	435	126	309	—	—	—	—	—	—
5	5	—	8	8	—	68	63	5	—	—	—	—	—	—
1	1	—	—	—	—	14	13	1	—	—	—	—	—	—
—	—	—	—	—	—	351	49	302	—	—	—	—	—	—
1	1	—	1	1	—	2	1	1	—	—	—	—	—	—
212	209	3	1,421	1,355	66	828	817	11	—	—	—	1	1	—
—	—	—	8	8	—	7	7	—	—	—	—	—	—	—
80	77	3	364	310	54	65	59	6	—	—	—	—	—	—
48	48	—	607	606	1	467	466	1	—	—	—	—	—	—
—	—	—	—	—	—	—	—	—	—	—	—	—	—	—
84	84	—	442	431	11	289	285	4	—	—	—	1	1	—
—	—	—	2	—	2	22	20	2	—	—	—	1	1	—
—	—	—	—	—	—	—	—	—	19,254	3,244	16,010	—	—	—
—	—	—	—	—	—	—	—	—	—	—	—	—	—	—

表 19　斐赤縣無配偶之常住人口

行業別	共計			僱主			業主			家屬之作業		
	小計	男	女	小計	男	女	小計	男	女	小計	男	女
總計	88,205	45,034	43,171	231	178	53	11,684	5,521	6,163	5,359	3,501	1,858
農林漁(牧)	8,745	7,754	991	112	82	30	3,454	2,830	624	3,146	2,840	306
農作畜飼	8,649	7,697	952	112	82	30	3,380	2,792	588	3,128	2,824	304
林業狩獵研捕	87	48	39	—	—	—	72	36	36	14	12	2
漁業	9	9	—	—	—	—	2	2	—	4	4	—
採鑛	—	—	—	—	—	—	—	—	—	—	—	—
鑛砂煤及其他鑛質	—	—	—	—	—	—	—	—	—	—	—	—
土石等建築材料	—	—	—	—	—	—	—	—	—	—	—	—
製造工業	9,608	2,778	6,830	58	48	10	6,127	881	5,246	1,863	348	1,515
食品製造	264	239	25	8	8	—	62	47	15	30	23	7
飲料及釀造	2	2	—	—	—	—	—	—	—	—	—	—
煙草製造	52	48	4	1	—	1	5	5	—	3	1	2
動植物油脂製造	46	46	—	—	—	—	1	1	—	1	1	—
化學工業	54	42	12	3	3	—	11	5	6	10	4	6
橡皮製造	—	—	—	—	—	—	—	—	—	—	—	—
木材竹木等製造	744	611	133	6	6	—	448	359	89	143	101	42
造紙及紙製物品	148	145	3	4	4	—	31	28	3	8	8	—
印刷	16	18	—	1	1	—	2	2	—	3	3	—
皮革	6	6	—	—	—	—	1	1	—	—	—	—
紡織	4,137	986	3,151	19	14	5	2,451	185	2,266	974	133	841
衣着服用品	3,787	294	3,493	10	8	2	3,022	159	2,863	650	35	615
水電煤氣供應	5	5	—	—	—	—	5	5	—	—	—	—
燃料	1	—	1	—	—	—	1	—	1	—	—	—
非金屬鑛產製造	93	92	1	2	1	1	12	12	—	8	8	—
金屬鎔鑄	—	—	—	—	—	—	—	—	—	—	—	—
金屬製品	115	115	—	[illegible]	1	—	34	31	—	14	14	—
機器	39	37	2	1	—	1	9	9	—	3	3	—
儀器飾物	17	17	—	1	1	—	2	2	—	2	2	—
其他	76	71	5	1	1	—	29	26	3	14	12	2
工業區別未詳	4	4	—	—	—	—	4	4	—	—	—	—
建築營造	342	342	—	2	2	—	252	252	—	43	43	—
運輸交通	678	677	1	1	1	—	573	573	—	89	88	1
鐵路運輸	—	—	—	—	—	—	—	—	—	—	—	—
道路運輸	663	662	1	1	1	—	570	570	—	89	88	

按性別與職業之分類(1)(2)

經理人或主持人			其他領受薪俸之人員			領受工資之工役			無業			職位或有無業未詳		
小計	男	女	小計	男	女	小計	男	女	小計	男	女	小計	男	女
129	70	59	888	548	340	6,102	5,540	562	63,812	29,676	34,136	—	—	—
—	—	—	2	2	—	2,031	2,000	31	—	—	—	—	—	—
—	—	—	2	2	—	2,027	1,997	30	—	—	—	—	—	—
—	—	—	—	—	—	1	—	1	—	—	—	—	—	—
—	—	—	—	—	—	3	3	—	—	—	—	—	—	—
—	—	—	—	—	—	—	—	—	—	—	—	—	—	—
—	—	—	—	—	—	—	—	—	—	—	—	—	—	—
—	—	—	—	—	—	—	—	—	—	—	—	—	—	—
7	4	3	59	56	3	1,494	1,441	53	—	—	—	—	—	—
1	1	—	7	7	—	156	153	3	—	—	—	—	—	—
—	—	—	—	—	—	2	2	—	—	—	—	—	—	—
—	—	—	3	3	—	40	39	1	—	—	—	—	—	—
—	—	—	3	3	—	41	41	—	—	—	—	—	—	—
—	—	—	1	1	—	29	29	—	—	—	—	—	—	—
—	—	—	—	—	—	—	—	—	—	—	—	—	—	—
2	2	—	4	4	—	141	139	2	—	—	—	—	—	—
—	—	—	1	1	—	104	104	—	—	—	—	—	—	—
—	—	—	—	—	—	12	12	—	—	—	—	—	—	—
—	—	—	—	—	—	5	5	—	—	—	—	—	—	—
1	1	—	13	11	2	679	642	37	—	—	—	—	—	—
3	—	3	6	6	—	96	86	10	—	—	—	—	—	—
—	—	—	—	—	—	—	—	—	—	—	—	—	—	—
—	—	—	—	—	—	—	—	—	—	—	—	—	—	—
—	—	—	2	2	—	69	69	—	—	—	—	—	—	—
—	—	—	—	—	—	—	—	—	—	—	—	—	—	—
—	—	—	2	2	—	67	67	—	—	—	—	—	—	—
—	—	—	16	15	1	10	10	—	—	—	—	—	—	—
—	—	—	1	1	—	11	11	—	—	—	—	—	—	—
—	—	—	—	—	—	32	32	—	—	—	—	—	—	—
—	—	—	—	—	—	—	—	—	—	—	—	—	—	—
—	—	—	1	1	—	44	44	—	—	—	—	—	—	—
—	—	—	11	11	—	4	4	—	—	—	—	—	—	—
—	—	—	—	—	—	—	—	—	—	—	—	—	—	—
—	—	—	1	1	—	2	2	—	—	—	—	—	—	—

表 19 雙流縣無配偶之常住

行業別	共計			僱主			業主			幫同作業之家屬		
	小計	男	女	小計	男	女	小計	男	女	小計	男	女
水上運輸	3	3	—	—	—	—	3	3	—	—	—	—
航空運輸	—	—	—	—	—	—	—	—	—	—	—	—
郵政電報電話	12	12	—	—	—	—	—	—	—	—	—	—
商業	969	777	192	23	17	6	607	445	162	105	92	13
批發及零售	915	727	188	22	16	6	574	414	160	98	85	13
金融保險	5	3	2	—	—	—	—	—	—	—	—	—
其他	49	47	2	1	1	—	33	31	2	7	7	—
旅館人事服務	1,572	1,024	548	30	23	7	290	193	97	84	64	20
膳宿供應	723	605	113	20	13	7	222	144	78	73	56	18
財物人體修潔	173	151	22	9	9	—	64	45	19	11	9	2
家事管理人事服務	668	262	406	—	—	—	3	3	—	—	—	—
娛樂及運動	8	6	2	1	1	—	1	1	—	—	—	—
共服務	2,169	1,715	454	5	5	—	142	126	16	10	8	2
醫藥衛生	96	85	11	5	5	—	53	46	7	5	4	1
教育宗教文藝科學	788	363	425	—	—	—	88	79	9	5	4	1
國防事務	970	969	1	—	—	—	—	—	—	—	—	—
工人僱等工職組織	—	—	—	—	—	—	—	—	—	—	—	—
公共服務	313	296	17	—	—	—	1	1	—	—	—	—
行業未詳	310	291	19	—	—	—	239	224	18	19	18	1
無業	63.812	29,676	34,136	—	—	—	—	—	—	—	—	—
有無業未詳	—	—	—	—	—	—	—	—	—	—	—	—

說明：（1）不包括外國籍人口。

（2）未填總戶口普查表只填總人口數之調查表之公共戶內常住人口未統計在內。

人口按性別與職業之分類(1)(2)(續)

經理人或主持人			其他須受薪俸之人員			領受工餉之工役			無業			職位或有無職業未詳		
小計	男	女	小計	男	女	小計	男	女	小計	男	女	小計	男	女
—	—	—	—	—	—	—	—	—	—	—	—	—	—	—
—	—	—	—	—	—	—	—	—	—	—	—	—	—	—
—	—	—	10	10	—	2	2	—	—	—	—	—	—	—
4	3	1	38	35	3	192	185	7	—	—	—	—	—	—
4	3	1	32	31	1	185	178	7	—	—	—	—	—	—
—	—	—	4	2	2	1	1	—	—	—	—	—	—	—
—	—	—	2	2	—	6	6	—	—	—	—	—	—	—
3	3	—	44	43	1	1,121	698	423	—	—	—	—	—	—
3	3	—	31	30	1	374	360	14	—	—	—	—	—	—
—	—	—	12	12	—	77	76	1	—	—	—	—	—	—
—	—	—	—	—	—	665	259	406	—	—	—	—	—	—
—	—	—	1	1	—	5	3	2	—	—	—	—	—	—
115	60	55	733	400	333	1,164	1,116	48	—	—	—	—	—	—
5	5	—	13	12	1	17	15	2	—	—	—	—	—	—
96	41	55	464	149	315	135	90	45	—	—	—	—	—	—
4	4	—	121	120	1	845	845	—	—	—	—	—	—	—
—	—	—	—	—	—	—	—	—	—	—	—	—	—	—
10	10	—	135	119	16	167	166	1	—	—	—	—	—	—
—	—	—	—	—	—	52	52	—	—	—	—	—	—	—
—	—	—	—	—	—	—	—	—	63,812	29,676	34,136	—	—	—
—	—	—	—	—	—	—	—	—	—	—	—	—	—	—

表 20　雙流縣年滿二十歲之常住人口按本籍居住本縣年數與性別之分類(1)(2)

籍別	共計			未滿半年			半年至未滿一年			一年至未滿二年			二年至未滿三年		
	小計	男	女	小計	男	女	小計	男	女	小計	男	女	小計	男	女
總計	86,165	42,678	43,487	1,693	1,232	461	772	488	284	2,228	1,390	835	1,794	1,013	781
四川省	84,576	41,663	42,913	1,453	1,047	411	621	375	246	1,839	1,112	727	1,489	806	683
雙流縣	68,450	35,864	32,586	249	181	68	97	69	28	382	238	144	279	149	130
其他各縣(市)	16,023	5,718	10,305	1,177	835	342	522	304	218	1,436	855	581	1,208	656	552
未詳	103	81	22	32	31	1	2	2	—	21	19	2	2	1	1
江蘇省	110	79	31	20	16	3	14	7	7	36	26	10	22	16	6
浙江省	87	73	14	11	11	—	9	7	2	27	22	5	22	17	5
安徽省	75	55	20	13	9	4	13	10	3	12	7	5	17	13	4
江西省	42	34	8	8	6	2	4	4	—	12	9	3	5	5	—
湖北省	257	94	163	28	24	4	9	8	1	38	23	15	31	13	18
湖南省	82	57	25	21	16	5	4	2	2	19	15	4	16	7	7
西康省	50	19	31	5	3	2	2	2	—	5	3	2	7	5	2
福建省	46	44	2	7	7	—	4	4	—	7	7	—	7	7	—
廣東省	114	66	48	15	12	3	6	6	—	21	10	11	41	22	19
廣西省	44	29	15	14	9	5	13	9	4	7	4	[illegible]	2	2	—
雲南省	41	27	14	2	1	1	3	1	2	1	—	1	23	21	2
貴州省	21	10	11	5	4	1	4	4	—	1	—	1	3	1	2
河北省	140	89	51	23	16	7	10	7	3	52	30	22	18	12	6
河南省	132	113	14	16	14	2	7	6	1	82	79	3	13	10	3
山東省	98	68	30	12	10	2	11	7	4	25	17	8	29	23	6
山西省	11	9	2	3	3	—	—	—	—	5	5	—	2	1	1

表20 雙流縣年滿二十歲之常住人口按本籍居住本縣年數與性別之分類(1)(2)(續)

籍別	三年至未滿五年			五年至未滿十年			十年至未滿二十年			二十年至未滿五十年			五十年及以上			未詳		
	小計	男	女	小計	男	女	小計	男	女	小計	男	女	小計	男	女	小計	男	女
總計	2,975	1,303	1,672	3,172	932	2,240	3,975	797	3,178	43,077	21,026	22,051	26,328	14,393	11,935	154	104	50
四川省	2,689	1,130	1,559	3,104	915	2,189	3,932	787	3,145	42,997	21,015	21,982	26,314	14,390	11,924	133	86	47
雙流縣	762	253	509	927	246	681	1,130	163	967	39,038	20,288	18,750	25,550	14,257	11,293	36	20	16
其他各縣(市)	1,919	870	1,049	2,175	669	1,506	2,799	622	2,177	3,954	727	3,227	759	133	626	74	47	27
未詳	8	7	1	2	—	2	3	2	1	5	—	5	5	—	5	23	19	4
江蘇省	12	11	1	6	3	3	—	—	—	—	—	—	—	—	—	—	—	—
浙江省	11	11	—	6	4	2	—	—	—	1	1	—	—	—	—	—	—	—
安徽省	17	11	3	—	—	—	1	—	1	—	—	—	—	—	—	2	2	—
江西省	10	7	3	—	—	—	1	1	—	—	—	—	—	—	—	2	2	—
湖北省	42	20	22	20	—	20	22	2	20	54	2	52	11	—	11	2	2	—
湖南省	13	8	5	2	2	—	1	—	1	4	3	1	1	1	—	1	1	—
西康省	15	3	12	4	—	4	5	1	4	6	2	4	—	—	—	1	—	1
福建省	18	16	2	3	3	—	—	—	—	—	—	—	—	—	—	—	—	—
廣東省	26	14	12	3	1	2	2	1	1	—	—	—	—	—	—	—	—	—
廣西省	8	5	3	—	—	—	—	—	—	—	—	—	—	—	—	—	—	—
雲南省	6	1	5	1	—	1	4	3	1	1	—	1	—	—	—	—	—	—
貴州省	4	1	3	3	—	3	—	—	—	1	—	1	—	—	—	—	—	—
河北省	35	24	11	1	—	1	1	—	1	—	—	—	—	—	—	—	—	—
河南省	11	6	5	1	1	—	—	—	—	—	—	—	—	—	—	2	2	—
山東省	17	10	7	2	—	2	2	1	1	—	—	—	—	—	—	—	—	—
山西省	—	—	—	—	—	—	—	—	—	—	—	—	—	—	—	—	—	—

表 20　雙流縣年滿二十歲之常住人口按本籍居住本縣年數與性別之分配(1)(2)(續)

籍別	共計			未滿半年			半年至未滿一年			一年至未滿二年			二年至未滿三年		
	小計	男	女	小計	男	女	小計	男	女	小計	男	女	小計	男	女
陝西省	38	33	5	3	2	1	17	17	—	2	2	—	3	2	1
甘肅省	5	3	2	1	1	—	1	1	—	1	1	—	—	—	—
寧夏省	1	1	—	—	—	—	—	—	—	—	—	—	—	—	—
綏遠省	2	1	1	—	—	—	1	—	1	—	—	—	—	—	—
察哈爾省	2	2	—	—	—	—	—	—	—	1	1	—	—	—	—
熱河省	2	2	—	—	—	—	—	—	—	1	1	—	1	1	—
遼寧省	47	24	23	4	4	—	5	3	2	8	6	2	13	7	6
吉林省	3	1	2	—	—	—	—	—	—	1	—	1	2	1	1
黑龍江省	1	1	—	—	—	—	—	—	—	—	—	—	—	—	—
南京市	11	7	4	—	—	—	4	3	1	1	1	—	3	3	—
上海市	12	10	2	5	5	—	1	—	1	5	4	1	—	—	—
北平市	13	10	3	3	2	1	2	1	8	—	—	—	5	4	1
天津市	14	10	4	2	2	—	1	—	1	4	2	2	3	2	1
青島市	1	1	—	—	—	—	—	—	—	—	—	—	1	1	—
西京市	3	3	—	3	3	—	—	—	—	—	—	—	—	—	—
重慶市	79	31	48	10	4	6	6	4	2	12	3	9	16	9	7
省市未詳	5	4	1	1	1	—	—	—	—	—	—	—	—	—	—

說明：(1)不包括外國籍人口。

(2)本縣縣戶口普查表只填寫人口概況調查表之公共戶內常住人口未統計在內。

表 20 雙流縣年滿二十歲之常住人口按本籍居住本縣年數與性別之分類 (1)(2) (續)

籍別	三年至未滿五年			五年至未滿十年			十年至未滿二十年			二十年至未滿五十年			五十年及以上			未詳		
	小計	男	女	小計	男	女	小計	男	女	小計	男	女	小計	男	女	小計	男	女
陝西省	1	1	—	1	1	—	1	—	1	2	—	2	—	—	—	8	8	—
甘肅省	—	—	—	—	—	—	—	—	—	2	—	2	—	—	—	—	—	—
寧夏省	—	—	—	—	—	—	—	—	—	—	—	—	—	—	—	1	1	—
綏遠省	1	1	—	—	—	—	—	—	—	—	—	—	—	—	—	—	—	—
察哈爾省	1	1	—	—	—	—	—	—	—	—	—	—	—	—	—	—	—	—
熱河省	—	—	—	—	—	—	—	—	—	—	—	—	—	—	—	—	—	—
遼寧省	15	4	11	2	—	2	—	—	—	—	—	—	—	—	—	—	—	—
吉林省	—	—	—	—	—	—	—	—	—	—	—	—	—	—	—	—	—	—
黑龍江省	1	1	—	—	—	—	—	—	—	—	—	—	—	—	—	—	—	—
南京市	3	—	3	—	—	—	—	—	—	—	—	—	—	—	—	—	—	—
上海市	1	1	—	—	—	—	—	—	—	—	—	—	—	—	—	—	—	—
北平市	3	3	—	—	—	—	—	—	—	—	—	—	—	—	—	—	—	—
天津市	4	4	—	—	—	—	—	—	—	—	—	—	—	—	—	—	—	—
青島市	—	—	—	—	—	—	—	—	—	—	—	—	—	—	—	—	—	—
西京市	—	—	—	—	—	—	—	—	—	—	—	—	—	—	—	—	—	—
重慶市	9	4	5	13	2	11	3	1	2	9	3	6	1	1	—	—	—	—
未詳	2	2	—	—	—	—	—	—	—	—	—	—	1	1	—	1	—	1

表 20a　雙流縣普通住戶年滿二十歲之常住人口按本籍居住本縣年數與性別之分類(1)

籍別	共計			未滿半年			半年至未滿一年			一年至未滿二年			二年至未滿三年		
	小計	男	女	小計	男	女	小計	男	女	小計	男	女	小計	男	女
總計	82,278	39,294	42,984	1,073	641	432	492	236	256	1,684	872	812	1,413	655	758
四川省	81,153	38,727	42,426	936	554	382	404	177	227	1,444	738	706	1,181	519	662
雙流縣	66,787	34,447	32,340	145	81	64	44	21	23	303	161	142	221	93	128
其他各縣(市)	14,337	4,273	10,064	790	473	317	359	155	204	1,136	574	562	958	425	533
未詳	29	7	22	1	—	1	1	1	—	5	3	2	2	1	1
江蘇省	81	55	26	15	11	4	7	5	2	27	17	10	17	11	6
浙江省	56	45	11	3	3	—	4	4	—	24	19	5	16	11	5
安徽省	48	29	19	8	4	4	9	6	3	6	2	4	12	8	4
江西省	18	10	8	3	1	2	1	1	—	8	5	3	—	—	—
湖北省	218	56	162	18	14	4	5	4	1	23	8	15	29	11	18
湖南省	55	31	24	13	8	5	4	2	2	11	7	4	10	3	7
西康省	35	5	30	2	—	2	1	1	—	2	—	2	2	1	1
福建省	41	39	2	4	4	—	3	3	—	7	7	—	7	7	—
廣東省	110	62	48	11	8	3	6	6	—	21	10	11	41	22	19
廣西省	39	24	15	11	6	5	12	8	4	6	3	3	2	2	—
雲南省	22	8	14	2	1	1	3	1	2	1	—	1	5	3	2
貴州省	13	2	11	2	1	1	—	—	—	1	—	1	3	1	2
河北省	113	62	51	17	10	7	10	7	3	43	21	22	18	12	6
河南省	39	25	14	6	4	2	4	3	1	11	8	3	10	7	3
山東省	81	52	29	8	6	2	6	3	3	21	13	8	27	21	6
山西省	4	2	2	—	—	—	—	—	—	1	1	—	2	1	1

表22a　雙流縣舊通住家年滿二十歲之常住人口按本籍居住本縣年數與性別之分類(1)(續)

籍別	三年至未滿五年			五年至未滿十年			十年至未滿二十年			二十年至未滿五十年			五十年及以上			未詳		
	小計	男	女	小計	男	女	小計	男	女	小計	男	女	小計	男	女	小計	男	女
總計	2,635	979	1,656	3,054	838	2,216	3,897	751	3,146	42,001	20,164	21,837	25,962	14,118	11,844	67	40	27
四川省	2,417	862	1,544	2,992	826	2,166	3,854	741	3,113	41,924	20,155	21,769	25,949	14,116	11,833	63	39	24
雙流縣	728	221	507	909	232	677	1,122	159	963	38,077	19,472	18,605	25,211	13,989	11,222	27	18	9
其他各縣(市)	1,677	641	1,036	2,081	594	1,487	2,729	580	2,149	3,842	683	3,159	733	127	606	32	21	11
未詳	1	—	1	2	—	2	3	2	1	5	—	5	5	—	5	4	—	4
江蘇省	10	9	1	5	2	3	—	—	—	—	—	—	—	—	—	—	—	—
浙江省	4	4	—	4	3	1	—	—	—	1	1	—	—	—	—	—	—	—
安徽省	12	9	3	—	—	—	1	—	1	—	—	—	—	—	—	—	—	—
江西省	5	2	3	—	—	—	1	1	—	—	—	—	—	—	—	—	—	—
湖北省	37	15	22	20	—	20	22	2	20	53	2	51	11	—	11	—	—	—
湖南省	9	5	4	1	1	—	1	—	1	4	3	1	1	1	—	1	1	—
西康省	12	—	12	4	—	4	5	1	4	6	2	4	—	—	—	1	—	1
福建省	18	16	2	2	2	—	—	—	—	—	—	—	—	—	—	—	—	—
廣東省	26	14	12	3	1	2	2	1	1	—	—	—	—	—	—	—	—	—
廣西省	8	5	3	—	—	—	—	—	—	—	—	—	—	—	—	—	—	—
雲南省	5	—	5	1	—	1	4	3	1	1	—	1	—	—	—	—	—	—
貴州省	3	—	3	3	—	3	—	—	—	1	—	1	—	—	—	—	—	—
河北省	23	12	11	1	—	4	1	—	1	—	—	—	—	—	—	—	—	—
河南省	7	2	5	1	1	—	—	—	—	—	—	—	—	—	—	—	—	—
山東省	15	8	7	2	—	2	2	1	1	—	—	—	—	—	—	—	—	—
山西省	—	—	—	—	—	—	—	—	—	—	—	—	—	—	—	1	—	1

表 20a. 雙流縣普通住家年滿二十歲之常住人口按本籍居住本縣年數與性別之分配(1)(續)

籍別	共計 小計	共計 男	共計 女	未滿半年 小計	未滿半年 男	未滿半年 女	半年至未滿一年 小計	半年至未滿一年 男	半年至未滿一年 女	一年至未滿二年 小計	一年至未滿二年 男	一年至未滿二年 女	二年至未滿三年 小計	二年至未滿三年 男	二年至未滿三年 女
陝西省	5	—	5	1	—	1	—	—	—	—	—	—	1	—	1
甘肅省	3	1	2	—	—	—	1	1	—	—	—	—	—	—	—
綏遠省	2	1	1	—	—	—	1	—	1	—	—	—	—	—	—
熱河省	1	1	—	—	—	—	—	—	—	—	—	—	1	1	—
遼寧省	39	17	22	2	2	—	3	1	2	7	5	2	10	5	5
吉林省	3	1	2	—	—	—	—	—	—	1	—	1	2	1	1
黑龍江省	1	1	—	—	—	—	—	—	—	—	—	—	—	—	—
南京市	9	6	3	—	—	—	2	2	—	1	1	—	3	3	—
上海市	7	5	2	—	—	—	1	—	1	5	4	1	—	—	—
北平市	7	4	3	3	2	1	1	—	1	—	—	—	2	1	1
天津市	11	7	4	1	1	—	1	—	1	4	2	2	3	2	1
青島市	1	1	—	—	—	—	—	—	—	—	—	—	1	1	—
重慶市	60	13	47	7	1	6	3	1	2	9	1	8	8	1	7
省市未詳	3	2	1	—	—	—	—	—	—	—	—	—	—	—	—

說明：（1）不包括外國籍人口。

表 20a　雙流縣普通住家年滿二十歲之常住人口按本籍居住本縣年數與性別之分類[1]（續）

籍別	三年至未滿五年			五年至未滿十年			十年至未滿二十年			二十年至未滿五十年			五十年及以上			未詳		
	小計	男	女	小計	男	女	小計	男	女	小計	男	女	小計	男	女	小計	男	女
陝西省	—	—	—	—	—	—	1	—	1	2	—	2	—	—	—	—	—	—
甘肅省	—	—	—	—	—	—	—	—	—	2	—	2	—	—	—	—	—	—
綏遠省	1	1	—	—	—	—	—	—	—	—	—	—	—	—	—	—	—	—
熱河省	—	—	—	—	—	—	—	—	—	—	—	—	—	—	—	—	—	—
遼寧省	15	4	11	2	—	2	—	—	—	—	—	—	—	—	—	—	—	—
吉林省	—	—	—	—	—	—	—	—	—	—	—	—	—	—	—	—	—	—
黑龍江省	1	1	—	—	—	—	—	—	—	—	—	—	—	—	—	—	—	—
南京市	3	—	3	—	—	—	—	—	—	—	—	—	—	—	—	—	—	—
上海市	1	1	—	—	—	—	—	—	—	—	—	—	—	—	—	—	—	—
北平市	1	1	—	—	—	—	—	—	—	—	—	—	—	—	—	—	—	—
天津市	2	2	—	—	—	—	—	—	—	—	—	—	—	—	—	—	—	—
青島市	—	—	—	—	—	—	—	—	—	—	—	—	—	—	—	—	—	—
重慶市	9	4	5	13	2	11	3	1	2	7	1	6	1	1	—	—	—	—
省市未詳	2	2	—	—	—	—	—	—	—	—	—	—	—	—	—	1	—	1

III 崇寧縣統計基本報告表

表1 崇寧縣戶口總數(1)

類別	戶數(2)	常住人口 共計	常住人口 男	常住人口 女	現在人口 共計	現在人口 男	現在人口 女
總計	20,503	94,331	48,966	45,365	91,784	49,347	45,437
普通住家	20,067	91,404	46,501	44,903	92,358	47,259	45,099
旅館客寓	4	8	7	1	68	64	4
廠號學校寄宿舍	4	15	15	—	11	11	—
營業處所	279	742	724	18	743	722	21
公共處所	149	2,162	1,719	443	1,604	1,291	313

說明：(1)包括常在本縣停泊之船舶及外籍人口在內。

(2)祇包括有常住人口之戶數。

表 2 崇寧縣各鄉鎮各類戶之常住人口(1)(2)

鄉鎮別	共計 戶(3)數	共計 人口數 小計	共計 人口數 男	共計 人口數 女	普通住家 戶數	普通住家 人口數 小計	普通住家 人口數 男	普通住家 人口數 女	旅館客寓 戶數	旅館客寓 人口數 小計	旅館客寓 人口數 男	旅館客寓 人口數 女
總計	20,503	94,331	48,966	45,365	20,067	91,404	46,501	44,903	4	8	7	1
唐昌	2,943	13,535	7,080	6,455	2,740	11,368	5,281	6,087	1	3	3	—
安德	2,005	9,653	5,053	4,600	1,977	9,576	4,990	4,586	1	2	2	—
竹瓦	1,910	8,881	4,576	4,305	1,894	8,848	4,552	4,296	—	—	—	—
靈聖	1,339	5,943	3,089	2,854	1,329	5,905	3,065	2,840	—	—	—	—
萬壽	1,648	8,202	4,290	3,912	1,635	8,154	4,251	3,903	—	—	—	—
錦春	2,224	10,021	5,170	4,851	2,178	9,816	4,981	4,835	—	—	—	—
慶興	2,126	9,860	5,121	4,739	2,100	9,795	5,066	4,729	1	1	—	1
元覺	1,863	9,159	4,694	4,465	1,849	9,125	4,665	4,460	—	—	—	—
豐樂	1,956	8,292	4,281	4,011	1,908	8,176	4,173	4,003	—	—	—	—
桂花	2,487	10,782	5,609	5,173	2,457	10,641	5,477	5,164	1	2	2	—
船舶(2)	2	3	3	—	—	—	—	—	—	—	—	—

說明：（1）包括外國籍人口
（2）鄉鎮別除按各鄉鎮排列外，其在本轄境內常時停泊之船舶別爲一列附於各鄉鎮之後。
（3）只包括有常住人口之戶數。

表 2　崇寧縣各鄉鎮各類戶之常住人口(1)(2)　(續)

鄉鎮別	縣號機關寄宿舍				營業處所				公共處所			
	戶數	人口數			戶數	人口數			戶數	人口數		
		小計	男	女		小計	男	女		小計	男	女
總計	4	15	15	—	279	742	724	18	149	2,162	1,719	443
唐昌	4	15	15	—	147	408	401	7	51	1,741	1,380	361
安德	—	—	—	—	14	31	28	3	13	44	33	11
竹瓦	—	—	—	—	7	10	10	—	9	23	14	9
[illegible]學	—	—	—	—	2	3	3	—	8	35	21	14
鳳[illegible]	—	—	—	—	2	11	11	—	11	37	28	9
[illegible][illegible]	—	—	—	—	28	85	83	2	18	120	106	14
愛鵬	—	—	—	—	12	19	19	—	13	45	36	9
元覺	—	—	—	—	9	14	12	2	5	20	17	3
聚樂	—	—	—	—	37	75	73	2	11	41	35	6
桂花	—	—	—	—	15	83	81	2	10	56	49	7
[illegible][illegible](2)	—	—	—	—	2	3	3	—	—	—	—	—

—131—

表 3　崇寧縣各鄉鎮寺廟處所之常住人口(1)

鄉鎮別	戶數	人口數		
		小計	男	女
總計	55	126	71	55
唐昌鎮	9	14	10	4
安德鄉	7	11	3	8
竹瓦鄉	5	11	5	6
豐聚鄉	5	22	9	13
萬壽鄉	5	9	8	1
錦春鄉	4	13	3	10
慶興鄉	7	14	9	5
元覺鄉	1	3	—	3
[illegible][illegible]鄉	7	19	17	2
桂花鄉	5	10	7	3
船舶	—	—	—	—

說明：(1)包括外國籍人口。

表 4　崇寶縣各城市場集各類戶之常住人口[1][2]

城市場集名稱	所在鄉鎮	共計 戶數	共計 人口數 小計	共計 人口數 男	共計 人口數 女	普通住家 戶數	普通住家 人口數 小計	普通住家 人口數 男	普通住家 人口數 女	旅館客寓 戶數	旅館客寓 人口數 小計	旅館客寓 人口數 男	旅館客寓 人口數 女
總計		4,276	17,819	9,236	8,583	3,976	15,787	7,577	8,210	1	3	3	—
縣城	唐昌鎮 錦谷鄉	2,799	12,486	6,392	6,094	2,595	10,682	4,946	5,736	1	3	3	—
安德鎮	安德鄉	405	1,453	752	701	287	1,396	702	694	—	—	—	—
竹瓦鋪	竹瓦鄉	173	578	303	275	164	567	292	275	—	—	—	—
萬壽場	元覺鄉 萬壽鄉	77	241	127	114	72	234	122	112	—	—	—	—
錦春場	錦春鄉	113	380	197	183	102	368	185	183	—	—	—	—
慶興場	慶興鄉	102	390	216	174	97	373	199	174	—	—	—	—
豐樂場	豐樂鄉	325	1,167	623	544	290	1,096	558	538	—	—	—	—
桂花場	桂花鄉	282	1,124	626	498	269	1,071	573	498	—	—	—	—

說明：（1）包括外國籍人口。

（2）不包括船舶在內。

表 4 崇寧縣各城市場集各類戶之常住人口[1][2] (續)

城市場集名稱	所在鄉鎮	廠號機關寄宿舍 戶數	人口數 小計	男	女	營業處所 戶數	人口數 小計	男	女	公共處所 戶數	人口數 小計	男	女
總計		4	15	15	—	218	541	528	13	17	1,473	1,113	360
縣城	唐昌鎮 錦春鄉	4	15	15	—	149	437	429	8	30	1,349	999	350
安德場	安德鄉	—	—	—	—	1	22	19	3	8	35	31	4
竹瓦舖	竹瓦鄉	—	—	—	—	6	8	8	—	3	3	3	—
萬壽場	元覺鄉 萬壽鄉	—	—	—	—	4	6	4	2	1	1	1	—
錦春場	錦春鄉	—	—	—	—	10	11	11	—	1	1	1	—
隆興場	隆興鄉	—	—	—	—	3	3	3	—	2	14	14	—
豐樂場	豐樂鄉	—	—	—	—	27	41	41	—	8	30	24	6
桂花場	桂花鄉	—	—	—	—	9	13	13	—	4	40	40	—

表 5　崇寧縣普通住家戶數按各戶內常住人數與常住家屬人數之分配(1)

戶內常住人數	戶內常住家屬人數																
	共計	0	1	2	3	4	5	6	7	8	9	10	11	12	13	14	15及以上	未詳
總計	20,067	9	1,691	2,857	3,701	3,725	3,015	2,016	1,227	713	430	255	152	89	71	33	83	—
1	1,584	4	1,580	—	—	—	—	—	—	—	—	—	—	—	—	—	—	—
2	2,711	2	80	2,629	—	—	—	—	—	—	—	—	—	—	—	—	—	—
3	3,545	3	24	167	3,351	—	—	—	—	—	—	—	—	—	—	—	—	—
4	3,565	—	1	36	258	3,270	—	—	—	—	—	—	—	—	—	—	—	—
5	2,961	—	2	16	69	315	2,559	—	—	—	—	—	—	—	—	—	—	—
6	2,051	—	2	3	19	86	318	1,623	—	—	—	—	—	—	—	—	—	—
7	1,346	—	—	5	4	31	99	269	938	—	—	—	—	—	—	—	—	—
8	818	—	1	—	—	13	22	81	192	509	—	—	—	—	—	—	—	—
9	515	—	—	1	—	5	12	30	66	124	277	—	—	—	—	—	—	—
10	352	—	—	—	—	1	2	8	22	56	91	172	—	—	—	—	—	—
11	189	—	—	—	—	—	2	1	7	15	30	44	90	—	—	—	—	—
12	136	—	1	—	—	1	1	2	1	7	17	22	30	54	—	—	—	—
13	101	—	—	—	—	1	—	—	1	1	9	9	18	23	39	—	—	—
14	51	—	—	—	—	—	—	2	—	—	2	5	5	7	14	16	—	—
15及以上	142	—	—	—	—	2	—	—	—	1	4	3	9	5	18	17	83	—
未詳	—	—	—	—	—	—	—	—	—	—	—	—	—	—	—	—	—	—

說明：（1）不包括外僑戶。

表 6 崇寧縣普通住家戶數按各戶內常住與他往家屬人數之分配(1)

戶內常住家屬人數	戶內他往家屬人數 共計	0	1	2	3	4	5	6	7	8	9	10	11	12	13	14	15及以上	未詳
總計	20,067	16,220	2,962	656	158	53	10	5	2	1	—	—	—	—	—	—	—	—
0	9	—	6	1	1	1	—	—	—	—	—	—	—	—	—	—	—	—
1	1,691	1,134	429	81	35	10	—	1	1	—	—	—	—	—	—	—	—	—
2	2,857	2,084	589	128	42	11	3	—	—	—	—	—	—	—	—	—	—	—
3	3,701	2,929	603	131	26	9	2	1	—	—	—	—	—	—	—	—	—	—
4	3,725	3,114	457	126	20	6	1	1	—	—	—	—	—	—	—	—	—	—
5	3,015	2,599	331	66	12	7	—	1	—	—	—	—	—	—	—	—	—	—
6	2,016	1,744	218	49	2	2	1	—	—	—	—	—	—	—	—	—	—	—
7	1,227	1,082	121	18	3	2	—	1	—	—	—	—	—	—	—	—	—	—
8	713	604	83	21	4	1	—	—	—	—	—	—	—	—	—	—	—	—
9	430	367	41	18	3	1	—	—	—	—	—	—	—	—	—	—	—	—
10	255	210	32	6	5	2	—	—	—	—	—	—	—	—	—	—	—	—
11	152	126	19	4	2	—	—	—	1	—	—	—	—	—	—	—	—	—
12	89	78	6	3	1	1	—	—	—	—	—	—	—	—	—	—	—	—
13	71	55	12	2	1	—	—	—	—	1	—	—	—	—	—	—	—	—
14	33	26	5	1	—	—	1	—	—	—	—	—	—	—	—	—	—	—
15及以上	83	68	10	2	1	—	2	—	—	—	—	—	—	—	—	—	—	—
未詳	—	—	—	—	—	—	—	—	—	—	—	—	—	—	—	—	—	—

說明：(1) 不包括外僑戶。

表 7　崇寧縣城市場集普通住家戶數按各戶內常住人數與常住家屬人數之分配(1)

戶內常住人數	戶內常住家屬人數																
	共計	0	1	2	3	4	5	6	7	8	9	10	11	12	13	14	15及以上	未詳
總計	3,976	4	536	784	814	731	492	264	142	88	58	23	13	10	9	2	6	—
1	475	3	472	—	—	—	—	—	—	—	—	—	—	—	—	—	—	—
2	714	—	48	666	—	—	—	—	—	—	—	—	—	—	—	—	—	—
3	775	1	14	83	677	—	—	—	—	—	—	—	—	—	—	—	—	—
4	699	—	—	22	95	582	—	—	—	—	—	—	—	—	—	—	—	—
5	511	—	—	8	32	88	383	—	—	—	—	—	—	—	—	—	—	—
6	285	—	1	2	8	34	58	182	—	—	—	—	—	—	—	—	—	—
7	200	—	—	3	2	17	35	46	97	—	—	—	—	—	—	—	—	—
8	115	—	—	—	—	7	7	20	23	58	—	—	—	—	—	—	—	—
9	80	—	—	—	—	2	8	8	14	15	33	—	—	—	—	—	—	—
10	42	—	—	—	—	—	1	4	5	10	8	14	—	—	—	—	—	—
11	27	—	—	—	—	—	—	1	3	4	8	5	6	—	—	—	—	—
12	22	—	1	—	—	1	—	2	—	1	6	1	5	5	—	—	—	—
13	12	—	—	—	—	—	—	—	—	—	—	3	1	3	5	—	—	—
14	3	—	—	—	—	—	—	1	—	—	—	—	—	—	1	1	—	—
15及以上	16	—	—	—	—	—	—	—	—	—	3	—	1	2	3	1	6	—
未詳	—	—	—	—	—	—	—	—	—	—	—	—	—	—	—	—	—	—

說明：（1）不包括外僑戶。

表 8　崇寧縣普通住家內之常時營業與家事管理侍從傭役之人口

戶業別	戶數(1)	人口數 共計 小計	共計 男	共計 女	營業人口 農林漁牧 小計	農林漁牧 男	農林漁牧 女	採礦 小計	採礦 男	採礦 女	製造工業 小計	製造工業 男	製造工業 女	建築營造 小計	建築營造 男	建築營造 女
總計	17,441	29,778	24,682	5,096	19,225	18,081	1,144	—	—	—	5,289	2,207	3,082	329	328	1
純粹普通住家	277	412	107	305	—	—	—	—	—	—	—	—	—	—	—	—
兼有營業性質普通住家	17,134	29,366	24,575	4,791	19,225	18,081	1,144	—	—	—	5,289	2,207	3,082	329	328	1
農林漁牧	12,060	21,251	18,245	3,006	18,820	17,739	1,081	—	—	—	2,032	203	1,829	33	33	—
採礦	—	—	—	—	—	—	—	—	—	—	—	—	—	—	—	—
製造工業	1,797	3,058	2,173	885	174	147	27	—	—	—	2,782	1,956	826	1	1	—
建築營造	246	371	328	43	31	27	4	—	—	—	43	7	36	286	285	1
運輸交通	573	856	690	166	26	14	12	—	—	—	136	6	130	4	4	—
商業	1,240	1,922	1,583	339	85	76	9	—	—	—	156	16	140	1	1	—
旅館人事服務	605	1,033	827	206	38	33	5	—	—	—	59	10	49	3	3	—
公共服務	294	458	393	65	47	43	4	—	—	—	46	5	41	1	1	—
行業未詳	319	417	336	81	4	2	2	—	—	—	35	4	31	—	—	—
純粹或營業未詳	—	—	—	—	—	—	—	—	—	—	—	—	—	—	—	—

表 8 崇寧縣普通住家內之常時營業與家事管理侍從傭役之人口 (續)

戶業別	人口																		數		
	營業人口															(3)家事管理人口			侍從傭役人口		
	運輸交通			商業			(2)旅館人事服務			公共服務			行業未詳								
	小計	男	女	小計	男	女	小計	男	女	小計	男	女	小計	男	女	小計	男	女	小計	男	女
總計	793	790	3	1,739	1,544	195	970	800	170	416	402	14	521	397	124	—	—	—	496	133	363
純粹普通住家	—	—	—	—	—	—	—	—	—	—	—	—	—	—	—	—	—	—	412	107	305
兼有營業性質普通住家	793	790	3	1,739	1,544	195	970	800	170	416	402	14	521	397	124	—	—	—	84	26	58
農林漁牧	81	81	—	75	64	11	25	22	3	54	52	2	103	42	61	—	—	—	28	9	19
礦	—	—	—	—	—	—	—	—	—	—	—	—	—	—	—	—	—	—	—	—	—
製造工業	21	21	—	31	20	11	6	3	3	4	3	1	17	14	3	—	—	—	22	8	14
建築營造	—	—	—	2	1	1	2	1	1	—	—	—	7	7	—	—	—	—	—	—	—
運輸交通	656	653	3	12	5	7	12	3	9	1	1	—	9	4	5	—	—	—	—	—	—
商業	17	17	—	1,604	1,451	153	16	2	14	9	7	2	13	6	7	—	—	—	21	7	14
旅館人事服務	5	5	—	10	3	7	905	767	138	3	3	—	5	3	2	—	—	—	5	—	5
公共服務	5	5	—	3	—	3	1	1	—	345	336	9	3	—	3	—	—	—	7	2	5
行業未詳	8	8	—	2	—	2	3	1	2	—	—	—	364	321	43	—	—	—	1	—	1
純洋或營業未詳	—	—	—	—	—	—	—	—	—	—	—	—	—	—	—	—	—	—	—	—	—

說明：（1）祇包括有常時營業或做事人口或備有家事管理侍從傭役人口之普通住家。

（2）家事管理侍從傭役不在內。

（3）祇包括受僱用者家庭主婦不在內。

表 9　崇寧縣營業戶內之常時營業之人口（1）

戶業別	戶數（2）	人口數		
		共計	男	女
總計	390	1,200	1,174	26
農林漁牧	1	4	4	—
採礦	1	54	54	—
製造工業	105	343	334	9
建築營造	—	—	—	—
運輸交通	2	4	4	—
商業	174	551	538	13
旅館人事服務	97	228	224	4
公共服務	8	12	12	—
行業未詳	2	4	4	—

說明：（1）包括營業戶內所有各該戶內常時工作之人口。

（2）祗包括戶內有常時營業人口之營業戶及旅館客寓；營業組織另設之宿舍等所成之戶不在內。

表 10　崇甯縣公共戶內之常時辦事與受管轄之人口 (1)

機關性質別	戶數 (2)	人口數 做事 共計	做事 男	做事 女	受管轄 共計	受管轄 男	受管轄 女
總計	421	2,217	2,047	170	8,664	5,629	3,035
政府機關	198	928	925	3	—	—	—
軍營團隊	32	568	567	1	4	4	—
學校	115	498	389	109	8,447	5,429	3,018
社團	6	35	34	1	—	—	—
公共醫療所	2	20	20	—	—	—	—
救濟收容所	7	38	38	—	126	116	10
監獄與拘留所	1	3	2	1	87	80	7
寺廟	60	127	72	55	—	—	—
會館	—	—	—	—	—	—	—
其他	—	—	—	—	—	—	—

說明：（1）包括各公共戶內所有在各該戶內常時工作之人口。

（2）祇包括戶內有常時辦事與受管轄人口之公共戶，公共戶易設之寄宿舍等所設之戶不在內。

表 11　崇寧縣各類戶常住人口

年齡組	共計			普通住家			旅館客棧		
	小計	男	女	小計	男	女	小計	男	女
總計	94,331	48,966	45,365	91,404	46,501	44,903	8	7	1
0—4	13,316	6,806	6,510	13,316	6,806	6,510	—	—	—
未滿1歲	2,111	1,067	1,044	2,111	1,067	1,044	—	—	—
1	3,024	1,498	1,526	3,024	1,498	1,526	—	—	—
2	2,975	1,495	1,480	2,975	1,495	1,480	—	—	—
3	2,781	1,469	1,312	2,781	1,469	1,312	—	—	—
4	2,425	1,277	1,148	2,425	1,277	1,148	—	—	—
5—9	10,902	5,851	5,051	10,891	5,844	5,047	—	—	—
5	2,386	1,166	1,220	2,385	1,165	1,220	—	—	—
6	2,346	1,257	1,089	2,343	1,254	1,089	—	—	—
7	1,951	1,074	877	1,950	1,074	876	—	—	—
8	2,323	1,273	1,050	2,319	1,271	1,048	—	—	—
9	1,896	1,081	815	1,894	1,080	814	—	—	—
10—14	10,641	6,320	4,321	10,003	5,700	4,303	1	1	—
10	2,305	1,300	1,005	2,292	1,289	1,003	—	—	—
11	1,858	1,075	783	1,828	1,040	783	—	—	—
12	2,527	1,531	996	2,363	1,372	991	—	—	—
13	2,079	1,253	826	1,860	1,040	820	—	—	—
14	1,872	1,161	711	1,660	954	706	1	1	—
15—19	6,697	3,488	3,209	6,027	3,109	2,918	1	1	—
15	1,723	1,040	683	1,570	897	673	—	—	—
16	1,618	845	773	1,438	742	696	—	—	—
17	1,220	607	613	1,057	556	501	—	—	—
18	1,339	608	731	1,223	558	665	1	1	—
19	797	388	409	739	356	383	—	—	—
20—24	5,026	2,485	2,541	4,708	2,200	2,508	1	1	—
20	1,481	730	751	1,388	650	738	1	1	—
21	777	369	408	731	329	402	—	—	—
22	1,074	550	524	1,010	491	519	—	—	—
23	749	361	388	697	312	385	—	—	—
24	945	475	470	882	418	464	—	—	—
25—29	5,268	2,622	2,646	4,958	2,329	2,629	—	—	—
25	1,268	629	639	1,194	558	636	—	—	—
26	1,048	525	523	981	462	519	—	—	—
27	757	376	381	710	331	379	—	—	—
28	1,382	666	716	1,308	599	709	—	—	—
29	813	426	387	765	379	386	—	—	—
30—34	5,669	2,669	3,000	5,407	2,424	2,983	—	—	—
30	1,801	912	889	1,692	812	880	—	—	—
31	989	464	525	949	424	525	—	—	—
32	1,271	589	682	1,210	531	679	—	—	—
33	735	338	397	706	310	396	—	—	—
34	873	366	507	850	347	503	—	—	—

按年齡與性別之分類(1)

縣號機關寄宿舍			營業處所			公共處所		
小計	男	女	小計	男	女	小計	男	女
15	15	—	742	724	18	2,162	1,719	443
—	—	—	—	—	—	—	—	—
—	—	—	—	—	—	—	—	—
—	—	—	—	—	—	—	—	—
—	—	—	—	—	—	—	—	—
—	—	—	—	—	—	—	—	—
—	—	—	—	—	—	—	—	—
—	—	—	1	1	—	10	6	4
—	—	—	—	—	—	1	1	—
—	—	—	—	—	—	3	3	—
—	—	—	—	—	—	1	—	1
—	—	—	1	1	—	3	1	2
—	—	—	—	—	—	2	1	1
—	—	—	94	92	2	543	527	16
—	—	—	6	6	—	7	5	2
—	—	—	8	8	—	22	22	—
—	—	—	25	24	1	139	135	4
—	—	—	17	17	—	202	196	6
—	—	—	38	37	1	173	169	4
2	2	—	139	139	—	528	237	291
—	—	—	34	34	—	119	109	10
—	—	—	43	43	—	137	60	77
—	—	—	25	25	—	138	26	112
1	1	—	22	22	—	92	26	66
1	1	—	15	15	—	42	16	26
1	1	—	77	77	—	239	206	33
—	—	—	20	20	—	72	59	13
—	—	—	8	8	—	38	32	6
1	1	—	17	17	—	46	41	5
—	—	—	12	12	—	40	37	3
—	—	—	20	20	—	43	37	6
4	4	—	59	57	2	247	232	15
—	—	—	14	14	—	60	57	3
1	1	—	13	13	—	53	49	4
1	1	—	8	8	—	38	36	2
2	2	—	16	14	2	56	51	5
—	—	—	8	8	—	40	39	1
2	2	—	71	69	2	189	174	15
2	2	—	26	24	2	81	74	7
—	—	—	14	14	—	26	26	—
—	—	—	18	18	—	43	40	3
—	—	—	9	9	—	20	19	1
—	—	—	4	4	—	19	15	4

表 11　崇寧縣各類戶常住人口

年齡組	共計			普通住家			旅館寄寓		
	小計	男	女	小計	男	女	小計	男	女
35—39	6,075	2,866	3,209	5,905	2,714	3,192	2	2	—
35	1,388	659	729	1,341	615	726	2	2	—
36	1,276	576	700	1,238	542	696	—	—	—
37	843	396	447	817	374	443	—	—	—
38	1,596	752	844	1,554	714	840	—	—	—
39	972	483	489	976	469	487	—	—	—
40—44	5,349	2,445	2,904	5,217	2,324	2,893	—	—	—
40	1,824	838	986	1,777	794	983	—	—	—
41	860	413	447	843	398	445	—	—	—
42	1,168	508	660	1,127	470	657	—	—	—
43	722	363	359	710	351	359	—	—	—
44	775	323	452	760	311	449	—	—	—
45—49	6,352	3,558	2,794	6,224	3,440	2,784	—	—	—
45	1,389	658	731	1,351	624	727	—	—	—
46	1,187	676	511	1,164	646	508	—	—	—
47	1,014	596	418	1,007	589	418	—	—	—
48	1,657	945	712	1,622	912	710	—	—	—
49	1,105	683	422	1,090	669	421	—	—	—
50—54	5,659	3,351	2,308	5,565	3,267	2,298	1	1	—
50	1,898	1,053	845	1,859	1,016	843	—	—	—
51	1,031	619	412	1,019	609	410	—	—	—
52	1,198	740	458	1,174	720	454	—	—	—
53	732	480	252	725	473	252	—	—	—
54	800	459	341	788	449	339	1	1	—
55—59	3,889	2,133	1,756	3,825	2,073	1,752	1	1	—
55	885	542	343	872	529	343	1	1	—
56	947	499	448	931	485	446	—	—	—
57	591	335	256	581	325	256	—	—	—
58	920	476	444	897	455	442	—	—	—
59	546	281	265	544	279	265	—	—	—
60—64	3,641	1,826	1,815	3,586	1,781	1,805	—	—	—
60	1,286	616	670	1,262	596	666	—	—	—
61	658	333	325	652	329	323	—	—	—
62	730	372	358	718	361	357	—	—	—
63	433	223	210	429	219	210	—	—	—
64	534	282	252	525	276	249	—	—	—
65—69	2,443	1,183	1,260	2,417	1,164	1,253	1	—	1
65	696	333	363	688	326	362	—	—	—
66	513	271	242	506	266	240	—	—	—
67	394	183	211	391	182	209	1	—	1
68	543	263	280	537	259	278	—	—	—
69	297	133	164	295	131	164	—	—	—

按年齡與性別之分類(1)(續)

豫號機關寄宿舍			營業處所			公共處所		
小計	男	女	小計	男	女	小計	男	女
1	1	—	52	51	1	114	98	16
—	—	—	14	13	1	31	29	2
—	—	—	12	12	—	26	22	4
—	—	—	6	6	—	20	16	4
—	—	—	14	14	—	28	24	4
1	1	—	6	6	—	9	7	2
2	2	—	53	52	1	77	67	10
1	1	—	20	20	—	26	23	3
—	—	—	3	3	—	14	12	2
1	1	—	19	18	1	21	19	2
—	—	—	7	7	—	5	5	—
—	—	—	4	4	—	11	8	3
1	1	—	69	68	1	58	49	9
—	—	—	21	20	1	17	14	3
1	1	—	17	17	—	15	12	3
—	—	—	6	6	—	1	1	—
—	—	—	17	17	—	18	16	2
—	—	—	8	8	—	7	6	1
1	1	—	51	49	2	41	33	8
—	—	—	23	23	—	16	14	2
—	—	—	8	7	1	4	3	1
—	—	—	14	13	1	10	7	3
—	—	—	3	3	—	4	4	[illegible]
1	1	—	3	3	—	7	5	2
1	1	—	32	31	1	30	27	3
—	—	—	5	5	—	7	7	—
—	—	—	8	7	1	8	7	1
—	—	—	5	5	—	5	5	—
1	1	—	13	13	—	9	7	2
—	—	—	1	1	—	1	1	—
—	—	—	24	23	1	31	22	9
—	—	—	15	14	1	9	6	3
—	—	—	2	2	—	4	2	2
—	—	—	4	4	—	8	7	1
—	—	—	3	3	—	1	1	—
—	—	—	—	—	—	9	6	3
—	—	—	11	9	2	14	10	4
—	—	—	4	4	—	4	3	1
—	—	—	2	2	—	5	3	2
—	—	—	1	—	1	1	1	—
—	—	—	2	1	1	4	3	1
—	—	—	2	2	—	—	—	—

表 11　崇寧縣各類戶常住人口

年齡組	共計			普通住家			旅館客寓		
	小計	男	女	小計	男	女	小計	男	女
70——74	1,788	754	1,034	1,765	737	1,028	—	—	—
70	683	278	405	677	274	403	—	—	—
71	337	156	181	332	152	180	—	—	—
72	343	142	201	338	139	199	—	—	—
73	205	92	113	201	89	112	—	—	—
74	220	86	134	217	83	134	—	—	—
75——79	953	362	591	943	353	590	—	—	—
75	248	93	155	245	90	155	—	—	—
76	218	82	136	214	79	135	—	—	—
77	124	50	74	124	50	74	—	—	—
78	239	83	156	238	82	156	—	—	—
79	124	54	70	122	52	70	—	—	—
80——84	460	170	290	453	169	284	—	—	—
80	187	63	124	185	63	122	—	—	—
81	78	26	52	76	26	50	—	—	—
82	98	37	61	96	38	60	—	—	—
83	44	20	24	43	20	23	—	—	—
84	53	24	29	53	24	29	—	—	—
85——89	123	39	84	123	39	84	—	—	—
85	34	13	21	34	13	21	—	—	—
86	35	9	26	35	9	26	—	—	—
87	19	7	12	19	7	12	—	—	—
88	24	4	20	24	4	20	—	—	—
89	11	6	5	11	6	5	—	—	—
90——94	35	3	32	35	3	32	—	—	—
90	16	1	15	16	1	15	—	—	—
91	8	—	8	8	—	8	—	—	—
92	6	1	5	6	1	5	—	—	—
93	2	—	2	2	—	2	—	—	—
94	3	1	2	3	1	2	—	—	—
95——99	7	2	5	7	2	5	—	—	—
95	4	1	3	4	1	3	—	—	—
96	2	1	1	2	1	1	—	—	—
97	—	—	—	—	—	—	—	—	—
98	1	—	1	1	—	1	—	—	—
99	—	—	—	—	—	—	—	—	—
100歲及以上	—	—	—	—	—	—	—	—	—
未詳	38	33	5	28	23	5	—	—	—

說明：（1）不包括外國籍人口。

按年齡與性別之分類(1)(續)

臨號機關寄宿舍			營業處所			公共處所		
小計	男	女	小計	男	女	小計	男	女
—	—	—	6	5	1	17	12	5
—	—	—	2	2	—	4	2	2
—	—	—	2	2	—	3	2	1
—	—	—	1	—	1	4	3	1
—	—	—	1	1	—	3	2	1
—	—	—	—	—	—	3	3	—
—	—	—	—	—	—	10	9	1
—	—	—	—	—	—	3	3	—
—	—	—	—	—	—	4	3	1
—	—	—	—	—	—	—	—	—
—	—	—	—	—	—	1	1	—
—	—	—	—	—	—	2	2	—
—	—	—	2	—	2	5	1	4
—	—	—	1	—	1	1	—	1
—	—	—	—	—	—	2	—	2
—	—	—	—	—	—	2	1	1
—	—	—	1	—	1	—	—	—
—	—	—	—	—	—	—	—	—
—	—	—	—	—	—	—	—	—
—	—	—	—	—	—	—	—	—
—	—	—	—	—	—	—	—	—
—	—	—	—	—	—	—	—	—
—	—	—	—	—	—	—	—	—
—	—	—	—	—	—	—	—	—
—	—	—	—	—	—	—	—	—
—	—	—	—	—	—	—	—	—
—	—	—	—	—	—	—	—	—
—	—	—	—	—	—	—	—	—
—	—	—	—	—	—	—	—	—
—	—	—	—	—	—	—	—	—
—	—	—	—	—	—	—	—	—
—	—	—	—	—	—	—	—	—
—	—	—	—	—	—	—	—	—
—	—	—	—	—	—	—	—	—
—	—	—	—	—	—	—	—	—
—	—	—	—	—	—	—	—	—
—	—	—	—	—	—	—	—	—
—	—	—	1	1	—	9	9	—

表12　崇寧縣各鄉鎮各類戶常

鄉鎮別	共計					普通住家					旅館客寓				
	小計	18—20	21—25	26—35	36—45	小計	18—20	21—25	26—35	36—45	小計	18—20	21—25	26—35	36—45
總計	14,741	1,726	2,384	5,321	5,310	13,529	1,564	2,108	4,810	5,047	4	2	—	2	—
唐昌鎮	2,261	267	377	897	720	1,465	160	195	553	557	2	—	—	2	—
安德鄉	1,682	197	313	589	583	1,643	193	295	576	579	1	1	—	—	—
竹瓦鄉	1,384	155	197	491	541	1,371	154	194	485	538	—	—	—	—	—
[illegible]鄉	952	102	132	368	350	937	102	124	365	346	—	—	—	—	—
鳳壽鄉	1,379	212	264	466	437	1,356	208	258	460	430	—	—	—	—	—
錦春鄉	1,484	184	213	512	575	1,348	155	189	462	542	—	—	—	—	—
慶興鄉	1,399	145	246	465	543	1,364	145	239	447	533	—	—	—	—	—
元覺鄉	1,334	155	218	465	496	1,315	149	214	457	495	—	—	—	—	—
豐樂鄉	1,283	145	191	459	488	1,226	137	179	438	472	—	—	—	—	—
桂花鄉	1,580	164	232	608	576	1,504	161	221	567	555	1	1	—	—	—
船舶	3	—	1	1	1	—	—	—	—	—	—	—	—	—	—

說明：（1）不包括外國籍人口。

住人口壯丁年齡之分配(1)

廠號機關寄籍合					營業處所					公共處所				
小計	18—20	21—25	26—35	36—45	小計	18—20	21—25	26—35	36—45	小計	18—20	21—25	26—35	36—45
12	2	1	6	3	363	57	71	125	110	833	101	204	378	150
12	2	1	6	3	196	43	45	59	49	586	62	136	277	111
—	—	—	—	—	11	—	5	5	1	27	3	13	8	5
—	—	—	—	—	5	—	1	3	1	8	1	2	3	2
—	—	—	—	—	2	—	1	1	—	13	—	7	2	4
—	—	—	—	—	7	—	2	1	4	16	4	4	5	3
—	—	—	—	—	43	5	6	16	16	93	24	18	34	17
—	—	—	—	—	10	—	—		7	25	—	7	15	3
—	—	—	—	—	6	1	1	[illegible]	—	13	5	3	4	1
—	—	—	—	—	44	7	6	18	13	13	1	6	3	3
—	—	—	—	—	36	1	3	14	18	39	1	8	27	3
—	—	—	—	—	3	—	1	1	1	—	—	—	—	—

表 18　崇寧縣各鄉鎮普通住家常住人口六歲至十二歲兒童按性別與已未就學之分類(1)

鄉鎮別	共計			已就學			未就學			未詳		
	小計	男	女	小計	男	女	小計	男	女	小計	男	女
總計	14,989	8,385	6,604	6,945	4,630	2,315	8,022	3,736	4,286	22	19	3
唐昌鎮	1,870	1,011	859	1,457	823	634	406	181	225	7	7	—
安德鄉	1,512	827	685	655	435	220	854	389	465	3	3	—
竹瓦鄉	1,459	804	655	876	558	318	582	245	337	1	1	—
[illegible]	917	520	397	413	282	131	500	235	265	4	3	1
萬壽鄉	1,311	737	574	500	363	137	810	374	436	1	—	1
[illegible]	1,672	941	731	762	522	240	904	414	490	6	5	1
[illegible]	1,627	927	700	595	446	149	1,032	481	551	—	—	—

元[illegible]鄉	1,546	885	661	723	569	214	823	376	447	—	—	—
豐樂鄉	1,347	740	607	454	317	137	893	423	470	—	—	—
桂花鄉	1,728	993	735	510	575	155	1,218	618	600	—	—	—
船舶	—	—	—	—	—	—	—	—	—	—	—	—

說明：（1）不包括外籍僑人口。

表 14　崇寧縣普通住家常住人口按年齡性別與是否識字之分類（1）

年齡組	共計 小計	共計 男	共計 女	識字者 小計	識字者 男	識字者 女	不識字者 小計	不識字者 男	不識字者 女	未詳 小計	未詳 男	未詳 女
總計	94,331	48,966	45,365	27,511	21,409	6,102	66,785	27,527	39,258	35	30	5
未滿1歲	2,111	1,067	1,044	—	—	—	2,111	1,067	1,044	—	—	—
1	3,024	1,498	1,526	—	—	—	3,024	1,498	1,526	—	—	—
2	2,975	1,495	1,480	—	—	—	2,975	1,495	1,480	—	—	—
3	2,781	1,469	1,312	11	3	8	2,770	1,466	1,304	—	—	—
4	2,425	1,277	1,148	100	55	45	2,325	1,222	1,103	—	—	—
5	2,386	1,166	1,220	344	199	145	2,042	967	1,075	—	—	—
6	2,346	1,257	1,089	678	434	244	1,668	823	845	—	—	—
7	1,951	1,074	877	830	542	288	1,121	532	589	—	—	—
8	2,323	1,273	1,050	1,117	723	394	1,206	550	656	—	—	—
9	1,896	1,081	815	1,005	673	332	891	408	483	—	—	—
10	2,305	1,300	1,005	1,175	795	380	1,130	505	625	—	—	—
11	1,858	1,075	783	992	679	313	866	396	470	—	—	—
12	2,527	1,531	996	1,358	986	372	1,169	545	624	—	—	—
13	2,079	1,253	826	1,099	792	307	979	460	519	1	1	—
14	1,872	1,161	711	924	696	228	948	465	483	—	—	—
15	1,723	1,040	683	832	595	237	890	444	446	1	1	—
16	1,618	845	773	753	466	287	865	379	486	—	—	—
17	1,220	607	613	592	347	245	626	258	368	2	2	—

18	1,339	608	731	510	292	218	828	316	512	1	—	1
19	797	388	409	325	226	99	471	161	310	1	1	—
20——24	5,026	2,485	2,541	1,667	1,262	405	3,355	1,220	2,135	4	3	1
25——29	5,268	2,622	2,646	1,759	1,413	346	3,506	1,207	2,299	3	2	1
30——34	5,669	2,669	3,000	1,791	1,441	350	3,873	1,223	2,650	5	5	—
35——39	6,075	2,866	3,209	1,755	1,499	256	4,317	1,365	2,952	3	2	1
40——44	5,349	2,445	2,904	1,493	1,298	195	3,853	1,144	2,709	3	3	—
45——49	6,352	3,558	2,794	1,844	1,705	139	4,507	1,852	2,655	1	1	—
50——54	5,659	3,351	2,308	1,606	1,496	110	4,052	1,854	2,198	1	1	—
55——59	3,889	2,133	1,756	1,011	956	55	2,876	1,175	1,701	2	2	—
60——64	3,641	1,326	1,815	807	763	44	2,833	1,062	1,771	1	1	—
65——69	2,443	1,183	1,260	529	501	28	1,913	681	1,232	1	1	—
70——74	1,788	754	1,034	327	309	18	1,461	445	1,016	—	—	—
75——79	953	362	591	172	162	10	781	200	581	—	—	—
80——84	460	170	290	72	68	4	388	102	286	—	—	—
85——89	123	39	84	15	15	—	108	24	84	—	—	—
90——94	35	3	32	1	1	—	34	2	32	—	—	—
95——99	7	2	5	1	1	—	6	1	5	—	—	—
100歲及以上	—	—	—	—	—	—	—	—	—	—	—	—
未　詳	38	33	5	16	16	—	17	13	4	5	4	1

說明：（1）不包括外僑轄人口。

表 14a　崇寧縣普通住家常住人口按年齡性別與是否識字之分類 (1)

年齡組	共計			識字者			不識字者			未詳		
	小計	男	女	小計	男	女	小計	男	女	小計	男	女
總計	91,404	46,501	44,903	25,308	19,608	5,700	66,071	26,873	39,198	25	20	5
未滿1歲	2,111	1,067	1,044	—	—	—	2,111	1,067	1,044	—	—	—
1	3,024	1,498	1,526	—	—	—	3,024	1,498	1,526	—	—	—
2	2,975	1,495	1,480	—	—	—	2,975	1,495	1,480	—	—	—
3	2,781	1,469	1,312	11	3	8	2,770	1,466	1,304	—	—	—
4	2,425	1,277	1,148	100	55	45	2,325	1,222	1,103	—	—	—
5	2,385	1,165	1,220	343	198	145	2,042	967	1,075	—	—	—
6	2,343	1,254	1,089	676	432	244	1,667	822	845	—	—	—
7	1,950	1,074	876	829	542	287	1,121	532	589	—	—	—
8	2,319	1,271	1,048	1,114	722	392	1,205	549	656	—	—	—
9	1,894	1,080	814	1,003	672	331	891	408	483	—	—	—
10	2,292	1,289	1,003	1,165	787	378	1,127	502	625	—	—	—
11	1,828	1,045	783	964	651	313	864	394	470	—	—	—
12	2,363	1,372	991	1,208	840	368	1,155	532	623	—	—	—
13	1,860	1,040	820	889	588	301	970	451	519	1	1	—
14	1,660	954	706	724	500	224	936	454	482	—	—	—
15	1,570	897	673	696	468	228	873	428	445	1	1	—
16	1,438	742	696	592	381	211	846	361	485	—	—	—
17	1,057	556	501	441	307	134	615	248	367	1	1	—
18	1,223	558	665	411	259	152	811	299	512	1	—	1

19	739	356	383	275	202	73	463	153	310	1	1	—
20——24	4,708	2,200	2,508	1,444	1,070	374	3,263	1,130	2,133	1	—	1
25——29	4,958	2,329	2,629	1,568	1,238	330	3,389	1,091	2,298	1	—	1
30——34	5,407	2,424	2,983	1,622	1,285	337	3,782	1,136	2,646	3	3	—
35——39	5,906	2,714	3,192	1,649	1,405	244	4,255	1,308	2,947	2	1	1
40——44	5,217	2,324	2,893	1,407	1,221	186	3,808	1,101	2,707	2	2	—
45——49	6,224	3,440	2,784	1,772	1,637	135	4,451	1,802	2,649	1	1	—
50——54	5,565	3,267	2,298	1,558	1,452	106	4,006	1,814	2,192	1	1	—
55——59	3,825	2,073	1,752	970	917	53	2,853	1,154	1,699	2	2	—
60——64	3,586	1,781	1,805	780	737	43	2,805	1,043	1,762	1	1	—
65——69	2,417	1,164	1,253	519	492	27	1,897	671	1,226	1	1	—
70——74	1,765	737	1,028	317	300	17	1,448	437	1,011	—	—	—
75——79	943	353	590	167	157	10	776	196	580	—	—	—
80——84	453	169	284	71	67	4	382	102	280	—	—	—
85——89	123	39	84	15	15	—	108	24	84	—	—	—
90——94	35	3	32	1	1	—	34	2	32	—	—	—
95——99	7	2	5	1	1	—	6	1	5	—	—	—
100歲及以上	—	—	—	—	—	—	—	—	—	—	—	—
未　詳	28	23	5	6	6	—	17	13	4	5	4	1

說明：（1）不包括外國籍人口。

表 15　崇寧縣常住人口識字者按年齡性別與教育程度之分類(1)

年齡組	共計			私塾			小學程度								
							肄業			畢業			未詳		
	小計	男	女	小計	男	女	小計	男	女	小計	男	女	小計	男	女
總計	27,511	21,409	6,102	15,873	13,815	2,058	9,050	5,792	3,258	308	217	91	147	96	51
未滿1歲	—	—	—	—	—	—	—	—	—	—	—	—	—	—	—
1	—	—	—	—	—	—	—	—	—	—	—	—	—	—	—
2	—	—	—	—	—	—	—	—	—	—	—	—	—	—	—
3	11	3	8	1	1	—	10	2	8	—	—	—	—	—	—
4	100	55	45	5	4	1	92	50	42	—	—	—	—	—	—
5	344	199	145	27	21	6	313	177	136	—	—	—	2	—	2
6	678	434	244	53	47	6	617	382	235	—	—	—	5	3	2
7	830	542	288	79	61	18	743	475	268	—	—	—	5	4	1
8	1,117	723	394	121	98	23	987	619	368	—	—	—	2	1	1
9	1,005	673	332	133	111	22	863	555	308	—	—	—	6	4	2
10	1,175	795	380	177	143	34	978	636	342	5	4	1	5	4	1
11	992	679	313	139	109	30	805	537	268	8	5	3	11	6	5
12	1,358	986	372	255	212	43	949	627	322	7	6	1	3	3	—
13	1,099	792	307	237	188	49	616	391	225	9	4	5	9	6	3
14	924	696	228	252	207	45	444	291	153	24	17	7	11	9	2
15	832	595	237	291	221	70	346	220	126	21	15	6	11	9	2
16	753	466	287	306	229	77	242	142	100	23	11	12	7	4	3
17	592	347	245	253	201	52	150	91	59	18	10	8	6	5	1
18	510	292	218	243	190	53	123	60	63	20	11	9	8	5	3
19	325	226	99	192	154	38	61	35	26	8	6	2	5	5	—

20—24	1,667	1,262	405	1,135	936	199	245	148	97	54	36	18	23	15	8
25—29	1,759	1,413	346	1,343	1,115	228	174	117	57	45	29	13	8	2	6
30—34	1,791	1,441	350	1,495	1,214	281	123	87	36	21	17	4	8	6	2
35—39	1,755	1,499	256	1,569	1,344	225	69	60	9	14	12	2	3	2	1
40—44	1,493	1,298	195	1,349	1,179	170	47	39	8	17	17	—	4	2	2
45—49	1,844	1,705	139	1,759	1,625	134	36	36	—	9	9	—	1	1	—
50—54	1,606	1,496	110	1,567	1,464	103	7	7	—	7	7	—	2	—	2
55—59	1,011	956	55	992	939	53	3	3	—	1	1	—	—	—	—
60—64	807	763	44	789	749	40	4	3	1	—	—	—	2	—	2
65—69	529	501	28	522	496	26	1	—	1	—	—	—	—	—	—
70—74	327	309	18	324	306	18	—	—	—	—	—	—	—	—	—
75—79	172	162	10	171	161	10	—	—	—	—	—	—	—	—	—
80—84	72	68	4	72	68	4	—	—	—	—	—	—	—	—	—
85—89	15	15	—	15	15	—	—	—	—	—	—	—	—	—	—
90—94	1	1	—	1	1	—	—	—	—	—	—	—	—	—	—
95—99	1	1	—	1	1	—	—	—	—	—	—	—	—	—	—
100歲及以上	—	—	—	—	—	—	—	—	—	—	—	—	—	—	—
未　詳	16	16	—	5	5	—	2	2	—	—	—	—	—	—	—

說明：（1）不包括外國籍人口。

表 15　崇寧縣普通常住人口識字者按年齡性別與教育程度之分類(1)(續)

年齡組	中學程度									大學程度									未詳		
	肄業			畢業			未詳			肄業			畢業			未詳					
	小計	男	女	小計	男	女	小計	男	女	小計	男	女	小計	男	女	小計	男	女	小計	男	女
總計	1,492	1,019	473	132	102	30	73	57	16	38	33	5	76	60	13	2	1	1	320	217	103
未滿1歲	—	—	—	—	—	—	—	—	—	—	—	—	—	—	—	—	—	—	—	—	—
1	—	—	—	—	—	—	—	—	—	—	—	—	—	—	—	—	—	—	—	—	—
2	—	—	—	—	—	—	—	—	—	—	—	—	—	—	—	—	—	—	—	—	—
3	—	—	—	—	—	—	—	—	—	—	—	—	—	—	—	—	—	—	—	—	—
4	—	—	—	—	—	—	—	—	—	—	—	—	—	—	—	—	—	—	3	1	2
5	—	—	—	—	—	—	—	—	—	—	—	—	—	—	—	—	—	—	2	1	1
6	—	—	—	—	—	—	—	—	—	—	—	—	—	—	—	—	—	—	3	2	1
7	—	—	—	—	—	—	—	—	—	—	—	—	—	—	—	—	—	—	3	2	1
8	—	—	—	—	—	—	—	—	—	—	—	—	—	—	—	—	—	—	7	5	2
9	—	—	—	—	—	—	—	—	—	—	—	—	—	—	—	—	—	—	3	3	—
10	5	4	1	—	—	—	—	—	—	—	—	—	—	—	—	—	—	—	5	4	1
11	22	18	4	—	—	—	—	—	—	—	—	—	—	—	—	—	—	—	7	4	3
12	136	132	4	—	—	—	—	—	—	—	—	—	—	—	—	—	—	—	8	6	2
13	202	183	19	—	—	—	—	—	—	—	—	—	—	—	—	—	—	—	26	20	6
14	181	163	18	—	—	—	—	—	—	—	—	—	—	—	—	—	—	—	12	9	3
15	152	123	29	—	—	—	2	—	2	—	—	—	—	—	—	1	—	1	8	7	1
16	162	71	91	1	—	1	2	2	—	—	—	—	—	—	—	—	—	—	10	7	3
17	153	34	119	3	3	—	3	2	1	—	—	—	—	—	—	—	—	—	6	1	5
18	101	19	82	6	3	3	2	1	1	—	—	—	—	—	—	—	—	—	7	3	4
19	48	21	27	7	2	5	1	1	—	1	1	—	—	—	—	—	—	—	2	1	1

20——24	110	68	42	36	27	9	11	6	5	3	3	—	2	2	5	—	—	—	43	21	22
25——29	76	62	14	31	27	4	18	14	4	8	4	4	12	8	4	—	—	—	47	35	12
30——34	59	48	11	21	17	4	4	4	—	8	8	—	21	18	3	—	—	—	31	22	9
35——39	37	30	7	9	6	3	12	10	2	8	7	1	16	15	1	1	1	—	17	12	5
40——44	19	17	2	7	7	—	7	6	1	3	3	—	14	11	3	—	—	—	26	17	9
45——49	8	6	2	4	4	—	7	7	—	4	4	—	4	4	—	—	—	—	12	9	3
50——54	5	4	1	5	4	1	1	1	—	2	2	—	—	—	—	—	—	—	10	7	3
55——59	7	7	—	—	—	—	1	1	—	—	—	—	1	1	—	—	—	—	6	4	2
60——64	1	1	—	1	1	—	1	1	—	1	1	—	—	—	—	—	—	—	8	7	1
65——69	—	—	—	—	—	—	1	1	—	—	—	—	—	—	—	—	—	—	5	4	1
70——74	1	1	—	—	—	—	—	—	—	—	—	—	1	1	—	—	—	—	1	1	—
75——79	—	—	—	1	1	—	—	—	—	—	—	—	—	—	—	—	—	—	—	—	—
80——84	—	—	—	—	—	—	—	—	—	—	—	—	—	—	—	—	—	—	—	—	—
85——89	—	—	—	—	—	—	—	—	—	—	—	—	—	—	—	—	—	—	—	—	—
90——94	—	—	—	—	—	—	—	—	—	—	—	—	—	—	—	—	—	—	—	—	—
95——99	—	—	—	—	—	—	—	—	—	—	—	—	—	—	—	—	—	—	—	—	—
100歲及以上	—	—	—	—	—	—	—	—	—	—	—	—	—	—	—	—	—	—	—	—	—
未詳	7	7	—	—	—	—	—	—	—	—	—	—	—	—	—	—	—	—	2	2	—

表 15a　崇寧縣普通住家常住人口識字者按年齡性別與教育程度之分類(1)

年齡組	共計			私塾			小學程度								
							肄業			畢業			未詳		
	小計	男	女	小計	男	女	小計	男	女	小計	男	女	小計	男	女
總計	25,308	19,608	5,700	15,142	13,118	2,024	8,839	5,601	3,238	284	193	91	117	67	50
未滿1歲	—	—	—	—	—	—	—	—	—	—	—	—	—	—	—
1	—	—	—	—	—	—	—	—	—	—	—	—	—	—	—
2	—	—	—	—	—	—	—	—	—	—	—	—	—	—	—
3	11	3	8	1	1	—	10	2	8	—	—	—	—	—	—
4	100	55	45	5	4	1	92	50	42	—	—	—	—	—	—
5	343	198	145	27	21	6	312	176	136	—	—	—	2	—	2
6	676	432	244	53	47	6	615	380	235	—	—	—	5	3	2
7	829	542	287	79	61	18	742	475	267	—	—	—	5	4	1
8	1,114	722	392	121	98	23	984	618	366	—	—	—	2	1	1
9	1,003	672	331	133	111	22	861	554	307	—	—	—	6	4	2
10	1,165	787	378	177	143	34	972	632	340	5	4	1	5	4	1
11	964	651	313	139	109	30	795	527	268	7	4	3	11	6	5
12	1,208	840	368	246	203	43	923	605	318	7	6	1	3	3	—
13	889	588	301	232	183	49	596	373	223	9	4	5	9	6	3
14	724	500	224	235	190	45	416	265	151	21	14	7	6	4	2
15	696	468	228	279	209	70	329	203	126	20	14	6	10	8	2
16	592	381	211	286	209	77	230	130	100	22	10	12	5	2	3
17	441	307	134	238	186	52	141	82	59	18	10	8	4	3	1
18	411	259	152	219	167	52	119	57	62	19	10	9	7	4	3
19	275	202	73	176	138	38	56	31	25	7	5	2	5	5	—

20——24	1,444	1,070	374	1,042	845	197	218	121	97	45	27	18	12	4	5
25——29	1,568	1,238	330	1,253	1,028	225	160	104	56	39	26	13	6	—	5
30——34	1,622	1,285	337	1,389	1,116	273	111	77	34	18	14	4	4	2	2
35——39	1,649	1,405	244	1,499	1,280	219	66	57	9	13	11	2	2	1	1
40——44	1,407	1,221	186	1,291	1,123	168	42	35	7	17	17	—	3	2	1
45——49	1,772	1,637	135	1,698	1,567	131	33	33	—	9	9	—	1	1	—
50——54	1,558	1,452	106	1,523	1,424	99	7	7	—	7	7	—	2	—	2
55——59	970	917	53	952	901	51	3	3	—	1	1	—	—	—	—
60——64	780	737	43	764	725	39	4	3	1	—	—	—	2	—	—
65——69	519	492	27	512	487	25	1	—	1	—	—	—	—	—	—
70——74	317	300	17	314	297	17	—	—	—	—	—	—	—	—	—
75——79	167	157	10	166	156	10	—	—	—	—	—	—	—	—	—
80——84	71	67	4	71	67	4	—	—	—	—	—	—	—	—	—
85——89	15	15	—	15	15	—	—	—	—	—	—	—	—	—	—
90——94	1	1	—	1	1	—	—	—	—	—	—	—	—	—	—
95——99	1	1	—	1	1	—	—	—	—	—	—	—	—	—	—
100歲及以上	—	—	—	—	—	—	—	—	—	—	—	—	—	—	—
未　詳	6	6	—	5	5	—	1	1	—	—	—	—	—	—	—

說明：（1）不包括外國籍人口。

表 15a　崇寧縣普通住家常住人口識字者按年齡性別與教育程度之分類(1)(續)

年齡組	中學程度									大學程度									未詳		
	肄業			畢業			未詳			肄業			畢業			未詳					
	小計	男	女	小計	男	女	小計	男	女	小計	男	女	小計	男	女	小計	男	女	小計	男	女
總計	522	359	163	71	51	20	60	47	13	16	15	1	37	33	4	2	1	1	218	123	95
未滿1歲	—	—	—	—	—	—	—	—	—	—	—	—	—	—	—	—	—	—	—	—	—
1	—	—	—	—	—	—	—	—	—	—	—	—	—	—	—	—	—	—	—	—	—
2	—	—	—	—	—	—	—	—	—	—	—	—	—	—	—	—	—	—	—	—	—
3	—	—	—	—	—	—	—	—	—	—	—	—	—	—	—	—	—	—	—	—	—
4	—	—	—	—	—	—	—	—	—	—	—	—	—	—	—	—	—	—	3	1	2
5	—	—	—	—	—	—	—	—	—	—	—	—	—	—	—	—	—	—	2	1	1
6	—	—	—	—	—	—	—	—	—	—	—	—	—	—	—	—	—	—	3	2	1
7	—	—	—	—	—	—	—	—	—	—	—	—	—	—	—	—	—	—	3	2	1
8	—	—	—	—	—	—	—	—	—	—	—	—	—	—	—	—	—	—	7	5	2
9	—	—	—	—	—	—	—	—	—	—	—	—	—	—	—	—	—	—	3	3	—
10	1	—	1	—	—	—	—	—	—	—	—	—	—	—	—	—	—	—	5	4	1
11	7	3	4	—	—	—	—	—	—	—	—	—	—	—	—	—	—	—	5	2	3
12	25	21	4	—	—	—	—	—	—	—	—	—	—	—	—	—	—	—	4	2	2
13	31	16	15	—	—	—	—	—	—	—	—	—	—	—	—	—	—	—	12	6	6
14	42	26	16	—	—	—	—	—	—	—	—	—	—	—	—	—	—	—	4	1	3
15	52	32	20	—	—	—	2	—	2	—	—	—	—	—	—	1	—	1	3	2	1
16	42	27	15	1	—	1	2	2	—	—	—	—	—	—	—	—	—	—	4	1	3
17	28	20	8	3	3	—	3	2	1	—	—	—	—	—	—	—	—	—	6	1	5
18	34	16	18	5	2	3	2	1	1	—	—	—	—	—	—	—	—	—	6	2	4
19	25	20	5	3	1	2	1	1	—	1	1	—	—	—	—	—	—	—	1	—	1

20——24	71	44	27	15	11	4	7	4	3	1	1	—	2	2	—	—	—	—	31	11	20
25——29	53	41	12	15	11	4	15	11	4	—	—	—	4	2	2	—	—	—	23	15	8
30——34	48	37	11	12	9	3	3	3	—	2	2	—	11	10	1	—	—	—	24	15	9
35——39	26	23	3	5	3	2	10	9	1	4	3	1	9	8	1	1	1	—	14	9	5
40——44	16	15	1	5	5	—	5	4	1	3	3	—	7	7	—	—	—	—	18	10	8
45——49	8	6	2	2	2	—	7	7	—	2	2	—	3	3	—	—	—	—	9	7	2
50——54	4	3	1	3	2	1	1	1	—	2	2	—	—	—	—	—	—	—	9	6	3
55——59	7	7	—	—	—	—	1	1	—	—	—	—	—	—	—	—	—	—	6	4	2
60——64	1	1	—	1	1	—	—	—	—	1	1	—	—	—	—	—	—	—	7	6	1
65——69	—	—	—	—	—	—	1	1	—	—	—	—	—	—	—	—	—	—	5	4	1
70——74	1	1	—	—	—	—	—	—	—	—	—	—	1	1	—	—	—	—	1	1	—
75——79	—	—	—	1	1	—	—	—	—	—	—	—	—	—	—	—	—	—	—	—	—
80——84	—	—	—	—	—	—	—	—	—	—	—	—	—	—	—	—	—	—	—	—	—
85——89	—	—	—	—	—	—	—	—	—	—	—	—	—	—	—	—	—	—	—	—	—
90——94	—	—	—	—	—	—	—	—	—	—	—	—	—	—	—	—	—	—	—	—	—
95——99	—	—	—	—	—	—	—	—	—	—	—	—	—	—	—	—	—	—	—	—	—
100歲及以上	—	—	—	—	—	—	—	—	—	—	—	—	—	—	—	—	—	—	—	—	—
未詳	—	—	—	—	—	—	—	—	—	—	—	—	—	—	—	—	—	—	—	—	—

表 16 崇寧縣常住人口按年齡

年齡組	共計			未婚			有配	
	小計	男	女	小計	男	女	小計	男
總計	94,331	48,966	45,365	44,676	26,626	18,050	39,729	19,622
未滿1歲	2,111	1,067	1,044	2,111	1,067	1,044	—	—
1	3,024	1,498	1,526	3,024	1,498	1,526	—	—
2	2,975	1,495	1,480	2,975	1,495	1,480	—	—
3	2,781	1,469	1,312	2,781	1,469	1,312	—	—
4	2,425	1,277	1,148	2,425	1,277	1,148	—	—
5	2,386	1,166	1,220	2,386	1,166	1,220	—	—
6	2,346	1,257	1,089	2,346	1,257	1,089	—	—
7	1,951	1,074	877	1,951	1,074	877	—	—
8	2,323	1,273	1,050	2,323	1,273	1,050	—	—
9	1,896	1,081	815	1,896	1,081	815	—	—
10	2,305	1,300	1,005	2,308	1,297	1,004	4	3
11	1,858	1,075	783	1,847	1,073	774	10	2
12	2,527	1,531	996	2,509	1,524	985	18	7
13	2,079	1,253	826	2,017	1,230	787	62	23
14	1,872	1,161	711	1,781	1,126	655	88	33
15	1,723	1,040	683	1,522	974	548	196	63
16	1,618	845	773	1,[illegible]10	738	572	300	102
17	1,220	607	613	864	475	389	352	129
18	1,339	608	731	766	466	300	568	141
19	797	388	409	361	260	101	433	125
20—24	5,026	2,485	2,541	1,585	1,431	154	3,341	1,024
25—29	5,268	2,622	2,646	1,007	960	47	4,083	1,613
30—34	5,669	2,669	3,000	677	636	41	4,713	1,961
35—39	6,075	2,866	3,209	512	476	36	5,130	2,277
40—44	5,349	2,445	2,904	341	308	33	4,382	1,996
45—49	6,352	3,558	2,794	372	354	18	5,115	2,946
50—54	5,659	3,351	2,358	297	277	20	4,168	2,704
55—59	3,889	2,133	1,756	141	134	7	2,638	1,672
60—64	3,641	1,826	1,815	108	100	8	1,972	1,282
65—69	2,443	1,183	1,260	66	62	4	1,200	805
70—74	1,788	754	1,034	37	34	3	591	432
75—79	953	362	591	14	12	2	269	201
80—84	460	170	290	3	2	1	75	67
85—89	123	39	84	2	2	—	16	16
90—94	35	3	32	—	—	—	—	—
95—99	7	2	5	—	—	—	—	—
100歲及以上	—	—	—	—	—	—	—	—
未詳	38	33	5	18	18	—	5	4

說明：（1）不包括外國籍人口。

性別與婚姻狀况之分類(1)

偶	喪偶			離婚			未詳		
女	小計	男	女	小計	男	女	小計	男	女
20,107	9,681	2,526	7,155	174	143	31	71	49	22
—	—	—	—	—	—	—	—	—	—
—	—	—	—	—	—	—	—	—	—
—	—	—	—	—	—	—	—	—	—
—	—	—	—	—	—	—	—	—	—
—	—	—	—	—	—	—	—	—	—
—	—	—	—	—	—	—	—	—	—
—	—	—	—	—	—	—	—	—	—
—	—	—	—	—	—	—	—	—	—
—	—	—	—	—	—	—	—	—	—
—	—	—	—	—	—	—	—	—	—
1	—	—	—	—	—	—	—	—	—
8	1	—	1	—	—	—	—	—	—
11	—	—	—	—	—	—	—	—	—
39	—	—	—	—	—	—	—	—	—
55	1	—	1	1	1	—	1	1	—
133	3	1	2	1	1	—	1	1	—
198	5	3	2	—	—	—	3	2	1
223	2	1	1	1	1	—	1	1	—
427	4	1	3	1	—	1	—	—	—
308	1	1	—	1	1	—	1	1	—
2,317	86	18	68	9	7	2	5	5	—
2,470	159	36	123	14	10	4	5	3	2
2,752	249	52	197	21	15	6	9	5	4
2,853	403	89	314	22	19	3	8	5	3
2,386	598	119	479	24	19	5	4	3	1
2,175	840	243	597	22	19	3	3	2	1
1,464	1,163	346	817	24	21	3	7	3	4
966	1,095	315	780	11	9	2	4	3	1
690	1,545	431	1,114	12	11	1	4	2	2
395	1,170	309	861	4	4	—	3	3	—
159	1,157	286	871	2	2	—	1	—	1
68	667	146	521	2	2	—	1	1	—
8	382	101	281	—	—	—	—	—	—
—	104	20	84	1	1	—	—	—	—
—	34	3	31	1	—	1	—	—	—
—	7	2	5	—	—	—	—	—	—
—	—	—	—	—	—	—	—	—	—
1	5	3	2	—	—	—	10	8	2

表 16a 崇寧縣（普通住家常住人口）

年齡組	共計 小計	共計 男	共計 女	未婚 小計	未婚 男	未婚 女	有配 小計	有配 男
總計	91,404	46,501	44,903	42,662	24,996	17,666	38,995	18,934
未滿1歲	2,111	1,067	1,044	2,111	1,067	1,044	—	—
1	3,024	1,498	1,526	3,024	1,498	1,526	—	—
2	2,975	1,495	1,480	2,975	1,495	1,480	—	—
3	2,781	1,469	1,312	2,781	1,469	1,312	—	—
4	2,425	1,277	1,148	2,425	1,277	1,148	—	—
5	2,385	1,165	1,220	2,385	1,165	1,220	—	—
6	2,343	1,254	1,089	2,343	1,254	1,089	—	—
7	1,950	1,074	876	1,950	1,074	876	—	—
8	2,319	1,271	1,048	2,319	1,271	1,048	—	—
9	1,894	1,080	814	1,894	1,080	814	—	—
10	2,292	1,289	1,003	2,288	1,286	1,002	4	3
11	1,828	1,045	783	1,817	1,043	774	10	2
12	2,363	1,372	991	2,347	1,367	980	16	5
13	1,860	1,040	820	1,798	1,017	781	62	23
14	1,660	954	706	1,570	920	650	87	32
15	1,570	897	673	1,371	832	539	195	63
16	1,438	742	696	1,138	641	497	293	97
17	1,057	556	501	703	426	277	351	128
18	1,223	558	665	654	419	235	564	138
19	739	356	383	309	231	78	428	123
20—24	4,708	2,200	2,508	1,348	1,222	126	3,264	952
25—29	4,958	2,329	2,629	853	813	40	3,935	1,474
30—34	5,407	2,424	2,983	563	534	29	4,578	1,831
35—39	5,906	2,714	3,192	458	430	28	5,030	2,184
40—44	5,217	2,324	2,893	303	276	27	4,305	1,924
45—49	6,224	3,440	2,784	330	317	13	5,046	2,874
50—54	5,565	3,267	2,298	273	256	17	4,122	2,659
55—59	3,825	2,073	1,752	119	114	5	2,615	1.649
60—64	3,586	1,781	1,805	99	94	5	1,954	1,267
65—69	2,417	1,164	1,253	59	56	3	1,189	795
70—74	1,765	737	1,028	30	29	1	586	427
75—79	943	353	590	10	8	2	266	198
80—84	453	169	284	2	2	—	75	67
85—89	123	39	84	2	2	—	16	16
90—94	35	3	32	—	—	—	—	—
95—99	7	2	5	—	—	—	—	—
100歲及以上	—	—	—	—	—	—	—	—
未詳	28	23	5	11	11	—	4	3

說明：（1）不包括外籍人口。

按年齡性別與婚姻狀況之分類(1)

偶	喪		偶	離		婚	未		詳
女	小計	男	女	小計	男	女	小計	男	女
20,061	9,524	2,400	7,124	171	140	31	52	31	21
—	—	—	—	—	—	—	—	—	—
—	—	—	—	—	—	—	—	—	—
—	—	—	—	—	—	—	—	—	—
—	—	—	—	—	—	—	—	—	—
—	—	—	—	—	—	—	—	—	—
—	—	—	—	—	—	—	—	—	—
—	—	—	—	—	—	—	—	—	—
—	—	—	—	—	—	—	—	—	—
—	—	—	—	—	—	—	—	—	—
—	—	—	—	—	—	—	—	—	—
1	—	—	—	—	—	—	—	—	—
8	1	—	1	—	—	—	—	—	—
11	—	—	—	—	—	—	—	—	—
39	—	—	—	—	—	—	—	—	—
55	1	—	1	1	1	—	1	1	—
132	3	1	2	1	1	—	—	—	—
196	5	3	2	—	—	—	2	1	1
223	2	1	1	1	1	—	—	—	—
426	4	1	3	1	—	1	—	—	—
305	1	1	—	1	1	—	—	—	—
2,312	85	17	68	9	7	2	2	2	—
2,161	154	32	122	14	10	4	2	—	2
2,747	239	42	197	21	15	6	6	2	4
2,846	390	78	312	21	18	3	7	4	3
2,381	582	103	479	24	19	5	3	2	1
2,172	823	228	595	22	19	3	3	2	1
1,463	1,139	328	811	24	21	3	7	3	4
966	1,077	299	778	10	8	2	4	3	1
687	1,520	409	1,111	11	10	1	2	1	1
394	1,162	306	856	4	4	—	3	3	—
159	1,146	279	867	2	2	—	1	—	1
68	664	144	520	2	2	—	1	1	—
8	376	100	276	—	—	—	—	—	—
—	104	20	84	1	1	—	—	—	—
—	34	3	31	1	—	1	—	—	—
—	7	2	5	—	—	—	—	—	—
—	—	—	—	—	—	—	—	—	—
1	5	3	2	—	—	—	8	6	2

表17　崇寧縣常住人口按性別與職業之分類（1）（2）

行業別	共計			僱主			業主			同作業之家屬			經理人或主持人		
	小計	男	女	小計	男	女	小計	男	女	小計	男	女	小計	男	女
總計	94,331	48,966	45,365	1,427	1,381	46	19,404	15,509	3,895	5,183	4,093	1,090	314	290	24
農林漁（牧）	19,050	17,794	1,256	984	954	30	11,279	10,839	440	4,328	3,554	774	2	2	—
農作畜飼	19,001	17,762	1,239	983	953	30	11,235	10,811	424	4,324	3,551	773	2	2	—
林業狩獵耕捕	48	31	17	[illegible]	1	—	43	27	16	4	3	1	—	—	—
漁業	1	1	—	—	—	—	1	1	—	—	—	—	—	—	—
採礦	56	56	—	—	—	—	—	—	—	—	—	—	1	1	—
砂煤及其他礦質	56	56	—	—	—	—	—	—	—	—	—	—	1	1	—
土石等建築材料	—	—	—	—	—	—	—	—	—	—	—	—	—	—	—
製造工業	5,608	2,377	3,231	223	218	5	4,266	1,234	3,032	397	215	182	13	12	1
食品製造	519	471	48	68	67	1	188	152	36	56	45	11	4	4	—
飲料及釀造	106	50	56	8	8	—	65	11	54	2	1	1	2	2	—
煙草製造	71	58	13	9	8	1	22	19	3	7	1	6	2	2	—
動植物油脂製造	28	28	—	3	3	—	3	3	—	—	—	—	3	3	—
化學工業	55	46	9	9	9	—	19	17	2	11	4	7	—	—	—
棕皮製造	—	—	—	—	—	—	—	—	—	—	—	—	—	—	—
木材及木竹製品	917	883	34	38	38	—	678	658	20	91	79	12	—	—	—
造紙及紙製品	66	53	10	5	5	—	29	24	5	10	5	5	—	—	—
印刷	30	30	—	7	7	—	9	9	—	1	1	—	—	—	—
皮革	3	3	—	—	—	—	2	2	—	1	1	—	—	—	—
紡織	313	85	228	12	10	2	226	32	194	37	5	32	1	1	—
衣着服用品	2,961	170	2,791	14	13	1	2,797	108	2,689	110	13	97	1	—	1
水電煤氣供應	32	10	22	—	—	—	31	9	22	—	—	—	—	—	—
燃料	2	1	1	—	—	—	2	1	1	—	—	—	—	—	—
非金屬礦產製造	159	152	7	13	13	—	58	54	4	26	24	2	—	—	—
金屬鑄鍛	60	58	2	7	7	—	24	24	—	7	5	2	—	—	—
金屬製品	219	214	5	23	23	—	80	79	1	27	24	3	—	—	—
機器	13	13	—	—	—	—	9	9	—	—	—	—	—	—	—
儀器飾物	16	14	2	3	3	—	6	5	1	3	2	1	—	—	—
其他	35	32	3	4	4	—	17	17	—	8	5	3	—	—	—
工業區別未詳	3	3	—	—	—	—	1	1	—	—	—	—	—	—	—
建築營造	328	327	1	8	8	—	282	282	—	27	26	1	2	—	—
運輸交通	846	844	2	—	—	—	741	740	1	70	69	1	2	2	—

鐵路運輸	—	—	—	—	—	—	—	—	—	—	—	—	—	—	—
道路運輸	811	809	2	—	—	—	725	724	1	69	68	1	1	1	—
水上運輸	24	24	—	—	—	—	16	16	—	1	1	—	—	—	—
航空運輸	—	—	—	—	—	—	—	—	—	—	—	—	—	—	—
郵政電報電話	11	11	—	—	—	—	—	—	—	—	—	—	1	—	—
商業	2,130	1,897	233	122	117	5	1,362	1,208	154	198	132	66	51	50	1
批發及零售	1,897	1,673	224	116	112	4	1,193	1,044	149	185	120	65	46	45	1
金融保險	27	25	2	1	—	1	1	1	—	—	—	—	4	4	—
其他	206	199	7	5	5	—	168	163	5	13	12	1	1	1	—
家庭人事服務	1,785	1,190	595	79	73	6	640	514	126	132	71	61	27	27	—
膳宿供應	969	832	137	65	59	6	499	436	63	123	63	60	25	25	—
財物人體整潔	198	133	65	14	14	—	129	69	60	9	8	1	1	1	—
家事管理人事服務	583	220	363	—	—	—	10	8	2	—	—	—	1	1	—
娛樂及運動	35	5	30	—	—	—	2	1	1	—	—	—	—	—	—
公共服務	2,029	1,864	165	11	11	—	365	357	8	19	17	2	216	194	22
醫藥衛生	246	236	10	8	8	—	195	191	4	5	4	1	9	6	3
教育宗教文藝科學	770	622	148	3	3	—	152	148	4	14	13	1	107	88	19
國防事務	201	198	3	—	—	—	—	—	—	—	—	—	1	1	—
工人會等工職組織	—	—	—	—	—	—	—	—	—	—	—	—	—	—	—
公共服務	812	808	4	—	—	—	18	18	—	—	—	—	99	99	—
行業未詳	604	458	146	—	—	—	469	335	134	12	9	3	2	2	—
無業	61,870	22,139	39,731	—	—	—	—	—	—	—	—	—	—	—	—
有無業未詳	25	20	5	—	—	—	—	—	—	—	—	—	—	—	—

1[illegible] 崇寧縣常住人口按性別與職業之分類(1)(2)　（續）

行業別	其他領受薪俸之人員 小計	男	女	領受工餉之工役 小計	男	女	無業 小計	男	女	職位或有無業未詳 小計	男	女
總計	985	869	116	5,105	4,648	457	61,870	22,139	39,731	43	37	6
農林漁（牧）	5	3	2	2,451	2,441	10	—	—	—	1	1	—
農作畜飼	5	3	2	2,451	2,441	10	—	—	—	1	1	—
林業狩獵伐採	—	—	—	—	—	—	—	—	—	—	—	—
漁業	—	—	—	—	—	—	—	—	—	—	—	—
礦業	—	—	—	55	55	—	—	—	—	—	—	—
鹽砂礦及其他礦質	—	—	—	55	55	—	—	—	—	—	—	—
土石等建築材料	—	—	—	—	—	—	—	—	—	—	—	—
製造工業	36	32	4	670	663	7	—	—	—	3	3	—
食品製造	12	12	—	190	190	—	—	—	—	1	1	—
飲料及[illegible]製造	—	—	—	28	27	1	—	—	—	1	1	—
煙草製造	1	1	—	29	26	3	—	—	—	1	1	—
動植物油脂製造	2	2	—	17	17	—	—	—	—	—	—	—
化學工業	—	—	—	16	16	—	—	—	—	—	—	—
橡皮製造	—	—	—	—	—	—	—	—	—	—	—	—
木材及木竹等製造	4	3	1	106	105	1	—	—	—	—	—	—
造紙及紙製品	—	—	—	22	22	—	—	—	—	—	—	—
印刷	—	—	—	13	13	—	—	—	—	—	—	—
皮革	—	—	—	—	—	—	—	—	—	—	—	—
紡織	4	4	—	33	33	—	—	—	—	—	—	—
衣着服用品	4	1	3	35	35	—	—	—	—	—	—	—
水電煤氣供應	—	—	—	1	1	—	—	—	—	—	—	—
[illegible]	—	—	—	—	—	—	—	—	—	—	—	—
非金屬礦產製造	—	—	—	62	61	1	—	—	—	—	—	—
金屬[illegible]製品	—	—	—	22	22	—	—	—	—	—	—	—
[illegible]製品	6	6	—	83	82	1	—	—	—	—	—	—
機[illegible]	1	1	—	3	3	—	—	—	—	—	—	—
儀器飾物	2	2	—	2	2	—	—	—	—	—	—	—
其他	—	—	—	6	6	—	—	—	—	—	—	—
工業類別未詳	—	—	—	2	2	—	—	—	—	—	—	—
建築營造	—	—	—	11	11	—	—	—	—	—	—	—
運輸交通	4	4	—	28	28	—	—	—	—	1	1	—

鐵路運輸	—	—	—	—	—	—	—	—	—	—	—	—
[illegible]路運輸	—	—	—	16	16	—	—	—	—	—	—	—
水上運輸	—	—	—	7	7	—	—	—	—	—	—	—
航空運輸	—	—	—	—	—	—	—	—	—	—	—	—
郵政電報電話	4	4	—	5	5	—	—	—	—	1	1	—
商業	186	185	1	207	201	6	—	—	—	4	4	—
批發及零售	169	169	—	186	181	5	—	—	—	2	2	—
金融·保險	14	13	1	7	7	—	—	—	—	—	—	—
其他	3	3	—	14	13	1	—	—	—	2	2	—
[illegible]人事服務	12	12	—	893	491	402	—	—	—	2	2	—
[illegible]	7	7	—	248	240	8	—	—	—	2	2	—
財物人體保護	—	—	—	45	41	4	—	—	—	—	—	—
家事管理人事服務	2	2	—	570	290	361	—	—	—	—	—	—
娛樂及運動	3	3	—	30	1	29	—	—	—	—	—	—
公共服務	740	631	109	677	653	24	—	—	—	1	1	—
醫學衛生	18	17	1	11	10	1	—	—	—	—	—	—
教育學術文藝科學	375	273	102	119	97	22	—	—	—	—	—	—
國防事務	14	11	3	186	186	—	—	—	—	—	—	—
工人等工會組織	—	—	—	—	—	—	—	—	—	—	—	—
公共服務	333	330	3	361	360	1	—	—	—	1	1	—
行業未詳	2	2	—	112	104	8	—	—	—	7	6	1
無業	—	—	—	—	—	—	61,870	22,139	39,731	—	—	—
有無業未詳	—	—	—	1	1	—	—	—	—	24	19	5

說明：(1) 不包括外國籍人口

表 18　崇寧縣有配偶之常住人口按性別與職業之分類(1)(2)

行業別	共計 小計	共計 男	共計 女	僱主 小計	僱主 男	僱主 女	業主 小計	業主 男	業主 女	幫同作業之家屬 小計	幫同作業之家屬 男	幫同作業之家屬 女	經理人或主持人 小計	經理人或主持人 男	經理人或主持人 女
總計	39,729	19,622	20,107	1,260	1,250	10	14,467	12,158	2,309	2,901	2,013	889	224	219	5
農林漁(牧)	13,074	12,263	811	894	890	9	9,036	8,933	153	2,480	1,830	650	1	1	—
農作畜飼	13,052	12,250	802	893	889	4	9,067	8,922	145	2,478	1,829	649	1	1	—
林業狩獵伐捕	22	13	9	1	1	—	19	11	8	2	1	1	—	—	—
漁業	—	—	—	—	—	—	—	—	—	—	—	—	—	—	—
礦業	23	23	—	—	—	—	—	—	—	—	—	—	1	1	—
[illegible]	23	23	—	—	—	—	—	—	—	—	—	—	1	1	—
土石等[illegible]	—	—	—	—	—	—	—	—	—	—	—	—	—	—	—
製造工業	3,307	1,231	2,076	185	181	4	2,779	834	1,945	196	70	126	6	5	1
食品製造	266	232	34	58	57	1	133	109	24	27	18	9	1	1	—
飲料及[illegible]	83	28	55	7	7	—	61	7	54	2	1	1	1	1	—
[illegible]製造	34	28	6	8	7	1	11	11	—	6	1	5	1	1	—
動植物油脂製造	19	19	—	2	2	—	3	3	—	—	—	—	2	2	—
化學工業	28	21	7	9	9	—	11	11	—	7	—	7	—	—	—
橡皮製造	—	—	—	—	—	—	—	—	—	—	—	—	—	—	—
木材竹木[illegible]	509	487	22	33	33	—	434	422	12	34	24	10	—	—	—
造紙及紙製品	31	29	6	2	2	—	18	17	1	5	—	5	—	—	—
印刷	15	15	—	6	6	—	8	8	—	1	1	—	—	—	—
皮[illegible]	2	2	—	—	—	—	1	1	—	1	1	—	—	—	—
紡織	175	36	139	10	9	1	134	20	114	24	—	24	—	—	—
衣着服用品	1,861	89	1,772	8	7	1	1,791	76	1,715	58	3	55	1	—	1
水電煤氣供應	28	6	22	—	—	—	27	5	22	—	—	—	—	—	—
[illegible]	2	1	1	—	—	—	2	1	1	—	—	—	—	—	—
非金屬礦產[illegible]	75	72	3	13	13	—	42	41	1	15	1	2	—	—	—
金屬冶鍊	29	28	1	4	4	—	22	22	—	2	1	1	—	—	—
金屬製品	112	108	4	19	19	—	57	56	1	11	—	1	—	—	—
[illegible]	6	6	—	—	—	—	6	6	—	—	—	—	—	—	—
[illegible]飾物	11	10	1	3	3	—	5	5	—	—	—	1	—	—	—
其他	19	16	3	3	3	—	12	12	—	4	—	—	—	—	—
工業類別未詳	2	2	—	—	—	—	1	1	—	—	—	—	—	—	—
[illegible]營造	202	201	1	8	8	—	183	183	—	9	8	1	—	—	—
運輸交通	519	517	2	—	—	—	491	490	1	11	10	1	—	—	—

鐵路運輸	—	—	—	—	—	—	—	—	—	—	—	—	—	—	—
道路運輸	496	294	2	—	[illegible]	[illegible]	473	[illegible]	1	10	9	1	—	—	—
水上運輸	16	16	—	—	—	—	13	13	—	1	1	—	—	—	—
航空運輸	—	—	—	—	—	—	—	—	—	—	—	—	—	—	—
郵政電報電話	7	7	—	—	—	—	—	—	—	—	—	—	—	—	—
商業	1,345	1,225	120	104	103	1	964	905	59	119	63	56	42	41	1
批發及零售	1,183	1,065	118	99	98	1	841	783	58	108	53	55	38	37	1
金融保險	17	17	—	—	—	—	1	1	—	—	—	—	3	3	—
其他	145	143	2	5	5	—	122	121	1	11	10	1	1	1	—
飲膳人事服務	856	570	286	60	59	1	442	380	62	74	22	52	17	17	—
膳宿供應	556	482	74	49	48	1	368	348	20	69	18	51	16	16	—
財物人體整潔	93	49	44	11	11	—	72	31	41	5	4	1	—	—	—
家事管理人事服務	207	39	168	—	—	—	2	1	1	—	—	—	1	1	—
娛樂及運動	—	—	—	—	—	—	—	—	—	—	—	—	—	—	—
公共服務	1,200	1,154	46	9	9	—	261	258	3	10	8	2	156	153	3
醫事衛生	181	177	4	6	6	—	156	155	1	2	1	1	5	5	—
教育宗教文藝科學	440	402	38	3	3	—	93	91	2	8	7	1	55	52	3
國防事務	62	59	3	—	—	—	—	—	—	—	—	—	1	1	—
工人商等工聯組織	—	—	—	—	—	—	—	—	—	—	—	—	—	—	—
公共服務	517	516	1	—	—	—	12	12	—	—	—	—	95	95	—
行業未詳	313	221	92	—	—	—	261	175	86	2	1	1	1	1	—
無業	18,877	2,207	16,670	—	—	—	—	—	—	—	—	—	—	—	—
有無業未詳	13	10	3	—	—	—	—	—	—	—	—	—	—	—	—

說明：(1)不包括外國籍人口

表 18　崇寧縣有配偶之常住人口按性別與職業之分類(1)(2)　(續)

行業別	其他領受薪俸之人員			領受工餉之工役			無業			職位或有無業未詳		
	小計	男	女	小計	男	女	小計	男	女	小計	男	女
總計	615	584	31	1,360	1,170	190	18,877	2,207	16,670	25	22	3
農林漁(牧)	1	1	—	611	607	4	—	—	—	1	1	—
農作畜飼	1	1	—	611	607	4	—	—	—	1	1	—
林業狩獵	—	—	—	—	—	—	—	—	—	—	—	—
捕魚業	—	—	—	—	—	—	—	—	—	—	—	—
採礦	—	—	—	22	22	—	—	—	—	—	—	—
鹽硝鹼及其他礦質	—	—	—	22	22	—	—	—	—	—	—	—
土石等營建材料	—	—	—	22	22	—	—	—	—	—	—	—
製造工業	17	17	—	122	122	—	—	—	—	2	2	—
食品製造	5	5	—	42	42	—	—	—	—	—	—	—
飲料及[illegible]造	—	—	—	11	11	—	—	—	—	1	1	—
[illegible]製造	1	1	—	6	6	—	—	—	—	1	1	—
動植物油脂製造	2	2	—	10	10	—	—	—	—	—	—	—
化學工業	—	—	—	1	1	—	—	—	—	—	—	—
橡皮製造	—	—	—	—	—	—	—	—	—	—	—	—
木材[illegible]木等製造	1	1	—	7	7	—	—	—	—	—	—	—
造紙及紙製物品	—	—	—	6	6	—	—	—	—	—	—	—
印刷	—	—	—	—	—	—	—	—	—	—	—	—
皮革	—	—	—	—	—	—	—	—	—	—	—	—
紡織	1	1	—	6	6	—	—	—	—	—	—	—
衣着服用品	—	—	—	3	3	—	—	—	—	—	—	—
水電煤氣供應	—	—	—	1	1	—	—	—	—	—	—	—
燃料	—	—	—	—	—	—	—	—	—	—	—	—
非金屬[illegible]製造	—	—	—	7	7	—	—	—	—	—	—	—
金屬鎔鑄	—	—	—	1	1	—	—	—	—	—	—	—
金屬製品	5	5	—	20	20	—	—	—	—	—	—	—
機器	—	—	—	—	—	—	—	—	—	—	—	—
其他	2	2	—	—	—	—	—	—	—	—	—	—
儀器飾物	—	—	—	—	—	—	—	—	—	—	—	—
工業性別未詳	—	—	—	1	1	—	—	—	—	—	—	—
建築營造	—	—	—	2	2	—	—	—	—	—	—	—
運輸交通	3	3	—	14	14	—	—	—	—	—	—	—

[illegible]	—	—	—	—	—	—	—	—	—	—	—	—
[illegible]	—	—	—	8	8	—	—	—	—	—	—	—
水上運輸	—	—	—	2	2	—	—	—	—	—	—	—
航空運輸	—	—	—	—	—	—	—	—	—	—	—	—
郵政電報電話	3	3	—	4	4	—	—	—	—	—	—	—
商業	61	61	—	52	49	3	—	—	—	3	3	—
批發及零售	50	50	—	46	43	3	—	—	—	1	1	—
金融保險	9	9	—	4	4	—	—	—	—	—	—	—
其他	2	2	—	2	2	—	—	—	—	2	2	—
[illegible]人事服務	5	5	—	256	85	171	—	—	—	2	2	—
膳宿供應	3	3	—	49	47	2	—	—	—	2	2	—
財物人[illegible]	—	—	—	5	3	2	—	—	—	—	—	—
家事管理人事服務	2	2	—	202	35	167	—	—	—	—	—	—
娛樂及運動	—	—	—	—	—	—	—	—	—	—	—	—
公共服務	526	495	31	237	230	7	—	—	—	1	1	—
醫藥衛生	9	8	1	3	2	1	—	—	—	—	—	—
教育宗教文化科學	233	207	26	48	42	6	—	—	—	—	—	—
國防事務	10	7	3	51	51	—	—	—	—	—	—	—
工人[illegible]等工級組織	—	—	—	—	—	—	—	—	—	—	—	—
公共服務	274	273	1	135	135	—	—	—	—	1	1	—
行業未詳	2	2	—	44	39	5	—	—	—	3	3	—
無業	—	—	—	—	—	—	18,877	2,207	16,670	—	—	—
有無業未詳	—	—	—	—	—	—	—	—	—	13	10	3

說明：（1）不包括外國籍人口

表19 崇寧縣無配偶之常住人口按性別與職業之分類[(1)(2)]

行業別	共計 小計	共計 男	共計 女	僱主 小計	僱主 男	僱主 女	業主 小計	業主 男	業主 女	幫同作業之家屬 小計	幫同作業之家屬 男	幫同作業之家屬 女
總計	54,531	29,295	25,236	165	129	36	4,922	3,341	1,581	2,279	2,079	200
農林漁(牧)	5,959	5,517	442	90	64	26	2,186	1,901	285	1,845	1,722	123
農作畜飼	5,932	5,498	434	90	64	26	2,161	1,884	277	1,843	1,720	123
林業狩獵	26	18	8	—	—	—	24	16	8	2	2	—
捕魚業	1	1	—	—	—	—	1	1	—	—	—	—
礦業	33	33	—	—	—	—	—	—	—	—	—	—
礦砂煤及其他礦質	33	33	—	—	—	—	—	—	—	—	—	—
土石等建築材料	—	—	—	—	—	—	—	—	—	—	—	—
製造工業	2,298	1,145	1,153	38	37	1	1,484	399	1,085	201	145	56
食品製造	253	239	14	10	10	—	55	43	12	29	27	2
飲料及釀造	23	22	1	1	1	—	4	4	—	—	—	—
煙草製造	37	30	7	1	1	—	11	8	3	1	—	1
動植物油脂製造	9	9	—	1	1	—	—	—	—	—	—	—
化學工業	27	25	2	—	—	—	8	6	2	4	4	—
橡皮製造	—	—	—	—	—	—	—	—	—	—	—	—
木材竹木等製造	408	396	12	5	5	—	244	236	8	57	55	2
造紙及紙製物品	35	31	4	3	3	—	11	7	4	5	5	—
印刷	15	15	—	1	1	—	1	1	—	—	—	—
皮革	1	1	—	—	—	—	1	1	—	—	—	—
紡織	137	49	88	2	1	1	91	12	79	13	5	8
衣着服用品	1,099	81	1,018	6	6	—	1,005	32	973	52	10	42
水電煤氣供應	4	4	—	—	—	—	4	4	—	—	—	—
燃料	—	—	—	—	—	—	—	—	—	—	—	—
非金屬礦產製造	84	80	4	—	—	—	16	13	3	13	13	—
金屬冶鑄	31	30	1	3	3	—	2	2	—	5	4	1
金屬製品	106	105	1	4	4	—	22	22	—	16	16	—
機器	7	7	—	—	—	—	3	3	—	—	—	—
裝飾物	5	4	1	—	—	—	1	—	1	2	2	—
其他	16	16	—	1	1	—	5	5	—	4	4	—
工業區別未詳	1	1	—	—	—	—	—	—	—	—	—	—
建築營造	126	126	—	—	—	—	99	99	—	18	18	—

	1	2	3	4	5	6	7	8	9	10	11	12
運輸交通	327	327	—	—	—	—	250	250	—	59	59	—
鐵路運輸	—	—	—	—	—	—	—	—	—	—	—	—
道路運輸	315	315	—	—	—	—	247	247	—	59	59	—
水上運輸	8	8	—	—	—	—	3	3	—	—	—	—
航空運輸	—	—	—	—	—	—	—	—	—	—	—	—
郵政電報電話	4	4	—	—	—	—	—	—	—	—	—	—
商業	780	668	112	17	13	4	396	301	95	79	69	10
批發及零售	711	605	106	16	13	3	351	260	91	77	67	10
金融保險	9	8	1	1	—	1	—	—	—	—	—	—
其他	60	55	5	—	—	—	45	41	4	2	2	—
個人服務	923	615	307	18	13	5	195	132	63	53	47	9
餐宿供應	410	348	62	13	13	5	129	87	42	54	45	9
財物人體修護	104	83	21	3	3	—	56	37	19	4	4	—
家事管理人事服務	374	180	194	—	—	—	8	7	1	—	—	—
娛樂及遊戲	35	5	30	—	—	—	2	1	1	—	—	—
公共服務	812	694	113	2	2	—	104	99	5	9	9	—
醫藥衛生	64	59	5	2	2	—	39	36	3	3	3	—
教育宗教文藝科學	326	216	110	—	—	—	59	57	2	6	6	—
國防治安	129	129	—	—	—	—	—	—	—	—	—	—
工人商業工業團體	—	—	—	—	—	—	—	—	—	—	—	—
公共服務	393	290	3	—	—	—	6	6	—	—	—	—
行業未詳	290	237	53	—	—	—	203	160	48	10	8	2
無業	42,974	19,925	23,049	—	—	—	—	—	—	—	—	—
有無業未詳	9	7	2	—	—	—	—	—	—	—	—	—

表 19 崇寧縣無配偶之常住人口按性別與職業之分類(1)(2) (續)

行業別	經理人或主持人			其他須受指揮之人員			領受工餉之工役			無業			職位或有無業未詳		
	小計	男	女	小計	男	女	小計	男	女	小計	男	女	小計	男	女
總計	89	71	18	366	282	84	3,722	3,456	266	42,974	19,925	23,049	14	12	2
農林漁(牧)	1	1	—	4	2	2	1,833	1,827	6	—	—	—	—	—	—
農作畜飼	1	1	—	4	2	2	1,833	1,827	6	—	—	—	—	—	—
林業狩獵併捕	—	—	—	—	—	—	—	—	—	—	—	—	—	—	—
魚業	—	—	—	—	—	—	—	—	—	—	—	—	—	—	—
礦業	—	—	—	—	—	—	33	33	—	—	—	—	—	—	—
[illegible]礦砂及其他礦質	—	—	—	—	—	—	33	33	—	—	—	—	—	—	—
土石等燃燒材料	—	—	—	—	—	—	—	—	—	—	—	—	—	—	—
製造工業	7	7	—	19	15	4	548	541	7	—	—	—	1	1	—
食品製造	3	3	—	7	7	—	148	148	—	—	—	—	1	1	—
飲料及釀造	1	1	—	—	—	—	17	16	1	—	—	—	—	—	—
[illegible]草製造	1	1	—	—	—	—	23	20	3	—	—	—	—	—	—
動植物油脂製造	1	1	—	—	—	—	7	7	—	—	—	—	—	—	—
化學工業	—	—	—	—	—	—	15	15	—	—	—	—	—	—	—
橡皮製造	—	—	—	—	—	—	—	—	—	—	—	—	—	—	—
木材竹木等製造	—	—	—	3	2	1	99	98	1	—	—	—	—	—	—
造紙及紙製物品	—	—	—	—	—	—	16	16	—	—	—	—	—	—	—
印刷	—	—	—	—	—	—	13	13	—	—	—	—	—	—	—
皮革	—	—	—	—	—	—	—	—	—	—	—	—	—	—	—
紡織	1	1	—	3	3	—	27	27	—	—	—	—	—	—	—
衣著服用品	—	—	—	4	1	3	32	32	—	—	—	—	—	—	—
水電煤氣供應	—	—	—	—	—	—	—	—	—	—	—	—	—	—	—
燃料	—	—	—	—	—	—	—	—	—	—	—	—	—	—	—
非金屬礦物製造	—	—	—	—	—	—	55	54	1	—	—	—	—	—	—
金屬[illegible]品	—	—	—	—	—	—	21	21	—	—	—	—	—	—	—
金屬[illegible]製品	—	—	—	1	1	—	63	62	1	—	—	—	—	—	—
機器[illegible]	—	—	—	1	1	—	3	3	—	—	—	—	—	—	—
儀器飾物	—	—	—	—	—	—	2	2	—	—	—	—	—	—	—
其他	—	—	—	—	—	—	6	6	—	—	—	—	—	—	—
工業區別未詳	—	—	—	—	—	—	1	1	—	—	—	—	—	—	—
建築營造	—	—	—	—	—	—	9	9	—	—	—	—	—	—	—

運輸交通	2	2	—	1	1	—	14	14	—	—	—	—	1	1	—
鐵路運輸	—	—	—	—	—	—	—	—	—	—	—	—	—	—	—
道路運輸	1	1	—	—	—	—	8	8	—	—	—	—	—	—	—
水上運輸	—	—	—	—	—	—	5	5	—	—	—	—	—	—	—
航空運輸	—	—	—	—	—	—	—	—	—	—	—	—	—	—	—
郵政電報電話	1	1	—	1	1	—	1	1	—	—	—	—	1	1	—
商業	9	9	—	124	124	—	154	151	3	—	—	—	1	1	—
批發及零售	8	8	—	119	119	—	139	137	2	—	—	—	1	1	—
金融保險	1	1	—	4	4	—	3	3	—	—	—	—	—	—	—
其他	—	—	—	1	1	—	12	11	1	—	—	—	—	—	—
旅館人事服務	10	10	—	7	7	—	635	405	230	—	—	—	—	—	—
膳宿供應	9	9	—	4	4	—	199	193	6	—	—	—	—	—	—
財物人體服務	1	1	—	—	—	—	40	38	2	—	—	—	—	—	—
家事管理人事服務	—	—	—	—	—	—	366	173	193	—	—	—	—	—	—
娛樂及運動	—	—	—	3	3	—	30	1	29	—	—	—	—	—	—
公共服務	59	41	18	211	133	78	427	410	17	—	—	—	—	—	—
醫藥衛生	3	1	2	9	9	—	8	8	—	—	—	—	—	—	—
教育宗教文藝學	52	36	16	140	64	76	69	53	16	—	—	—	—	—	—
國防軍務	—	—	—	4	4	—	125	125	—	—	—	—	—	—	—
工人會等工團組織	—	—	—	—	—	—	—	—	—	—	—	—	—	—	—
公共服務	4	4	—	58	56	2	225	224	1	—	—	—	—	—	—
行業未詳	1	1	—	—	—	—	68	65	3	—	—	—	3	3	—
無業	—	—	—	—	—	—	—	—	—	42,974	19,925	23,049	—	—	—
有無業未詳	—	—	—	—	—	—	1	1	—	—	—	—	8	6	2

說明：（1）不包括外調人口

表 20　崇寧縣年滿二十歲之常住人口按本籍居住本縣年數與性別之分類(1)

籍別	共計			未滿半年			半年至未滿一年			一年至未滿二年			二年至未滿三年		
	小計	男	女	小計	男	女	小計	男	女	小計	男	女	小計	男	女
總計	52,737	26,468	26,269	870	717	153	309	224	85	866	529	337	595	324	271
四川省	52,629	26,408	26,221	855	704	151	298	220	78	842	516	326	580	316	264
本縣籍	41,040	22,778	18,262	151	127	24	43	36	7	163	114	49	107	61	46
其他各縣(市)	11,539	3,607	7,932	700	574	126	255	184	71	674	398	276	472	255	217
未詳	50	23	27	4	3	1	—	—	—	5	4	1	1	—	1
江蘇省	8	4	4	—	—	—	—	—	—	5	3	2	3	1	2
浙江省	4	2	2	1	1	—	1	1	2	—	—	—	—	—	—
安徽省	6	4	4	2	1	1	2	—	2	3	2	1	—	—	—
江西省	2	—	2	—	—	—	—	—	—	—	—	—	1	—	1
湖北省	7	5	2	3	2	1	—	—	1	3	2	—	1	1	—
湖南省	8	6	2	3	3	—	1	1	—	1	1	—	3	1	2
西康省	3	1	2	—	—	—	—	—	—	1	—	1	—	—	—
福建省	1	1	—	1	1	—	—	—	—	—	—	—	—	—	—
廣東省	1	—	1	—	—	—	—	—	—	—	—	—	—	—	—
貴州省	2	1	1	—	—	—	—	—	—	—	—	—	—	—	—
河北省	11	4	7	1	1	—	—	—	—	4	1	1	4	2	2
河南省	5	3	2	2	2	—	—	—	—	1	—	1	—	—	—
山東省	14	4	10	—	—	—	1	—	1	2	—	2	—	—	—
山西省	3	2	1	—	—	—	—	—	—	2	1	1	1	1	—
陝西省	13	11	2	2	2	—	—	—	—	—	—	—	2	2	—
甘肅省	1	1	—	—	—	—	—	—	—	—	—	—	—	—	—
南京市	1	—	1	—	—	—	—	—	—	—	—	—	—	—	—
上海市	1	1	—	—	—	—	—	—	—	1	1	—	—	—	—
北平市	5	4	1	—	—	—	3	2	1	2	2	—	—	—	—
西京市	5	5	—	—	—	—	—	—	—	—	—	—	—	—	—
重慶市	5	1	4	—	—	—	—	—	—	—	—	—	—	—	—

表 20　崇寧縣年滿二十歲之常住人口按本籍居住本縣年數與性別之分類(1)　(續)

籍別	三年至未滿五年			五年至未滿十年			十年至未滿二十年			二十年至未滿五十年			五十年及以上			未詳		
	小計	男	女	小計	男	女	小計	男	女	小計	男	女	小計	男	女	小計	男	女
總計	1,429	565	864	2,251	634	1,617	2,790	620	2,170	28,123	14,361	13,762	15,405	8,434	6,971	99	60	39
四川省	1,404	555	849	2,247	633	1,614	2,785	613	2,170	28,119	14,358	13,761	15,405	8,434	6,971	96	59	37
崇寧縣	204	85	119	390	108	282	450	73	377	24,677	13,795	10,882	14,832	8,365	6,467	23	14	9
其他各縣(市)	1,198	469	729	1,852	523	1,329	2,332	540	1,792	3,430	559	2,871	570	68	502	56	37	19
未詳	2	1	1	5	2	3	1	—	1	12	4	8	3	1	2	17	8	9
江蘇省	—	—	—	—	—	—	—	—	—	—	—	—	—	—	—	—	—	—
浙江省	—	—	—	—	—	—	—	—	—	—	—	—	—	—	—	—	—	—
安徽省	1	1	—	—	—	—	—	—	—	—	—	—	—	—	—	—	—	—
江西省	—	—	—	—	—	—	—	—	—	—	—	—	—	—	—	1	—	1
湖北省	—	—	—	—	—	—	—	—	—	—	—	—	—	—	—	—	—	—
湖南省	—	—	—	—	—	—	—	—	—	—	—	—	—	—	—	—	—	—
福建省	—	—	—	1	—	1	—	—	—	—	—	—	—	—	—	1	1	—
廣東省	—	—	—	—	—	—	—	—	—	—	—	—	—	—	—	—	—	—
廣西省	1	—	1	—	—	—	—	—	—	—	—	—	—	—	—	—	—	—
貴州省	—	—	—	—	—	—	1	1	—	—	—	—	—	—	—	1	—	1
河北省	2	—	2	—	—	—	—	—	—	—	—	—	—	—	—	—	—	—
河南省	2	1	1	—	—	—	—	—	—	—	—	—	—	—	—	—	—	—
山東省	11	4	7	—	—	—	—	—	—	—	—	—	—	—	—	—	—	—
山西省	—	—	—	—	—	—	—	—	—	—	—	—	—	—	—	—	—	—
陝西省	2	1	1	1	—	1	3	3	—	3	3	—	—	—	—	—	—	—
甘肅省	—	—	—	—	—	—	1	1	—	—	—	—	—	—	—	—	—	—
南京市	—	—	—	1	—	1	—	—	—	—	—	—	—	—	—	—	—	—
上海市	—	—	—	—	—	—	—	—	—	—	—	—	—	—	—	—	—	—
北平市	—	—	—	—	—	—	—	—	—	—	—	—	—	—	—	—	—	—
西京市	2	2	—	1	1	—	2	2	—	—	—	—	—	—	—	—	—	—
重慶市	4	1	3	—	—	—	—	—	—	1	—	1	—	—	—	—	—	—

說明：(1)不包括外縣籍人口

表 20a　崇寧縣普通住家年滿二十歲之常住人口按本籍居住本縣年數與性別之分類(1)

籍貫	共計 小計	共計 男	共計 女	未滿半年 小計	未滿半年 男	未滿半年 女	半年至未滿一年 小計	半年至未滿一年 男	半年至未滿一年 女	一年至未滿二年 小計	一年至未滿二年 男	一年至未滿二年 女	二年至未滿三年 小計	二年至未滿三年 男	二年至未滿三年 女
總計	51,139	25,019	26,120	547	408	139	156	89	67	712	398	314	498	231	267
四川省	51,080	24,997	26,083	545	406	139	150	87	63	702	395	307	486	225	261
崇寧縣	40,254	22,049	18,205	115	91	24	18	11	7	143	96	47	91	46	45
其他各縣(市)	10,777	2,926	7,851	427	313	114	132	76	56	554	295	259	394	179	215
未詳	49	22	27	3	2	1	—	—	—	5	4	1	1	—	1
江蘇省	5	3	2	—	—	—	—	—	—	3	2	1	2	1	1
浙江省	2	1	1	—	—	—	2	1	1	—	—	—	—	—	—
安徽省	3	1	2	—	—	—	2	—	2	—	—	—	—	—	—
江西省	1	—	1	—	—	—	—	—	—	—	—	—	1	—	1
湖北省	1	1	—	—	—	—	—	—	—	—	—	—	1	1	—
湖南省	3	1	2	—	—	—	—	—	—	—	—	—	3	1	2
西康省	3	1	2	—	—	—	—	—	—	1	—	1	—	—	—
廣東省	1	—	1	—	—	—	—	—	—	—	—	—	—	—	—
貴州省	2	1	1	—	—	—	—	—	—	—	—	—	—	—	—
河北省	7	2	5	—	—	—	—	—	—	1	—	1	4	2	2
河南省	3	1	2	—	—	—	—	—	—	1	—	1	—	—	—
山東省	12	3	9	—	—	—	—	—	—	2	—	2	—	—	—
山西省	3	2	1	—	—	—	—	—	—	2	1	1	1	1	—
陝西省	4	2	2	2	2	—	—	—	—	—	—	—	—	—	—
甘肅省	1	1	—	—	—	—	—	—	—	—	—	—	—	—	—
南京市	1	—	1	—	—	—	—	—	—	—	—	—	—	—	—
北平市	2	1	1	—	—	—	2	1	1	—	—	—	—	—	—
重慶市	5	1	4	—	—	—	—	—	—	—	—	—	—	—	—

表 20a 崇寧縣普通住家年滿二十歲之常住人口按本籍居住本縣年數與性別之分類(1)(續)

籍別	三年至未滿五年			五年至未滿十年			十年至未滿二十年			二十年至未滿五十年			五十年及以上			未詳		
	小計	男	女	小計	男	女	小計	男	女	小計	男	女	小計	男	女	小計	男	女
總計	1,360	495	855	2,197	592	1,605	2,762	598	2,164	27,576	13,857	13,719	15,244	8,297	6,947	87	54	33
四川省	1,339	489	850	2,195	592	1,603	2,759	596	2,163	27,575	13,857	13,718	15,244	8,297	6,947	85	53	32
崇寧縣	193	74	119	385	103	282	446	69	377	24,168	13,317	10,851	14,675	8,231	6,444	20	11	9
其各他縣(市)	1,134	414	730	1,805	487	1,318	2,312	527	1,785	3,395	536	2,859	566	65	501	48	34	14
未詳	2	1	1	5	2	3	1	—	1	12	4	8	3	1	2	17	8	9
江蘇省	—	—	—	—	—	—	—	—	—	—	—	—	—	—	—	—	—	—
浙江省	—	—	—	—	—	—	—	—	—	—	—	—	—	—	—	—	—	—
安徽省	1	1	—	—	—	—	—	—	—	—	—	—	—	—	—	—	—	—
江西省	—	—	—	—	—	—	—	—	—	—	—	—	—	—	—	—	—	—
湖北省	—	—	—	—	—	—	—	—	—	—	—	—	—	—	—	—	—	—
湖南省	—	—	—	—	—	—	—	—	—	—	—	—	—	—	—	—	—	—
西康省	—	—	—	—	—	—	1	—	1	—	—	—	—	—	—	1	1	—
廣東省	1	—	1	—	—	—	—	—	—	—	—	—	—	—	—	—	—	—
貴州省	—	—	—	—	—	—	1	1	—	—	—	—	—	—	—	1	—	1
河北省	2	—	2	—	—	—	—	—	—	—	—	—	—	—	—	—	—	—
河南省	2	1	1	—	—	—	—	—	—	—	—	—	—	—	—	—	—	—
山東省	10	3	7	—	—	—	—	—	—	—	—	—	—	—	—	—	—	—
山西省	—	—	—	—	—	—	—	—	—	—	—	—	—	—	—	—	—	—
陝西省	1	—	1	1	—	1	—	—	—	—	—	—	—	—	—	—	—	—
甘肅省	—	—	—	—	—	—	1	1	—	—	—	—	—	—	—	—	—	—
南京市	—	—	—	1	—	1	—	—	—	—	—	—	—	—	—	—	—	—
北平市	—	—	—	—	—	—	—	—	—	—	—	—	—	—	—	—	—	—
重慶市	4	1	3	—	—	—	—	—	—	1	—	1	—	—	—	—	—	—

說明：(1)不包括外國籍人口

四川省選縣户口普查總報告勘誤表

(一)序，緒言及第一部辦理經過

頁次	表次	橫欄	縱欄	誤	正
2			一序	洵爲不刊語（第12行第16字）	洵爲不刊之語
4				動態調查（第24行第3字）	動態登記
4				仵（第27行36字）	件
6				因（第10行第23字）	困
9				複（第19行第1字）	復
10				五（第11行第14字）	三
11				[illegible]（第15行第9字）	專轄
11				來原（第23行第32字）	來源
11				戰別（第16行第11字）	職別
15				月（第2行第3字）	日
15				[illegible]（第14行第19字）	暖
18	2	總計	總額	38,953.50	38,953.00
20	5		經督導員次第	經督導員次第	經督導區次第
22	3	公共戶	常住人口，共計	2,182	2,181
[illegible]				50（第6節第2行第28字）	5.
[illegible]				第七節　補充或變更方案特殊事件之解決辦法	第七節　補充或變更方案及其特殊事件之[illegible]辦法
[illegible]				續（第17行第9字）	積
22				途（第19行第13字）	逐
23				聯擊（第16行第13字）	聯繫
24				[illegible]（第15行第20字）	思
28				遣（第11行第18字）	遺

頁次	表次	橫欄	縱欄	誤	正
27				空白 （第17行第28字）	叁
27				綫 （第21行第10字）	錄
27				層 （第26行第8字）	層
33	10	總計	○識人口男子數	5,887	5,877
35	13			材料來源：（8）鄒平……第183及200頁。	材料來源：（8）鄒平……第183及200頁第16及18表。
36	14	20—24	雙流，女	5,965	3,968
37	15	5—9	共計，男	10.79	10.77
38	6	4	江陰	2.60	2.60
39	17		老年	(50—)	(50及以上)
40	19	未婚	彭縣，男女人口	54.39	47.66
40	19	有配偶	彭縣，男女人口	40.56	42.85
40	19	喪偶	彭縣，男女人口	4.80	9.33
40	19	離婚	彭縣，男女人口	0.25	0.16
42	20	未詳	江寧，男女人口	0.75	0.79
43	21	私塾	崇寧，男	13,813	13,815
43	21	識字與否未詳	雙流，小計	61	60
44	22			表題——三縣常住人口識字與不識字之百分比	三縣常住人口識字與不識字者之百分比(1)
44	22			表下方漏排"說明：(1)	應增"說明：(1) 未詳人數未列人。"等字樣
50	28	總計	雙流，男	76,539	76,537
51	29	農林漁牧	彭縣，女	50.60	50.61
52	30	有業	彭縣，男	30.17	60.17
53	31			材料來源：三縣資料見本總報告統計分析表12……	材料來源：三縣資料見本報告第一部表12……
	2355(續)	中國	5—9	1.133	11.33
55	32(續)	美國	25—34	15.7	15.72
55	32(續)			材料來源：三縣資料見本報告統計分析表15……	材料來源：三縣資料見本報告第一部表15……
56	33			材料來源：三縣人口總數見本報告三縣基本報告表1……	材料來源：三縣人口總數見本報告第二部彭縣，雙流，崇寧三縣統計基本報告表1……
57	31			材料來源：三縣資料係由本報告三縣基本統計報告表16……	材料來源：三縣資料係由本報告第二部彭縣，雙流，崇寧三縣統計基本報告表16……
58	35			材料來源：三縣資料係由本報告三縣基本報告表14……	材料來源：三縣資料係由本報告第二部彭縣，雙流，崇寧三縣統計基本報告表14……

頁次	表次	橫欄	縱欄	誤	正
59	36			材料來源：三縣資料係由本報告統計分析表28……	材料來源：三縣資料係由本報告第一部表28……
62				法（第5行第11字）	理
65	2(附)		職別	副普查長調查組兼	副普查長兼調查組長
65	2(附)		職別	副普查長長統計組兼長	副普查長兼統計組長
66	3(附)		職別	"幹事"二字位置錯誤	"幹事"二字應移下一格，置"於張誠亭"三字之左傍
67	4(附)		職別	漏排三字	應增"督導員"三字，置於"高冠鄉"三字之左傍

(二)統計結果

I·彭縣統計基本報告表

頁次	表次	橫欄	縱欄	誤	正
13	8			說明：(1)祗包括有常時營業或做事人口……	說明：(1)祗包括有常時營業人口，……
15	10		人口數	做事	辦事
17	11	14	公共廁所，女	50	150
17	11	15—19	公共廁所，女	454	544
26	14	5—9	不識字者，女	13,434	16,434
27	14	35—39	共計，小計	21,700	21,907
28	14a	2	共計，男	6,293	6,223
30	15	5—9	私塾，小計	1,861	1,961
30	15	13	私塾，男	8,72	872
30	15	40—44	私塾，小計	5,985	4,985
33		說明(2)		第20字後漏一字	共
33	15	70—74	大學程度，畢業，男	—	1
38	16	40—44	共計，男	10,397	10,396
38	16	45—49	共計，男	14,726	14,728
38	16	50—54	共計，男	13,62	13,628
38	16	55—59	共計，男	8,538	8,535
38	16	60—64	共計，男	7,349	7,347
39	16	15	離婚，男	—	1
40	16a	95—9	年齡組	95—9	95—99
40	16a	100歲及9以上	年齡組	100歲及9以上	100歲及以上
43	17	批發及零售	共同作業之家屬，男	280	580
52	19	銅砂業及其他礦質	經理人或主持人，小計	0	10

頁次	表次	橫欄	縱欄	誤	正
53	19	財務人體整潔	行業別	財務人體整潔	財物人體整潔
56	20			表20	表20a
57	20			表20	表20a
57	20	第一欄	第一欄	別籍	籍別

II. 雙流縣統計基本報告表

頁次	表次	橫欄	縱欄	誤	正
60	2	第3行	共計	數戶	戶數
63	2	彭家鎮	普通住家，人口數，小計	2,770	3,770
64	4	黃甲鄉	公共處所，人口數，小計	88	33
67	7	1	1	729	729
72	11	8	共計，小計	8,967	3,967
75	11	45—49	公共處所，男	27	21
82	14	8	不識字者，女	663	963
82	14	5	不識字者，小計	5,253	3,258
83	14	70—74	不識字者，男	1,714	714
84	14	3	共計，小計	4,751	4,750
84	11	6	不識字者，小計	2,578	2,579
84	14	8	不識字者，女	966	961
85	14	45—49	不識字者，女	2,923	3,923
85	14	65—69	共計，男	1,758	1,756
85	14	80—83	共計，小計	856	851
87	15	30—34	私塾，小計	3,778	2,778
94	16	35—39	有配偶，女	4,934	4,954
100	17	公共服務	共計，男	4,531	4,581
100	17	教育宗教文藝科學	共計，女	111	511
106	19	道路運輸	幫同作業之家屬，女	空白	1
108	19	第一行	行業別	共服務	公共服務
110	20	雙流縣	半年至未滿一年，女	23	28
110	20	湖南省	二年至未滿三年，男	7	9
110	20	廣西省	一年至未滿二年，女	空白	3
110	20	其他各縣（市）	二年至未滿三年，小計	1,203	1,208

III. 崇寧縣統計基本報告表

頁次	表次	橫欄	縱欄	誤	正
120	2			說明：(2)鄉鎮別除按各鄉鎮排列外，其面未縣境內……	說明：(2)鄉鎮[illegible]各鄉鎮排列外，[illegible]縣境內……

4

頁次	表次	橫欄	縱欄	誤	正
120	2			表題一崇寧縣各鄉鎮各類戶之常住人口(1)(2)	崇寧縣各鄉鎮各類戶之常住人口(1)
121	2			表題：崇寧縣各鄉鎮各類戶之常住人口(1)(2)	崇寧縣各鄉鎮各類戶之常住人口(1)
123	4	安德鋪	普通住家，戶數	287	387
124	4	總計	公共處所，戶數	17	77
124	4	安德鋪	營業處所，戶數	1	10
129	8			說明：(1)祇包括有常時營業或做事人口……	說明：(1)祇包括有常時營業人口……
131	19		人口數	做事	辦事
132	11		普通住家，男	1,040	1,045
142	14			表題一崇寧普通住家常住人口按年齡……	崇寧縣常住人口按年齡……
142	14			漏排〇歲至19歲之間每5歲年齡組數字	
143	14	60—64	共計，男	1,326	1,826
144	14a			漏排0歲至19歲之間每5歲年齡組數字	
146	15			漏排0歲至19歲之間每5歲年齡組數字	
147	15	25—29	小學程度，無業，小計	45	42
148	15(續)			表題一崇寧縣普通常住人口……	崇寧縣常住人口……
148	15(續)			漏排0歲至19歲之間每5歲年齡組數字	
148	15(續)	總計	大學程度，畢業，女	13	16
150	15a			漏排0歲至19歲之間每5歲年齡組數字	
151	15a	20—24	小學程度，未詳，女	3	8
151	15a	25—29	小學程度，未詳，女	5	6
151	15a	60—64	小學程度，未詳，女	—	2
152	15a(續)			漏排0歲至19歲之間每5歲年齡組數字	
154	16			漏排0歲至19歲之間每5歲年齡組數字	
154	16	10	未婚，小計	2,308	2,301
154	16	50—54	共計，女	2,358	2,308
156	16a			漏排0歲至19歲之間每5歲年齡組數字	
158	17			表題一崇寧……之分類(1)(2)	崇寧縣……之業分類(1)
158	17	工人營等工聯組織	行業別	工人營等工聯組織	工人營等工聯組織

頁次	表次	橫欄	縱欄	誤	正
158	17	造紙及紙製物品	共計，男	53	58
158	17	建築營造	經理人或主持人，小計	2	—
159	17	郵政電報電話	經理人或主持人，男	—	1
160	17(續)			表題一崇寧縣……之分類(1)(2)	崇寧縣……之分類(1)
160	17(續)	衣着製品	行業別	衣着製品	金屬製品
161	17(續)	工人營等工賑組織	行業別	工人營等工賑組織	工人營等工賑組織
161	17(續)	家事管理人事服務	領受工餉之工役，男	290	209
162	18			表題一崇寧縣……之分類(1)(2)	崇寧縣……之分類(1)
162	18	農林漁(牧)	僱主，女	9	4
162	18	總計	幫同作業之家屬，男	2,013	2,012
163	18	道路運輸	共計，男	294	494
163	18	工人營等工賑組織	行業別	工人營等工賑織組	工人營等工賑組織
163	18			說明：(1)不包括……	說明文字應刪去
164	18(續)			表題一崇寧縣……之分類(1)(2)	崇寧縣……之分類(1)
164	18(續)	其他	行業別	其他	儀器飾物
164	18(續)	儀器飾物	行業別	儀器飾物	其他
164	18(續)	土石等建築材料	領受工餉之工役，小計	22	—
164	18(續)	土石等建築材料	領受工餉之工役，男	22	—
165	18(續)	工人營等工賑組織	行業別	工人營等工賑組織	工人營等工賑組織
166	19			表題一崇寧縣……之分類(1)(2)	崇寧縣……之分類(1)
167	19	工人營等工賑組織	行業別	工人營等工賑組織	工人營等工賑組織
167	19	公共服務	共計，小計	393	293
168	19(續)			表題一崇寧縣……之分類(1)(2)	崇寧縣……之分類(1)
169	19(續)	工人營等工賑組織	行業別	工人營等工賑組織	工人營等工賑組織
170	20	河北省	一年未滿二年，女	1	3
171	20	四川省	十年至未滿二十年，小計	2,786	2,783

重慶建文印刷所承印

福建省省會戶口統計

福建省省會公安局　編

福州：福建省省會公安局，一九三二年鉛印本

福建省會自創設警察以來關於戶籍事項雖遵照部章辦理而規
模極爲簡單所謂統計不過每屆調查後總結其男女人數及居民戶數
而已[illegible]近鑒各省達觀歐西深知警察與戶籍之關係故於警察費萬
難中逐推行並陸續完成各種表冊而爲分晰統計之着手

惟警察總重實際稽查戶籍意在預防危害本不急於編製統計表
爲形式上之公開但以行政一切計劃設施莫不根據戶口統計以爲實
施之標準茲爲應各方之咨詢與社會之需要爰將二十一年復查所得
遵照部定各項編製統計表二十三份統計圖三十三份印訂成冊祇以
時日短促僅具雛形雖未敢謂精確完美或足爲省政設施之參考云

福建省省會公安局局長丘兆琛謹誌二十一年十二月

福建省省會二十一年份戶口調查分類統計圖表目次

戶口概況

福建省省會戶口統計表
福建省省會戶數比較圖
福建省省會口數比較圖
福建省省會男女比較圖
福建省省會三年來戶口增減統計表
福建省省會三年來戶口增減趨勢圖
福建省省會戶口分類統計表
福建省省會戶數分類比較圖
福建省省會戶口分類比較圖

福建省省會男女分類比較圖
福建省省會戶數與口數分類比較圖
福建省省會公共處所分類統計表
福建省省會公共處所分類比較圖
福建省省會公共處所男女人數統計表
福建省省會公共處所男女人數比較圖
福建省省會寺廟戶口統計表
福建省省會寺廟戶口比較圖
福建省省會寺廟與住戶百分比較表
福建省省會寺廟與住戶百分比較圖
福建省省會壯丁人數統計表
福建省省會男丁與壯丁人數比較圖
福建省省會男丁與壯丁百分比較圖

職　業

福建省省會有業與無業人數統計表
福建省省會有業男女比較圖
福建省省會無業男女比較圖

教　育

福建省省會識字與不識字人數統計表
福建省省會識字男女比較圖
福建省省會不識字男女比較圖
福建省省會學童人數統計表
福建省省會學童人數比較圖

黨　員

福建省省會黨員人數統計表
福建省省會黨員人數比較圖

宗教

福建省省會信教人數統計表
福建省省會信教人數比較圖

浮動人口

福建省省會現住他往人口統計表
福建省省會現住他往人口比較圖

外僑狀況

福建省省會外僑人數統計表

福建省省會外僑人數比較圖
福建省省會外國人有無職業統計表
福建省省會外國人有無職業比較圖
福建省省會外國人職業分類統計表
福建省省會外國人職業分類比較圖

戶口變動

福建省省會二十一年份戶口變動統計表
福建省省會二十一年份戶口遷徙統計表
福建省省會二十一年份遷入徙出戶數比較圖
福建省省會二十一年份男女遷徙比較圖
福建省省會二十一年份住民出生死亡統計表
福建省省會二十一年份男女出生死亡比較圖

福建省省會二十一年份出生死亡人數百分比較圖
福建省省會二十一年份婚嫁逐月百分比較表
福建省省會二十一年份婚嫁逐月百分比較圖

其他

福建省省會非家屬雜居人數統計表
福建省省會非家屬雜居男女比較圖
福建省省會普通口數與非家屬雜居人數百分比較圖
福建省省會蓄辮纏足及殘廢人數統計表
福建省省會蓄辮纏足及殘廢人數比較圖

附調查表四種

(一) 福建省省會公安局戶口調查表

㈡ 福建省省會公安局外國僑民戶口調查表

㈢ 福建省省會公安局寺廟戶口調查表

㈣ 福建省省會公安局公共處所戶口調查表

附報告表八種

㈠ 福建省省會戶口移動報告表

㈡ 福建省省會住民出生報告表

㈢ 福建省省會住民死亡報告表

㈣ 福建省省會住民嫁娶報告表

㈤ 福建省省會住民繼承報告表

㈥ 福建省省會住民分居報告表

㈦ 福建省省會住民失蹤報告表

㈧ 福建省省會公安局各分局按日人事登記彙報表

附憑證八種

附圖一

㈠ 移居證
㈡ 遷徙證
㈢ 增丁憑證
㈣ 死亡憑證
㈤ 婚嫁憑證
㈥ 繼承憑證
㈦ 分居憑證
㈧ 失蹤憑證

福建省省會戶口變動市民報告順序圖

戶口類

各分局界内户口統計表

福建省省會户口統計表

局别 \ 户口	户數	口數		
		男	女	合計
第一分局	12253	36351	27411	63762
第二分局	14302	44127	32227	76354
第三分局	14597	48627	30710	79337
第四分局	14838	46380	30844	77224
第五分局	9535	29030	21285	50315
總計	65525	204515	142477	346992

二十一年復查結果

福建省省會戶數比較圖

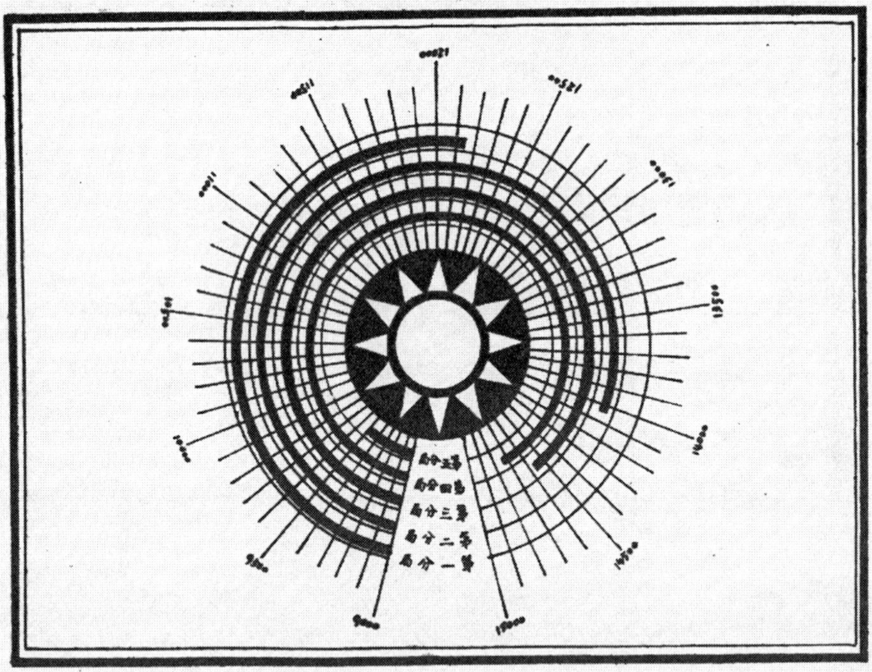

12000
12500
13000
13500
14000
14500
15000
9000
9500
10000
10500
11000
11500
第五分局
第四分局
第三分局
第二分局
第一分局

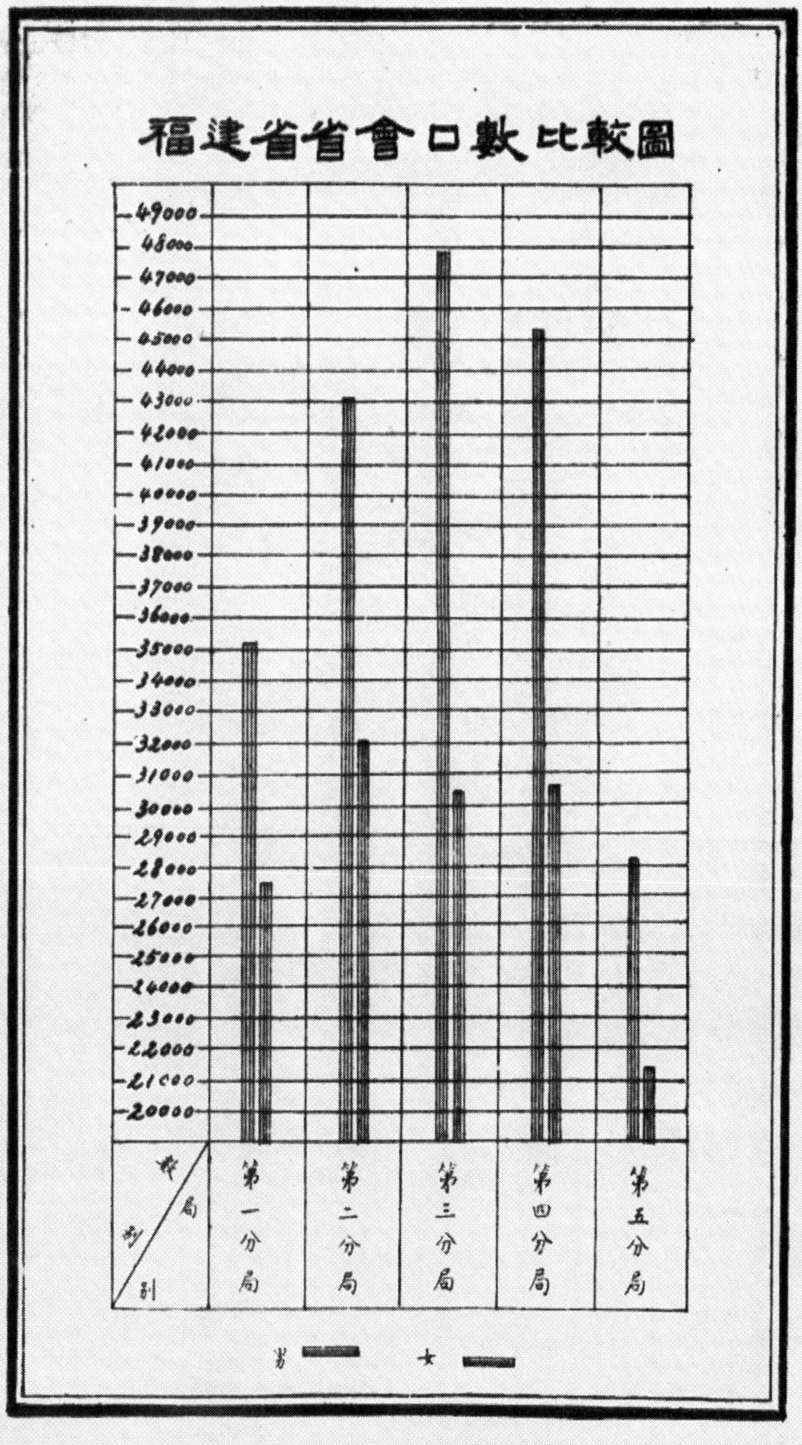
福建省省會口數比較圖
49000
48000
47000
46000
45000
44000
43000
42000
41000
40000
39000
38000
37000
36000
35000
34000
33000
32000
31000
30000
29000
28000
27000
26000
25000
24000
23000
22000
21000
20000
分局
别
第一分局
第二分局
第三分局
第四分局
第五分局
男
女

福建省省會男女比較圖

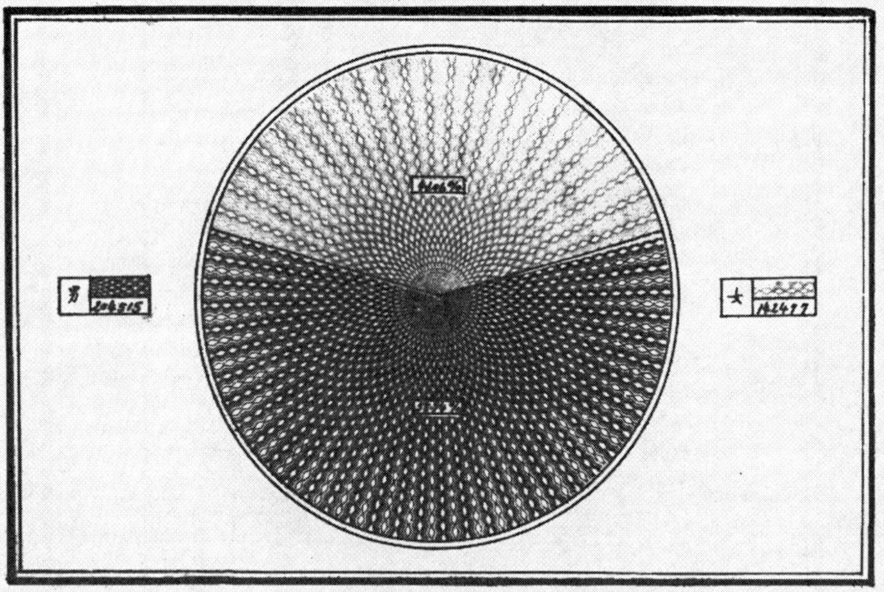

各分局界内三年来户口数比較表

福建省省會三年來戶口增減統計表

局別	十九年 戶數	十九年 口數 男	十九年 口數 女	十九年 口數 合計	二十年 戶數	二十年 口數 男	二十年 口數 女	二十年 口數 合計	二十一年 戶數	二十一年 口數 男	二十一年 口數 女	二十一年 口數 合計
第一分局	12421	34525	27936	62461	12688	32996	27190	60186	12253	36151	27611	63762
第二分局	14485	43905	33106	77011	14983	43898	33089	76987	14302	44187	32290	76397
第三分局	14386	49855	31187	81042	14787	47210	30736	77946	14597	48627	30750	79377
第四分局	14364	44151	30951	75102	14787	44204	29646	73850	14833	46580	30846	77424
第五分局	9202	29659	21610	51269	9572	27839	20795	48634	9535	29030	21885	50915
總計	64858	202095	164790	366885	66717	198867	141456	337303	65545	204515	162560	367035

十九年二十年二十一年戶口數目增減比較

局別	戶數 二十一年比各年增減數 十九年	戶數 二十一年比各年增減數 二十年	口數 二十一年比各年增減數 男 十九年	口數 二十一年比各年增減數 男 二十年	口數 二十一年比各年增減數 女 十九年	口數 二十一年比各年增減數 女 二十年	男女合計 二十一年比各年增減數 十九年	男女合計 二十一年比各年增減數 二十年
第一分局	-168	-335	+1626	+3355	-525	+421	+1301	+3576
第二分局	-183	-681	+262	+229	-836	-819	-614	-590
第三分局	+211	-190	+1226	+1417	-437	+14	-1665	+1431
第四分局	+476	+51	+2229	+2176	-107	+1198	+2122	+3374
第五分局	+333	-37	-629	+1191	-325	+1090	-954	+1981
總計	+667	-1172	+2420	+6886	-2030	+1104	+190	+4772

十九年二十年二十一年之戶口增減比例

局別	戶數 十九年	戶數 二十年	戶數 二十一年	口數 男 十九年	口數 男 二十年	口數 男 二十一年	口數 女 十九年	口數 女 二十年	口數 女 二十一年	男女合計 十九年	男女合計 二十年	男女合計 二十一年
第一分局		102.70	100		90.49	100		99.19	100		96.34	100
第二分局		105.50	100		99.48	100		102.50	100		100.70	100
第三分局		101.30	100		97.08	100		99.95	100		98.19	100
第四分局		99.60	100		95.30	100		96.10	100		95.76	100
第五分局		100.40	100		96.56	100		99.69	100		96.06	100
總計	98.98	101.80	100	98.81	95.76	100	101.50	99.22	100		97.18	100

二十一年復查結果

福建省省會三年来戶口增減趨勢圖

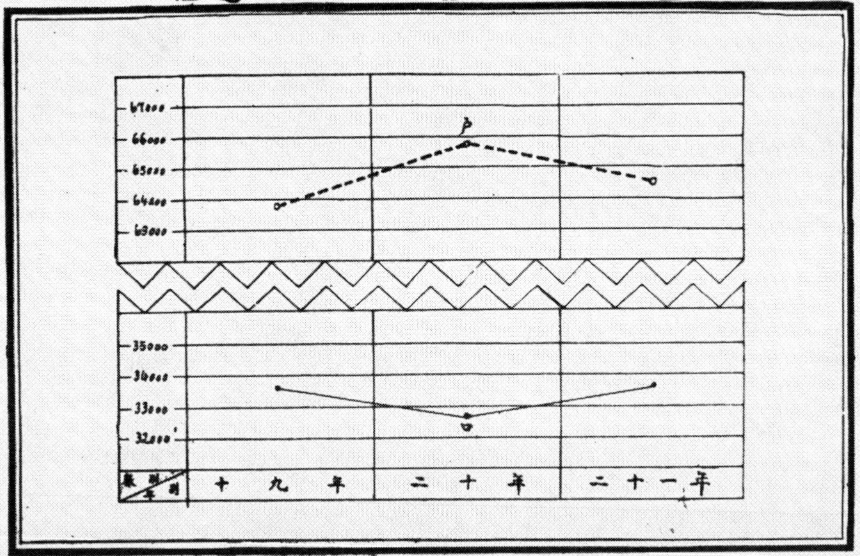

各分局界內戶口數分類統計表

說明

(一)凡戶不分正附一門牌內住數戶者以數戶計父子兄弟雖分爨而
同居者以一戶計異居者以各戶計外姓或同族相依為主僱朋友
單身寄居者以一戶計店以論以一經牌為一戶無經牌者以門面計
同一門面而有兩舖如係一舖東者以一戶計係兩舖東以兩戶計
前店後家如係店家同主者以一戶計不同主者以兩戶計

(二)口條指各種住戶內住居之男女而言

福建省省會戶口分類統計表

類別	第一分局 戶數	第一分局 口 男	第一分局 口 女	第二分局 戶數	第二分局 口 男	第二分局 口 女	第三分局 戶數	第三分局 口 男	第三分局 口 女	第四分局 戶數	第四分局 口 男	第四分局 口 女	第五分局 戶數	第五分局 口 男	第五分局 口 女	總計 戶數	總計 口 男	總計 口 女	人數合計
普通戶	12253	36351	27411	14302	44189	32227	14597	48627	30710	14838	46380	30844	9535	29030	21285	65525	204515	142477	346992
公署	8	917	20	16	1688	18				3	152		15	480	8	42	3237	46	3283
局所	54	442		18	532	2	22	398	1	29	450	1	11	480	7	134	2302	11	2313
監獄	4	92	21													4	92	21	113
軍營	4	623		5	3201					8	188		8	176		25	4188		4188
學校	33	1708	502	37	3511	849	14	1178	546	11	896	204	25	1680	1573	120	8973	3674	12647
社團	16	56		7	451	1	27	1251	2	51	341	6	7	85		108	2184	9	2193
報館	4	22		7	37		1	4		1	1		1	25		14	89		89
善社	7	38		6	72	103	6	14		3	14		9	82	3	31	220	106	226
公會	32	66		21	584	9	7	34	1	20	484	1				80	1168	11	1179
會館	12	59	19	4	30		29	58	2	4	5	1	2	11		51	163	22	185
祠堂	44	108	47	103	165	13	22	28	5	4	33	3	18	20		191	344	68	412
醫院	8	55	46	7	61	48	1	1		6	125	8	2	90	127	24	332	229	561
貧院	1	354	137										1	195	47	2	549	186	733
工廠	3	106	40				1	1	17	3	382	38				7	489	95	586
外國人戶口	43	58	51	56	82	68	83	195	149	152	429	257	158	238	254	492	1002	779	1781
寺廟	159	162	81	189	210	202	121	99	121	98	174	68	55	61	5	622	706	477	1183
其他	8	13	9	23	293	64	26	284	3	9	86	1	36	138	14	102	814	91	905
合計	12693	41230	28384	14801	55034	33604	14957	52172	31597	15240	50140	31432	9883	32791	23323	67574	231367	148300	379667

二十一年復查結果

福建省省會戶數分類比較圖

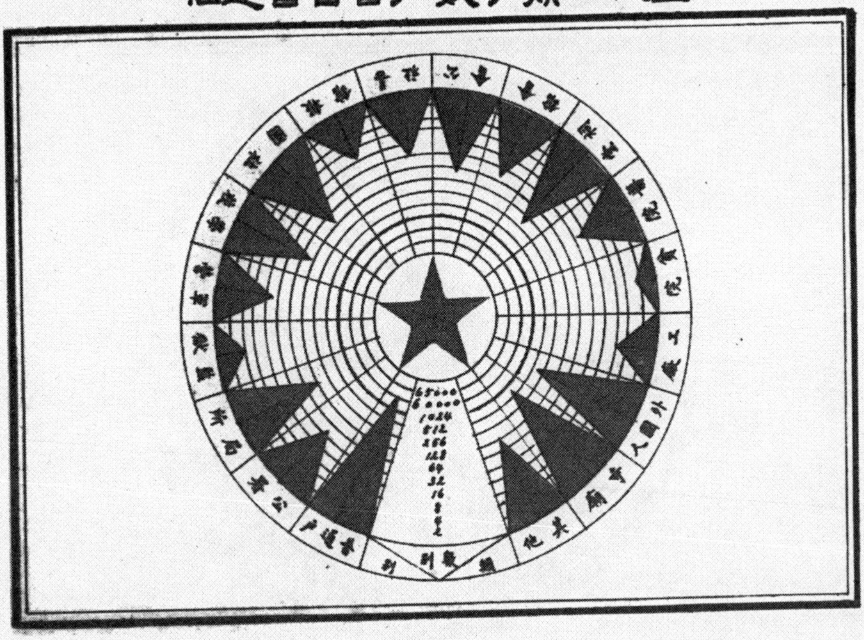

福建省省會戶口分類比較圖

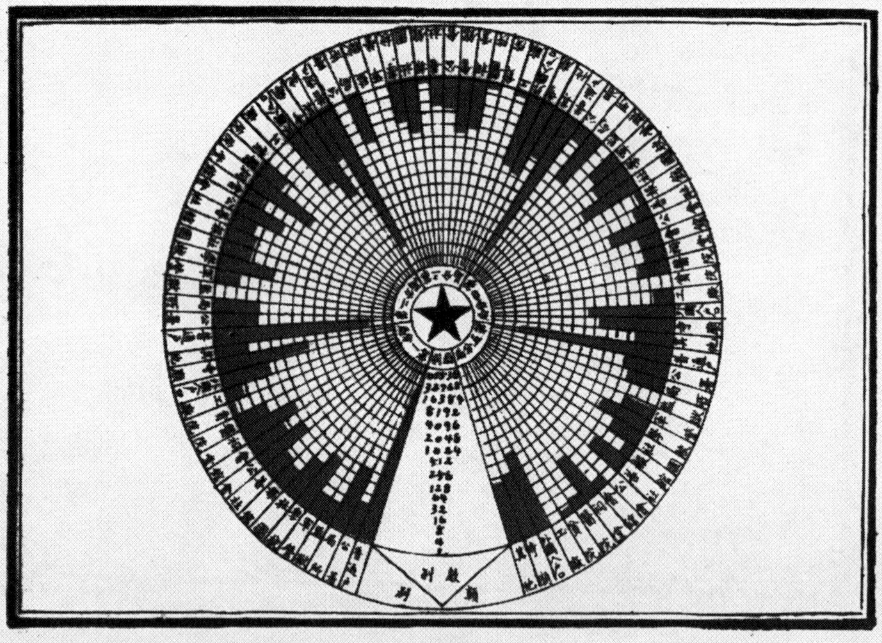

福建省省會男女分類比較圖

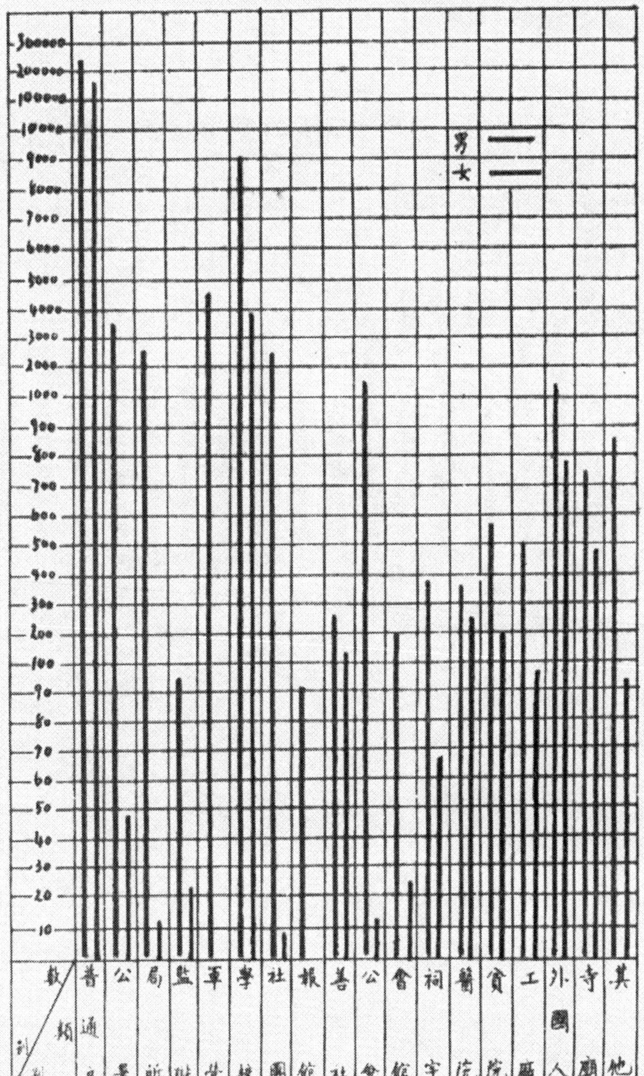

福建省省會戶數與口數分類比較圖

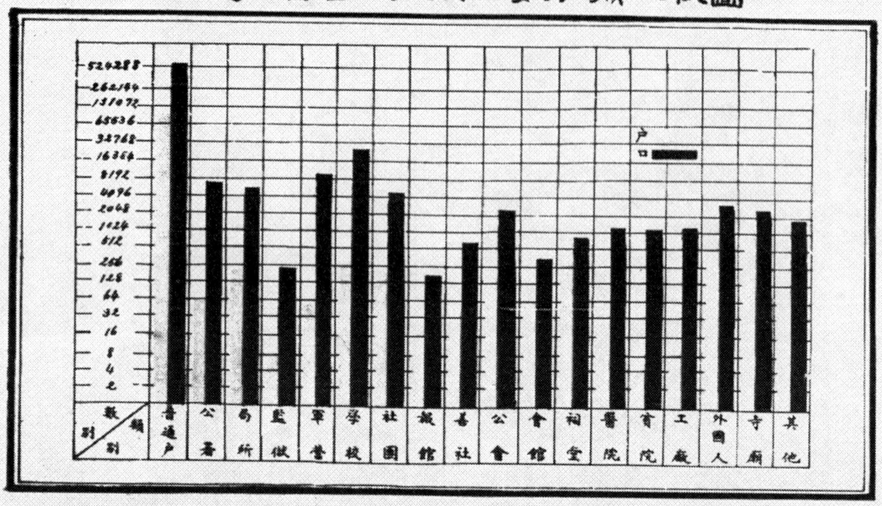

福建省省會公共處所分類統計表

類別 / 局別	公署	局所	監獄	學校	軍警	社團	工廠	報館	善社	公會	會館	祠堂	醫院	貧院	其他
第一分局	8	54	4	33	4	16	3	4	7	32	12	44	8	1	8
第二分局	16	18		37	5	7		7	6	21	4	103	7		23
第三分局		22		14		27	1	1	6	7	29	22	1		26
第四分局	3	29		11	8	51	3	1	3	20	4	4	6		9
第五分局	15	11		25	8	7		1	9		2	18	2	1	36
合計	42	134	4	120	25	108	7	14	31	80	51	191	24	2	102

二十一年復查結果

福建省省會公共處所分類比較圖

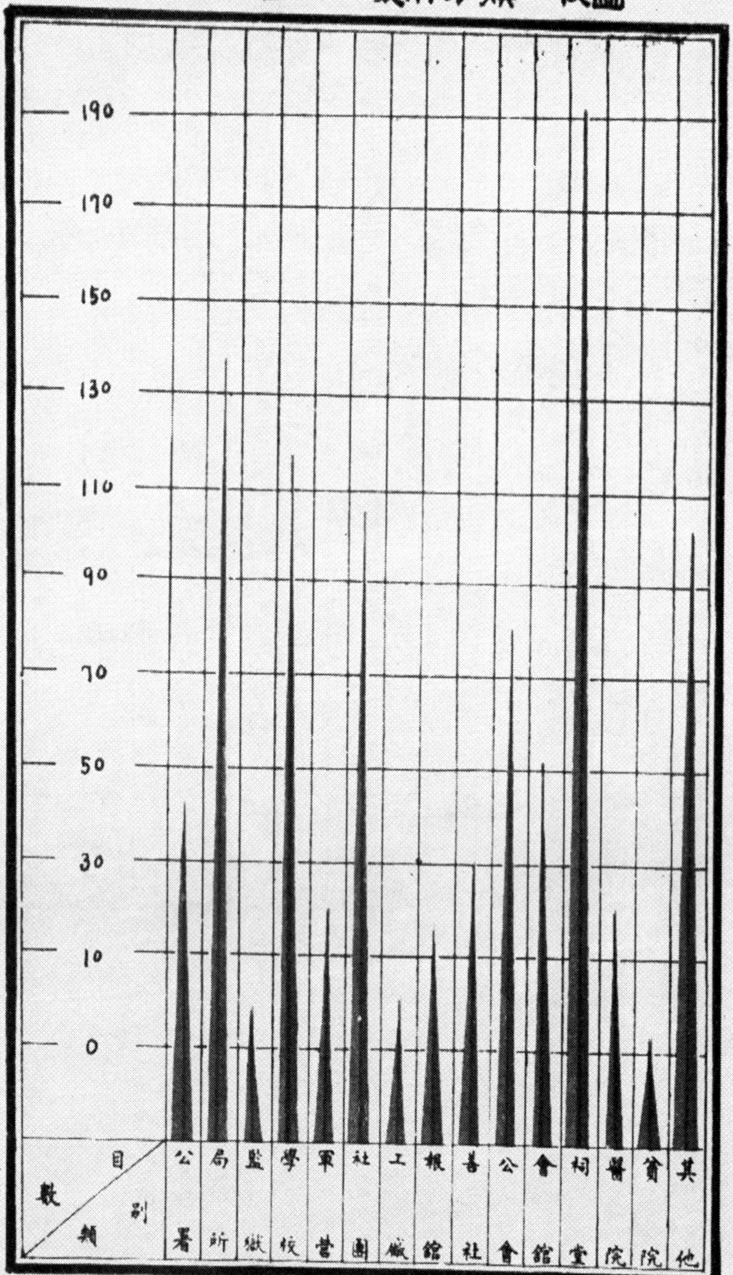

福建省省會公共處所男女人數統計表

類別	別	第一分局	第二分局	第三分局	第四分局	第五分局	總計
公署局所	男	917	1688		152	480	3237
	女	20	18			8	46
	男	442	532	398	450	480	2302
	女		2	1	1	7	11
監獄	男	92					92
	女	21					21
學校	男	1708	3511	1178	896	1680	8973
	女	502	849	546	204	1573	3674
軍營	男	623	3201		188	176	4188
	女						
社團	男	56	451	1251	341	85	2184
	女		1	2	6		9
報館	男	22	37	4	1	25	89
	女						
善社	男	38	72	14	14	82	220
	女		103			3	106
工廠	男	106		1	382		489
	女	40		17	38		95
公會	男	66	584	34	484		1168
	女		9	1	1		11
會館	男	59	30	58	5	11	163
	女	19		2	1		22
祠堂	男	108	155	28	33	20	344
	女	47	13	5	3		68
寺院	男	55	61	1	125	90	332
	女	46	48		8	127	229
育院	男	354				195	549
	女	137				47	184
其他	男	13	293	284	86	138	814
	女	9	64	3	1	14	91

二十一年調查結果

福建省省會公共處所男女人數比較圖

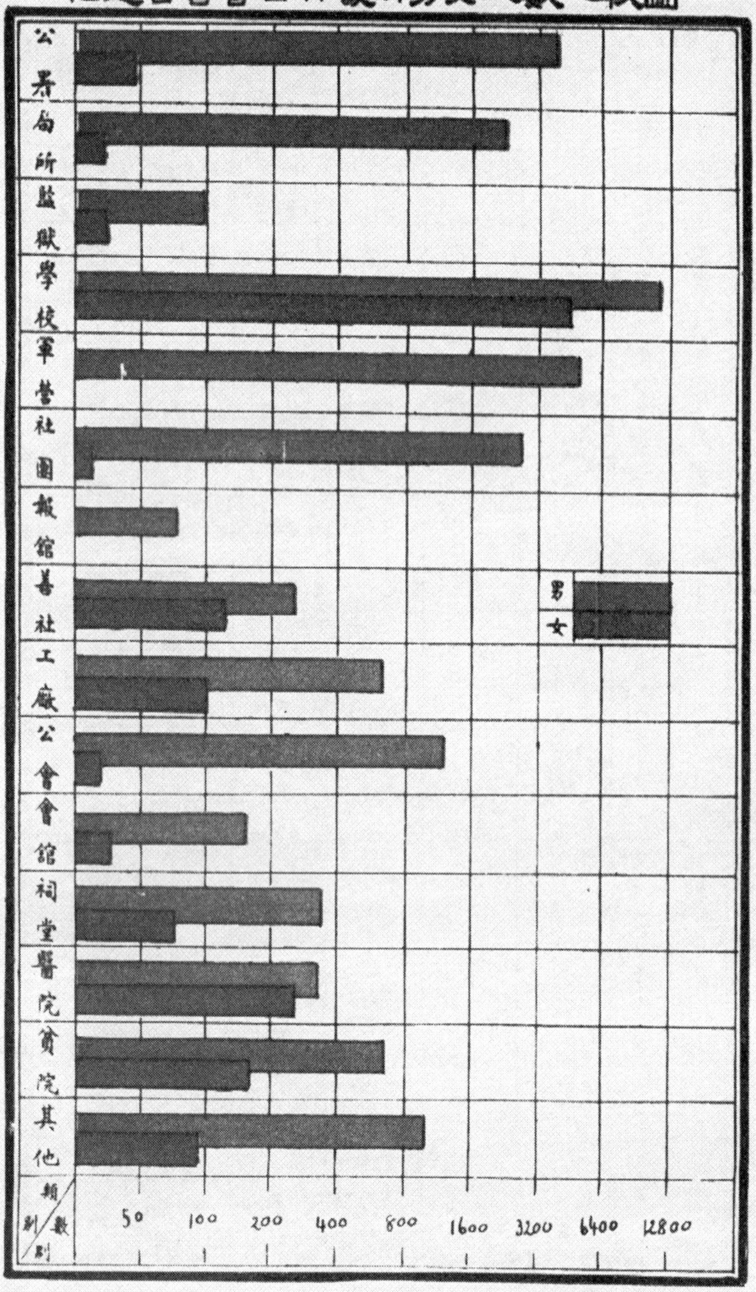

福建省省會寺廟戶口統計表

類別＼局別		第一分局	第二分局	第三分局	第四分局	第五分局	總計
户		159	189	121	98	55	622
口	男	162	210	99	174	61	706
	女	81	202	121	68	5	477

二十一年復委統案

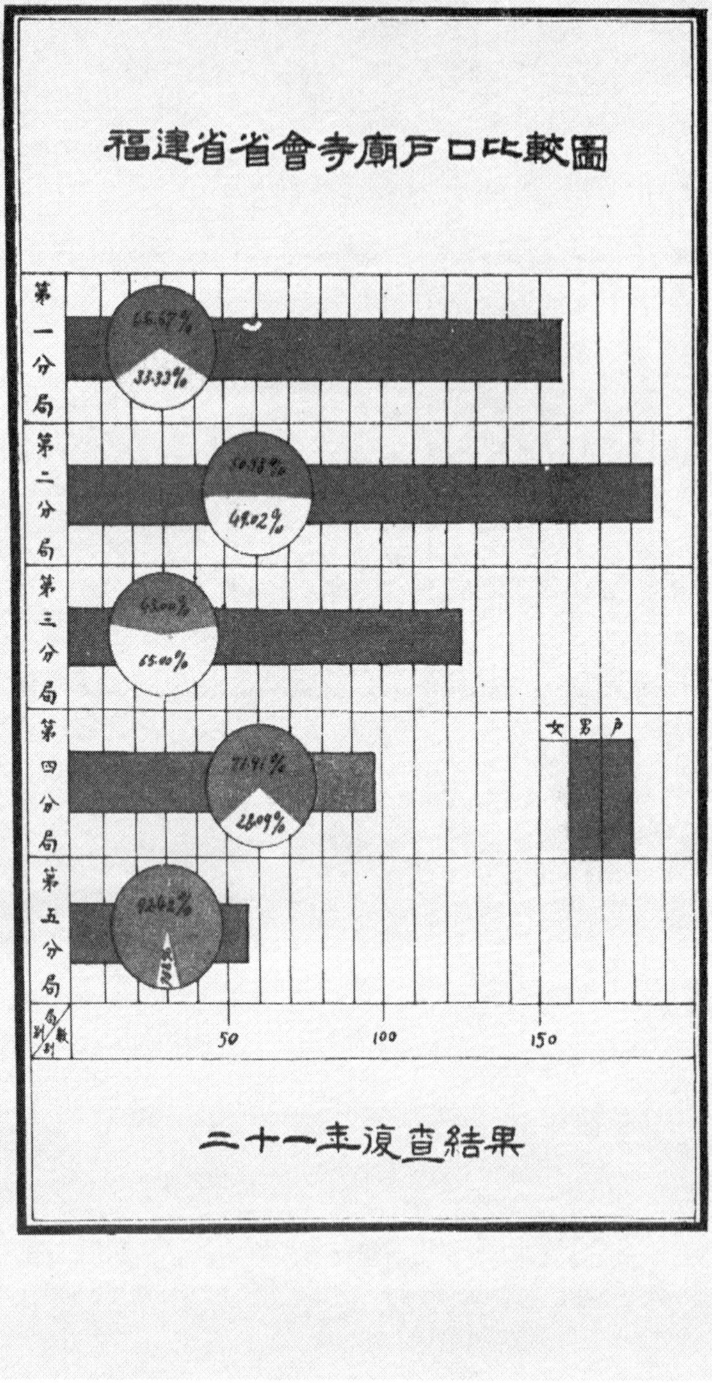
福建省省會寺廟戶口比較圖
第一分局
66.67%
33.33%
第二分局
50.98%
49.02%
第三分局
65.00%
第四分局
71.91%
28.09%
第五分局
92.42%
女
男
戶
局別
數
50
100
150
二十一年復查結果

福建省省會寺廟與住戶百分比較表

類別 局別	戶數			百分比		
	寺廟	住戶	合計	寺廟	住戶	合計
第一分局	159	12253	12412	1.28	98.72	100
第二分局	189	14302	14491	1.31	98.69	100
第三分局	121	16597	16718	.82	99.18	100
第四分局	98	16838	16936	.66	99.34	100
第五分局	55	9835	9890	.57	99.43	100
總計	622	65625	66247	.94	99.06	100

二十一年復查結果

福建省省會寺廟與住戶百分比較圖

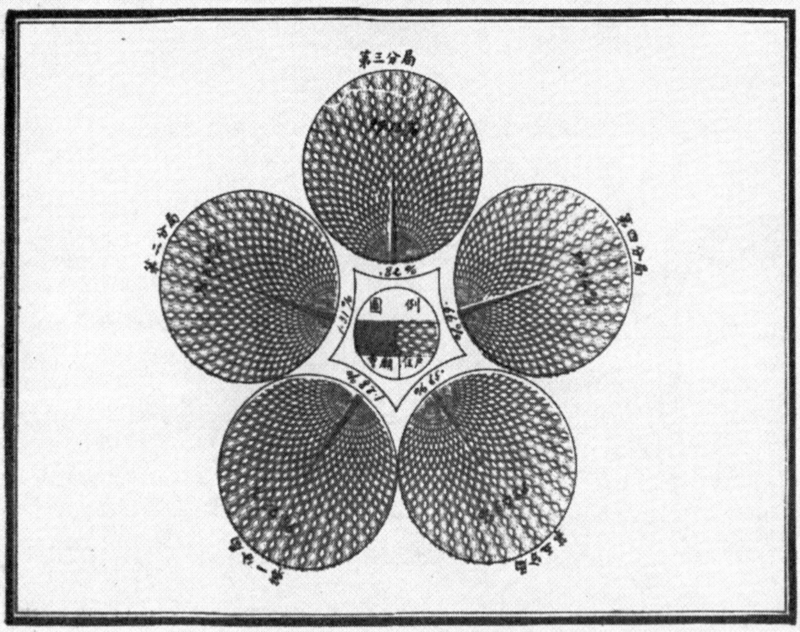

福建省省會壯丁人數統計表

局別 \ 數別	人數			百分比		
	男丁	壯丁	合計	男丁	壯丁	合計
第一分局	26353	9998	36351	72.5	27.5	100
第二分局	29135	14992	44127	66.0	34.0	100
第三分局	31664	16963	48627	65.1	34.9	100
第四分局	26969	19631	46380	58.1	41.9	100
第五分局	17632	11398	29030	60.7	39.3	100
總計	131733	72982	204515	64.4	35.6	100

二十一年復查結果

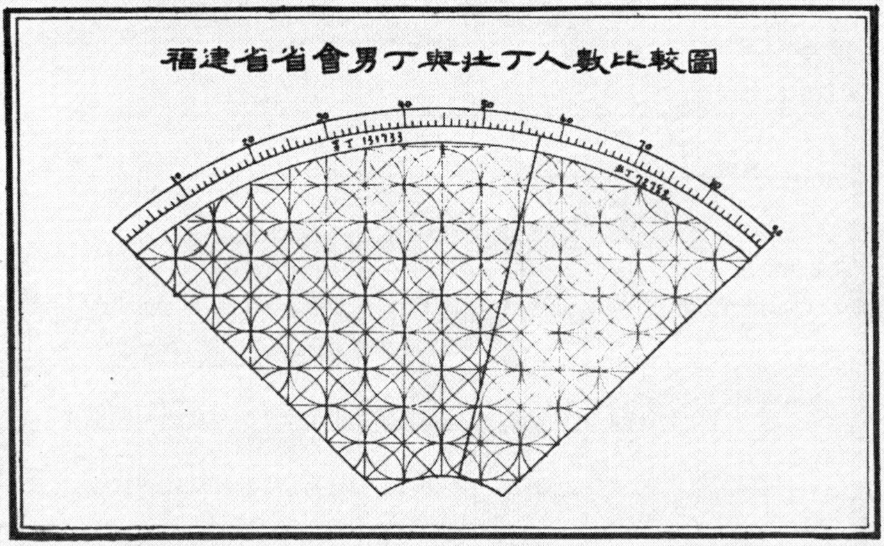

福建省省會男丁與壯丁人數比較圖

福建省省會男丁與壯丁百分比較圖

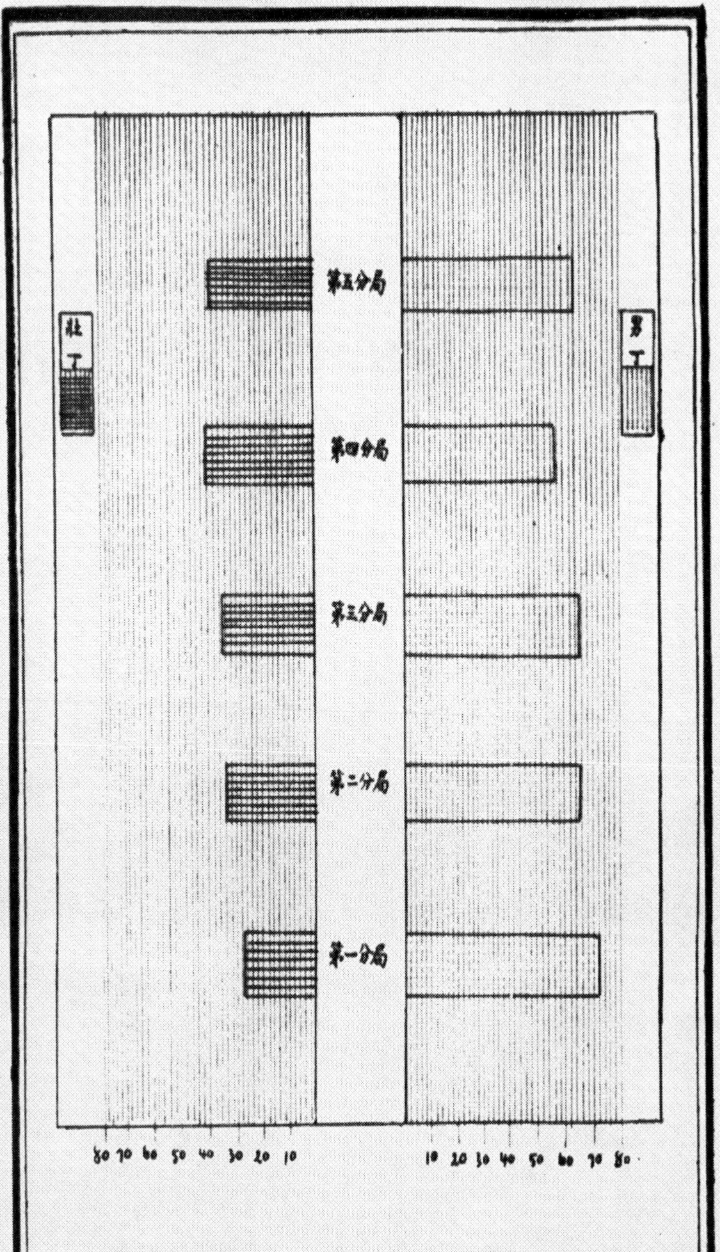

職業類

福建省省會有業與無業人數統計表

局別 \ 性別 \ 類別	有業			無業		
	男	女	合計	男	女	合計
第一分局	19721	1071	20792	16630	26340	42970
第二分局	23585	3372	26957	20542	28855	49397
第三分局	32542	939	33481	16085	29762	45847
第四分局	29935	1868	31803	16445	28976	45421
第五分局	16103	1331	17434	12927	19954	32881
總計	121886	8581	130467	82629	130887	216516

二十一年調查結果

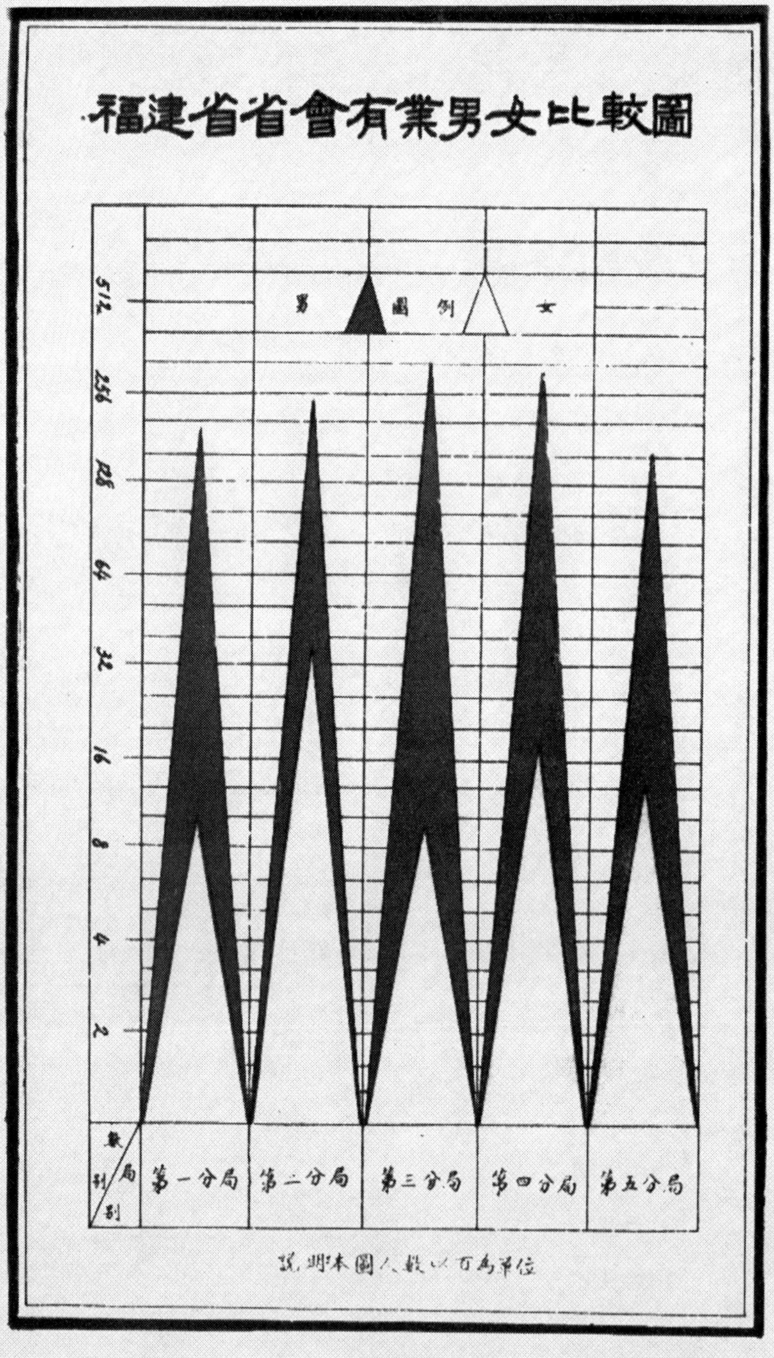
福建省省會有業男女比較圖
512
256
128
64
32
16
8
4
2
男
圖例
女
數
局
别
第一分局
第二分局
第三分局
第四分局
第五分局
說明本圖人數以百爲單位

福建省省會無業男女比較圖

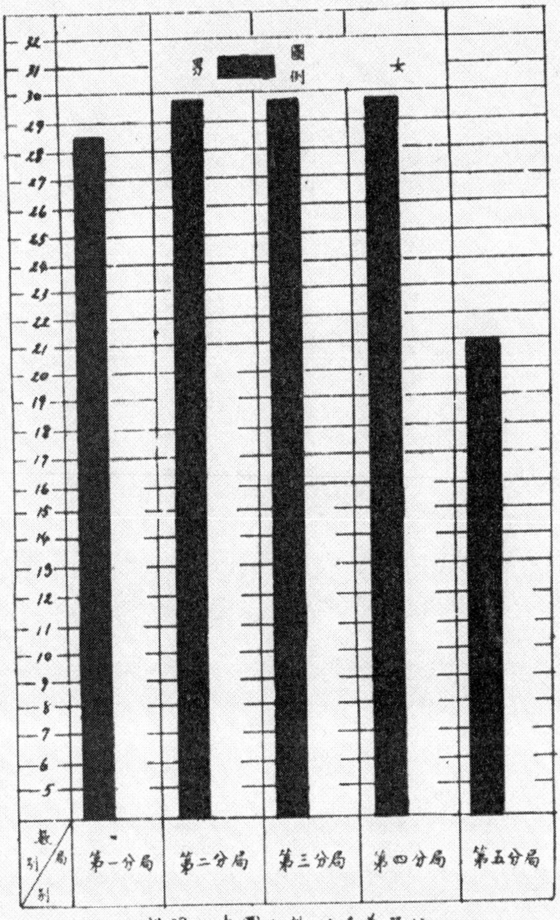

說明：本圖人數以千為單位

教育類

各分局界內識字與不識字人數比較表

福建省省會識字與不識字人數統計表

局別 ＼ 類別 ＼ 性別	識字			不識字		
	男	女	合計	男	女	合計
第一分局	19883	3619	23502	16468	23792	40260
第二分局	24986	4745	29731	19141	27482	46623
第三分局	28303	2291	30594	20324	28419	48743
第四分局	24382	2485	26867	21998	28359	50357
第五分局	15989	2953	18942	13041	18332	31373
總計	113543	16093	129636	90972	126364	217356

二十一年複查結果

福建省省會識字男女比較圖

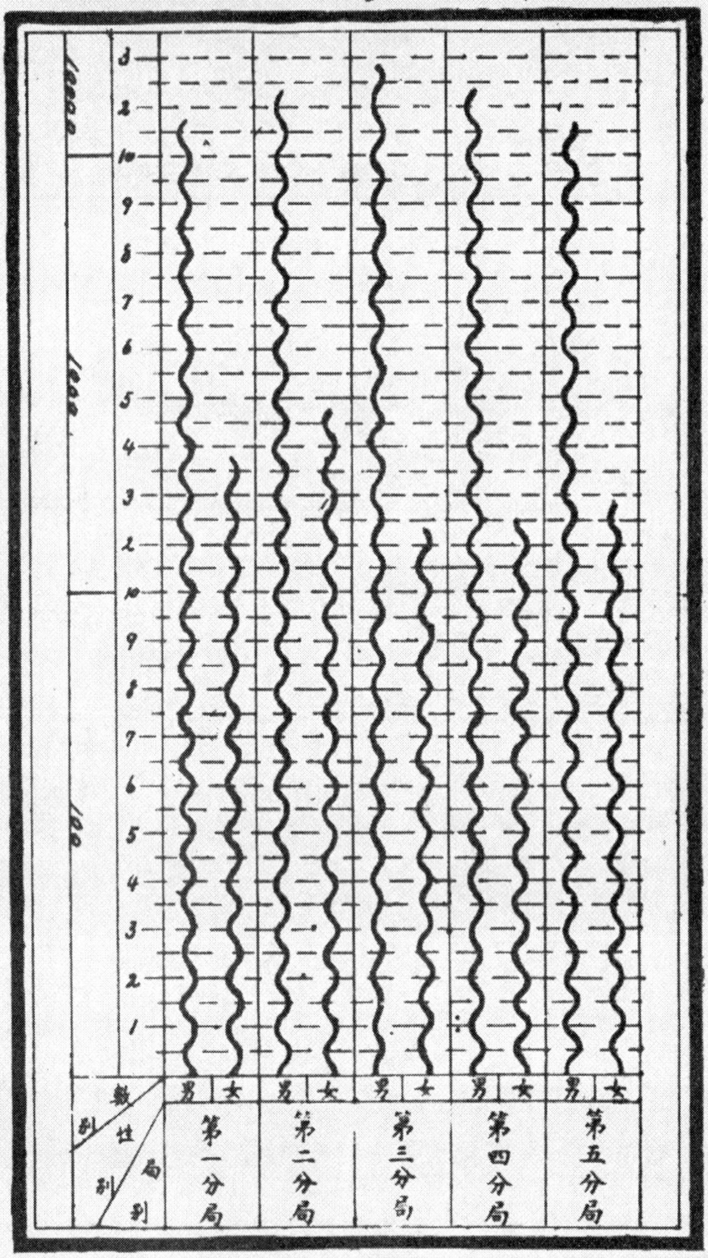

福建省省會不識字人數比較圖

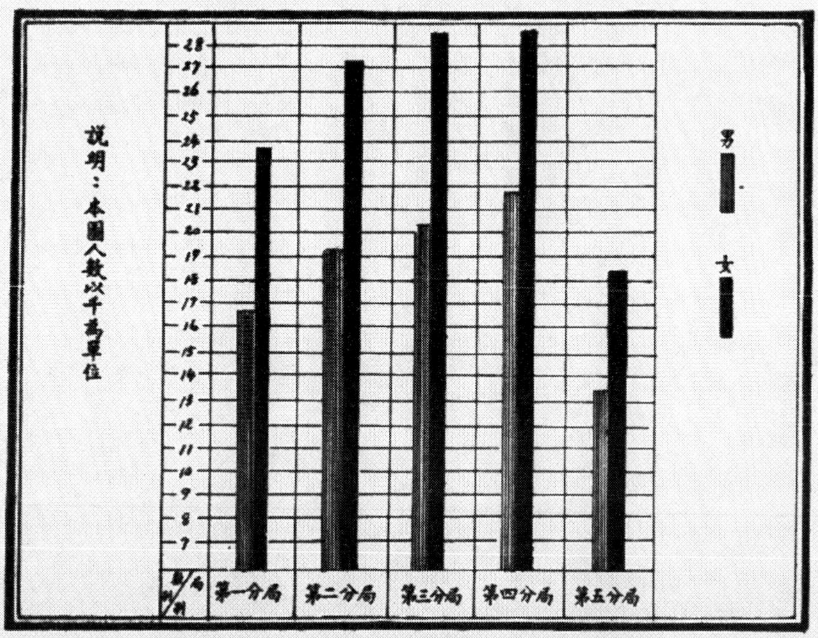

各分局界內學童男女人數比較表

說明

學童係指六歲至十二歲受學之兒童

福建省省會學童人數統計表

局别 性别	第一分局	第二分局	第三分局	第四分局	第五分局	合計
男	5729	5522	6341	5514	4101	27207
女	4004	4111	4946	4506	3362	20929
總計	9733	9633	11287	10020	7463	48136

二十一年復查結果

福建省省會學童人數比較圖

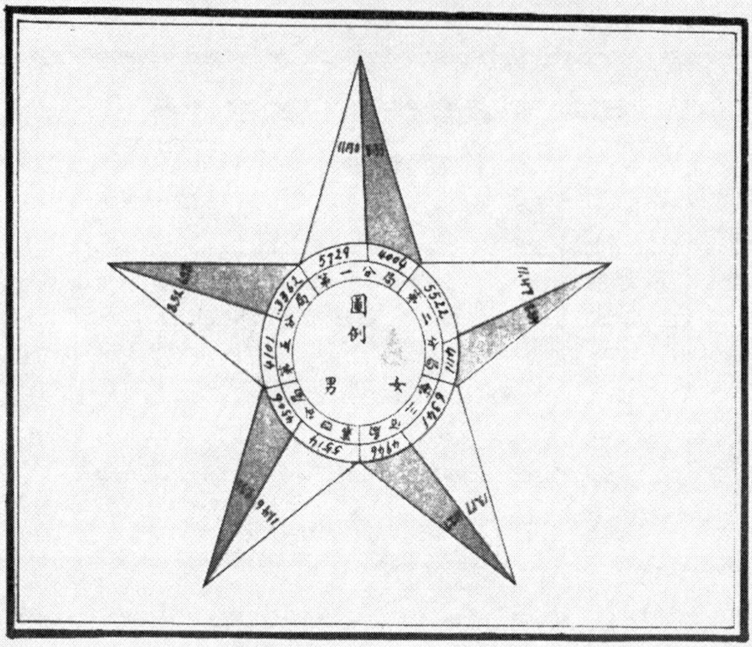

黨員

各分局界内黨員人數統計表

福建省省會黨員人數統計表

局別 性別	第一分局	第二分局	第三分局	第四分局	第五分局	合計
男	125	234	200	55	32	646
女	9	35	3	18	2	67
總計	134	269	203	73	34	713

二十一年復查結果

福建省省會黨員人數比較圖

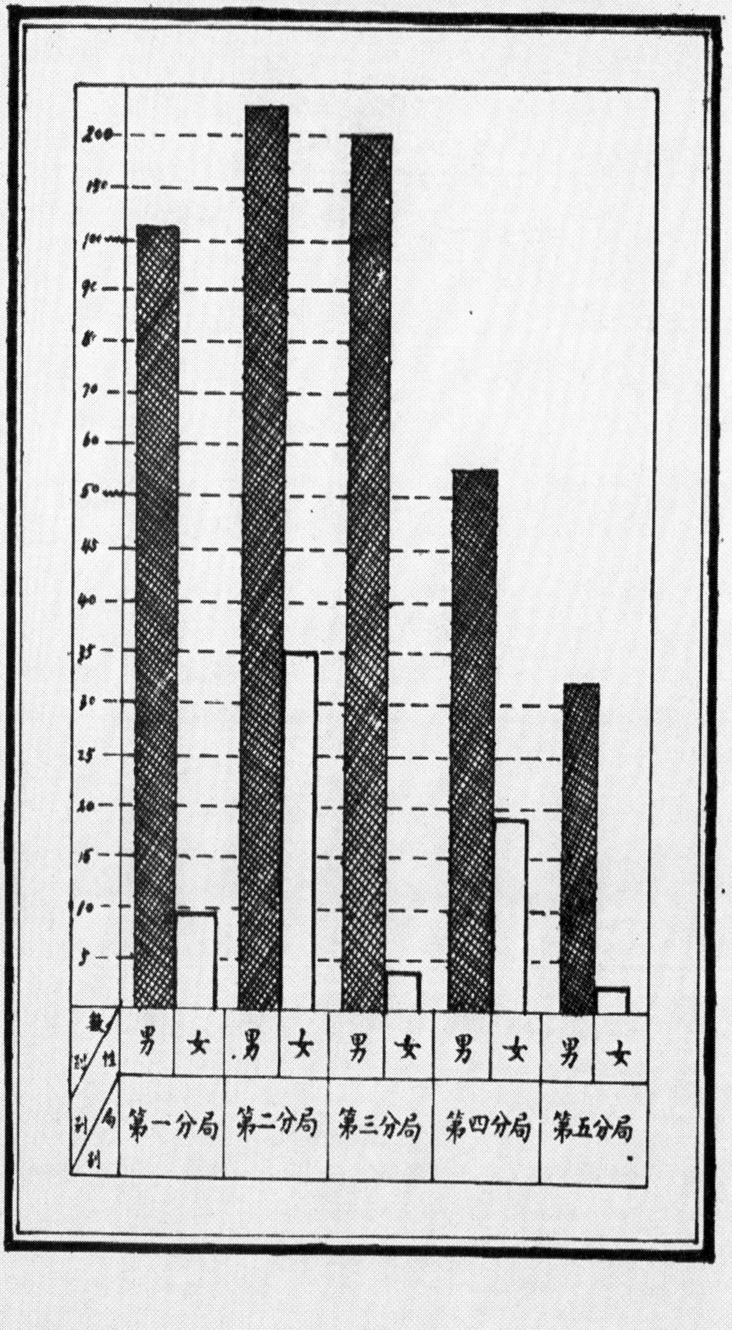

宗　教

各分局冢内黨員人數統計表

福建省省會信教人數統計表

類別／性別／局別	佛教		道教		回教		耶穌教		天主教		天理教		合計	
	男	女	男	女	男	女	男	女	男	女	男	女	男	女
第一分局	650	576	260	39			272	210	19	54			1201	879
第二分局	111	166	43	25			334	310	24	26	5	4	596	584
第三分局	1833	1014	471	428	77	55	426	420	323	280			3146	1963
第四分局	233	137	444	294	93	21	304	181	176	96	420	344	1534	1052
第五分局	6	16	46	13	7		162	203	33	39	1	2	248	293
總計	2833	1929	1264	619	177	76	1498	1324	575	495	426	350	6773	4791

二十一年復查結果

福建省省會信教人數比較圖

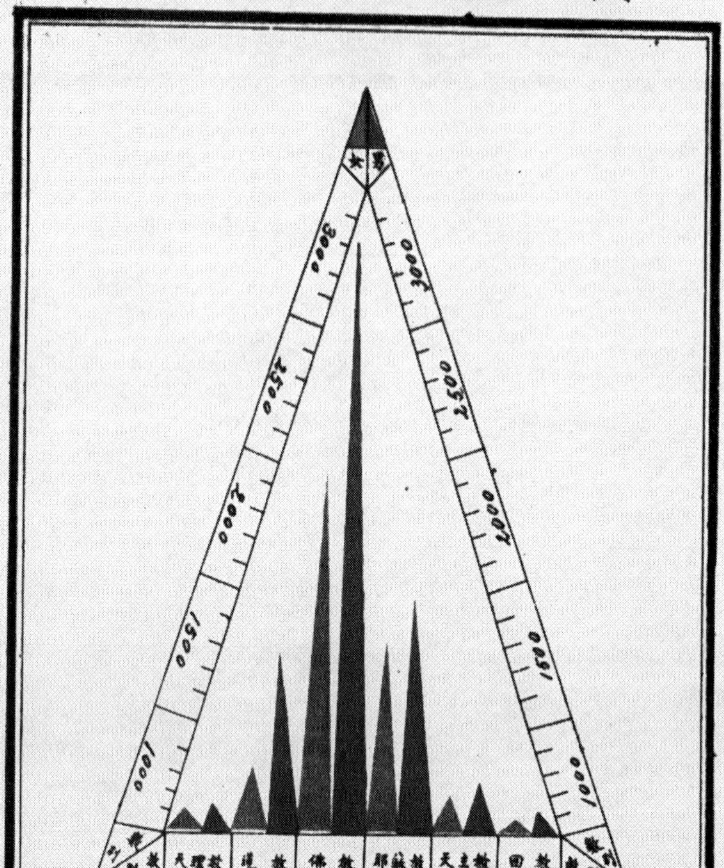

浮動人口

各分局界內人口現住與他往統計表

福建省省會現住他往人口統計表

類別 性別 局別	現住			他往		
	男	女	合計	男	女	合計
第一分局	28785	26635	55420	7566	776	8342
第二分局	35423	31099	66522	8704	1128	9832
第三分局	43846	30397	74243	4781	313	5094
第四分局	43872	30645	74517	4508	199	2707
第五分局	26680	20674	47354	2350	611	2961
總計	178606	13945	318056	25909	3027	28936

二十一年複查結果

福建省省會現住他往人口比較圖

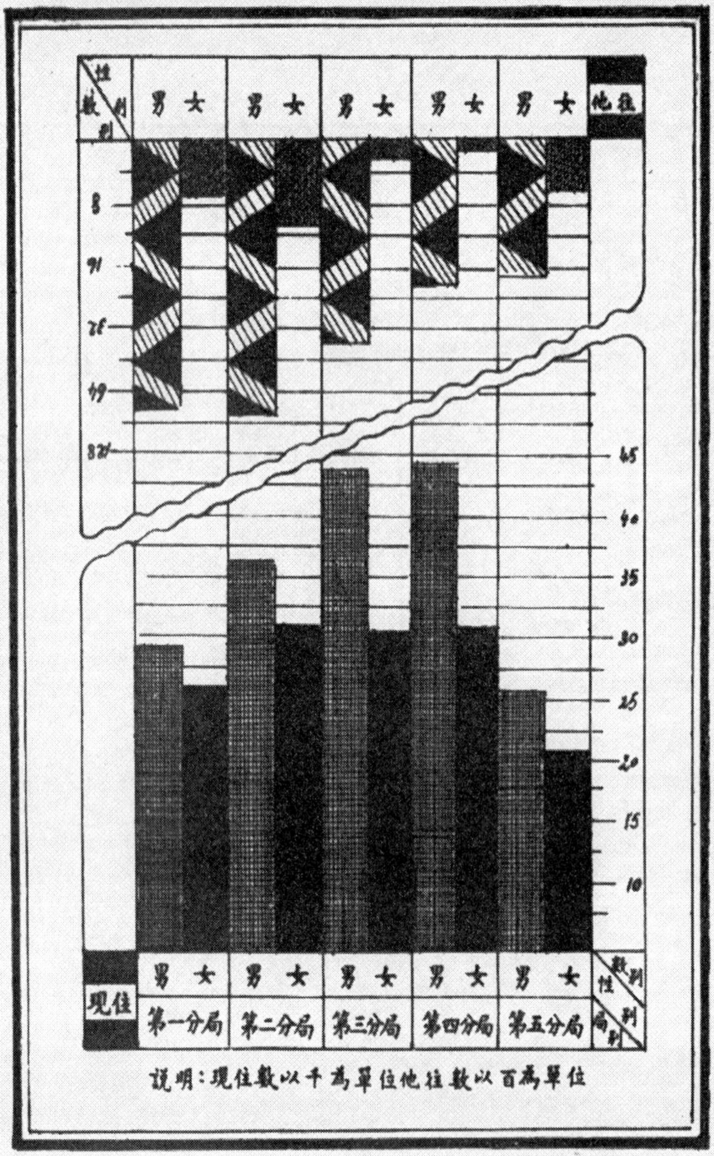

外僑狀況

各分局冢内外人統計表

福建省省會外僑人數統計表

國別 / 性別 / 局別		第一分局	第二分局	第三分局	第四分局	第五分局	合計
英國	男	3		4		42	49
	女	4				39	43
美國	男	2	12	1	2	29	46
	女	6	25	2	1	41	73
法國	男	4	3	5	1	4	17
	女	6	4			1	11
德國	男					8	8
	女					4	4
日本國	男	49	67	132	413	15[illegible]	811
	女	37	39	110	251	166	603.
西班牙	男					1	1
	女					2	2
葡萄牙	男			53	13	4	70
	女			37	5	1	43
總計	男	58	82	195	429	436	1002
	女	51	65	149	257	256	779
	合計	109	150	344	686	692.	1781

二十一年度查結果

福建省省會外僑人數比較圖

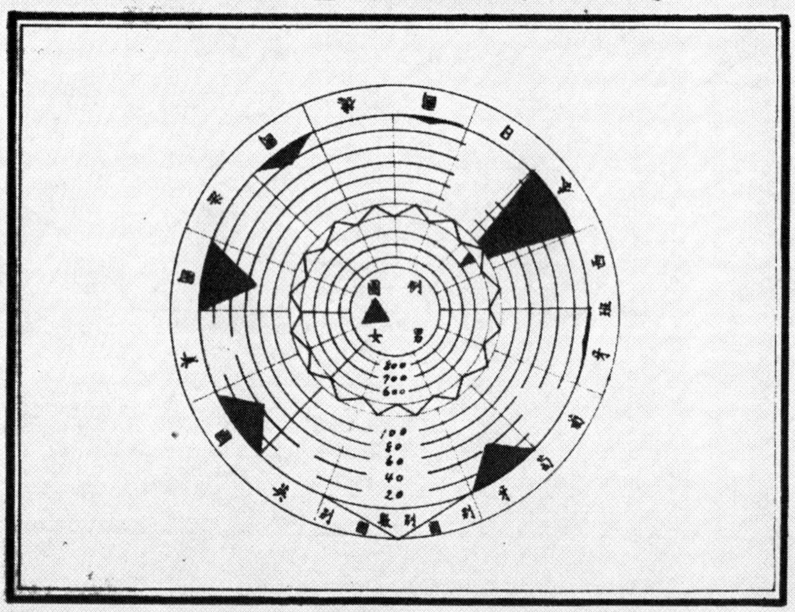

各分局界內外人職業統計表

福建省省會外國人有無職業統計表

局別	職業	類別	英吉利	美利堅	德國	法蘭西	日本	葡萄牙	西班牙
第一分局	有	男	2	2	0	1	55	0	0
		女	3	0	0	0	3	0	0
		合計	5	3	0	1	58	0	0
	無	男	1	1	0	3	31	0	0
		女	1	4	0	6	39	0	0
		合計	2	5	0	9	70	0	0
第二分局	有	男	0	9	0	3	26	0	0
		女	0	10	0	2	1	0	0
		合計	0	19	0	5	27	0	0
	無	男	0	3	0	0	29	0	0
		女	0	16	0	2	29	0	0
		合計	0	19	0	2	58	0	0
第三分局	有	男	2	2	0	1	62	17	0
		女	0	2	0	0	2	0	0
		合計	2	4	0	1	64	17	0
	無	男	2	0	0	1	44	57	0
		女	0	0	0	0	114	36	0
		合計	2	0	0	1	158	93	0
第四分局	有	男	2	2	0	4	308	13	0
		女	0	1	0	0	168	3	0
		合計	2	3	0	4	476	16	0
	無	男	0	0	0	0	134	1	0
		女	0	0	0	0	86	1	0
		合計	0	0	0	0	220	2	0
第五分局	有	男	16	20	6	4	83	1	1
		女	10	17	1	0	0	0	0
		合計	46	37	7	4	83	1	1
	無	男	4	6	2	0	39	1	0
		女	29	23	3	1	161	3	1
		合計	33	29	5	1	200	4	1
總計	有	男	42	26	6	13	534	31	1
		女	13	30	1	2	174	3	0
		合計	55	66	7	15	708	34	1
	無	男	7	10	2	4	277	39	0
		女	30	43	3	9	429	40	1
		合計	37	53	5	13	706	79	1

二十一年復查結果

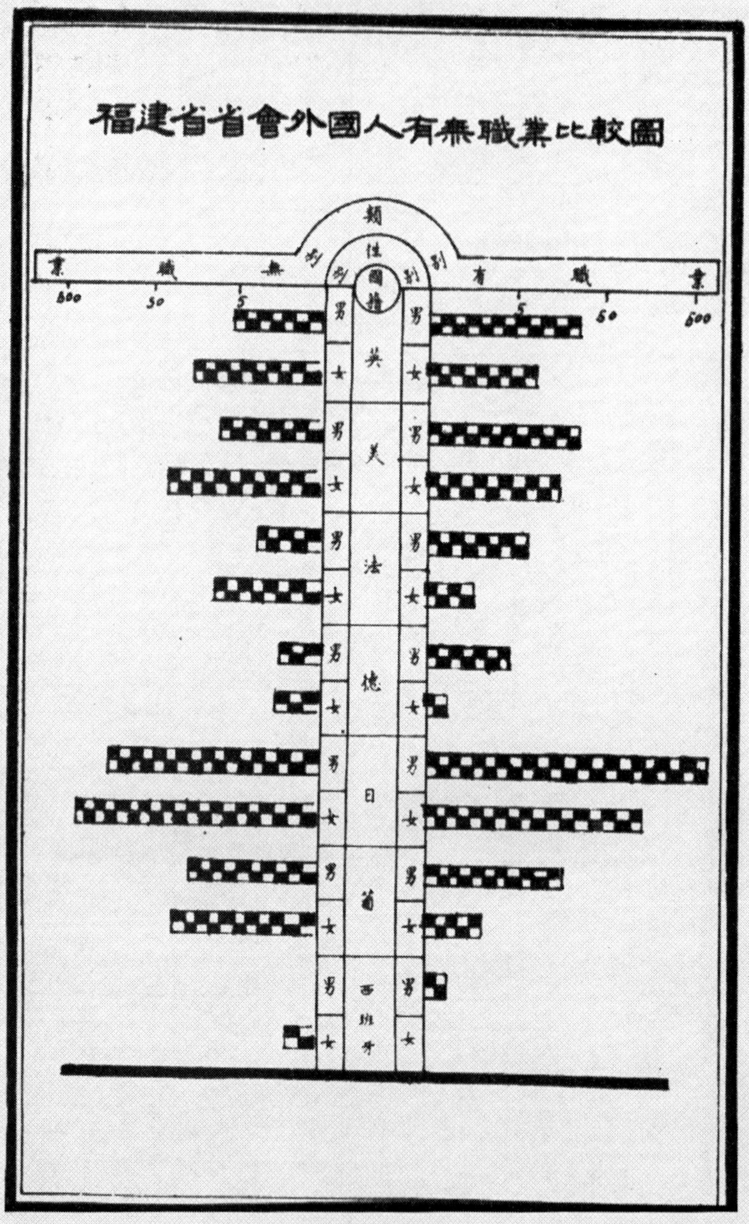
福建省省會外國人有無職業比較圖
類別
性別
國籍
無職業
有職業
英
美
法
德
日
葡
西班牙
男
女

福建省省會外國人職業分類統計表

國別 數 類別		英吉利	美利堅	德國	法蘭西	日本	葡萄牙	西班牙	總計
職業	商界	28	5	2	5	680	16		736
	學界	8	31	3	1	10			53
	醫界	4	8			11			23
	宗教	4	11	6		1		1	23
	政界	1	2	1		10			14
	軍警					11			11
	新聞界					9			9
	工界	2	1			4			7
	海關	3	2						5
	郵政	2		1					3
	鹽務			1					1
	市政	1							1

二十一年調查結果

福建省省會外國人職業分類比較圖

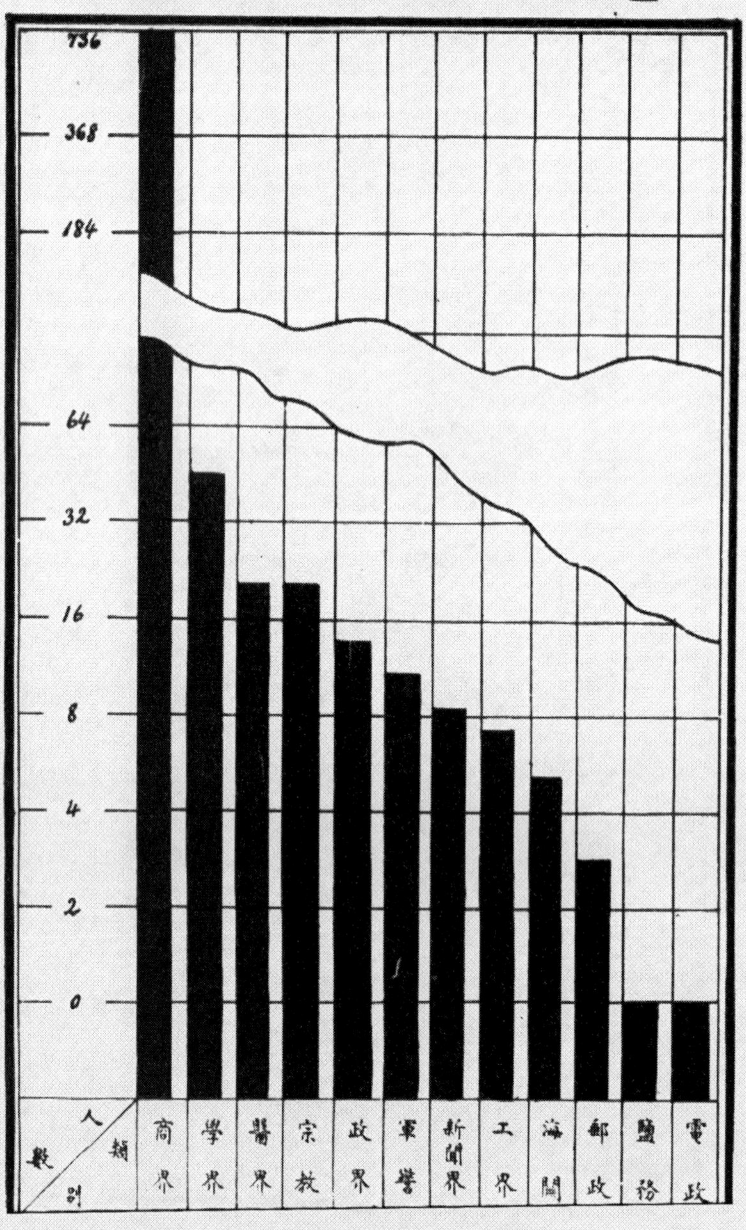

戶口變動

福建省省會二十一年份戶口變動統計表

福建省省會二十一年份戶口變動統計表

類別			一月	二月	三月	四月	五月	六月	七月	八月	九月	十月	十一月	十二月	總計
遷入	戶	數	160	138	158	146	195	171	237	215	850	1424	1448	1455	6397
	口	男	419	383	417	433	528	407	502	510	2516	3363	1864	2143	13469
		女	336	258	316	346	331	317	353	334	1666	2673	1611	1536	10057
徙出	戶	數	182	101	119	100	155	132	219	180	698	1376	1901	2442	7755
	口	男	336	266	328	295	431	343	485	450	3030	2992	3670	5917	18607
		女	262	199	340	239	284	256	354	303	1720	2759	1783	2218	10787
出生人數		男	47	128	76	117	94	184	214	199	136	176	94	55	1440
		女	130	99	131	82	119	65	82	63	97	178	88	39	1173
死亡人數		男	68	93	88	114	97	123	151	101	91	163	56	76	1201
		女	24	72	67	54	65	156	82	46	169	99	48	47	950
男婚人數			36	48	48	44	46	47	60	56	219	219	185	116	1076
女嫁人數			41	38	67	39	41	45	52	55	235	284	160	104	1081
繼承人數															
分居	戶	數													
	口	男													
		女													
失蹤人數		男													
		女													

二十一年復查結果

福建省省會二十一年份户口遷徙統計表

類別 \ 月份			一月	二月	三月	四月	五月	六月	七月	八月	九月	十月	十一月	十二月	總計
户	遷入		160	138	158	166	195	191	237	215	850	1424	1248	1455	6397
	遷出		186	101	119	100	155	132	219	180	898	1376	1901	2442	7755
口	遷入	男	419	383	417	463	522	407	602	510	2516	3363	1864	2143	13469
		女	336	258	316	326	331	319	353	304	1666	2675	1611	1536	10057
	遷出	男	336	246	328	295	431	347	465	450	3030	2992	3620	5997	18607
		女	262	179	240	239	284	256	356	303	1726	2759	1983	2218	10787

二十一年復查結果

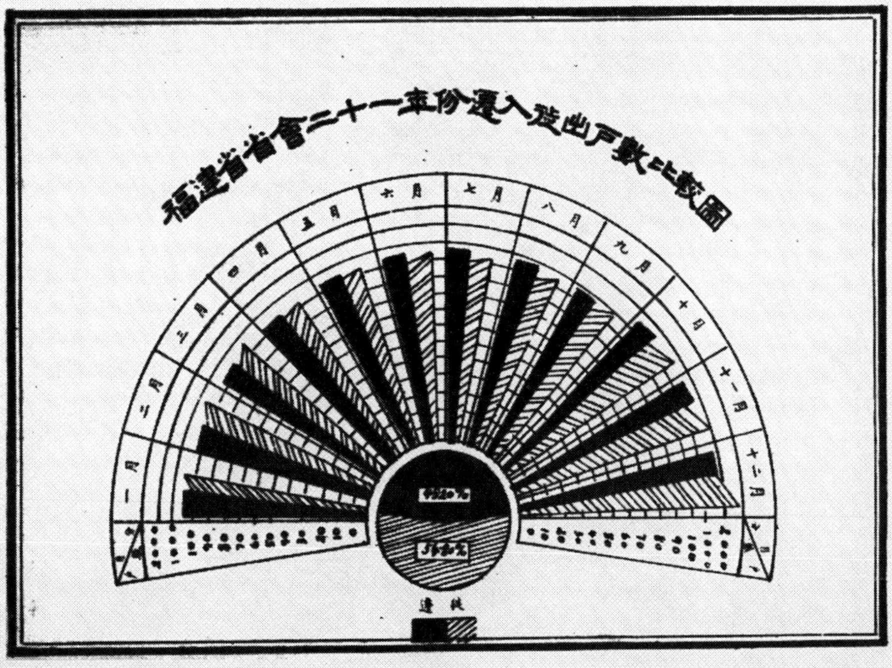
福建省省會二十一年份運入發出戶數比較圖
一月
二月
三月
四月
五月
六月
七月
八月
九月
十月
十一月
十二月

福建省省會二十一年份男女遷徙比較圖

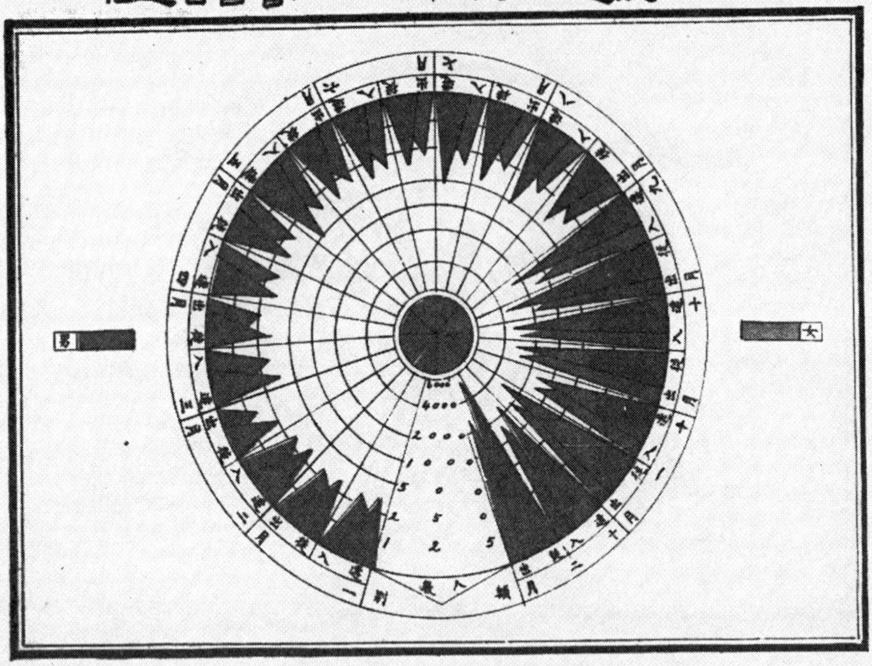

福建省省會二十一年份居民出生死亡婚嫁統計表

福建省省會二十一年份住民出生死亡統計表

月份	性別	出生		死亡		合計	百分比 出生	百分比 死亡	百分比 合計
一月	男	47	177	68	92	269	65.79	34.21	100
	女	130		24					
二月	男	128	227	93	165	392	57.90	42.10	100
	女	99		72					
三月	男	76	207	88	155	362	57.18	42.82	100
	女	131		67					
四月	男	117	199	114	168	367	54.22	45.78	100
	女	82		54					
五月	男	74	193	97	182	375	51.46	48.54	100
	女	119		85					
六月	男	124	189	163	279	468	40.38	59.62	100
	女	65		116					
七月	男	214	296	151	233	529	55.95	44.05	100
	女	82		82					
八月	男	199	262	101	147	409	64.05	35.95	100
	女	63		46					
九月	男	136	233	91	260	493	47.26	52.74	100
	女	97		169					
十月	男	176	354	143	242	596	59.41	40.59	100
	女	178		99					
十一月	男	96	182	56	105	287	63.41	36.59	100
	女	86		49					
十二月	男	55	94	76	123	217	43.31	56.69	100
	女	39		47					
合計	男	1440	2613	1201	2151	4764	54.80	45.20	100
	女	1173		950					

說明：本表因施行複查時發見民間每月均有漏報自應按月分別加入合計事實故九月份以前總計與報部數目微有出入特此附註

二十一年複查結果

福建省省會二十一年份男女出生死亡比較圖

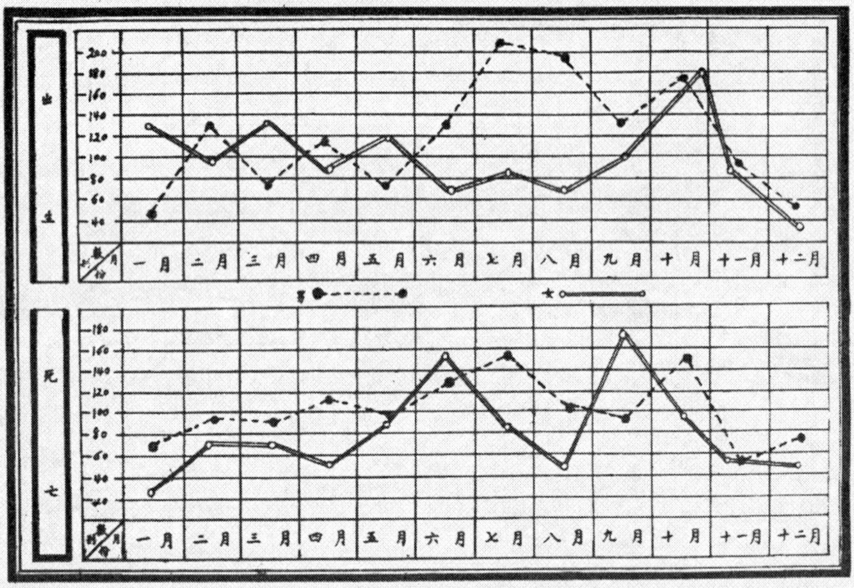

福建省省會二十一年份出生死亡人數百分比較圖

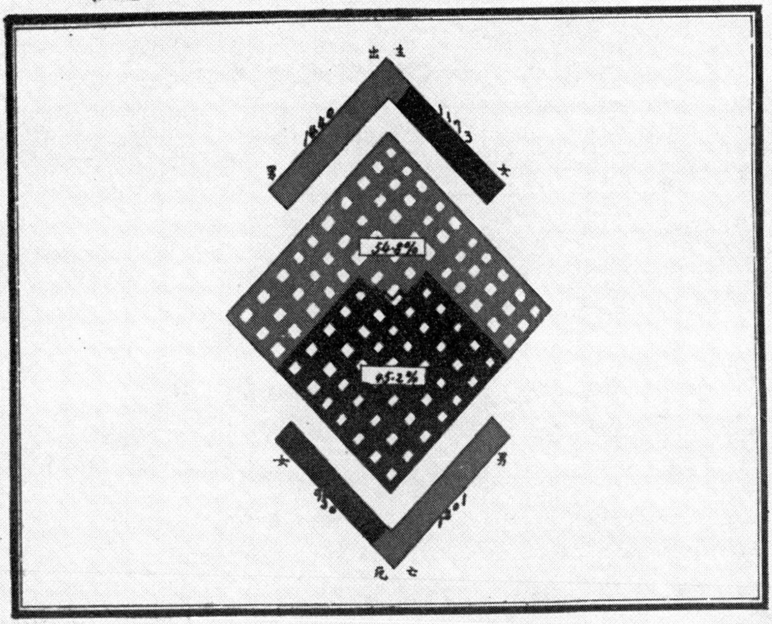

福建省省會二十一年份婚嫁逐月百分比較表

類別 / 月分	男婚	女嫁	合計	百分比：男婚	百分比：女嫁	百分比：合計
一月	36	41	77	46.75	53.25	100
二月	42	38	80	52.50	47.50	100
三月	48	47	95	50.53	49.47	100
四月	44	39	83	53.01	46.99	100
五月	46	41	87	52.87	47.13	100
六月	47	45	92	51.08	48.92	100
七月	60	52	112	53.57	46.43	100
八月	54	55	109	49.54	50.46	100
九月	219	235	454	48.24	51.76	100
十月	219	224	443	49.44	50.56	100
十一月	145	160	305	47.54	52.46	100
十二月	116	104	220	52.72	47.28	100

百分比：全年婚嫁		
男婚	1076	49.88
女嫁	1081	50.12
合計	2157	100

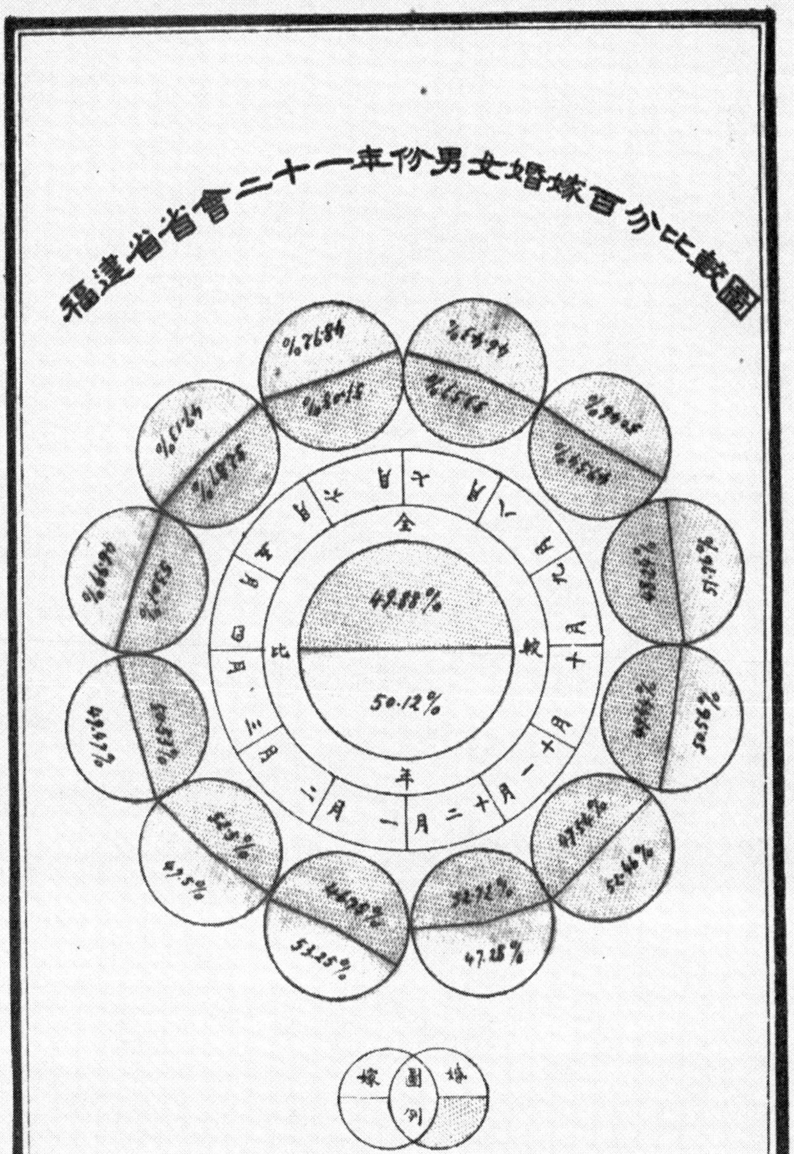
福建省省會二十一年份男女婚嫁百分比較圖
全年比較
49.88%
50.12%
一月
二月
三月
四月
五月
六月
七月
八月
九月
十月
十一月
十二月
嫁
娶
圖例

其他

各分局界內非家屬雜居及殘廢蓄辮纏足人數統計表

福建省省會非家屬雜居人數統計表

類別 / 局別	口數		
	男	女	合計
第一分局	278	192	470
第二分局	740	733	1473
第三分局	954	596	1550
第四分局	233	113	346
第五分局	208	253	461
總計	2413	1887	4300

二十一年復查結果

福建省省會非家屬雜居男女比較圖

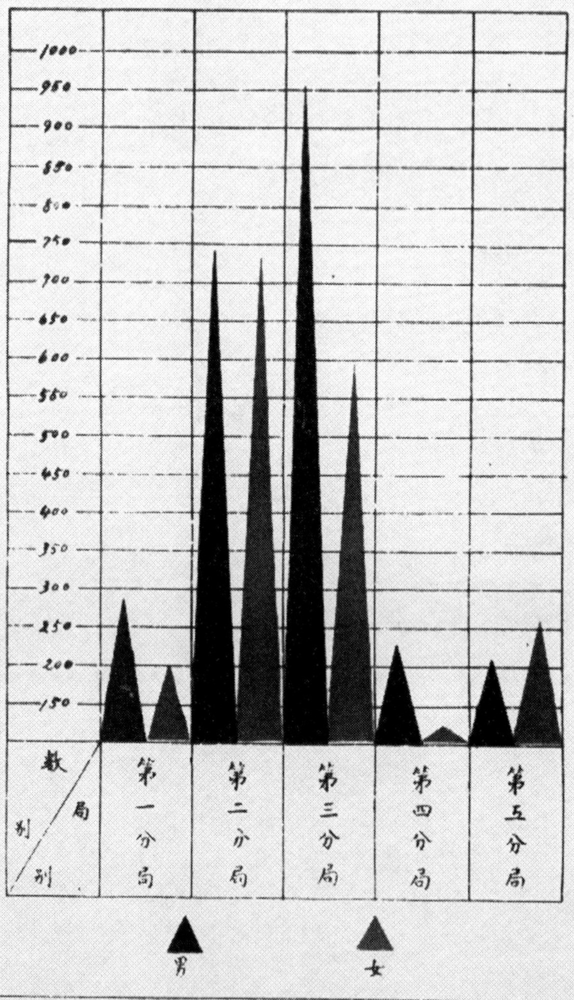

福建省省會普通口數與非家屬雜居人數百分比較圖

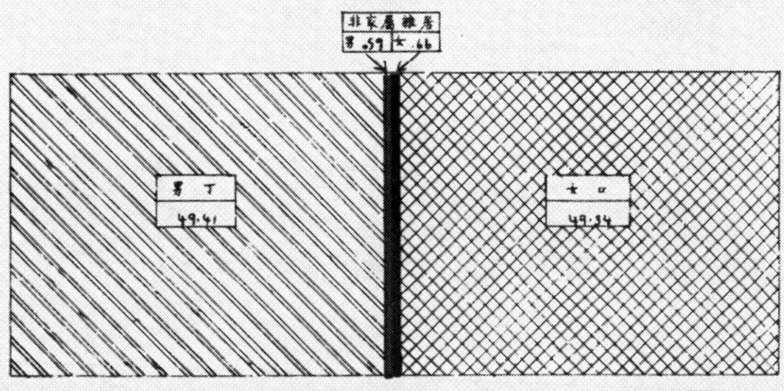

福建省省會蓄辮纏足及殘廢人數統計表

類別	性別	第一分局	第二分局	第三分局	第四分局	第五分局	合計
殘廢	男	144	51	193	68	13	449
	女	27	32	71	27	6	163
蓄辮	男	46		14	7		67
纏足	女	272	225	499	42	45	1083

二十一年復查結果

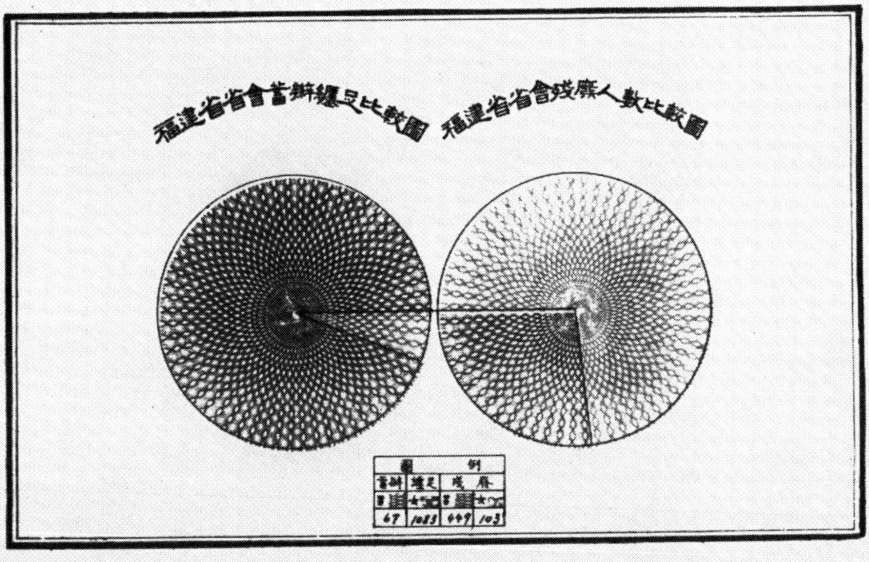
福建省省會書辦纏足比較圖
福建省省會殘廢人數比較圖
圖例
書辦 纏足 殘廢
67 1083 449 103

各项调查表

福建省省會公安局戶口調查表

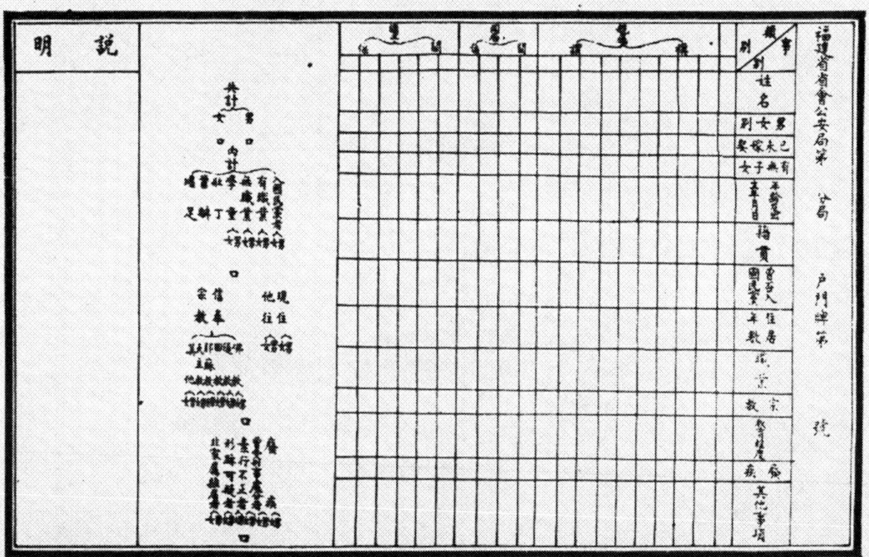

福建省省會公安局外國僑民戶口調查表

福建省省會公安局第　分局外國僑民戶口調查表　年　月

局別							
戶主姓名							
國籍							
性別							
年齡							
宗教							
職業							
眷屬人數	男　女	男　女	男　女	男　女	男　女	男　女	男　女
現住人數	男　女	男　女	男　女	男　女	男　女	男　女	男　女
他往人數	男　女	男　女	男　女	男　女	男　女	男　女	男　女
現住地							
來閩年月							
其他事項							

備考

福建省省會公安局寺廟戶口調查表

福建省省會公安局第　分局　　所　字第　號

寺廟名稱	事項／別	住持	徒眾								傭工		
	僧道名稱												
	姓名或法名												
	年齡及出生年月日												
	男女別												
	籍貫												
	曾否入國民黨												
	住居年數												
	剃度年月日												
	其他事項												

共計：男　口　女　口

內計：
- 入國民黨者（男　女）
- 現住（男　女）
- 他往（男　女）
- 曾受刑事處分者（男　女）
- 素行不正者（男　女）
- 形跡可疑者（男　女）

口

說明

福建省省會公安局公共處所戶口調查表

福建省省會公安局第　分局　門牌公字第　號

名稱	公官私設	主管人姓名	辦事人數		其他人數		傭工人數		共計		說明
			男	女	男	女	男	女	男	女	

各项报告表

福建省省會戶口移動報告表

遷徙者之姓名	性別	年歲	職業	原籍	遷前之住址	遷來或遷往之住址	遷來或遷往之口數	遷徙之年月日	備考

說明

福建省省會住民出生報告表

出生者之姓名	性別	類別	出生年月日	出生者之父母 姓名	年歲	職業	原籍與住地	現住街巷門牌號數	備考

說明

福建省省會住民死亡報告表

死亡者之姓名	性別	年歲	職業	死亡年月日	死亡原因	原籍與住址	現住街巷門牌號數	備考	說明

福建省省會住民嫁娶報告表

結婚者之姓名	男	女	男	女	男	女	男	女	說明
年歲									
職業									
婚姻類別									
原籍與住地									
現住街巷門牌號數									
主婚親屬									
介紹人									
成婚年月日									
備考									

福建省省會住民繼承報告表

承繼人及被承繼人姓名	性別	年歲	職業	原籍與住地	現住街巷門牌號數	原有親屬關係	現在親屬關係	承繼之不動產概數	承繼之年月日	備考

說明

福建省省會住民分居報告表

分居者之姓名	性別	年歲	職業	原籍與住址	現住街巷門牌號數	分居後之口數	分居後所有之不動產概數	與可分居者之姓名及其關係	分居之中見人	分居之年月日	備考

說明

福建省省會住民失蹤報告表

失蹤者之姓名	性別	年齡	原有職業	離家之年月日	離家之原因	最後來信地方	最後來信之年月日	現在家屬戶主及其他親屬	家屬現住街巷門牌號數	備考

說明

福建省省會公安局各分局按日人事登記彙報表

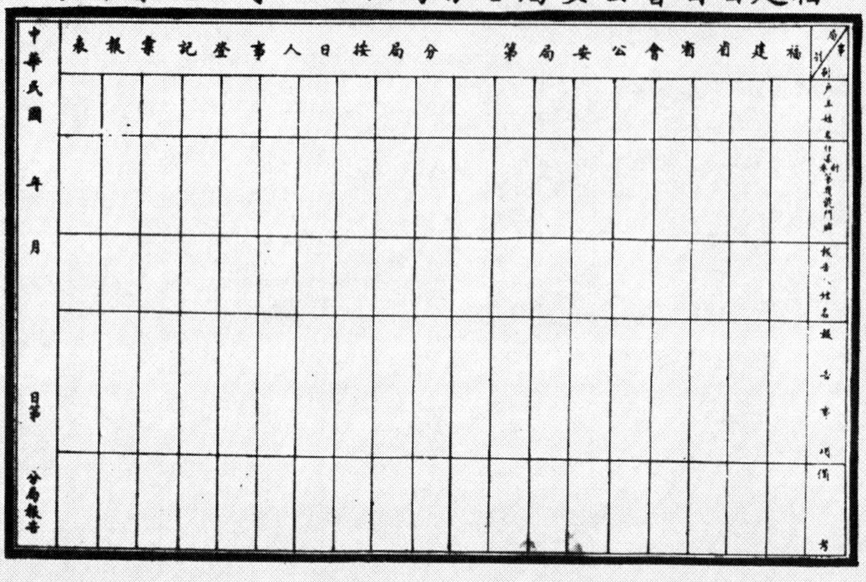
福建省省會公安局第　分局按日人事登記彙報表

局別/事別	
户主姓名	
報告人姓名	
報告事項	
備考	

中華民國　年　月　日第　分局報告

各項憑證 附圖一

存根

據　　街　　巷門牌　　號戶主　　報當　　分局

街　　巷門牌　　號　　鄉　　縣　　省　　國

外　　地方遷入隨遷男　　口　　女　　口

徙去　　分局　　街巷門牌　　號　　分局　　所　　月　　日發

戶字第　　號

福建省省會公安局第　　分局　　所給

移居證

戶主姓名	
籍貫	
職業	
隨遷人口　男	
隨遷人口　女	
由何處來　地方名稱　門牌號數	
徙去何處　地方名稱　門牌號數	
現遷地	
遷移　月　日	

中華民國　　年　　月　　日

存根

兹據户主　　報稱伊由　　分局　　街
巷門牌　　號遷往
居住隨遷男　　口女　　口合給遷徙証為據
（遷往市内外均詳配查）
民國　　年　　月　　日
所填給

公字第　　號

福建省省會公安局

第　　分局給

遷徙證

第　　號

中華民國　　年　　月　　日

分駐
派出所發

户主姓名	
眷屬人數	
原住地方及其門牌	
新遷地方及其門牌	
本証有效日期	

存根

茲據　　街巷門牌　　號戶主　　報告

伊　　歲年　　歲於　　月　　日生

名

出生者之父母姓名

出生類別

中華民國　　年　　月　　日

公字第　　號

增丁憑證

福建省省會公安局第　　分局　　所　　街巷

戶主　　報告　　氏年　　歲於

月　　日生　　名　　合給憑證為據

出生者之父母姓名父母

出生類別

中華民國　　年　　月　　日

存根

茲據　街巷門牌　號戶主　報告

伊　氏年　歲於　月　日病故

病由

死者職業

中華民國　年　月　日

公字第　號

死亡憑證

福建省省會公安局第　分局　所　街巷

戶主　報告伊　氏年　歲於

月　日病故合給憑證為據

病由

職業

中華民國　年　月　日

存根

茲據　　街巷門牌　　號戶主　　報告

伊名　年　歲於　月　日娶嫁　　街巷

門牌　號　之　年　歲為

主婚親屬

婚姻類別

中華民國　年　月　日

公字第　　號

婚嫁憑證

福建省省會公安局第　分局　所　　街巷

第　號門牌戶主　報告伊

年　歲於　月　日娶嫁　之　年

歲為　合給憑證為據

主婚親屬　　男家現住地及門牌

婚姻類別　　女家現住地及門牌

中華民國　年　月　日

存根

茲據　街巷門牌　號戶主　報告
於　月　日繼承　年　歲職業
繼承人　原有稱謂
被繼承人　現在稱謂
不動產概數　被繼承人籍貫
中華民國　年　月　日

公字第　號

繼承憑證

福建省省會公安局第　分局　所　街巷
戶主　報告於　月　日繼承
年　歲職業　為　合給憑證為據
繼承人　原有稱謂
被繼承人　現在稱謂
應繼承不動產概數
中華民國　年　月　日

存根

茲據　　街巷門牌　　號戶主　　報告
眷屬　　於　月　日　分居　　街巷門牌　　號
隨遷人口男女　口
分居後各所有者不動產概數（如給遷徙證）
分居中見人（此項分居登記本年暫行登記來年編為一戶）
中華民國　　年　　月　　日

公字第　　號

分居憑證

福建省省會公安局第　　分局　　所　　街巷
主戶　　報告眷屬　　於　月　日分居
街巷門牌　　號隨遷男女　口合給憑證為據
分居後各所有者不動產概數
分居中見人（此項分居登記本年暫行登記來年編為一戶）
中華民國　　年　　月　　日

存根

兹據 街巷門牌 號戶主 報告

伊 名 於 年 月 日失蹤現年

歲職業

離家原因 最後來信地方

離家月日 最後來信年月

中華民國 年 月 日

公字第 號

失蹤憑證

福建省省會公安局第 分局 所 街巷

戶主 報告伊 名 於 年 月

日失蹤現年 歲職業

合給予登記證

離家原因 最後來信地方

離家月日 最後來信年月

中華民國 年 月 日

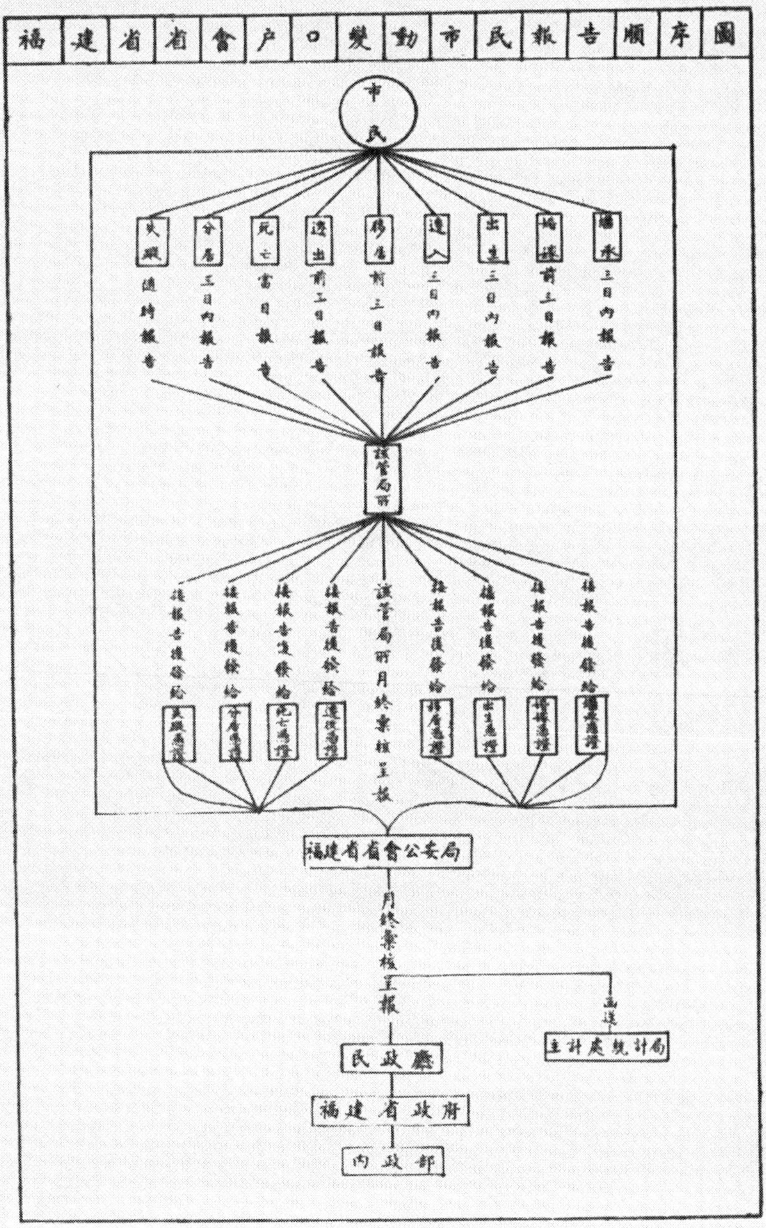
福建省省會戶口變動市民報告順序圖
市民
失蹤 隨時報告
分居 三日內報告
死亡 當日報告
遷出 前三日報告
移居 前三日報告
遷入 三日內報告
出生 三日內報告
婚姻 前三日報告
繼承 三日內報告
該管局所
接報告後發給 失蹤憑證
接報告後發給 分居憑證
接報告後發給 死亡憑證
接報告後發給 遷徙憑證
該管局所月終彙核呈報
接報告後發給 移居憑證
接報告後發給 出生憑證
接報告後發給 婚姻憑證
接報告後發給 繼承憑證
福建省省會公安局
月終彙核呈報
函送
主計處統計局
民政廳
福建省政府
內政部

警政叢書之二

福建省省會戶口統計

編製者……………福建省省會公安局
發行者……………福建省省會公安局
出版日期…………民國二十一年十二月

福州省政府口大街玉生林承印

福建省長樂縣
人口農業普查報告

福建省政府　編

福建：福建省政府，一九三七年鉛印本

福建省長樂縣

人口農業普查報告

陳儀題

福建省政府

福建省長樂縣

人口農業普查報告

陳儀題

福建省政府

序　一

近代政治由消極而趨積極，所有行政不特範圍愈益擴大，抑其處理之程度亦日趨於深入。因之對於各種政務之一般對象，——一切自然現象及社會現象——不能不求一執簡馭繁之法，以洞察其情實，而爲施政之指鍼。故近代政治幾全部科學化且技術化，而調查統計之事尚矣。考統計事業在歐美及日本早已發達於前世紀後期，即吾國中央政府及三數省分亦已急起直追於十餘年前，獨本省迄僞人民政府倡亂時止，猶毫無基礎也。

本省籌辦統計在民國二十三年夏間，當時閩變甫平，百廢待舉。儀奉　命主政是邦，審知非趕辦統計不可；適逢省府合署辦公辦法大綱有統計室之規定，始於是年十月依法設置統計室於秘書處，舉辦全省各項經常統計。二十四年二月各廳處一律增設統計股，各縣政府亦遍設統計員，同時復於統計室附設調查股，專辦各項特殊統計，於是本省辦理統計之機構，規模乃粗具。

統計室成立後，深感本省計政落後太甚，故認爲非先就全省統計基礎及重要事項迅予調查，不足以增效力，而資補救。因即以此種人口農業普查爲應辦特殊統計之一，惟限於財力人力，不能各縣份全部舉辦，乃採用分期選樣調查法，二十四年四月選定未經匪禍可爲秩序安定各縣代表之長樂縣爲第一期實施縣分，略仿參謀本部國防設計委員會在江蘇句容縣辦理之成規，派統計室人員會同該縣政府訓練調查員二百六十四名，監察員五十一名，經二十日之挨戶查填，逐表覆核，而調查始竣。嗣復臨時雇用工作人員八名，幫同彙計，整理閱四個月遂成本編。雖初次辦理未必盡善，然本省大規模之實地普查報告，此爲第一次，不特足資施政參考，抑亦有助於關心本省計政及各縣現狀者之研討焉。爰識數語於端。

民國二十六年七月　陳　儀

序　二

政教之施，非徒尙理論，可以成功，必有實際對象足資考證者，猶之乎人必引鏡而後毛髮畢見，統計者一切庶政之鏡也。一區一邑之間，無論財政之整理，敎育之推行，生產之繁榮，交通之發展，以及社會各種之設施，必有一精確之調查，爲綱舉目張之統計，然後按圖索驥，朗若列眉。考其得失衆寡，以爲舉措標準，則雖去不遠，否則如盲者遵塗，但遇暗中摸索，閉戶造車，削足適屨，鮮不貽納鑿之譏。是統計爲推行一切庶政之基礎，亦卽研究一切社會科學之利器也。昔　奉化蔣公主政中央，設立統計局，爲全國統計之樞紐。今　主席陳公治閩以來，亦重計政，設立統計室，爲全省統計之樞紐，茲更取法鄰封，創爲全閩普查，以吾長秩序較事，保甲組織較密，適合安全區域性質，宜着手舉辦，首經前統計室主任張果爲先生計劃，於二十四年春間先期由省府派員來長部署一切，稟命伯秋爲行政指導，普查之始，恐民衆懷疑，發生障礙，復經伯秋邀請薩鼎銘上將，偕同張果爲先生親赴各鄉剴切勸導，鄉民得以了解，未及一月，全部調查完竣，今統計室主任杜俊東先生加以調製整理，凡全縣人口、農業、家畜等概況，纖悉靡遺，末更附以圖表，編纂旣成，屬伯秋序之，伯秋不敏，仰承　省主席指導誨勉之下，敢不以自勉者勉人，竊以爲計學之在吾國，成規可師，肇源甚古，禹貢以九州分其土讓貢賦。周官遂師掌萬民之數，自生產器用皆登於籍，豳風言農事詳及烹葵剝棗，孟子論王道，細及魚鼈雞豚，漢高入咸陽，蕭何獨先取秦丞相御史律令圖書藏之，沛公因知天下阨塞戶口多少強弱，及民之疾苦，則以何先得秦圖書故也。凡此者非所謂近代政治統計之權輿歟。後世士夫，學優則仕，務浮夸而不求情實，安故步而不察眞理，鄙經世之術爲末務，還冥漠之體爲高談，馴至夙稱文明最早之邦，反出東西洋諸國下，則以計學之不講也久矣。近代歐美統計名家紛紛輩出，舉凡政治學術，必深究其本源，顯證以計數，悉去昔日冥索之弊，而注重於歸納方法之現象觀察，於是計術日昌，國亦以強，則統計所繫於政治若是其重，詎可以須臾緩乎。今長邑一隅，幸在　省主席指導之下，普查結果，粗告成功，伯秋不敢以此自是，深願賓屬之間，互爲勸勉，考已往而知未來，據眞理以求實用，俾由各地推算，而得全省之大概，以確定一切施政之方針，是誠私心所竊幸，而請自隗始也。

中華民國二十六年四月

福建第一區行政督察專員兼長樂縣縣長王伯秋謹撰

弁　言

普查的意義與效用

人民土地主權爲立國三大要素，古今學者言之綦詳。民主國家，旣以「民有民治民享」爲基礎，是則人民的重要，可不言而喻。要明瞭人民的一切，纔是立國之本，明瞭人民一切之合理方法，要算「普查」(Census)。

現代式的普查，爲定期的表現國家人民活動之方法，藉以觀察國家發展至何程度。普查之所以逐漸重要，乃由於所調查及分析的是當作國家基本要素之人民與民力，其數量分配年齡性別結構種族國籍方言宗敎敎育居住狀況等事實，以及其相互間之關係。調查及分析所得之結果提供作研究及建立國策，舉全國各方面情形都能瞭若指掌。普查像繪圖似的呈現了一切的事實，國家依此進行政務，如無普查，則國家的立法及行政將摸索於黑暗之中，無所憑依。則國家所走的路，成功失敗，俱在不可知之數！

普查的動作，又如商店之定期檢查存貨，爲一種人口之一瞬的攝影記載。(1)更確切一點說，普查乃是以統計的方法，記錄國家某一時的狀態，隔數年舉行一次，前後持續，足資比較國勢之興衰歷程。普查方法，在我國雖可溯源於周「大比」秦「上計」之制，在西方古羅馬及埃及諸邦也曾作過財富的調查，惟因缺乏科學一貫性，率爾從事爲「普查」，殊嫌未足。比較有系統有組織之普查制度，亦不過近三百年間纔行建立。普查之目標最初或爲徵兵服役，或爲登記選舉，或爲徵收賦課，其急所欲知者乃粗略之人數爲已足。至於時代愈進展，普查的目標與效用也隨之擴大，粗略的人口數字已不能滿足施政者的要求，他們還要更詳細的進一步明白人口內部構成分佈諸形態，並旁及其他各種產業的概況。美總統嘉斐爾德(James A. Garfield)曾說過：(2)

「統計的發展，可使歷史重寫。直至近世，史學家僅研究民族的整個，他只

(1) Willcox, Census, in the Encyclopedia of Social Sciences.
(2) U. S. Bureau of Census, Story of Census.

描寫王侯，朝代與戰爭；對於人民本身，漫無記載的。但人民是大社會的本體，關於他的生命，發展，原素與力量，都有定律，如何可忽略呢？

現在却不如此了！……由統計的調查，史學家可以研究家庭，工場，鑛山，原野，監獄，醫院及其他地方；凡是人性優點或劣點表現，他都可以分析了。由這些調查的結果，可以看出民族興衰的因子，因此他可以作當代預言家。

美國的主要統計工作是人口普查，這有兩種目的：一面由完全及精確的記載，可以表示國家生命及力量的原素，一面由統計的普通結果，可以和他國相類的材料比較，因此謀統計科學的發展。」

統計科學與普查二者的發展可以說是相輔的。內容方法之充實完善，使國際間的比較更加簡易。(3)我們可以說普查的效果不僅在理論上而已。無怪嘉芙爾德總統在前文中，提出似口號式的一句：

「人口普查是近世政治所必不可缺的。」

二十世紀以來，更加注重普查，據魏露柯斯(Willcox)氏之統計，世界上將及有三分之二以上人口受過普查。(4)每年各種著名之統計刊物所發表的人口數字，也一年一年漸有不同，一方面由於自然人口增加，一方面由於各國先後舉行普查數字上修正，比較精確。(5)

普查差不多已成爲國際的事情，人類能够自知，足爲文明進步之一佐證。普查乃是一件浩繁的工作，需費甚鉅，故各國皆定爲若干年舉行一次，茲將各重要國家普查期距列表如下：

國　別	期距	最初採行上記週期之年份	最初舉行調查之年份
德意志	五	一八二一	一八一六
奧地利	一〇	一八八〇	一八一八
比利時	一〇	一八八〇	一八四六
加拿大	一〇	一八七一	一八七一

(3) 一八七二年第八屆國際統計會議曾於人口統計之國際一致編製方法多所決議。

(4) 全註(1)。

(5) 參看國際聯盟歷年出版年鑑中之說明。

丹麥	一〇	一八五六	一八〇一
西班牙	一〇	一九〇〇	一八〇三
法蘭西	五	一九〇一	一八〇一
希臘	五	一八七五	一八八七
匈牙利	一〇	一八八〇	一八一八
香港	一〇	一八七一	一八一四
印度	一〇	一八八一	一八六四
意大利	一〇	一八六一	一八〇〇
日本	一〇	一九二〇	一九二〇
墨西哥	一〇	一八七一	一八七一
荷蘭	一〇	一八二九	一八三〇
挪威	一〇	一九〇〇	一八〇二
巴拿馬	一〇	一八九一	一八九一
俄羅斯	不定期	一八五一	一八五一
瑞典	一〇	一八六〇	一八〇〇
瑞士	一〇	一八六〇	一八八七
土耳其	未定期	——	一九二七
英吉利	一〇	一九〇一	一八〇一
美利堅	一〇	一七九〇	一七九〇

從上表看來，定期遍行普查，已成爲今後一重要趨勢。上自列強下至最弱小國差不多都舉行過普查，尙未舉行的除未開化野蠻民族外，只有非洲幾個殖民地國家及我們中華民國。(6)

普查在我國的重要

上面所舉我們不厭一再的指出普查的重要，因爲「普查」是構成現代國家諸要素之一，我們說沒有普查够不上作二十世紀的現代國家，也不算誇誕。我國

(6) 仝註(1)。

的人口總數佔全世界五分之一強[7]，但歷代史冊雖有版籍記載戶口，然以不獲用科學方法普遍調查，更兼從事工作者，因其浩繁，無所依據，勢不得不敷衍了事，至於普查的內容，往往前後矛盾及混淆，迄無一精確較準之人口數目，因此對內不能副根本的建設，對外不能與別國的人口材料作比較的研究，國事當然無從進步，不得不引爲遺憾！

近年以來，我國人口需要一次普查已成爲國內有識之士共同要求與感覺。[8]這種調查，目前雖有困難，未能施行，但可斷定施行的時期，不過遲早問題而已。尤以年來政治日上軌道，這多少年來的幻想與希冀，離實現之日更近。普查之重要，在上面已反復言之，而在我國因客觀環境的特殊，更屬迫不容緩。

（一）從國防觀點觀察普查的重要性

自從東北失陷，三千萬同胞失去自主獨立之自由，使我們懍然於無國防之可怕，今如懲前毖後，積極建設，亡羊補牢，尚未爲晚。從簡單言國防，不外一國人力物力之總和。從這定義引伸之，國防建設就是泛指與人力利用，物力充實有關之建設而言。凡百建設，事前必須通盤設計，方不致舉棋莫定；設計之根據則有賴於調查與統計。蔣委員長在民國廿一年五月政治工作人員會議上有一段訓話，最爲扼要：

「不論做什麼事情，要把一件事情做好，一定要分三種手續，並且少不了這三種手續，就是調查統計與設計。調查之後，就要統計，把全部的調查結果，分作幾個要點統計起來，統計起來以後，我們就可以設計。」

普查以調查人口爲主，要使人口方面，一覽無遺；旁及各種產業綱舉目張，則物力之選用，不難妥切分配，所以從國防建設觀點看來，普查是極重要的。

（二）從經濟行政觀點觀察普查的重要性

我國近百年來，受帝國主義者武力與經濟的侵略，至爲創鉅，而國內又以天災人禍繼迭不休，素稱自給自足之農村，早已摧殘崩潰。我國人口中農民佔四

---

(7) 據國聯一九三三年統計全世界人口爲二，〇五七，八〇〇，〇〇〇人，中國人口爲四五〇，〇〇〇，〇〇〇人。

(8) 在這方面有許多學者擬具實行方案，希望政府採用的，可以陳達先生：我國的一個清查計劃；劉大鈞先生：全國人口產業總查計劃大綱；朱君毅先生：用抽樣調查法調查中國人口之建議爲代表。

分之三以上有奇[9]，農民問題實構成我國最嚴重社會問題之一。試一翻歷代史冊，農村騷動，小者社會秩序為之擾亂，大則影響朝代之更換。目前農村千瘡百孔，應如何復興農村，救濟農民，國策所繫，又豈容緩！

惟農村破產至何程度，癥結何在，亦必按照精確之統計結果，加以討論，庶幾可免片面誤引的浮談，以致未能對症下藥，發生效未生而弊已見之危險。凡此種種都有待於普查。

以上就安內攘外兩點觀之，普查在目前我國實為增進國民福利，奠定民族復興的基礎。

普查在我國尚屬創舉，且各地情形複雜，以一老舊的民族，是否適合這新興科學調查之試驗，在在有待於嘗試。所幸近年以來，各地舉行科學調查者已有多起，這種調查或為私人舉辦，或為學術機關舉辦，努力進行都足使我們欽佩。最近政府更注意及此，據我們所知道的有民國廿二年國防設計委員會所舉辦的句容縣人口農業調查[10]，同年江寧自治實驗縣的人口總調查[11]，廿三年河北定縣人口總調查[12]，廿五年蘭谿實驗縣的人口總調查[13]，在整理尚未發表的有最近四川省新都縣人口總調查[14]。

這些調查，不能不說是我國可貴的收穫，幾千年來一般人口多少之謎正在日趨準確與翔實的過程中而揭曉。

本省舉辦普查經過

本省地處南服，交通阻梗，關於全省戶口總數，向無精確之統計。過去雖屢經編查，但因人民誤會，未免隱匿漏報，難得翔實。茲將有數字可考者彙列於下：

時期	調查機關或估計者	人口數
道光九年（一八二九）	本省保甲奏案	一五，三四七，七九九

(9) 張心一：中國農業概況估計。

(10) 張心一：試辦句容縣人口農業總調查報告。

(11) 江甯自治實驗縣縣政府：江甯縣政概況。

(12) 李景漢：從定縣人口總調查所發現之人口調查技術問題。

(13) 蘭谿實驗縣縣政府：蘭谿實驗縣戶口統計分析。

(14) 仝註(12)

宣統三年(一九一一)	民政部調查，北京政府於民元彙造	一二,五〇〇,二六六
民國元年(一九一二)	內務部調查，經劉大鈞陳華寅二先生釐訂	一五,八四九,二九六
民國二年(一九一三)	內務部調查	一六,一六六,一七六
民國八年(一九一九)	中華續行委員會	九,一〇八,五三三
民國九年(一九二〇)	中華郵政局報告	一三,一五七,七九一
民國十四年(一九二五)	仝　　上	一四,三二九,五九四
民國十七年(一九二八)	國民政府內政部調查	九,七四四,一二二
民國十七年(一九二八)	W. F. Willcox	一一,八九五,〇〇〇
民國十八年(一九二九)	海關報告	一二,一五七,七四一
民國十九年(一九三〇)	本省民政廳	九,一一〇,五〇三
民國十九年(一九三〇)	內政部估計	一〇,〇七一,〇〇〇
民國廿一年(一九三二)	主計處統計局調查	一一,四〇八,〇〇〇

上表數字,來源不一,數字參差自不能免,最低與最高之數相比，相差甚大，若再與 Otto Israel 氏的估計二〇,〇〇〇,〇〇〇相較,則相差一倍以上，可謂咄咄怪事!本省人口總數究爲多少,嚴格言之,仍無答案,大約與全國人口同樣是一個謎。更加閩省歷遭匪患,農村經濟之衰落,均足影響農村人口之變化。閩變敉平,省府改組， 陳主席主政以來,對於行政措施,向抱「安定」「建設」兩大方針,今者省政日上軌道,百廢俱興,因鑒於全省的人數物產千端萬緒,必須有科學的統計基礎,爰責成統計室,加強統計組織,舉辦各項特殊統計。

人口統計爲一切統計之基礎。本省自匪患蕩平,厲行保甲編查，人口數字均較以前爲可考,然保甲之制,主要目的在於防止盜匪,安輯地方,與科學的人口調查不同,至欲明瞭靜態組織,動態變化,如年齡分配,職業分配,婚姻狀況以及出生死亡自然增加率平均壽命等更不可能。所以本省辦理統計之始,決積極舉辦人口農業普查，期於最短期間,求解決這幾千年來的一個大「謎」,由統計室簽擬計劃,經省府委員會通過舉辦。又以財政關係,全省同時舉行，目前尚辦不到,決定先舉辦四縣,其選擇標準如下:

秩序安定者一縣——長樂

華僑較多者一縣——晉江

前屬半匪區者一縣——連江

前屬全匪區者一縣——明溪

調查進行後又加入長泰一縣，用作代表閩南安定農業社會的典型，這五縣人口農業普查已經全部完畢，結果陸續整理，關於長樂縣部份，先行出版。

調查經過始末，已詳另篇，不再贅述。惟此次調查多賴前統計室主任張果爲先生之主持，是則不能不特加聲明者。薩鎮冰先生年歲已長，亦不辭勞苦，踴躍贊助。第一行政督察區王專員伯秋熱心勸諭民衆，極力督促調查，工作乃得順利完成。實地調查及報告之整理，則本室調查股股長岑詩壽辦事員葉忠熙始終其事，整理員卓皪、王友德、陳秀芸、岑佩琤、王詩敏、陶文昆、林又新、謝景祺、張俊玉諸君，担任整理工作，均極勤奮。

我們在調查之前，刊行了一本「調查人員須知」小冊，冊中一段導言，可作爲我們舉辦普查的動機的解釋，現摘錄於下，作爲本節的結束：

「福建十餘年來，景象一年不如一年，生活一年困難一年，無論在城市或鄉村，這種不良的現象都是很普遍的。政府具有救濟人民痛苦的決心，並積極籌備救濟的方法。但是人民苦痛好像身體上之疾病，大凡有疾病的人，必須延醫驗明，然後對症施藥，方能有效，所以人民的苦痛也要找出苦痛的原因，才可以施救濟，如要明瞭苦痛的原因，非舉辦調查不可。」

我們的希望與感想

本省財政素極困難，而又能勉籌巨款來舉辦國內許多省份不能舉辦的普查，普查的區域又包括五縣份之多，不能不說是一種創舉，在工作告一段落的時候，從這次值得寶貴的經驗中，我們得到幾種感想：

第一，就是證實了「窮人有窮辦法」這一句並不是誑語，我們在用費上極力節省，而所獲結果並不使我們失望。

第二，事實上的困難不在運用技術，而在開導人民。調查又復普及，在中國農村，似乎新奇，一般人民對這次空前的事情不免疑懼，不過我們相信這種調查能常常舉行，在民智的開發上含極深的教育意義。

第三，普查有待於强有力的中央機關推行指揮，這次調查能順利進行，使我們更確信强化統計行政之必要。

第四，這次調查所著重的與其說是統計本身，勿寧說是調查上技術方法實際所遇到的諸問題，報告也是在這種意義下發表，我們以十分熱誠準備受各方面專家指正與批評。

第五，普查乃是有持續性與一貫性的，長樂等五縣的普查不過是一個開端。本室關於全省人口農業調查，預計分爲兩期。第一期爲縣單位之人口普查時期，以五縣普查的結果爲樣本，作爲推算全省的準備，本報告書就是這一期的一部分成績。第二期爲全省選樣調查時期，計劃在廿五年度內派員前往未辦普查各縣，從事鄉村調查，以比擬方法，估計全縣概況，這一期工作大抵也能如期完成。此後要施行的主要工作，乃是在已經普查各縣辦理戶口異動登記。而人口動態統計中最重要的生命統計，也預定爲廿六年度工作之一。

在報告書行將出版時，我們又聽見一件可喜的消息。主計處預定在民國三十年舉行全國普查，並先在各省擇地試查，試查經費編入廿六年度國家總預算案，也經中政會四月二十一日例會通過，這實在給了我們無限的鼓勵，這次經驗是多麼值得寶貴與珍惜！

福建省政府秘書處統計室主任杜俊東謹識

凡　例

1. 本編乃二十四年四月間福建省政府舉辦長樂縣人口農業普遍調查之結果。

2. 本編分爲調查之始末，調查結果之分析，統計表，分佈圖，附錄，等部份。

3. 本編所指之「區」，係原有之自治區。

4. 本編度量衡概用市制；貨幣單位概用國幣銀元。

5. 本編所用符號：……表示無數目，——表示有數目而不明，0 表示有數目而不足一單位。

目　次

頁
敍　言……………………………………………………1

凡　例……………………………………………………1

調查之始末………………………………………………1

1 調查之緣起……………………………………………1
2 調查之綱要……………………………………………1
3 調查之經過……………………………………………2
1　調查區域及監察區域之劃分…………………………2
2　調查員監察員之遴選…………………………………3
3　調查員監察員之報酬及獎懲…………………………3
4　調查員監察員之訓練…………………………………4
5　宣傳……………………………………………………4
6　實行調查………………………………………………5
4 統計之經過……………………………………………5

調查結果之分析…………………………………………7

一　人　口………………………………………………7
1 調查範圍與調查日期…………………………………7
2 戶口數…………………………………………………7
1　戶口分類………………………………………………7
2　戶口總數………………………………………………8

3戸　量……8
4年　齢……10
1　年齢分配……10
2　人口消長之趨勢……13
5性比例……13
6婚姻狀況……16
7教育程度……17
8職　業……18
1　有職業與無職業……18
2　農業與水產業……19
9人口密度……19
10移　民……23
二　農　業……24
1田地面積……24
1　田地折算……24
2　農場之意義……24
3　熟地總面積……24
4　熟地分類……25
2農戸數……25
3農場耕田面積大小分配……26
4地權分配……27
1　自耕農半自耕農及佃農……27
2　自耕面積及佃耕面積……29
5納租方法……30
6農產……31
1　產量之折算……31
2　各作物栽培面積及產量……31

3　夏作物栽培面積及產量……32
4　食糧消費量與輸出量……33
5　菓實樹……34
7 家　畜……36
1　力畜……36
2　肉畜與家禽……36
8 農民借貸……36
1　借糧……36
2　借款……37
9 農民工資……37
1　長工……37
2　短工……37
10 農村物價……37
11 田　賦……38
統計表……39
一　人　口……39
1　各區戶口總數……39
2　各區男子年齡分配……40
3　各區女子年齡分配……42
4　各區男女年齡分配……44
5　各區婚姻狀況……46
6　各區男子教育程度……46
7　各區女子教育程度……46
8　各區男女教育程度……47
9　各區學齡兒童……47

10 各區男子職業狀況……47
11 各鄉鎮戶口總數……48
12 各鄉鎮男子年齡分配……50
13 各鄉鎮女子年齡分配……52
14 各鄉鎮男女年齡分配……54
15 各鄉鎮婚姻狀況……56
16 各鄉鎮男女教育程度……58
17 各鄉鎮學齡兒童……60
18 各鄉鎮男子職業狀況……62
二 農 業……64
19 各區熟地面積……64
20 各區農戶數……64
21 各區每農戶及每人平均分得之熟地面積……64
22 各區農場耕地面積大小分配……65
23 各區農戶地權分配……65
24 各區自耕及佃耕面積……65
25 各區冬作物栽培面積及產量……66
26 各區夏作物栽培面積及產量……66
27 各區菓樹及菓實……67
28 各區力畜肉畜及家禽……68
29 各鄉鎮熟地面積……69
30 各鄉鎮農場耕地面積大小分配……71
31 各鄉鎮農戶地權分配……73
32 各鄉鎮自耕及佃耕面積……75
33 各鄉鎮冬作物栽培面積……77
34 各鄉鎮夏作物栽培面積……79
35 各鄉鎮菓實樹株數……81

36 各鄉鎮力畜與肉畜……83
37 各鄉鎮之家禽……85
三　農村概況……87
38 各區民元以來移民概況……87
39 各區佃農納租方法……87
40 各區每市畝田地價格……87
41 各區每市畝田地租價……88
42 各區田地租價對田地價格之百分比……88
43 各區每市畝主要作物納租量對產量之百分比……88
44 各區地主與佃戶分租時所得之成數……89
45 各區冬作物每市畝平均產額……89
46 各區夏作物每市畝平均產額……89
47 各區主要菓實樹每株平均產額……90
48 各區人民借貸概況……90
49 各區農民工資……90
50 各區本年物價與元年物價比較……91
分佈圖……92
長樂縣鄉鎮地位索引圖……92
長樂縣人口分佈圖……94
長樂縣農戶分佈圖……95
長樂縣熟地分佈圖……96
長樂縣水田分佈圖……97
長樂縣早稻分佈圖……98
長樂縣晚稻分佈圖……99
長樂縣甘薯分佈圖……100

附　錄……………………………………………………………101

長樂縣人口農業普遍調查獎懲規則……………………………………101

長樂縣人口農業普遍調查人員分配……………………………………103

調查之始末

一

調查之始末

1 調查之緣起

本省各地之人口農業及其他經濟情形，向無統計，故欲明瞭實際狀況，惟賴調查。二十三年十二月間，本府統計室前主任張果爲曾擬普遍調查計劃，迄二十四年一月二十三日，本府委員會議決通過舉辦四縣之人口農業普遍調查。

本省轄區有六十二縣之廣，人口有千餘萬之衆，若全省同時舉辦普查，人力財力均感不足，惟有先就數縣舉辦，以其調查之結果，推算全省。查本省各縣情況，多不相同，除受自然條件及經濟條件影響外，近年來蔓延之匪禍實爲造成各縣情形差異之主要原因。茲將各縣大別分爲四類：(一)安全區之縣份：凡秩序安定，未經匪禍之縣份屬之；(二)華僑人數較多之縣份：凡商業發達，海外僑民衆多之縣份屬之；(三)半匪區之縣份：凡從前一部份被匪蹂躪，或短時間被匪盤據之縣份屬之；(四)全匪區之縣份：凡從前大部份被匪蹂躪，或長時間被匪盤據之縣份屬之。由此四種標準中，各選一縣，從事普查，以其結果，分別推算情形相似之縣份，而求全省之概況。

本省此項調查，係屬創舉，故宜先就安全區域內舉辦。長樂縣保甲組織嚴密，秩序安定，適合普查第一種標準，且地小人密，普查工作易於進行，故本府擬定首在該縣舉辦。本室於二月二日派員前往與彙縣長王伯秋作非正式之協商後，本府遂派王氏爲長樂縣普查行政指導員，本室統計員岑詩壽爲技術指導員，於是第一期普查之縣份遂爲確定。

2 調查之綱要

茲將本府通過之人口農業普遍調查辦法綱要錄下：

(一)此項調查由省政府令飭各縣政府限期負責辦理，並由祕書處統計室派員指導。

(二)調查時期定爲二十日，事前由統計室派員舉行初步調查，並訓練調查員及試辦法

(三)調查之項目：(甲)人口，(乙)田地面積，(丙)地權分配，(丁)物產種類，

(戊)主要物產數量,(已)借貸情形,(庚)度量衡制度,(辛)農村物價,(壬)其他。

(四)清查人員之組織。

技術指導員——技術員 ＞ 調查員
行政指導員——監察員

(五)清查人員之選任:(甲)技術指導員由統計室派充,技術員由縣統計員擔任,(乙)行政指導員由縣長擔任,監察員由區長及中小學校校長教員選任之;(丙)調查員由保長及聯保主任中選任之,其標準如下:(1)為人忠實,得當地民衆信仰者,(2)熟悉地方情形者,(3)能耐勞負責者,(4)能寫字者。

(六)清查人員之職責:(甲)行政指導員督促全縣各區辦理調查整理之全責,(乙)技術指導員協助行政指導員促進一切事宜,並負責設計訓練及解決關於調查整理一切困難,(丙)監察員負選擇調查人員並監督調查及查核調查表之責任;(丁)調查員負依照調查計劃,項目,地域作詳確之調查填表之責任。

(七)清查人員之酬給:(甲)在訓練期間,供給膳宿費;(乙)在調查期間,每人調查一村,預計須十餘日,給伙食費五元;(丙)辦理完畢時,擇其成績優良者,呈請嘉奬。

3 調查之經過

人口農業總調查,經參謀本部國防設計委員會,在江蘇句容縣辦有成規,此次長樂普查之表格,亦大體仿照之,惟因地域之不同,項目略有變更。關於人口方面:計有人口調查表,公共場所人口調查表二種,前者每一住戶(包括普通戶,商店,船戶等)填寫一張,後者每一公共場所(包括政府機關,學校,寺廟,會館等)填寫一張。關於農業方面:計有農場調查表,農場調查副表,農村經濟社會概況調查表三種,農場調查表係每一農戶填一張,其餘二種每一調查員於其調查區域內估計一張。除調查表格外,另編調查人員須知,對於調查手續,及填表方法,均有詳盡之說明。

1. 調查區域及監察區域之劃分

按普查原定計劃,每二百戶成一調查區,每五個調查區成一監察區。照長樂縣編組保甲之結果,全縣計 51,545 戶,若依此法劃分,則全縣約可分成 256 調查區,51監察區。縣政府於三月一日召集區長會議,討論劃分調查區監察區,及遴選調查員監察員諸問題。各區長皆以鄉村間戶口多寡不齊,鄉民素日情感隔閡,爲調查便利計,改以「保」爲調查之單位,每二保成一調查區,每十保成一監察區,間因特殊情形,則不得不以三保成一調查區,或以一保成一調查區,茲將調查區數及監察區數列下:

全縣	246調查區	51監察區
第一區	23〃〃〃	5〃〃〃
第二區	26〃〃〃	5〃〃〃
第三區	41〃〃〃	8〃〃〃
第四區	42〃〃〃	8〃〃〃
第五區	66〃〃〃	13〃〃〃
第六區	14〃〃〃	2〃〃〃
第七區	52〃〃〃	10〃〃〃

2. 調查員監察員之遴選

調查結果之精確與否,實賴於調查員監察員之能力如何,及責任心如何,故調查員監察員之遴選,成爲普查之中心問題。由二十餘萬人口中,選二百餘人之調查人員,似非難事,然長樂人民一般敎育程度甚低,鄉村間少數優秀份子,亦多出外,故識字之人,實屬寥寥,且長樂民性强悍,從前械鬥常聞,今此風雖息,而夙爲仇敵之鄉,感情仍未恢復,甲鄉之人不能任乙鄉之調查員,故選擇調查員及監察員頗感困難,經各區公所極力搜羅之結果,小學校長及敎員僅佔少數,而商人農民居多。區公所遴定調查員後,呈報縣政府,分別加委,以示鄭重。

3. 調查員監察員之報酬及獎懲

按調查辦法綱要,調查員及監察員每人發給津貼費五元,惟劃分調查區之後,調查員擔任三保者有之,一保者有之,若一律津貼五元,殊欠公平,於是報酬改以一保爲單位,卽調查員調查一保津貼二元五角,監察員監察一保津貼五角。調查員監察員受訓時,每人給膳費五角,至於擔任宣傳之監察員,則另酌給旅費二元。縣政府爲使調查人員認眞辦理起見,公佈獎懲規則,分條規定努力普查工作者的予獎勵，敷衍塞責者酌予懲罰，由區公所分發各調查員及監察員。王兼縣長並親赴各區，嚴飭各區長認眞辦理，於是普查空氣爲之緊張。

4. 調查員監察員之訓練

三月三十一日本室統計員隨帶調查表格及其他應用物件（如竹尺，法碼，鉛筆，橡皮，調查區域分配表，監察區域分配表等）前往長樂，開始訓練調查員，縣統計員亦襄同訓練。初時王兼縣長之意，欲將七區調查人員集中縣政府大禮堂訓練，惟照此辦法，旅費及膳費均發生問題，後採分區訓練辦法。各區調查人員分作二次訓練，第一次由四月六日至八日，先在第一，第二，第六，第七等區舉行。訓練之地點：第一區假縣城內培青中學校，第二區假珠湖鄉陳氏宗祠，第六區在大宏鄉第六區公所，第七區在營前鎮中心小學校。第二次由四月十一日至十三日，訓練第三，第四，第五等區之調查員。訓練地點：第三區在江田鎮第三區公所，第四區在雲路鄉第四區公所，第五區在金峯鎮第五區公所。

調查員監察員未來受訓以前，先由區公所通知受訓日期，並對各調查員發給調查人員須知，及各種表格，囑其熟讀須知，試驗填表，準於九時報到。訓練之步驟，原定第一日全日及第二日上午說明填表方法，及調查手續；第二日下午測驗填表，第三日上午發還試填之表並解釋錯誤，第三日下午發給津貼費調查表及其他物品，第四日即開始調查。惟調查員監察員或因道路遙遠，或因未有遵守時刻之習慣，多不按時報到，每於一種調查表講完之後，又續到數人，不得不再行解釋。調查員監察員均未先讀須知，及試填調查表，彼等農民居多，對於新式表格，難以領會，講解極感困難，爲謀救濟起見，凡路遠或學識太低之人，均留宿於區公所，夜間再加訓練，如是者兩晝夜，各種表格方說明完畢，第三日上午分別測驗填表，錯誤之處，詳加說明，下午發給津貼費及各種物件，於是訓練工作始告完竣。

5. 宣傳

宣傳工作對於調查之成敗關係至鉅，鄉村人民多存懷疑，惟恐以調查之結果，作創捐加稅之根據，然農民行動多屬模仿，小鄉以大鄉之馬首是瞻，而一鄉之內無智識農民又以紳士及父老之言辭爲依據。宣傳之法，注重大鄉，尤以聯絡各鄉之父老紳士爲要，蓋大鄉之父老紳士若能諒解，則全鄉進行自無問題，倘大鄉旣已開始調查，則小鄉調查工作亦必進行無礙。此次宣傳，不尙形式，而重實際，除發標語傳單外，其最主要者計有以下三法：第一勸諭之法，前統計室張主任，長樂縣王秉縣長邀請薩鎭冰上將分赴各區召集保甲長及民衆訓話，說明普查之意義及保甲長協助辦理之義務，薩先生素得長樂人士之敬仰，而王秉縣長係當地之行政長官，言辭當能動聽，薩先生年逾古稀，猶不辭勞苦，踴躍贊助，令人欽敬。第二種方法，係以科學電影爲宣傳工具，統計室商請省立科學舘派技師數人分赴各區開映科學電影，開映時，隔鄉之人輒爭先恐後，前來參與，由電影放照宣傳之標語，並分發告民衆書，於是民衆對於普查之意義得相當之了解。第三種方法，係直接與鄉民談話，本室統計員及長樂縣統計員分往各主要鄉鎭，或在聯保主任辦事處，或在父老紳士家中，說明普查別無他意，請其諒解贊助，長樂普查所以進行無礙，泰半由於宣傳之效。

6. 實行調查

訓練完畢之翌日，開始調查。倘調查員能每日調查二十戶，總能於十日內完竣，惟因工作之始，約在四月初旬，適值春耕，農夫工作甚忙，普查進行頗受影響，故調查時間延長至二十日。按規定辦法，調查員每三日將塡就之表送監察員審核一次，路遠者五日一次，如此則塡錯之表，卽可發還複查。負責之調查員監察員，固能如期完竣，其不負責者不但未送調查表，且塡寫錯誤良多，而不負責之監察員，亦不加糾正或催促，此點經指導員巡視時發覺，當卽設法補救，對於調查員塡就之表，加以抽查，如發現錯誤，卽交還複查，歷時二十日，調查全部完竣。

4 統計之經過

人口農業調查表之整理，照句容縣人口農業總調查之辦法，由統計室臨時聘工作人員八人從事整理，人口統計，經過抄寫卡片，校對，分析，核計等手續；農業統計，經過審核，抄寫，核對，折算等手續，歷時三月，全部整理完竣；而統計圖表之繪製，及報告書之編纂，又經一月，故全部統計工作，前後共四月餘，始告結束。

調查結果之分析

調查結果之分析

一 人口

1 調查範圍與調查日期

長樂縣人口普查，採「屬人主義」，調查之對象，乃常川居住之人，即所謂「法律的人口」。凡家在縣內而縣外無家者，無論調查時是否在家，均算為長樂縣之人口，惟家在別處而寄居縣內者，則不在調查之列。

「調查日期」，定為二十四年舊曆正月初一日，因我國習慣，作客他鄉者，多於歲暮回家，是日人口變動最少，故最足以代表實在之人數。所問之人，概以正月初一日為準，初一日以後出生之小孩，調查時雖然存在，亦不列入，初一日在世而調查時已死亡之人，則須調查，總之，調查時所問之人口，概折成正月初一日之人口。

2 戶口數

1. 戶口分類

普查所指之「戶」，計分為(1)住戶，(2)公共場所。住戶包括普通人家，商店，船戶等，係指同居共食共同擔負生活費之一家人而言；公共場所包括政府機關，學校，寺廟，祠堂等。住戶之人口可分三類：(1)「戶主及其家屬」，即具有血統關係之人，可稱為自然家庭。此類之人，正月初一日在家，或在外而未成家者，概須計入，倘正月初一日在外已自成一家者，則不計算；(2)「非家屬無家可歸同居者」，簡稱為「無家可歸者」，此類之人，非戶主家屬，因無家可歸而長期居住戶主家中，彼等加入戶主之家屬，而成為經濟家庭；(3)「暫時客居者」，彼等既非戶主之家屬，而與戶主又無經濟關係，不過暫時寄居，而無久住之意。統計人口時，暫時客居者概行除外，以免重複。公共場所之人口，專指並無家庭而食宿於公共場所者。公共場所內所住之人，若係一家庭，則概以住戶論。統計表上所指之住戶，專限於正月初一日之自然家庭或經濟家庭；公共場所，專限於正月初一日，內有在外無家屬之人居住者，凡正月初一日無人居住之公共場所，或居住之人在外均有家室者，概不計入。

2. 戶口總數

依調查結果，二十四年舊曆正月初一日全縣之戶口數如下：

住戶		公共場所		總計	
戶數	人口數	戶數	人口數	戶數	人口數
49,568	227,525	85	276	49,653	227,801

本省舉辦人口調查，尚屬首次，其結果是否正確，苦無可靠之人口數足資比較。惟長樂縣自推行保甲制度以來，戶口編查頗爲嚴密，全縣人口數已知梗概，二者比較，普查所得之戶數與保甲之戶數相若，惟人口數較少，其所以然者，實由於二者標準不同所致[1]。

3 戶　量

家庭人口之結構，可由家庭人數，或家庭同居人口之關係來分析。茲僅就家庭人數觀之，按自然家庭及經濟家庭論，長樂縣各區之戶量如下（以平均數計算）：

區　別	每戶平均人數	
	按自然家庭計	按經濟家庭計
全　縣	**4.54**	**4.57**
第一區	4.32	4.36
第二區	4.38	4.40
第三區	5.25	5.27
第四區	4.53	4.55
第五區	4.55	4.57
第六區	4.42	4.44
第七區	4.36	4.37

家庭平均人數之多少，對於估計人口總數時關係甚大。長樂縣爲安全區縣份之代表，調查之結果，作爲推算情形相同各縣之根據，故戶量之大小，至關重要。

(1)見「長樂縣人口普查與編查保甲戶口之比較」福建省統計月刊一卷四期

按普查結果，與保甲戶口不同者，乃戶數相若，人數較少，換言之，即保甲之戶量較普查之戶量爲大，究竟4.57是否足以代表長樂縣經濟家庭每戶平均人數，實有討論之必要，茲將本縣戶量，編成次數列項，分析結果如下：

Mo	Q_1	Ma	Q_3	M	σ	Sk.
4.45	4.23	4.53	4.88	4.57	0.47	+0.25

全縣經濟家庭平均戶量，以平均數計，爲4.57人，標準差爲0.47，即平均數與各戶之比，相差平均爲0.47人。所有戶量之傾向，係偏於低組距方面，但不甚著，因其偏斜度僅爲+0.25。

在常態分配之下，衆數、中數、平均數三者相等，細觀上表，三者相差，極乎有限，於此可知該縣戶量之分配，近於常態，換言之，即全縣家庭鮮有極大極小之現象，今若證諸常態分配，其結果如下：

	$m\pm\sigma$	$m\pm2\sigma$	$m\pm3\sigma$	$\frac{\sigma}{M.D.}$
常態分配	68.26%	95.46%	99.73%	1.2533
分析結果	77.88%	94.23%	99.03%	1.2368
差　額	+9.62%	−1.23%	−.70%	−0.0165

由差額觀察，吾人益信本縣戶量分配之近於常態，而每戶平均爲4.57人，足以代表該縣經濟家庭每戶之人數，可無疑義。

試將此次普查結果與全國比較：全國農村家庭之平均人數，Willcox初以爲4.5人，而1930年重行估計宣統二年之人數時，則以5人爲準；惟陳正謨辯爲5.3人[1]，至其他各專家在華北一帶調查所得，均比此次長樂縣普查之結果爲大，茲擇數例，比較如下：

調查者	調查地點	每家平均人數（經濟家庭）
喬啓明	河北等十一省二十二處	5.43
李景漢	河北定縣五百十五家	6.93
李景漢	北平黑山扈等村	6.05
卜　凱	安徽等七省十六處	5.65

(1)見「我國人口之研究」，主計處統計月報，二十二年十一、十二月合刊。

馬　倫	河北等五省	5.24
喬啓明	山西清源縣	6.43
國防設計委員會	江蘇句容縣	4.93（自然家庭則4.89）

由上觀察，長樂戶量，係比各地爲小，其所以然者，實受經濟所影響。查農村家庭之大小，與農村經濟至有關係，而與農家經營土地面積之大小，關係尤爲密切。農村經濟良好，收入豐富，生活充裕，家庭隨之而發達，反之，收入不足，大家庭自易破壞。長樂人口有227,801之多，而熟地總面積約二十萬市畝，每人平分尙不及一市畝，故土地可謂不敷分配，加以近來農村經濟恐慌，多數農家破產，此卽每戶平均4.57人之所由致也。

4 年　齡

1. 年齡分配

統計表上之年齡，係指實足年齡而言，卽將被調查人之年齡減少一歲，蓋我國人民出生時卽算一歲，與實足年齡不符，故須減少一歲計算。

欲知人口中能生產與不能生產之人數，須將人口分作14歲以下之幼年級，15歲至59歲之生產年齡級，及60歲以上之老年級等三階級來觀察。照此分組，長樂縣經濟家庭之人口年齡分配如下：

年齡級	總計		男子		女子	
	人數	%	人數	%	人數	%
總　數	**227,525**	**100.0**	**128,415**	**100.0**	**99,110**	**100.0**
幼年級	74,435	32.7	44,520	34.6	29,915	30.2
生產年齡級	139,258	61.2	78,177	60.8	61,081	61.6
老年級	13,832	6.1	5,718	4.6	8,114	8.2

以上分組僅能觀察能生產及不能生產人數之大概情形，事實上農村間14歲，甚至13歲之男子，皆能到田間工作，故有生產能力之人，未必自15歲始。在幼年級及生產年齡級中，男子皆多於女子，惟在老年級則女多於男，蓋男子享壽常不及女子之長，其所以致此者，實因男子負擔經濟上大部份之責任，值此長期農村經濟困難，勞作過度，以致死亡較多；而女子已過分娩時期後，死亡率絕不若生育期

內之高故也。

茲再將經濟家庭人口分為5歲組如下：

年齡組	總計		男子		女子	
	人數	%	人數	%	人數	%
全 縣	**227,525**	**100.0**	**128,415**	**100.0**	**99,110**	**100.0**
0——4	21,451	9.4	12,648	9.8	8,803	8.9
5——9	26,889	11.8	16,075	12.5	10,814	10.9
10——14	26,095	11.5	15,797	12.3	10,298	10.4
15——19	22,301	9.8	12,934	10.1	9,367	9.5
20——24	21,691	9.5	12,818	10.0	8,873	9.0
25——29	18,408	8.1	10,959	8.5	7,449	7.5
30——34	16,521	7.3	9,807	7.6	6,714	6.8
35——39	14,322	6.3	8,239	6.4	6,083	6.1
40——44	14,053	6.2	7,378	5.7	6,675	6.7
45——49	12,796	5.6	6,807	5.3	5,989	6.0
50——54	11,156	4.9	5,495	4.3	5.661	5.7
55——59	8,010	3.5	3,740	2.9	4,270	4.3
60——64	6,087	2.7	2,772	2.2	3,315	3.3
65——69	3,742	1.6	1,613	1.3	2,129	2.1
70——74	2,404	1.1	865	0.7	1,539	1.6
75——79	1,007	0.4	329	0.3	678	0.7
80以上	592	0.3	139	0.1	453	0.5

全縣人口中，5—9歲為最多，佔總人口之11.∞%，而0—4歲之人數佔9.4%，此

種現象與1930年美國人口年齡分配類似[1]。依常理，人口年齡愈小，則人數愈多，長樂縣 0—4 歲人數反比5—9，10—14，15—19，20—24 等組人數少，當然不是人口之常態。惟0—4歲人數在第一區佔9.4％，在第二區佔 9.3％，在第三區佔9.7％，在第四區佔 9.6％，在第五區佔 9.6％，在第六區佔 9.0％，在第七區佔 9.0％，全縣平均佔9. 4％，各區之分配，均無若何之差異，可見該組人數較少，乃全縣普遍之現象。

各年齡組人數對總人數之百分比

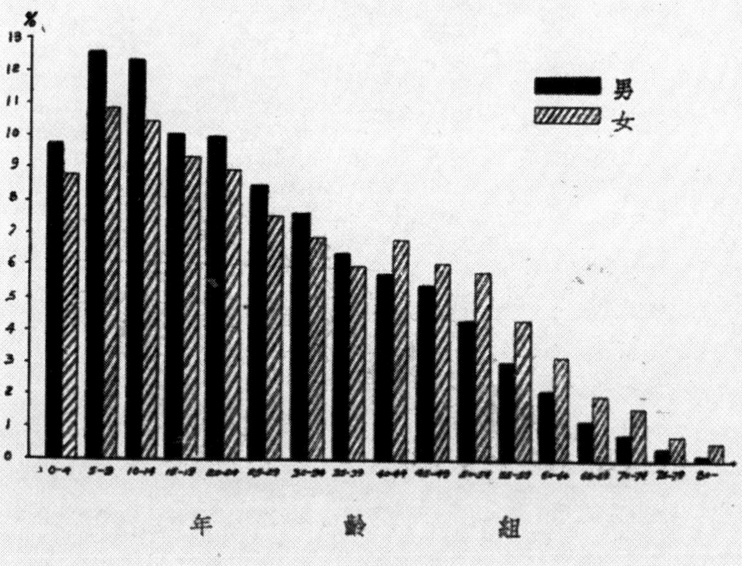

(1)1930年美國人口各年齡組之百分分配如下：

0—4	5—9	10—14	15—19	20—24	25—29	30—34	35—39	
9.3	10.3	9.8	9.4	8.9	8.0	7.4	7.5	
40—44	45—49	50—54	55—59	60—64	65—69	70—74	75—79	80以上
6.5	5.7	4.9	3.8	3.1	2.3	1.6	0.9	0.6

0—4歲人數較少之原因，大約有二：第一種原因爲匿報嬰孩，此爲人口調查最易發生之弊，而在教育落後之農村爲尤甚。長樂農民知識太低，以爲嬰孩年齡不可爲外人道，否則該嬰孩之命運當受影響，所以嬰孩隱匿不報者，在所不免。第二種原因可稱爲經濟之原因。嬰孩人數之多寡與家庭經濟環境，關係至爲密切，經濟環境不良，常使嬰孩人數減少。在教育落後之農村，不景氣時，人民不知節育，生育率雖不低減，然而嬰孩死亡率必高。年來農村破產，全國皆然，長樂自不能例外，人民困苦已極，因此，孕婦勞作過度，損害胎兒，而小孩因撫養失宜及缺乏營養料，死亡率增高，以致嬰孩減少。

2. 人口消長之趨勢

人口消長之趨勢，Sundbarg 將人口分作0—14，15—49，及50以上三組來觀察，其公式如下：

年齡組	增加式	停頓式	退減式
0—14	40%	33%	20%
15—49	50%	50%	50%
50以上	10%	17%	30%

長樂人口如照此分類，則0—14歲人數佔32.7 %，15—49歲人數佔 52.8 %，50歲以上人數佔14.5 %，換言之，長樂縣人口乃近於停頓式。

5. 性比例

性比例係指每 100 女子中之男子人數。由各方調查，我國人口常爲男多於女。內政部十七年調查福建省戶口之結果，性比例爲136.52(1)。茲將長樂縣各區經濟家庭按 5 歲組之男女比例，列表如次：

(1)見「內政部民國十七年各省市戶口調查統計報告」

年齡組	第一區	第二區	第三區	第四區	第五區	第六區	第七區	全縣
計	121.7	140.0	131.4	125.9	124.2	120.3	139.4	129.4
0—4	127.0	165.3	156.2	136.6	130.2	133.6	159.2	143.6
5—9	139.3	170.7	156.4	137.4	136.6	138.0	168.1	148.6
10—14	133.0	185.7	160.9	144.2	137.3	124.8	186.6	153.4
15—19	133.4	166.1	131.4	126.9	134.1	135.6	150.6	138.1
20—24	134.1	146.4	144.7	154.4	144.2	146.4	141.2	144.4
25—29	130.3	138.0	143.1	171.2	151.7	148.6	141.8	147.1
30—34	122.1	152.1	153.0	148.7	149.8	127.7	147.4	146.0
35—39	117.1	144.5	129.9	129.5	138.6	131.8	146.4	135.4
40—44	106.0	120.4	104.4	104.5	113.1	114.1	113.9	110.5
45—49	105.1	122.9	126.1	119.8	111.2	110.3	102.9	113.6
50—54	108.0	92.5	92.0	102.1	85.7	86.8	113.0	97.0
55—59	101.0	81.7	87.1	78.1	85.4	79.1	98.6	87.5
60—64	108.0	86.3	85.7	69.6	74.5	73.8	98.2	83.6
65—69	72.0	88.5	74.3	64.7	67.2	70.9	97.5	75.7
70—74	58.0	61.0	59.3	48.1	50.5	46.7	69.2	56.2
75—79	44.4	56.8	48.6	42.9	38.7	45.4	65.8	48.5
80以上	26.9	32.1	30.3	32.8	21.0	22.7	48.7	30.6

推算人口總數時，固以戶量為基本標準，然欲知男女數之多寡，實有賴於男女之比率，故性比例之準確與否，對於推算男女數關係甚鉅，全縣性比例分析結果如下：

Mo	Q_1	Md	Q_3	M	σ	Sk
130.5	122.0	129.8	136.3	129.4	10.6	—0.10

觀上表，三者(衆數，中數，平均數)數目，相差極乎有限，而偏斜度僅為－0.10，可知該縣男多於女，乃普遍之現象，且分配甚為平均，試證諸常態分配之探討如下：

	$M\pm\sigma$	$M\pm2\sigma$	$M\pm3\sigma$	$\frac{\sigma}{M.D.}$
常態分配	68.26%	95.46%	99.73%	1.2533
分析結果	71.15%	96.15%	99.03%	1.2544
差額	+2.89%	+0.69%	−0.70%	+0.0011

在平常狀態之下，男子對女子之比，當不如此次調查結果之大，考我國男多於女之原因，固甚複雜，但主要由於輕女重男所致，農民此種觀念尤深，所以女子夭亡較多。「營前模範農村概況」中，說明營前女子較少之原因，計有數點：「（一）溺女　此風亦稍革除，……………（二）童養媳　幼女送爲童養媳，被虐待而死者甚多。（三）營養不足　營養料對女嬰不能顧及者亦多，……………」。長樂縣10—14歲人數之性比例，比0—4，5—9兩組人數之性比例較大，其故蓋因數年前溺女之風甚盛，而近來則稍殺。50歲以後，女子逐漸多於男子，乃因男子壽命不及女子壽命之長故也。

各年齡組中之男女數

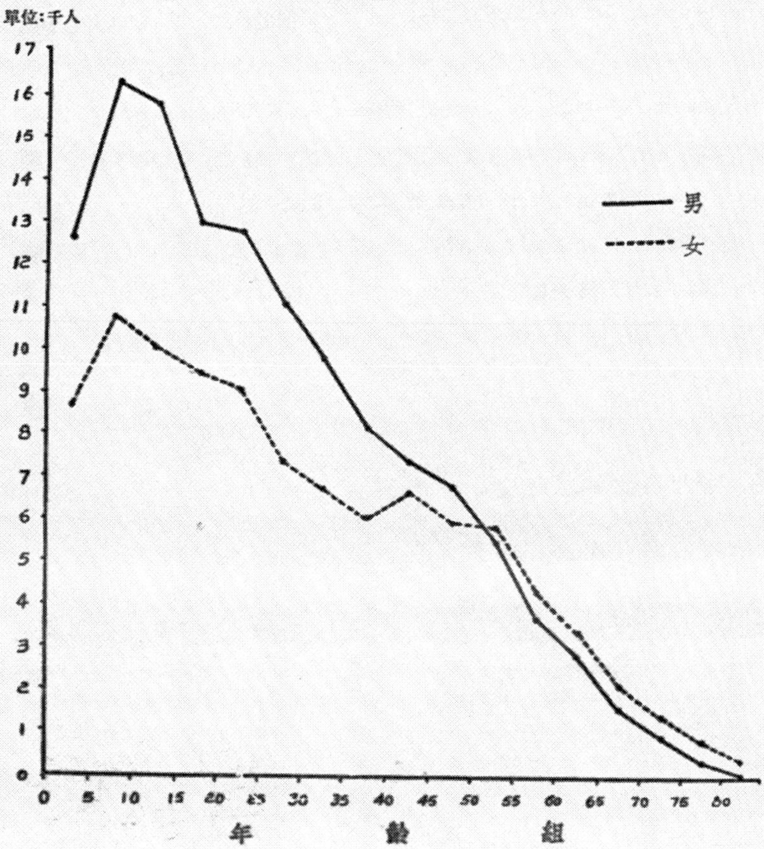

6 婚姻狀況

配偶關係，大別可分爲已婚者及未婚者二種；而已婚者又可分爲有配偶者及失偶者。

茲將經濟家庭中已婚及未婚人數列下：

男子		女子	
已婚	未婚	已婚	未婚
48,820	79,595	62,876	36,234

已婚男子佔男子總數38%，已婚女子佔女子總數63.4%。已婚女子比已婚男子固多14,056人，但男子失偶者計6,954人，女子失偶者計20,868人，故實際有配偶之男子計41,866人，實際有配偶之女子，計42,008人，二者比較，有配偶之女子比有配偶之男子，多142人，蓋因女子僅能配一丈夫，而男子則有納妾故也。

未婚男子佔男子總數62%，未婚女子佔女子總數36.6%，可見男子結婚之機會少，而女子結婚之機會多，此亦由於男多於女所致。

此次調查因未詢及結婚年齡，故最早及最晚結婚年齡，無從確定，惟据一般情形，已滿15歲結婚者較爲普遍。

婚 姻 狀 況

單位：千人

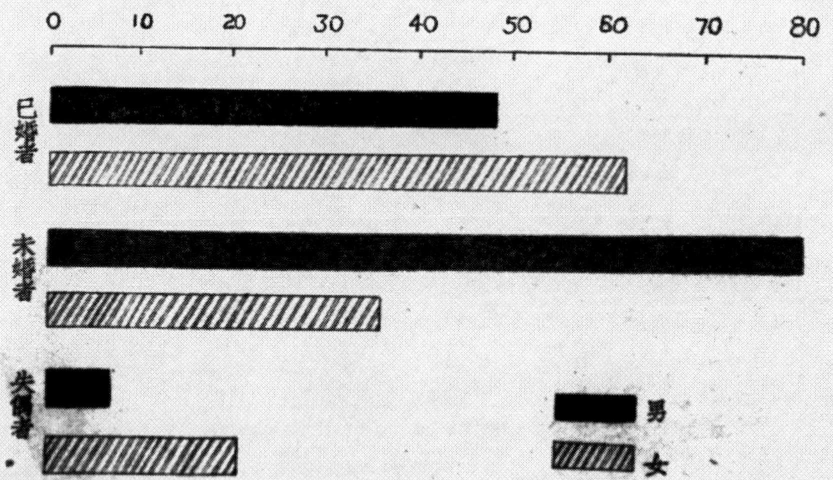

7 教育程度

教育程度分為識字者及不識字者二種，識字之人又分為曾入私塾者，曾入學校者，有看書能力者，有寫信能力者四種。茲將長樂縣經濟家庭中人口之教育程度，述之如下：

類別	總計 人數	總計 對人口總數之%	男子 人數	男子 對男子總數之%	女子 人數	女子 對女子總數之%
識字者	43,145	19.0	39,964	31.1	3,181	3.2
曾入私塾者	36,503	16.0	34,160	26.6	2,343	2.4
曾入學校者	5,970	2.6	4,990	3.9	980	1.0
有看書能力者	14,915	6.6	14,003	10.9	912	0.9
有寫信能力者	7,064	3.1	6,649	5.2	415	0.4

觀上表，男子之教育程度已屬甚低，而女子受教育者尤屬少數。

男女之教育程度

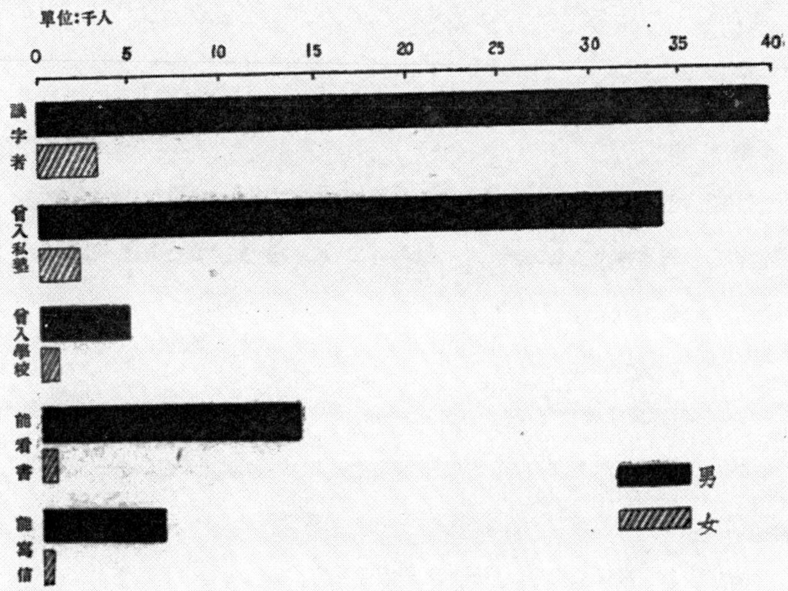

長樂縣之學齡兒童，男子計22,370人，女子計15,244人，惟男學童有讀書機會者僅有 4,235人，佔男學童總數之 18.9%；女學童有讀書機會者僅有 733 人，佔女學童總數之4.8%，所謂讀書機會，乃指進入私塾或初等小學而言。

學齡兒童人數

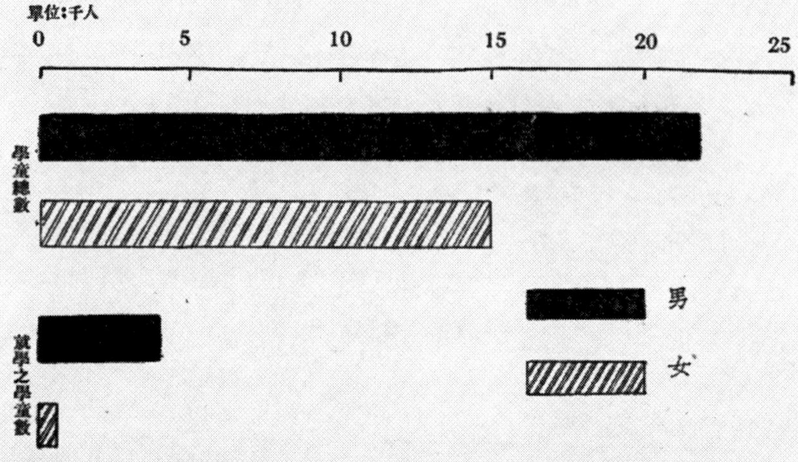

8 職　業

關於職業方面，未有詳細分類，因爲調查員能力不强，對於職業一欄，塡寫多不完全，故職業僅大別爲三類：(一)農業，(二)水產業，(三)其他職業。玆將男子之職業分析如下：

1. 有職業與無職業

長樂縣經濟家庭之男子總數爲128,415人，有職業者爲72,908 人，佔男子總數56.8 %；無職業者爲 55,507人，佔男子總數之 43.2%。無職業者包括失業及一般無工作能力者，如幼童，衰老，殘廢等。全縣經濟家庭計49,568 戶，而有職業者爲72,908 人，每一經濟家庭中，平均有職業之男子爲 1.5人，此數似頗適當，蓋在每戶平均4.57人之經濟家庭中，除老幼婦女外，實際能工作之男子，平均亦不過1.5人而已。

以上係將有職業者對男子總數而言，惟幼童及老人常無工作能力，應將有職業之男子與有生產能力之男子比較。有生產能力之男子（即在生產年齡級之男子）爲78,177人，而有職業之男子爲72,908人，則有職業之男子人數，佔有生產能力之男子人數93.3%，故有生產能力而無職業之男子佔有生產能力之男子總數6.7%而已。

2. 農業與水產業

長樂縣人民務農者最多，而沿海一帶則多業漁，茲將有職業之男子分別列下：

有職業者	農業			水產業			其他
	計	專務農	兼務農	計	專業漁	兼業漁	
72,908人	46,150	38,745	7,405	2,044	1,096	948	24,714
100%	63.3%	53.1%	10.2%	2.8%	1.5%	1.3%	33.9%

由上表觀之，長樂縣人口務農者佔全體之大半，今農村破產，無怪民生之困難也。

9 人口密度

求人口密度，有以土地總面積爲準者，有以耕地面積爲準者。茲先就土地總面積而言：長樂縣總面積，依參謀本部陸地測量局測算爲510方公里，而全縣人口總數爲227,801人，則每一方公里有446.7人。茲將本國各省之人口普通密度分列如下，以資比較：

省別	每方公里人數(1)
江蘇	314
浙江	214
安徽	150
湖南	145

(1)見統計月報，二卷九期，民十九年九月。

湖北	139
河北	226
山西	71
陝西	63
遼寧	57
察哈爾	8
綏遠	7
新疆	1

再將各國之人口普通密度分列如下:

國別	每方公里人數[1]	
	(1913年)	(1925年)
日本	142.00	154.00
印度	85.00	90.00
比利時	250.00	257.00
聯合王國	180.00	192.00
德意志	142.00	133.00
意大利	115.00	131.00
法蘭西	72.00	74.00
北美合衆國	12.30	14.90
加拿大	0.73	0.95
澳大利	0.63	0.78
新西蘭	4.20	5.30

長樂縣每一方公里熟地之人口,其數更足驚人。茲將各區每人平均分得之熟地面積,及每一方公里熟地之人口數,列表如下:

(1)見Population and Natural Resources, Geneva, League of Nations, 1927.

區別	每人平均分得之熟地面積（市畝）	每一方公里熟地之人口數
全縣	0.9	1,750.8
第一區	0.6	2,569.4
第二區	1.1	1,378.5
第三區	0.8	1,773.2
第四區	1.1	1,354.5
第五區	0.8	1,770.9
第六區	0.6	2,515.5
第七區	0.8	1,902.6

試觀本國各省之耕地人口密度如下[1]：

省區別	每人分得市畝數	每方公里之人口數
各省區總計	3.22	464.1
東北區	7.53	199.0
1.黑龍江	13.17	113.9
2.吉林	8.55	175.4
3.遼寧	5.43	276.0
4.熱河	5.95	251.9
5.察哈爾	9.21	162.8
西北區	5.02	298.6
6.綏遠	10.07	148.8
7.寧夏	5.66	265.1
8.新疆	6.04	248.3
9.甘肅	4.69	319.6
10.陝西	3.42	438.4
11.山西	5.52	271.8
北方平原	3.57	420.4

(1)據張心一：「中國農業概況估計」

12. 河北	3.64	412.5
13. 山東	3.20	467.7
14. 河南	3.93	381.5
長江下游	2.34	640.5
15. 江蘇	2.82	530.0
16. 安徽	2.71	553.0
17. 湖北	2.32	644.5
18. 湖南	1.83	815.9
19. 江西	1.88	797.9
西南區	2.79	536.1
20. 四川	2.78	539.3
21. 雲南	2.92	513.1
22. 貴州	2.72	549.8
東南區	1.86	802.7
23. 浙江	2.16	693.4
24. 福建	2.50	600.5
25. 廣東	1.46	1,019.7

再觀各國之人口可耕地密度如下：

國別	每方公里人數 (1913年)	(1925年)
日本	772	993
印度	228	205
比利時	565	640
聯合王國	703	800
德意志	262	305
意大利	260	307
法蘭西	166	178

北美合衆國	81	85
加拿大	37	34
澳大利	80	66
新西蘭	—	184

由上表觀察，可見長樂縣人口之密。如何解決人口過剩，實爲目前所不可忽視者！

10 移民

長樂縣人事登記未曾舉辦，而現時保甲制度之戶口異動，正在推行，故從前移入移出之戶口，無從統計。玆由各調查員就各調查區內估計自民元以來移入移出之戶數，然後估計全縣移入移出之戶數。自民元以來移入長樂縣者計153戶，由長樂縣移往別處者計2,501戶，二者比較，實在移出者計2,348戶。每戶若以4.57人計算，則移出者約有11,000人，此固非可靠之數目，但可窺見戶口移動之趨勢。依長樂縣編查保甲戶口之結果，普通戶中他往者計15,130人，[1]與普查所估計移出之人數大略相同，此種人口移出之現象，多受農村破產之影響。

(1)見「長樂縣人口普查與編查保甲戶口之比較」福建省統計月刊，第一卷第四期。

二 農 業

1 田地面積

1. 田地折算

長樂縣農民計算田地面積以舊畝爲單位，惟每一舊畝面積之大小，各地不同，此次由調查員在各鄉選正方形或長方形之水田旱地各若干塊，量其長闊，然後由當地人估計該塊田地之面積。調查員調查後，又由監察員複查，其結果如下：

區別	田地折算率（每一舊畝等於市畝數）水田	田地折算率（每一舊畝等於市畝數）旱地
第一區	0.95	0.95
第二區	0.99	1.02
第三區	1.05	1.00
第四區	0.99	1.02
第五區	1.01	1.05
第六區	1.06	1.09
第七區	0.99	0.99

由上觀之，各區田地折算率不同，統計表上之田地面積，係以各區之折算率分別折算。

2. 農場之意義

凡農戶務農所用之田地，牲畜，農具，房屋等，統稱一個農場。此次調查之農場面積，乃去年農戶實在經營之面積，換言之，土地無論是否農戶所有，凡去年由農戶實際經營者，卽爲該戶之農場面積，至於去年未經農戶經營之土地，及荒山荒地等，均不列入。

3. 熟地總面積

依此次調查結果，全縣熟地總面積爲195,168.8市畝，佔土地總面積 25.5%[1]（土地總面積據陸地測量局測算爲 510 方公里，卽 765,000，市畝）此數未必翔

(1)依張心一估計，本省已耕地面積佔土地總面積之11.4%，見「中國農業概況估計」。

實，蓋普查雖極力宣傳，但農民常懷疑不肯實報，故不易得精確之結果。幸調查員皆由當地保甲長或紳士擔任，不實之處尚可糾正，据一般調查員報告，農民所報之面積僅有80％可靠，然則長樂縣農民經營之面積當在二十三萬市畝左右。

4. 熟地分類

熟地之面積，大別之可分爲水田，旱地，山林地，池蕩地等四類[1]。茲將各類所佔之面積列下：

熟地分類	面積（市畝）	百分數
總計	**195,168.8**	**100.0**
水田	152,684.8	78.2
旱地	38,450.0	19.7
山林地	3,870.2	2.0
池蕩地	163.8	0.1

水田之面積最大，佔熟地總面積78.2％，旱地次之，佔19.7％，故長樂食糧以稻爲大宗，甘薯次之。

2 農戶數

凡同居共食共同務農之一家人，謂一農戶，彼等共同經營一個農場。依調查結果，全縣務農者計29,158戶。農戶對總戶數之百分比，第三區最大爲71.2％，第一區最小爲35.6％，全縣平均則爲58.8％，此數較民國二十一年國府統計局所發表之全國農戶百分比74.5％爲小。查長樂專務農之男子爲38,745人，兼務農之男子爲7,405人，全縣農夫計46,150人，而有生產能力之男子爲78,177人，可知農夫人數佔有生產能力之男子59.03％，此百分比與農戶數佔總戶數之百分比相差無幾，換言之，全縣每百戶中僅有58.8戶從事農業，而每百個有生產能力之男子中僅有59.03人務農而已。

(1)山林地包括農林，竹林等；池蕩地係魚塘藕塘之類。

3 農場耕地面積大小分配

農場耕地面積大小，係指農戶耕種之土地面積大小而言，玆將5市畝爲一組，觀察各組之農戶數如下：

已耕地面積	農戶數	百分數
全　　縣	**29,158**	**100.00**
4.9 市畝以下	14,458	49.59
5—— 9.9	9,739	33.40
10——14.9	3,334	11.43
15——19.9	1,039	3.56
20——24.9	402	1.38
25——29.9	111	0.38
30——34.9	42	0.15
35——39.9	14	0.05
40——44.9	7	0.02
45——49.9	2	0.01
50以上	10	0.03

觀上表，農戶經營面積在5市畝以下者最多，此不僅爲長樂特殊情形，本省各地多數亦然，玆將長樂農戶經營面積之大小與本省一般情形比較如次：

農場耕地面積	各組農戶所佔之百分數	
	本省一般之情形[1]（%）	長樂普查之結果（%）
計	**100.0**	**100.0**
5市畝以下	**34.3**	**49.6**
5——10	**27.9**	**33.4**

(1)實業部中央農業實驗所，「農情報告」，第三卷第四期。

10——15	16.2	11.4
15——20	9.5	3.6
20——30	6.1	1.8
30——50	4.0	0.2
50以上	2.0	0

農場耕地面積大小百分分配

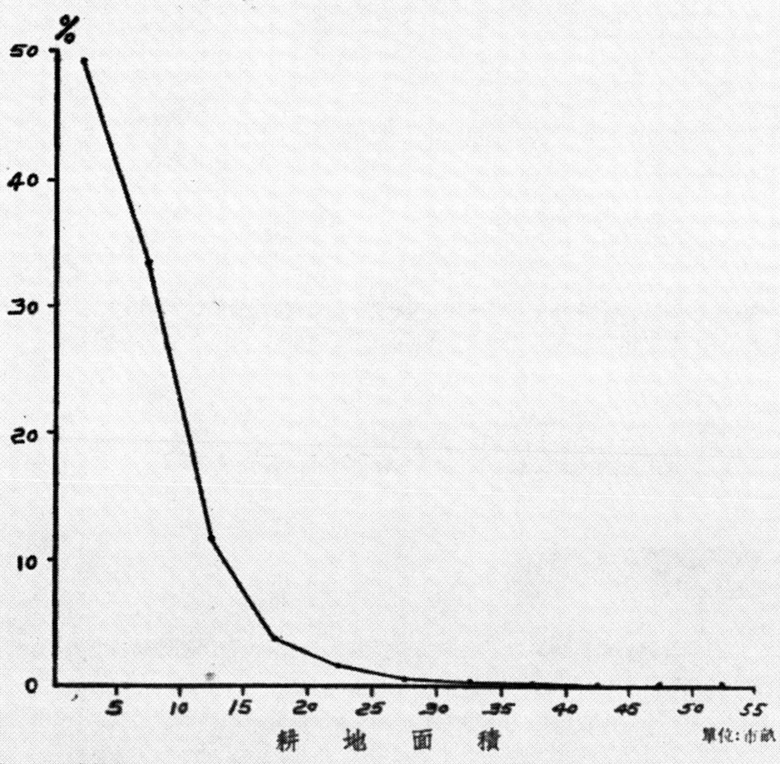

4 地權分配

1. 自耕農半自耕農及佃農

此次調查結果，佃農最多，半自耕農次之，自耕農最少，此與全省農佃分配之趨勢相似[1]。茲將長樂縣自耕農，半自耕農及佃農戶數列下：

(1)依張心一估計，本省佃農佔6[illegible]%，半自耕農佔22%，自耕農佔9%，見主計處統計月報，第二卷、第六期。

農戶分類	戶數	百分數
總　計	**29,158**	**100.0**
自耕農	4,939	16.9
半自耕農	10,892	37.4
佃　農	13,327	45.7

農戶之地權分配

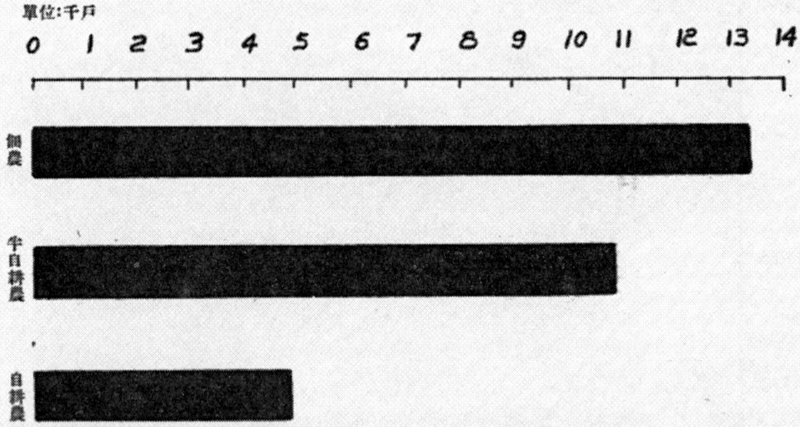

從佃農與自耕農所佔之百分數,亦可看出該縣所代表華南地域性之特徵。按我國北方,大概因地帶廣大,人口較稀,故大部份爲自耕農,約佔百分之六十以上,而佃農與半自耕農皆佔小部份,長江流域及華南一帶之佃農分佈情形與上述相反,自耕農與半自耕農祇佔小部份,而佃農則佔大部份。試將此次調查結果與其他各地各種農佃所佔之百分率,列表比較如下[1]:

(1)中國經濟年鑑續編中冊,「租佃制度」。

省　別	佃農(%)	自耕農(%)	半自耕農(%)
綏　遠	26.0	55.0	19.0
陝　西	27.0	51.0	22.0
河　南	26.0	53.0	21.0
河　北	13.0	68.0	19.0
安　徽	45.0	36.0	19.0
湖　南	49.0	26.0	25.0
江　蘇	37.0	37.0	26.0
廣　東	58.0	18.0	24.0
長樂（普查）	45.7	16.9	37.4

2. 自耕面積及佃耕面積

次就已耕地面積來觀察，（已耕地專指水田旱地而言，山林地池蕩地概行除外）。已耕地分爲自耕面積及佃耕面積，而佃耕面積則包括佃農經營之面積及半自耕農佃耕之面積。長樂縣自耕及佃耕面積分配如下：

類　別	已耕地總面積		水田		旱地	
	面積(市畝)	%	面積(市畝)	%	面積(市畝)	%
總　計	191,134.8	100.0	152,684.8	100.0	38,450.0	100.0
自　耕	50,932.3	26.6	32,619.1	21.4	18,313,2	47.6
佃　耕	140,202.5	73.4	120,065.7	78.6	20,136.8	52.4

自 耕 及 佃 耕 面 積

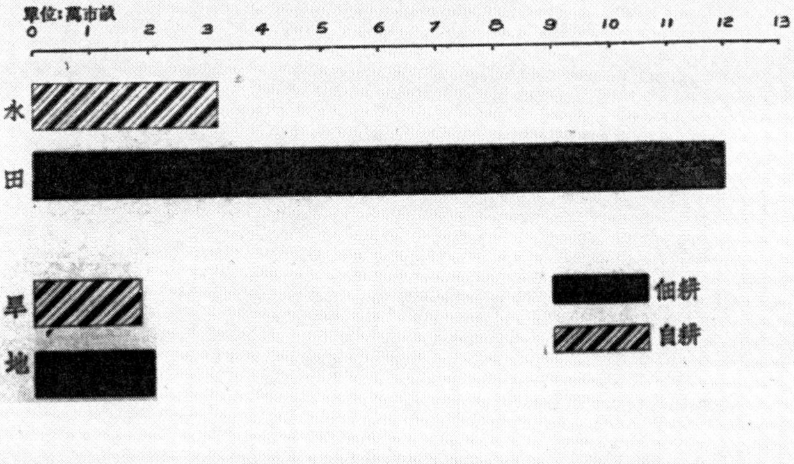

由上表觀察，可見佃農租水田者最多，租旱地者較少。

5 納租方法

納租方法普通有三：(一)以錢納租，(二)以主要作物納租，(三)分租。佃戶以作物納租者佔82.4％，分租者佔9.8％，以錢納租者佔7.6％，除此三種方法外，以其他方法納租者佔0.2％。

佃戶向地主租田耕種，一切種籽，肥料，農具，牲畜等，概歸佃戶自備，地主並不負擔。此次調查結果，長樂縣納租情形述之如次：

(一)以錢納租　去年全縣平均每市畝之租金如下：

水田			旱地		
上	中	下	上	中	下
10.2元	8.0元	5.9元	5.4元	4.3元	2.6元

(二)以主要作物納租　水田之主要作物爲穀，旱地之主要作物爲甘薯，茲將去年(全縣平均)每市畝之納租量對每市畝平均產量之百分比列下：

水田			旱地		
上	中	下	上	中	下
50％	50％	48.6％	43.3％	42.1％	41.3％

(三)分租　佃農與地主分租時，地主所得之成數如次：

水田			旱地		
上	中	下	上	中	下
49％	48.7％	47.2％	45.7％	44.7％	43.9％

茲再將三種納租方法每市畝之納租額，折成銀元數，而求每市畝租額與地價之關係[1]。

(1)穀每百斤之價格以3.7元計，甘薯每百斤之價格以0.8元計。

每市畝地價(元)			每市畝納租額(元)			每市畝租額對每市畝地價之百分比		
			錢租	物租	分租	錢租	物租	分租
水田	上	97	10.2	10.4	10.3	10.5	10.7	10.6
	中	73	8.0	8.4	8.2	11.0	11.5	11.2
	下	50	5.9	6.2	6.0	11.8	12.4	12.0
旱地	上	44	5.4	4.0	4.5	12.3	9.1	10.2
	中	32	4.3	3.0	3.4	13.4	9.4	10.6
	下	19	2.6	2.0	2.2	13.7	10.5	11.6

每市畝納租額佔地價之百分數，係指地主由價值百元之土地中能收地租多少之謂。由上觀之，下等水田之租率比上等水田之租率高，下等旱地之租率對於上等旱地之租率亦然。

6 農　產

1. 產量之折算

長樂縣各地所用之秤，甚不一律，此次調查時，特製半公斤之標準重量數十枚，由調查員帶往各地與普通之秤比較，茲將各區之斤折率列下：

區 別	斤 折 率 (每一舊斤等於市斤數)
第一區	0.92
第二區	0.95
第三區	0.97
第四區	0.97
第五區	0.98
第六區	0.98
第七區	0.93

2. 冬作物栽培面積及產量

此次調查農產，僅查作物與菓樹兩種。冬作物係指秋冬播種春夏收成之作物。栽培面積係由調查員向農戶調查，每市畝之產額，專指去年中等田地每市畝之產額。茲將去年栽培面積，產量，及每市畝產額列下：

作物	栽培面積（市畝）	產量[1]（100市斤）	每市畝產額[2]（市斤）
小麥	4,323.9	6,130	140
大麥	4,261.4	6,438	153
豌豆	980.4	914	99
苜莉花	911.7	886	90
蠶豆	477.0	——	——
其他	229.9	——	——

冬作物栽培面積計有11,184.3市畝。

苜莉花乃長樂縣重要特產之一，上等苜莉花每畝（舊畝）全年可收百餘元，中等可收40元至50元，下等可收20元至30元。每斤之價格，上等者1元7角至1元8角，中等者4角至5角，下等者1角至2角。上表所指乃中等者。

長樂農民種植蠶豆，多供肥田之用，蠶豆尚未成熟，即盡於田中，故產量若干，農民均不明瞭。

3. 夏作物栽培面積及產量

夏作物乃春夏播種秋冬收成之作物，其種類及栽培面積均比冬作物多，茲將其栽培面積，產量，及每市畝產額列下：

作物	栽培面積（市畝）	產量[3]（100市斤）	每市畝產額[4]（市斤）
早稻	146,281.6	388,457	267
晚稻	135,809.7	290,732	224
甘薯	40,503.9	437,244	987
落花生	3,380.2	6,601	181
馬鈴薯	1,144.9	10,501	926
苜莉花	911.7	…………	…………
大豆	471.0	470	100
芋頭	30.9	324	1,208
高粱	30.5	59	191
甘蔗	14.0	42,000條	3,000條
其他	40.7	——	——

(1)全縣產量，係將各區栽培面積與各區之產額分別相乘所得。

(2)每市畝產額乃全縣平均之產額。

(3)甘蔗之產量係以條計。各種作物全縣之產量，係將各區之栽培面積與各區之產額，分別相乘所得。

(4)每市畝產額係全縣平均之產額。

夏作物栽培面積爲328,619.1市畝。農民種植水稻者最多，甘薯次之，其餘各種作物僅屬少數。苜莉花所佔之面積，全年均屬相同，故兩季均將其栽培面積列入，惟全年產量既已填入冬作物內，此處故不再填，以免重複。

冬夏季作物面積比較

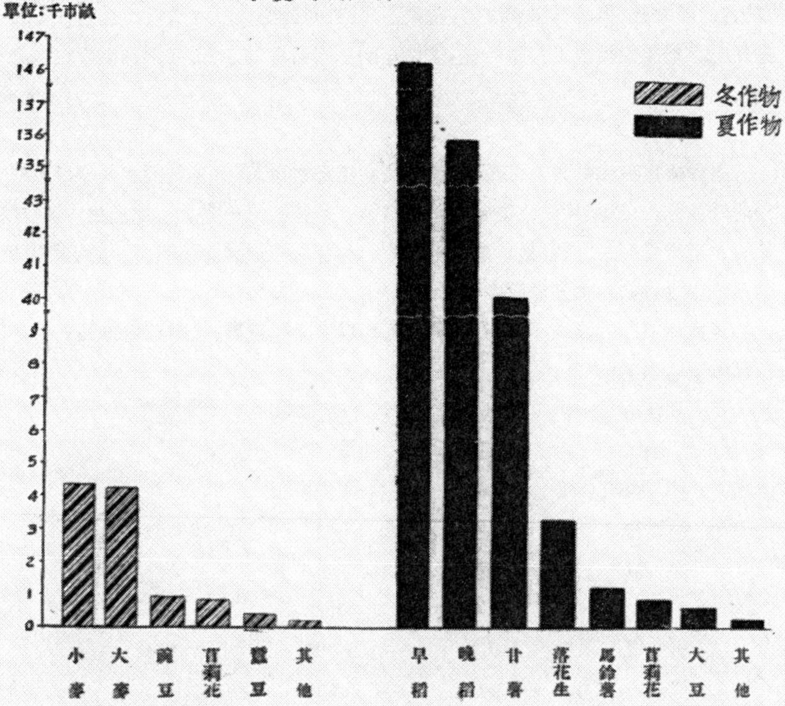

4. 食糧消費量與輸出量

長樂縣人口壓力之大，已如上述，則全縣食糧之消費量與輸出量若干，實有研究之必要。關於每人平均全年食糧消費量，江西省政府經濟委員會曾估計除糯米及雜糧等外，需粳稻米2石2斗5升；蔡正雅在上海舉行家計調查結果，每等成年男子之穀米消費量爲2石（申斛）稍強，金陵大學在江蘇舉行家計調查結果，每人每年平均消費米量爲288斤，約等2石；本省晉江縣調查所得，每人全年除甘薯及雜糧外約需白米1.90市擔。長樂縣食糧以米與甘薯爲大宗，富裕之家，固多食米，而貧乏之家則反是，且有終年不得一飽者，依調查結果，除甘薯及雜糧外，每人平均全年約消費白米 224 市斤，則全縣白米消費量約爲510,274 市擔。查全縣早晚稻產量（去年）計穀67,918,900市斤，約折白米47,543,230市斤，惟調查結果，田地約少報二成，故全縣白米約有 594,290 市擔，然則去年白米餘額約爲84,000市擔。茲由福州米商估計，去年由長樂運來之穀約15萬擔，約折白米10.5萬擔，估計之數，與此次調查之數，相差不遠，可知長樂全年白米輸出量當在十萬擔左右。惟長樂溉田工作推行後，稻之產額必因而增加，則白米出口數當在10萬擔以上矣。

5. 菓實樹

菓實樹專指能結菓實之菓樹，凡不能結菓實之菓苗，概不計算。長樂縣菓樹僅能計算株數，至其所佔之面積則不易計算，蓋種植無一定之地點故也。試以長樂縣之橘樹爲例：長樂縣橘樹多種於田畔，鮮有專種菓樹之菓園，故種植面積難以計算，此種情形，本省他處亦常有之。

長樂菓樹以橘爲最多，楊梅，番石榴，龍眼等亦頗重要，茲將菓樹株數，產量，及每株產額列下：

菓實樹	株數	產量[1]（100市斤）	每株產額（市斤）
橘	9,233	9,760	91
楊梅	3,482	1,827	47
番石榴	3,200	1,814	51
龍眼	1,507	1,276	83
桃	1,259	630	47
橄欖	679	1,029	148
梨	425	276	65
石榴	202	22	11
棗	191	104	53
荔枝	177	184	94
黃皮（土名黃淡）	154	49	30
李	140	46	33
柑	98	56	56
枇杷	88	31	34
柚	63	52	84

(1)全縣產量係將各區之株數與各區之產額分別相乘而得。

每株平均產額係指中等菓樹去年之產額，各區因土壤及氣候之不同，產額多不一致，表上所列之產額，乃全縣之平均數。

主要菓實樹株數

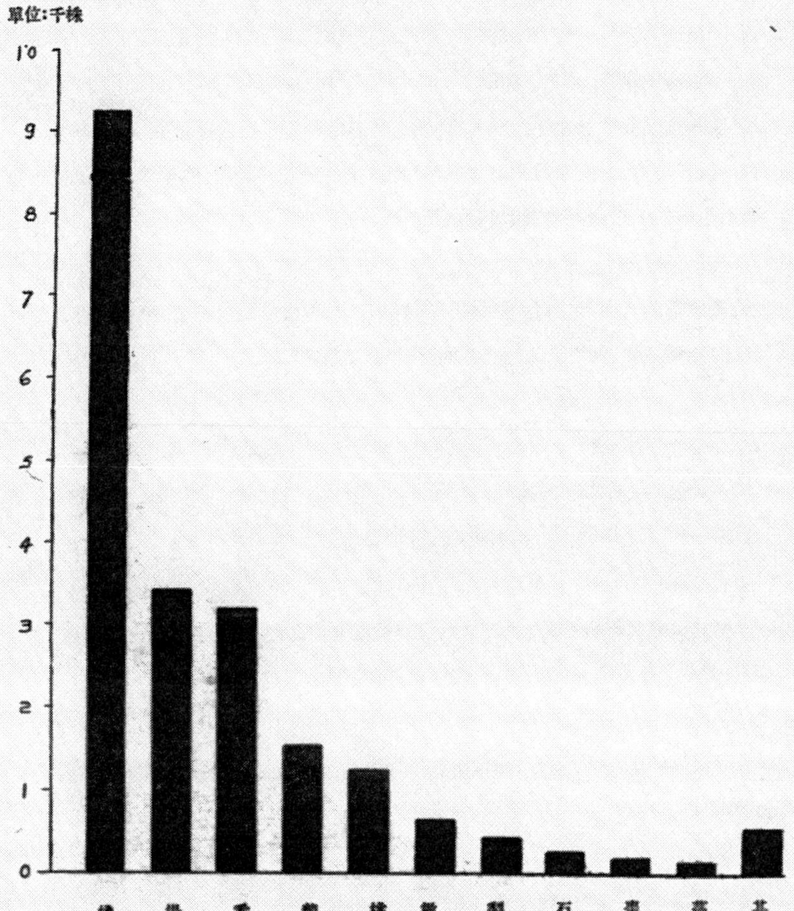

7 家　畜

1. 力畜

長樂縣力畜僅有黃牛與水牛兩種，並無馬，驢，騾之類。茲將全縣黃牛及水牛頭數列下：

	黃牛	水牛	總計
總　數	**7,189**	**179**	**7,368**
已滿一歲	6,551	165	6,716
未滿一歲	638	14	652

已滿一歲之黃牛及水牛計有6,716頭，若以之平均分配於全體農戶，則每頭須耕4.3農戶之田地。此乃長樂縣實在之情形，据農民說，他們之耕牛多係輪流使用，凡租牛耕田一畝者，牛租約需穀15斤。

2. 肉畜與家禽

肉畜包括豬與山羊；家禽包括鷄，鴨，鵝等；乃專指農戶所畜者，至於非農戶所畜之肉畜與家禽，概不計入。茲將調查所得之隻數列下：

	肉畜			家禽		
	豬	山羊		鷄	鴨	鵝
總　數	**7,307**	**1,563**	**總　數**	**34,960**	**20,742**	**5,653**
已滿一歲	1,169	434	已滿六個月	8,313	9,926	3,277
未滿一歲	6,138	1,129	未滿六個月	26,647	10,816	2,376

据一般調查員報告：調查家禽比調查其他牲畜尤感困難，蓋家禽乃婦人經營之副業，彼輩對於調查員之詢問，更覺懷疑，故查得之數，實難精確。

8 農民借貸

長樂農村破產，人民入不敷出，惟有借貸一法，以資調劑，借貸有借糧及借錢二種，分述如下：

1. 借糧

長樂全縣平均，每百戶中借糧者約有60戶，長樂農民貧乏，每於作物收成，即換現款使用，至糧食不足時，再向人家借糧，歸還期間多為五個月或六個月，借米

100斤者，普通還120斤左右，則每月平均應納米3斤左右，作爲借糧之利息。

2. 借款

長樂全縣平均，每百戶中借錢者約有70戶，月利最高者爲2.8分，最低者爲1.5分，普通者爲2.1分。借款來源，殷戶佔44.3%，當舖佔22.3%，錢莊佔12.3%，米舖佔12.3%，其他方面佔8.8%。

9 農民工資

1. 長工

長工乃僱用全年之農工，或稱爲「長年」，長工食宿若由僱主供給，去年全年工資全縣平均爲56.6元，每月約4元7角，民國元年全年工資爲40元，每月約3元3角。

2. 短工

短工係短期僱用之農工，又可稱爲「日工」，工資乃以日計算。農忙時，伙食若由僱主供給，則去年每日工資全縣平均爲6角，伙食若由農工自給，每日工資平均爲8角。農閑時，伙食若由僱主供給，去年每日工資平均爲3角，伙食若由農工自給，每日工資平均爲5角。

10 農村物價

玆將此次調查所得之農村主要物價列下：（本年四月間及民元之價格）

物　品	本年四月間之價格（元）	民元之價格（元）
中等米（百斤）	6.86	4.20
中等麥（百斤）	3.40	2.22
食　鹽（百斤）	7.99	3.25
洋　油（百斤）	12.49	6.46
粗　布（一匹）	0.60	0.41
中等黃牛（一頭）	36.60	26.03
中等水牛（一頭）	44.51	35.13
中等山羊（一頭）	3.85	2.94
中等豬（一頭）	20.78	16.24

11 田　賦

長樂縣田賦正附稅徵收年額爲 104,470元，其中正稅佔 68,670元，所餘35,800元爲田賦附加。茲將各種田賦附加捐分別列下：

收入原名	稅率(元)		徵收年額(元)
總計			**35,800**
地丁項下自治附加捐	每兩0.50		5,750
地丁項下教育附加	每兩0.45		5,180
地丁項下保安隊費附加	每兩1.00		11,500
地丁項下地方公益捐	每兩0.20		2,300
糧米項下自治附加	每石1.06		1,590
糧米項下教育附加	每石0.20		300
糧米項下教育附加增加一成	每石0.53		800
糧米項下保安隊費	每石0.20		200
營前田賦項下自治附加	每畝 0.90	(上)	2,020
	每畝 0.80	(中)	
	每畝 0.70	(下)	
營前田賦項下教育附加	每畝 0.90	(上)	2,020
	每畝 0.80	(中)	
	每畝 0.70	(下)	
營前田賦項下地方款附加	18%		4,140

全縣田賦正附稅爲104,470元，而全縣人口爲 227,801人，則每人平均負擔爲4角6分。

統 計 表

統計表

一、人口

I(a) 各區戶口總數

區別	住戶(1)									
	戶數	人口數								
		戶主及家屬			無家可歸者			計		
		男	女	計	男	女	計	男	女	計
全縣	**49 568**	**127 890**	**98 687**	**226 577**	**525**	**423**	**948**	**128 415**	**99 110**	**227 525**
第一區	4 427	10 546	8 565	19 111	63	148	211	10 609	8 713	19 322
第二區	4 414	11 283	8 069	19 352	37	16	53	11 320	8 085	19 405
第三區	7 592	22 632	17 237	39 869	111	67	178	22 743	17 304	40 047
第四區	7 430	18 728	14 922	33 650	102	28	130	18 830	14 950	33 780
第五區	12 038	30 337	24 456	54 793	165	85	250	30 502	24 541	55 043
第六區	3 053	7 392	6 108	13 500	7	39	46	7 399	6 147	13 546
第七區	10 614	26 972	19 330	46 302	40	40	80	27 012	19 370	46 382

(1) 住戶包括普通人家，船戶，店戶等。

I(b) 各區戶口總數

區別	公共場所(2)				總計			
	戶數	人口數			戶數	人口數		
		男	女	計		男	女	計
全縣	**85**	**201**	**75**	**276**	**49 653**	**128 616**	**99 185**	**227 801**
第一區	10	15	9	24	4 437	10 624	8 722	19 346
第二區	11	28	8	36	4 425	11 348	8 093	19 441
第三區	9	13	6	19	7 601	22 756	17 310	40 066
第四區	3	6	3	9	7 433	18 836	14 953	33 789
第五區	11	22	7	29	12 049	30 524	24 548	55 072
第六區	9	19	24	43	3 062	7 418	6 171	13 589
第七區	32	98	18	116	10 646	27 110	19 388	46 498

(2) 公共場所包括政府機關，學校，寺廟，祠堂，會館等。

2　各　區　男　子

(按　住　戶　之

年齡組	男子人數						
	第一區	第二區	第三區	第四區	第五區	第六區	第七區
計	10 609	11 320	22 743	18 830	30 502	7 399	27 012
0—4	1 019	1 121	2 375	1 865	2 998	695	2 575
5—9	1 366	1 320	2 905	2 361	3 880	947	3 296
10—14	1 316	1 404	2 820	2 332	3 725	835	3 365
15—19	1 142	1 176	2 256	1 863	3 083	750	2 664
20—24	1 101	1 183	2 189	1 877	2 971	747	2 750
25—29	859	940	1 951	1 627	2 593	648	2 341
30—34	716	902	1 734	1 364	2 422	561	2 198
35—39	602	694	1 446	1 214	2 061	468	1 754
40—44	610	666	1 283	1 007	1 808	445	1 559
45—49	574	621	1 202	1 111	1 637	417	1 245
50—54	522	459	917	871	1 186	331	1 209
55—59	311	317	694	526	852	217	823
60—64	258	241	471	377	639	150	636
65—69	116	162	264	244	362	100	365
70—74	66	72	156	120	193	58	200
75—79	24	33	53	49	67	20	83
80以上	7	9	27	22	25	10	39

(1) 年齡係指實歲，即按

年齡分配(1)

男子計算)

全縣	各年齡組中之人數對全體人數之百分比							
	第一區	第二區	第三區	第四區	第五區	第六區	第七區	全縣
128 415	100.0	100.0	100.0	100.0	100.0	100.0	100.0	100.0
12 648	9.6	9.9	10.4	9.9	9.8	9.4	9.5	9.8
16 075	12.9	11.7	12.8	12.5	12.7	12.8	12.2	12.5
15 797	12.4	12.4	12.4	12.4	12.2	11.3	12.4	12.3
12 934	10.8	10.4	9.9	9.9	10.1	10.1	9.9	10.1
12 818	10.4	10.5	9.6	10.0	9.8	10.1	10.2	10.0
10 959	8.1	8.3	8.6	8.6	8.5	8.8	8.7	8.5
9 807	6.7	7.9	7.6	7.3	7.9	7.6	7.8	7.6
8 239	5.7	6.1	6.4	6.5	6.8	6.3	6.5	6.4
7 378	5.8	5.9	5.6	5.3	5.9	6.0	5.8	5.7
6 807	5.4	5.5	5.3	5.9	5.4	5.6	4.6	5.3
5 495	4.9	4.1	4.0	4.6	3.9	4.5	4.5	4.3
3 740	2.9	2.8	3.1	2.8	2.8	2.9	3.0	2.9
2 772	2.4	2.1	2.1	2.0	2.1	2.0	2.4	2.2
1 613	1.1	1.4	1.2	1.3	1.2	1.4	1.4	1.3
865	0.6	0.6	0.7	0.6	0.6	0.8	0.7	0.7
329	0.2	0.3	0.2	0.3	0.2	0.3	0.3	0.3
139	0.1	0.1	0.1	0.1	0.1	0.1	0.1	0.1

個人之虛歲減少一歲計算。

3 各區女子

(按住戶之

年齡組	女子人數						
	第一區	第二區	第三區	第四區	第五區	第六區	第七區
計	**8 713**	**8 085**	**17 304**	**14 950**	**24 541**	**6 147**	**19 370**
0—4	802	678	1 520	1 365	2 301	520	1 617
5—9	980	773	1 857	1 718	2 840	686	1 960
10—14	989	756	1 752	1 617	2 712	669	1 803
15—19	856	708	1 716	1 467	2 299	553	1 768
20—24	821	808	1 512	1 215	2 060	510	1 947
25—29	659	681	1 363	950	1 709	436	1 651
30—34	586	593	1 133	917	1 616	439	1 430
35—39	514	480	1 113	937	1 486	355	1 198
40—44	575	553	1 228	963	1 598	390	1 368
45—49	546	505	953	927	1 471	378	1 209
50—54	483	496	996	853	1 383	381	1 069
55—59	308	388	796	673	997	274	834
60—64	239	279	549	541	857	203	647
65—69	161	183	355	377	538	141	374
70—74	114	118	263	249	382	124	289
75—79	54	58	109	114	173	44	126
80以上	26	28	89	67	119	44	80

年　齡　分　配

女　子　計　算)

	各年齡組中之人數對全體人數之百分比							
全縣	第一區	第二區	第三區	第四區	第五區	第六區	第七區	全縣
99 110	**100.0**	**100.0**	**100.0**	**100.0**	**100.0**	**100.0**	**100.0**	**100.0**
8 803	9.2	8.4	8.8	9.1	9.4	8.5	8.3	8.9
10 814	11.2	9.6	10.7	11.5	11.6	11.2	10.1	10.9
10 298	11.4	9.4	10.1	10.8	11.0	10.9	9.3	10.4
9 367	9.8	8.8	9.9	9.8	9.4	9.0	9.1	9.5
8 873	9.4	10.0	8.7	8.1	8.4	8.3	10.2	9.0
7 449	7.6	8.4	7.9	6.4	7.0	7.1	8.5	7.5
6 714	6.7	7.3	6.6	6.1	6.6	7.1	7.4	6.8
6 083	5.9	5.9	6.4	6.3	6.0	5.8	6.2	6.1
6 675	6.6	6.9	7.1	6.5	6.5	6.3	7.1	6.7
5 989	6.3	6.2	5.5	6.2	6.0	6.1	6.2	6.0
5 661	5.6	6.1	5.8	5.7	5.6	6.2	5.5	5.7
4 270	3.5	4.8	4.6	4.5	4.1	4.5	4.3	4.3
3 315	2.8	3.5	3.2	3.6	3.5	3.3	3.3	3.3
2 129	1.8	2.3	2.1	2.5	2.2	2.3	1.9	2.1
1 539	1.3	1.4	1.5	1.7	1.5	2.0	1.5	1.6
678	0.6	0.7	0.6	0.8	0.7	0.7	0.7	0.7
453	0.3	0.3	0.5	0.4	0.5	0.7	0.4	0.5

4　各區男女

（按住戶之

年齡組	男女人數						
	第一區	第二區	第三區	第四區	第五區	第六區	第七區
計	**19 322**	**19 405**	**40 047**	**33 780**	**55 043**	**13 546**	**46 382**
0—4	1 821	1 799	3 895	3 230	5 299	1 215	4 192
5—9	2 346	2 093	4 762	4 079	6 720	1 633	5 256
10—14	2 305	2 160	4 572	3 949	6 437	1 504	5 168
15—19	1 998	1 884	3 972	3 330	5 382	1 303	4 432
20—24	1 922	1 991	3 701	3 092	5 031	1 257	4 697
25—29	1 518	1 621	3 314	2 577	4 302	1 084	3 992
30—34	1 302	1 495	2 867	2 281	4 038	1 000	3 538
35—39	1 116	1 174	2 559	2 151	3 547	823	2 952
40—44	1 185	1 219	2 511	1 970	3 406	835	2 927
45—49	1 120	1 126	2 155	2 038	3 108	795	2 454
50—54	1 005	955	1 913	1 724	2 569	712	2 278
55—59	619	705	1 490	1 199	1 849	491	1 657
60—64	497	520	1 020	918	1 496	353	1 283
65—69	277	345	619	621	900	241	739
70—74	180	190	419	369	575	182	489
75—79	78	91	162	163	240	64	209
80以上	33	37	116	89	144	54	119

年齡分配

男女計算)

全縣	各年齡組中之人數對全體人數之百分比							
	第一區	第二區	第三區	第四區	第五區	第六區	第七區	全縣
227 525	**100.0**	**100.0**	**100.0**	**100.0**	**100.0**	**100.0**	**100.0**	**100.0**
21 451	9.4	9.3	9.7	9.6	9.6	9.0	9.0	9.4
26 889	12.1	10.8	11.9	12.1	12.2	12.1	11.3	11.8
26 095	11.9	11.1	11.4	11.7	11.7	11.1	11.1	11.5
22 301	10.4	9.7	9.9	9.9	9.8	9.6	9.6	9.8
21 691	10.0	10.3	9.2	9.2	9.2	9.3	10.1	9.5
18 408	7.9	8.3	8.3	7.6	7.8	8.0	8.6	8.1
16 521	6.7	7.7	7.2	6.7	7.3	7.4	7.6	7.3
14 322	5.8	6.0	6.4	6.4	6.5	6.1	6.4	6.3
14 053	6.1	6.3	6.3	5.8	6.2	6.1	6.3	6.2
12 796	5.8	5.8	5.4	6.0	5.6	5.9	5.3	5.6
11 156	5.2	4.9	4.8	5.1	4.7	5.2	4.9	4.9
8 010	3.2	3.6	3.7	3.5	3.4	3.6	3.6	3.5
6 087	2.6	2.7	2.5	2.7	2.7	2.6	2.8	2.7
3 742	1.4	1.8	1.5	1.8	1.6	1.8	1.6	1.6
2 404	0.9	1.0	1.1	1.1	1.0	1.3	1.1	1.1
1 007	0.4	0.5	0.4	0.5	0.4	0.5	0.4	0.4
592	0.2	0.2	0.3	0.3	0.3	0.4	0.3	0.3

5 (a) 各區婚姻狀況

(按住戶之人口計算)

區別	男子 已婚 計 人數	男子 已婚 計 對男子總數百分比	男子 已婚 已滿十八歲者	男子 已婚 未滿十八歲者	男子 未婚 計 人數	男子 未婚 計 對男子總數百分比	男子 未婚 已滿十八歲者	男子 未婚 未滿十八歲者	鰥夫 人數	鰥夫 對已婚男子人數百分比
全縣	**48 820**	**38.0**	**48 455**	**365**	**79 595**	**62.0**	**27 122**	**52 473**	**6 954**	**14.2**
第一區	4 153	39.1	4 092	61	6 456	60.9	2 110	4 346	701	16.9
第二區	4 172	36.9	4 150	22	7 148	63.1	2 552	4 596	631	15.1
第三區	8 567	37.7	8 445	122	14 176	62.3	4 631	9 545	1 058	12.3
第四區	6 927	36.8	6 891	36	11 903	63.2	4 224	7 679	1 037	15.0
第五區	11 706	38.4	11 632	74	18 796	61.6	6 329	12 467	1 623	13.9
第六區	3 020	40.8	3 006	14	4 379	59.2	1 470	2 909	410	13.6
第七區	10 275	38.0	10 239	36	16 737	62.0	5 806	10 931	1 494	14.5

5 (b) 各區婚姻狀況

(按住戶之人口計算)

區別	女子 已婚 計 人數	女子 已婚 計 對女子總數百分比	女子 已婚 已滿十六歲者	女子 已婚 未滿十六歲者	女子 未婚 計 人數	女子 未婚 計 對女子總數百分比	女子 未婚 已滿十六歲者	女子 未婚 未滿十六歲者	寡婦 人數	寡婦 對已婚女子人數百分比
全縣	**62 876**	**63.4**	**62 479**	**397**	**36 234**	**36.6**	**4 796**	**31 438**	**20 868**	**33.2**
第一區	5 261	60.4	5 223	38	3 452	39.6	549	2 903	1 704	32.4
第二區	5 482	67.8	5 444	38	2 603	32.2	300	2 303	1 758	32.1
第三區	10 995	63.5	10 910	85	6 309	36.5	901	5 408	3 488	31.7
第四區	9 322	62.4	9 265	57	5 628	37.6	691	4 937	3 380	36.3
第五區	15 151	61.7	15 076	75	9 390	38.3	1 122	8 268	5 124	33 8
第六區	3 928	63.9	3 908	20	2 219	36.1	261	1 958	1 353	34.4
第七區	12 737	65.8	12 653	84	6 633	34.2	972	5 661	4 061	31.9

6 各區男子教育程度

(按住戶之男子計算)

區別	男子人數	識字之男子 人數	識字之男子 對男子人數百分比	曾入私塾之男子 人數	曾入私塾之男子 對男子人數百分比	曾入學校之男子 人數	曾入學校之男子 對男子人數百分比	有看書能力之男子 人數	有看書能力之男子 對男子人數百分比	有寫信能力之男子 人數	有寫信能力之男子 對男子人數百分比
全縣	**128 415**	**39 964**	**31.1**	**34 160**	**26.6**	**4 990**	**3.9**	**14 003**	**10.9**	**6 649**	**5.2**
第一區	10 609	3 922	37.0	3 248	30.6	963	9.1	2 043	19.3	1 309	12.3
第二區	11 320	4 184	37.0	3 612	31.9	614	5.4	1 237	10.9	646	5.7
第三區	22 743	5 708	25.1	4 259	18.7	197	0.9	1 485	6.5	943	4.1
第四區	18 830	5 454	29.0	5 197	27.6	444	2.4	2 051	10.9	606	3.2
第五區	30 502	10 103	33.1	8 534	28.0	1 451	4.8	3 075	10.1	1 211	4.0
第六區	7 399	2 149	29.0	2 023	27.3	259	3.5	1 480	20.0	571	7.7
第七區	27 012	8 444	31.3	7 287	27.0	1 062	3.9	2 632	9.7	1 363	5.0

7 各區女子教育程度

(按住戶之女子計算)

區別	女子人數	識字之女子 人數	識字之女子 對女子人數百分比	曾入私塾之女子 人數	曾入私塾之女子 對女子人數百分比	曾入學校之女子 人數	曾入學校之女子 對女子人數百分比	有看書能力之女子 人數	有看書能力之女子 對女子人數百分比	有寫信能力之女子 人數	有寫信能力之女子 對女子人數百分比
全縣	**99 110**	**3 181**	**3.2**	**2 343**	**2.4**	**980**	**1.0**	**912**	**0.9**	**415**	**0.4**
第一區	8 713	679	7.8	456	5.2	283	3.2	265	3.0	134	1.5
第二區	8 085	286	3.5	194	2.4	97	1.2	85	1.1	34	0.4
第三區	17 304	385	2.2	299	1.7	51	0.3	85	0.5	57	0.3
第四區	14 950	330	2.2	300	2.0	67	0.4	68	0.5	20	0.1
第五區	24 541	487	2.0	341	1.4	169	0.7	97	0.4	52	0.2
第六區	6 147	212	3.4	182	3.0	67	1.1	110	1.8	35	0.6
第七區	19 370	802	4.1	571	2.9	246	1.3	202	1.0	83	0.4

8　各區男女教育程度

（按住戶之男女計算）

區別	男女人數	識字者		曾入私塾者		曾入學校者		有看書能力者		有寫信能力者	
		人數	對男女人數百分比	人數	對男女人數百分比	人數	對男女人數百分比	人數	對男女人數百分比	人數	對男女人數百分比
全縣	**227 525**	**43 145**	**19.0**	**36 503**	**16.0**	**5 970**	**2.6**	**14 915**	**6.6**	**7 064**	**3.1**
第一區	19 322	4 601	23.8	3 704	19.2	1 246	6.4	2 308	11.9	1 443	7.5
第二區	19 405	4 470	23.0	3 806	19.6	711	3.7	1 322	6.8	680	3.5
第三區	40 047	6 093	15.2	4 558	11.4	248	0.6	1 570	3.9	1 000	2.5
第四區	33 780	5 784	17.1	5 497	16.3	511	1.5	2 119	6.3	626	1.9
第五區	55 043	10 590	19.2	8 875	16.1	1 620	2.9	3 172	5.8	1 263	2.3
第六區	13 546	2 361	17.4	2 205	16.3	326	2.4	1 590	11.7	606	4.5
第七區	46 382	9 246	19.9	7 858	16.9	1 308	2.8	2 834	6.1	1 446	3.1

9　各區學齡兒童

（按住戶之人口計算）

區別	學齡兒童人數			就學之學齡兒童人數					
				男		女		計	
	男	女	計	人數	對男學童人數百分比	人數	對女學童人數百分比	人數	對全體學童人數百分比
全縣	**22 370**	**15 244**	**37 614**	**4 235**	**18.9**	**733**	**4.8**	**4 968**	**13.2**
第一區	1 914	1 404	3 318	555	29.0	192	13.7	747	22.5
第二區	1 874	1 083	2 957	381	20.3	63	5.8	444	15.0
第三區	3 999	2 537	6 536	483	12.1	70	2.8	553	8.5
第四區	3 360	2 337	5 697	581	17.3	73	3.1	654	11.5
第五區	5 264	4 193	9 457	998	19.0	120	2.9	1 118	11.8
第六區	1 271	970	2 241	210	16.5	42	4.3	252	11.2
第七區	4 688	2 720	7 408	1 027	22.0	173	6.4	1 200	16.2

10　各區男子職業狀況

（按住戶之男子計算）

區別	男子人數	有職業之男子												無職業之男子(1)	
		計		專務農者		務農兼他業者		專業漁者		業漁兼他業者		從事其他職業者(2)			
		人數	對男子人數百分比	人數	對有業男子人數百分比	人數	對有業男子人數百分比	人數	對有業男子人數百分比	人數	對有業男子人數百分比	人數	對有業男子人數百分比	人數	對男子人數百分比
全縣	**128 415**	**72 908**	**56.8**	**38 745**	**53.1**	**7 405**	**10.2**	**1 096**	**1.5**	**948**	**1.3**	**24 714**	**33.9**	**55 507**	**43.2**
第一區	10 609	5 840	55.0	2 065	35.4	282	4.8	8	0.1	2	0	3 483	59.7	4 769	45.0
第二區	11 320	6 386	56.4	3 579	56.0	572	9.0	....	....	1	0	2 234	35.0	4 934	43.6
第三區	22 743	13 049	57.4	7 284	55.8	1 350	10.4	23	0.2	249	1.9	4 143	31.7	9 694	42.6
第四區	18 830	11 128	59.1	7 138	64.1	1 063	9.6	242	2.2	140	1.2	2 545	22.9	7 702	40.9
第五區	30 502	18 269	59.9	9 801	53.6	2 748	15.0	757	4.2	523	2.9	4 440	24.3	12 233	40.1
第六區	7 399	4 091	55.3	1 609	39.3	366	8.9	14	0.4	15	0.4	2 087	51.0	3 308	44.7
第七區	27 012	14 145	52.4	7 269	51.4	1 024	7.2	52	0.4	18	0.1	5 782	40.9	12 867	47.6

(1) 無職業者，包括失業及一般無工作能力者，如幼童，衰老，殘廢等。

(2) 其他職業專指農業漁業以外之職業；從事其他職業者之人數并不包括務農兼他業者，或業漁兼他業者之人數。

II (a) 各鄉鎮戶口總數

鄉鎮別	住戶 戶數	住戶人口數 戶主及家屬 男	女	計	無家可歸者 男	女	計	計 男	女	計	公共場所 戶數	人口數 男	女	計	總計 戶數	人口數 男	女	計
第一區總計	**4 427**	**10 546**	**8 565**	**19 111**	**63**	**148**	**211**	**10 609**	**8 713**	**19 322**	**10**	**15**	**9**	**24**	**4 437**	**10 624**	**8 722**	**19 346**
1. 梅龍鎮	442	986	822	1 808	4	16	20	990	838	1 828	6	11	8	19	448	1 001	846	1 847
2. 汾華鄉	787	1 863	1 617	3 480	31	79	110	1 894	1 696	3 590	....	....	....	....	787	1 894	1 696	3 590
3. 七境鄉	572	1 411	1 158	2 569	8	22	30	1 419	1 180	2 599	1	1	....	1	573	1 420	1 180	2 600
4. 金環鄉	326	783	652	1 435	4	11	15	787	663	1 450	1	1	1	2	327	788	664	1 452
5. 河陽鎮	538	1 323	1 100	2 423	8	13	21	1 331	1 113	2 444	....	....	....	....	538	1 331	1 113	2 444
6. 井美鄉	206	519	389	908	1	....	1	520	389	909	1	1	....	1	207	521	389	910
7. 里仁鄉	334	822	580	1 402	2	2	4	824	582	1 406	....	....	....	....	334	824	582	1 406
8. 北山鄉	388	855	681	1 536	1	3	4	856	684	1 540	....	....	....	....	388	856	684	1 540
9. 岱嶺鄉	393	941	708	1 649	2	....	2	943	708	1 651	....	....	....	....	393	943	708	1 651
10. 青橋鄉	441	1 043	858	1 901	2	2	4	1 045	860	1 905	1	1	....	1	442	1 046	860	1 906
第二區總計	**4 414**	**11 283**	**8 069**	**19 352**	**37**	**16**	**53**	**11 320**	**8 085**	**19 405**	**11**	**28**	**8**	**36**	**4 425**	**11 348**	**8 093**	**19 441**
11. 龍門鄉	584	1 520	1 079	2 599	....	5	5	1 520	1 084	2 604	2	5	3	8	586	1 525	1 087	2 612
12. 首占鄉	345	916	655	1 571	....	....	....	916	655	1 571	....	....	....	....	345	916	655	1 571
13. 陽廈鄉	410	1 114	806	1 920	....	1	1	1 114	807	1 921	1	2	1	3	411	1 116	808	1 924
14. 岱邊鄉	405	943	687	1 630	1	....	1	944	687	1 631	....	....	....	....	405	944	687	1 631
15. 珠湖鄉	290	691	501	1 192	....	....	....	691	501	1 192	2	2	....	2	292	693	501	1 194
16. 坑田鄉	432	1 109	773	1 882	4	2	6	1 113	775	1 888	3	3	2	5	435	1 116	777	1 893
17. 東渡鄉	667	1 593	1 122	2 715	24	2	26	1 617	1 124	2 741	2	15	2	17	669	1 632	1 126	2 758
18. 馬厝鄉	226	590	405	995	....	....	....	590	405	995	....	....	....	....	226	590	405	995
19. 大坪鄉	291	742	558	1 300	2	3	5	744	561	1 305	....	....	....	....	291	744	561	1 305
20. 東林鄉	296	897	690	1 587	....	....	....	897	690	1 587	....	....	....	....	296	897	690	1 587
21. 溪湄鄉	468	1 168	793	1 961	6	3	9	1 174	796	1 970	1	1	....	1	469	1 175	796	1 971
第三區總計	**7 592**	**22 632**	**17 237**	**39 869**	**111**	**67**	**178**	**22 743**	**17 304**	**40 047**	**9**	**13**	**6**	**19**	**7 601**	**22 756**	**17 310**	**40 066**
22. 青山下鄉	479	1 349	1 096	2 445	2	12	14	1 351	1 108	2 459	....	....	....	....	479	1 351	1 108	2 459
23. 嶼頭鎮	807	2 171	1 754	3 925	3	3	6	2 174	1 757	3 931	1	2	3	5	808	2 176	1 760	3 936
24. 古槐鄉	708	2 228	1 715	3 943	10	1	11	2 238	1 716	3 954	2	1	2	3	710	2 239	1 718	3 957
25. 洋下鄉	724	2 399	1 718	4 117	2	1	3	2 401	1 719	4 120	....	....	....	....	724	2 401	1 719	4 120
26. 竹田鄉	725	2 099	1 554	3 653	6	3	9	2 105	1 557	3 662	1	2	....	2	726	2 107	1 557	3 664
27. 感恩鄉	576	1 675	1 377	3 052	9	8	17	1 684	1 385	3 069	....	....	....	....	576	1 684	1 385	3 069
28. 三溪鎮	695	2 382	1 733	4 115	14	9	23	2 396	1 742	4 138	....	....	....	....	695	2 396	1 742	4 138
29. 石門鄉	279	807	600	1 407	2	2	4	809	602	1 411	1	2	1	3	280	811	603	1 414
30. 江田鎮	1 377	4 203	3 099	7 302	39	15	54	4 242	3 114	7 356	....	....	....	....	1 377	4 242	3 114	7 356
31. 首祉鄉	491	1 250	947	2 197	5	2	7	1 255	949	2 204	3	5	....	5	494	1 260	949	2 209
32. 松下鎮	731	2 069	1 644	3 713	19	11	30	2 088	1 655	3 743	1	1	....	1	732	2 089	1 655	3 744
第四區總計	**7 430**	**18 728**	**14 922**	**33 650**	**102**	**28**	**130**	**18 830**	**14 950**	**33 780**	**3**	**6**	**3**	**9**	**7 433**	**18 836**	**14 953**	**33 789**
33. 雲路鄉	358	895	706	1 601	7	1	8	902	707	1 609	1	2	1	3	359	904	708	1 612
34. 鶴上鄉	1 125	2 610	2 107	4 717	8	2	10	2 618	2 109	4 727	....	....	....	....	1 125	2 618	2 109	4 727
35. 沙京鄉	1 071	2 751	2 182	4 933	30	10	40	2 781	2 192	4 973	....	....	....	....	1 071	2 781	2 192	4 973
36. 壺井鄉	907	2 279	1 733	4 012	11	3	14	2 290	1 736	4 026	....	....	....	....	907	2 290	1 736	4 026
37. 龍峯鄉	1 168	2 993	2 267	5 260	9	4	13	3 002	2 271	5 273	....	....	....	....	1 168	3 002	2 271	5 273
38. 山邊鄉	216	534	441	975	....	....	....	534	441	975	....	....	....	....	216	534	441	975
39. 小嶼鄉	217	569	414	983	3	....	3	572	414	986	....	....	....	....	217	572	414	986
40. 屏山鄉	131	295	245	540	1	1	2	296	246	542	....	....	....	....	131	296	246	542
41. 洋邊鄉	220	558	433	991	....	....	....	558	433	991	1	2	....	2	221	560	433	993
42. 西郊鄉	419	1 024	908	1 932	8	....	8	1 032	908	1 940	1	2	2	4	420	1 034	910	1 944
43. 仙岐鄉	337	952	748	1 700	2	....	2	954	748	1 702	....	....	....	....	337	954	748	1 702
44. 嶺頂鄉	259	673	676	1 349	2	1	3	675	677	1 352	....	....	....	....	259	675	677	1 352
45. 後湊	300	763	646	1 409	2	....	2	765	646	1 411	....	....	....	....	300	765	646	1 411
46. 前湊	296	755	614	1 369	3	3	6	758	617	1 375	....	....	....	....	296	758	617	1 375
47. 柯百戶	406	1 077	802	1 879	16	3	19	1 093	805	1 898	....	....	....	....	406	1 093	805	1 898
第五區總計	**12 038**	**30 337**	**24 456**	**54 793**	**165**	**85**	**250**	**30 502**	**24 541**	**55 043**	**11**	**22**	**7**	**29**	**12 049**	**30 524**	**24 548**	**55 072**
48. 金峯鎮	641	1 529	1 356	2 885	56	13	69	1 585	1 369	2 954	....	....	....	....	641	1 585	1 369	2 954
49. 六林鄉	415	1 163	930	2 093	7	....	7	1 170	930	2 100	....	....	....	....	415	1 170	930	2 100
50. 蘭林鄉	249	696	532	1 228	8	1	9	704	533	1 237	....	....	....	....	249	704	533	1 237

II (ㄅ)　各鄉鎮戶口總數

鄉鎮別	住戶										公共場所				總計			
	戶數	人口數									戶數	人口數			戶數	人口數		
		戶主及家屬			無家可歸者			計										
		男	女	計	男	女	計	男	女	計		男	女	計		男	女	計
51.南田鄉	267	668	512	1 180	10	12	22	678	524	1 202	…	…	…	…	267	678	524	1 202
52.洋裏鄉	270	759	581	1 340	2	3	5	761	584	1 345	2	3	…	3	272	764	584	1 348
53.華劉鄉	268	631	529	1 160	1	1	2	632	530	1 162	…	…	…	…	268	632	530	1 162
54.仙山鄉	280	685	580	1 265	1	…	1	686	580	1 266	…	…	…	…	280	686	580	1 266
55.陳店鄉	476	1 291	1 010	2 301	6	…	6	1 297	1 010	2 307	…	…	…	…	476	1 297	1 010	2 307
56.鶴程鄉	298	854	593	1 447	2	1	3	856	594	1 450	…	…	…	…	298	856	594	1 450
57.東卓鄉	206	607	461	1 068	7	1	8	614	462	1 076	1	1	2	3	207	615	464	1 079
58.湖東鄉	630	1 549	1 254	2 803	3	1	4	1 552	1 255	2 807	…	…	…	…	630	1 552	1 255	2 807
59.仙富鄉	564	1 369	1 051	2 420	3	…	3	1 372	1 051	2 423	1	2	2	4	565	1 374	1 053	2 427
60.前董鄉	652	1 402	1 108	2 510	10	3	13	1 412	1 111	2 523	1	2	…	2	653	1 414	1 111	2 525
61.梅花鎮	1 529	3 376	2 984	6 360	12	11	23	3 388	2 995	6 383	4	6	1	7	1 533	3 394	2 996	6 390
62.梅莊鄉	200	478	420	898	…	…	…	478	420	898	…	…	…	…	200	478	420	898
63.東湖鄉	460	1 219	979	2 198	9	6	15	1 228	985	2 213	…	…	…	…	460	1 228	985	2 213
64.鳳山鄉	517	1 355	1 083	2 438	8	3	11	1 363	1 086	2 449	…	…	…	…	517	1 363	1 086	2 449
65.阜山鄉	726	1 874	1 549	3 423	6	3	9	1 880	1 552	3 432	1	7	2	9	727	1 887	1 554	3 441
66.厚綱鄉	1 000	2 522	2 141	4 663	1	12	13	2 523	2 153	4 676	1	1	…	1	1 001	2 524	2 153	4 677
67.沙堤鄉	445	1 177	887	2 064	…	…	…	1 177	887	2 064	…	…	…	…	445	1 177	887	2 064
68.嶺南鄉	490	1 282	1 001	2 283	4	4	8	1 286	1 005	2 291	…	…	…	…	490	1 286	1 005	2 291
69.岱西鄉	242	583	453	1 036	…	6	6	583	459	1 042	…	…	…	…	242	583	459	1 042
70.台璐鄉	294	705	528	1 233	…	1	1	705	529	1 234	…	…	…	…	294	705	529	1 234
71.九陳鄉	234	695	521	1 216	4	…	4	699	521	1 220	…	…	…	…	234	699	521	1 220
72.三星鄉	190	529	388	917	…	…	…	529	388	917	…	…	…	…	190	529	388	917
73.集仙鄉	181	539	426	965	4	1	5	543	427	970	…	…	…	…	181	543	427	970
74.塘下鄉	314	800	599	1 399	1	2	3	801	601	1 402	…	…	…	…	314	801	601	1 402
第六區總計	**53**	**7 392**	**6 108**	**13 500**	**7**	**39**	**46**	**7 399**	**6 147**	**13 546**	**9**	**19**	**24**	**43**	**3 062**	**7 418**	**6 171**	**13 589**
75.大宏鄉	338	782	643	1 425	…	8	8	782	651	1 433	1	1	…	1	339	783	651	1 434
76.石馬鄉	103	233	195	428	…	…	…	233	195	428	…	…	…	…	103	233	195	428
77.楓林鄉	232	540	449	989	1	…	1	541	449	990	…	…	…	…	232	541	449	990
78.二澗鄉	332	684	558	1 242	…	5	5	684	563	1 247	…	…	…	…	332	684	563	1 247
79.文莊鄉	337	880	676	1 556	1	3	4	881	679	1 560	1	4	3	7	338	885	682	1 567
80.澤里鄉	222	577	478	1 055	…	5	5	577	483	1 060	1	3	2	5	223	580	485	1 065
81.澤頭鎮	108	162	142	304	…	…	…	162	142	304	…	…	…	…	108	162	142	304
82.澤頭鄉	376	986	847	1 833	…	17	17	986	864	1 850	2	4	2	6	378	990	866	1 856
83.文石鄉	136	404	373	777	…	1	1	404	374	778	3	6	16	22	139	410	390	800
84.汶上鄉	394	882	761	1 643	4	…	4	886	761	1 647	…	…	…	…	394	886	761	1 647
85.厚綱曹鄉	246	673	529	1 202	1	…	1	674	529	1 203	…	…	…	…	246	674	529	1 203
86.瑞譚鄉	85	211	159	370	…	…	…	211	159	370	1	1	1	2	86	212	160	372
87.儀江鄉	144	378	298	676	…	…	…	378	298	676	…	…	…	…	144	378	298	676
第七區總計	**1 0614**	**26 972**	**19 330**	**46 302**	**40**	**40**	**80**	**27 012**	**1 9370**	**46 382**	**32**	**98**	**18**	**116**	**10 646**	**27 110**	**19 388**	**46 498**
88.營前鎮	1 325	3 360	2 513	5 873	…	4	4	3 360	2 517	5 877	8	60	…	60	1 333	3 420	2 517	5 937
89.四林鄉	721	1 883	1 298	3 181	1	2	3	1 884	1 300	3 184	3	3	…	3	724	1 887	1 300	3 187
90.霞洲鄉	617	1 482	1 128	2 610	4	…	4	1 486	1 128	2 614	2	3	…	3	619	1 489	1 128	2 617
91.蟾岐鄉	434	1 074	734	1 808	…	…	…	1 074	734	1 808	1	2	2	4	435	1 076	736	1 812
92.馬頭鄉	398	999	728	1 727	1	3	4	1 000	731	1 731	2	6	…	6	400	1 006	731	1 737
93.塘嶼鄉	346	851	591	1 442	…	…	…	851	591	1 442	…	…	…	…	346	851	591	1 442
94.五黃鄉	691	1 667	1 235	2 902	…	…	…	1 667	1 235	2 902	2	5	…	5	693	1 672	1 235	2 907
95.琅尾鄉	447	1 338	845	2 183	8	3	11	1 346	848	2 194	2	3	1	4	449	1 349	849	2 198
96.大溪鄉	762	1 909	1 238	3 147	4	2	6	1 913	1 240	3 153	1	1	1	2	763	1 914	1 241	3 155
97.玉田鄉	891	2 232	1 489	3 721	2	…	2	2 234	1 489	3 723	1	2	1	3	892	2 236	1 490	3 720
98.八社鄉	396	970	609	1 579	3	…	3	973	609	1 582	4	3	7	10	400	976	616	1 592
99.下汗鄉	702	1 828	1 218	3 046	1	1	2	1 829	1 219	3 048	1	3	…	3	703	1 832	1 219	3 051
100.黃石鄉	666	1 720	1 259	2 979	2	4	6	1 722	1 263	2 985	2	4	2	6	668	1 726	1 265	2 991
101.洋嶼鄉	1 003	2 533	2 114	4 647	12	17	29	2 545	2 131	4 676	3	3	4	7	1 006	2 548	2 135	4 683
102.鐵嶼鄉	387	1 068	806	1 874	…	…	…	1 068	806	1 874	…	…	…	…	387	1 068	806	1 874
103.浮鼓鄉	311	735	530	1 265	1	1	2	736	531	1 267	…	…	…	…	311	736	531	1 267
104.江左鄉	517	1 323	995	2 318	1	3	4	1 324	998	2 322	…	…	…	…	517	1 324	998	2 322

12 (a) 各鄉鎮男子年齡分配

(按住戶之男子計算)

鄉鎮別	0—4	5—9	10—14	15—19	20—24	25—29	30—34	35—39	40—44	45—49	50—54	55—59	60—64	65—69	70—74	75—79	80以上	計
第一區總計	**1 019**	**1 366**	**1 316**	**1 142**	**1 101**	**859**	**716**	**602**	**610**	**574**	**522**	**311**	**258**	**116**	**66**	**24**	**7**	**10 609**
1.梅龍鎮	82	123	124	96	118	[illegible]	59	62	67	45	57	30	30	8	4	1	2	990
2.汾陽鄉	192	265	218	206	201	[illegible]	120	105	117	99	86	50	44	19	10	4	—	1 894
3.七境鄉	140	191	160	153	132	109	92	84	85	88	69	34	37	24	14	7	—	1 419
4.金環鄉	82	97	101	75	95	57	39	39	52	43	46	32	11	10	5	3	—	787
5.河陽鎮	148	176	172	126	134	100	102	76	60	72	68	43	23	17	7	6	1	1 331
6.井美鄉	53	72	66	58	53	52	32	27	26	30	18	11	12	5	3	1	1	520
7.里仁鄉	72	80	111	81	95	82	79	45	46	35	35	33	22	4	2	—	2	824
8.北山鄉	71	110	91	102	92	64	61	52	51	47	46	24	23	12	9	—	1	856
9.岱嶺鄉	81	116	130	114	101	70	70	57	43	54	37	27	30	8	5	—	—	943
10.青橋鄉	98	136	143	131	80	85	62	55	63	61	60	27	26	9	7	2	—	1 045
第二區總計	**1 121**	**1 320**	**1 404**	**1 176**	**1 183**	**940**	**902**	**694**	**666**	**621**	**459**	**317**	**241**	**162**	**72**	**33**	**9**	**11 320**
11.龍門鄉	141	161	207	196	162	133	120	77	68	82	59	46	33	19	10	6	—	1 520
12.首占鄉	102	136	102	94	83	68	73	48	57	48	30	28	22	15	5	3	2	916
13.陽崑鄉	110	132	136	133	142	95	70	73	55	62	32	28	18	12	8	5	3	1 114
14.岱邊鄉	86	102	127	104	95	69	65	69	67	53	44	28	16	13	5	—	1	944
15.珠湖鄉	67	89	80	79	75	41	49	43	49	40	26	20	17	10	3	1	—	691
16.坑田鄉	103	129	138	123	114	104	78	64	61	67	44	38	23	18	9	—	—	1 113
17.東渡鄉	147	164	194	158	179	142	157	98	109	83	73	42	37	15	12	6	1	1 617
18.馬厝鄉	71	71	78	37	51	44	46	39	41	38	32	14	13	11	1	3	—	590
19.大坪鄉	72	73	81	81	79	67	75	40	45	36	35	20	14	16	8	1	1	744
20.東林鄉	88	132	112	60	86	75	74	61	54	48	34	25	23	16	5	4	—	897
21.溪湄鄉	134	131	149	111	117	102	95	82	60	64	48	28	25	17	6	4	1	1 174
第三區總計	**2 375**	**2 905**	**2 820**	**2 256**	**2 189**	**1 951**	**1 734**	**1 446**	**1 283**	**1 202**	**917**	**694**	**471**	**264**	**156**	**53**	**27**	**22 743**
22.青山下鄉	151	196	183	133	109	92	80	79	92	107	42	43	20	17	5	2	—	1 351
23.嶼頭鎮	246	260	244	238	214	167	152	140	124	109	104	73	49	32	15	6	1	2 174
24.古槐鎮	229	297	293	226	225	184	159	167	113	102	99	65	38	17	17	3	4	2 238
25.洋下鄉	246	326	309	244	214	170	162	170	137	129	103	72	51	32	25	8	3	2 401
26.竹田鄉	261	265	267	176	193	193	188	112	126	111	78	48	43	25	11	6	2	2 105
27.塘嶼鄉	177	213	209	162	176	145	153	99	76	79	64	48	40	18	13	7	5	1 684
28.三溪鎮	226	316	280	260	239	212	181	154	136	122	97	63	59	25	18	7	1	2 396
29.石門鄉	83	109	102	56	61	60	80	45	64	41	39	26	22	13	7	1	—	809
30.江田鎮	420	503	499	435	423	410	363	293	242	201	161	125	80	53	21	6	7	4 242
31.首祉鄉	112	154	167	121	127	116	93	66	70	82	52	50	27	7	8	3	—	1 255
32.松下鎮	224	266	267	205	208	202	123	121	103	119	78	81	42	25	16	4	4	2 088
第四區總計	**1 865**	**2 361**	**2 332**	**1863**	**1 877**	**1 627**	**1 364**	**1 214**	**1 007**	**1 111**	**871**	**526**	**377**	**244**	**120**	**49**	**22**	**18 830**
33.雲路鄉	78	120	117	96	82	62	58	70	61	46	43	24	19	16	6	3	1	902
34.鶴上鄉	278	318	326	258	263	205	165	162	147	184	120	79	50	34	17	7	5	2 618
35.沙京鄉	265	339	351	314	305	246	191	175	157	136	118	62	59	35	21	6	1	2 781
36.壺井鄉	220	310	291	233	210	188	174	145	89	161	118	65	37	24	13	8	4	2 290
37.龍峯鄉	347	418	367	307	269	266	214	177	154	156	146	78	52	30	17	3	1	3 002
38.山兜鄉	57	76	73	29	51	40	36	37	48	29	28	9	9	5	5	—	2	534
39.小嶼鄉	61	61	86	54	59	53	47	38	30	32	17	16	10	6	1	1	—	572
40.屏山鄉	26	46	34	25	34	32	21	14	11	15	17	11	3	4	3	—	—	296
41.洋邊鄉	54	61	74	65	57	45	36	33	46	21	20	19	11	9	3	3	1	558
42.西邱鄉	96	124	123	95	85	90	89	76	69	52	45	31	27	17	9	2	2	1 032
43.仙岐鄉	66	96	124	77	123	98	68	62	38	59	54	37	23	20	6	2	1	954
44.路頂鄉	65	72	70	54	70	72	63	52	34	47	28	16	17	6	4	3	2	675
45.後　漢	60	80	81	85	84	76	58	60	34	46	34	27	17	13	6	4	—	705
46.前　漢	68	105	79	62	75	65	60	52	*40	63	30	19	16	16	3	4	1	758
47.呵百戶	124	135	136	109	110	89	84	61	49	64	53	33	27	9	6	3	1	1 093
第五區總計	**2 998**	**3 880**	**3 725**	**3 083**	**2 971**	**2 593**	**2 422**	**2 061**	**1 808**	**1 637**	**1 186**	**852**	**639**	**362**	**193**	**67**	**25**	**30 502**
48.金峯鎮	177	191	206	160	171	114	129	104	72	77	72	46	38	14	9	3	2	1 585
49.六林鄉	132	174	151	122	121	84	74	62	56	61	55	30	23	9	13	2	1	1 170
50.蘭林鄉	74	84	81	66	79	78	50	59	35	26	32	12	15	10	2	—	1	704

12 (3) 各鄉鎮男子年齡分配

（按住戶之男子計算）

鄉鎮別	0-4	5-9	10-14	15-19	20-24	25-29	30-34	35-39	40-44	45-49	50-54	55-59	60-64	65-69	70-74	75-79	80以上	計
51. 關田鄉	70	87	80	80	63	46	59	47	40	35	28	19	11	8	4	—	1	678
52. 洋裏鄉	99	102	79	75	71	55	57	47	41	56	23	21	18	10	5	2	—	761
53. [illegible]銅鄉	54	87	86	62	63	63	34	45	38	31	23	17	15	6	6	2	—	632
54. 仙山鄉	52	81	74	83	71	65	58	42	32	40	28	30	14	10	4	—	2	686
55. 陳店鄉	129	163	191	130	114	104	94	75	58	75	51	44	31	20	14	4	—	1 297
56. [illegible]程鄉	80	108	128	77	54	49	63	82	58	61	36	27	18	6	6	3	—	856
57. 東阜鄉	51	74	74	64	60	51	58	44	36	33	22	18	13	11	4	—	1	614
58. 湖東鄉	131	171	208	144	157	146	115	104	109	76	79	40	42	20	9	1	—	1 552
59. 仙宮鄉	99	166	163	122	142	140	125	105	80	76	61	40	30	14	7	2	—	1 372
60. 前董鄉	116	161	171	136	122	142	124	115	93	83	51	43	22	18	8	6	1	1 412
61. 梅花鎮	371	416	405	341	333	305	259	229	194	184	132	90	71	34	17	2	5	3 388
62. 梅莊鄉	52	54	68	43	46	36	38	26	24	24	25	17	12	5	6	2	—	478
63. 東御鄉	128	168	147	129	95	106	100	84	80	73	39	25	26	20	3	3	2	1 228
64. 鳳山鄉	128	144	138	138	153	133	134	95	76	60	54	36	32	22	14	6	—	1 363
65. 阜山鄉	184	258	206	198	171	157	147	130	141	112	56	47	40	16	10	5	2	1 880
66. 厚福鄉	259	312	300	262	249	197	209	170	143	135	101	75	55	31	15	8	2	2 523
67. 沙堤鄉	105	161	138	111	125	86	94	94	84	59	40	22	26	17	9	4	2	1 177
68. 嶺南鄉	134	185	168	133	139	121	81	78	81	59	36	37	15	8	8	3	—	1 286
69. 岱西鄉	52	80	63	65	51	47	45	39	41	33	34	15	9	5	2	2	—	583
70. 台嶼鄉	76	91	97	63	68	57	56	44	39	36	28	18	17	8	5	2	—	705
71. 九隴鄉	62	95	82	81	81	58	59	35	38	39	25	16	14	10	3	1	—	699
72. 三星鄉	39	75	56	62	51	48	46	32	34	26	14	19	8	10	5	2	2	529
73. 集仙鄉	61	74	62	61	51	41	54	21	38	16	21	25	13	4	—	—	1	543
74. [illegible]下鄉	83	118	103	75	70	64	60	53	47	51	20	23	11	16	5	2	—	801
第六區總計	**695**	**947**	**835**	**750**	**747**	**648**	**561**	**468**	**445**	**417**	**331**	**217**	**150**	**100**	**58**	**20**	**10**	**7 399**
75. 大宏鄉	67	113	92	74	72	72	57	46	55	46	30	24	14	4	14	2	—	782
76. 石馬鄉	24	16	25	18	33	24	21	17	12	17	12	3	4	6	—	1	—	233
77. 楓林鄉	63	73	54	49	64	44	33	30	34	31	24	17	10	11	3	—	1	541
78. 二劉鄉	64	90	82	68	71	58	54	46	36	41	26	18	14	9	6	1	—	684
79. 文莊鄉	88	119	103	87	83	65	68	60	60	47	43	20	19	7	5	3	4	881
80. 澤里鄉	55	63	59	58	53	65	46	41	30	30	26	25	11	11	3	1	—	577
81. 潭頭鎮	28	21	16	12	16	13	11	10	10	7	6	5	4	1	2	—	—	162
82. 潭頭鄉	90	133	109	109	101	70	66	75	67	48	44	20	22	13	11	7	1	986
83. 文石鄉	37	42	33	42	56	50	32	17	23	24	22	13	7	4	2	—	—	404
84. 汶上鄉	76	113	88	92	71	69	86	63	49	61	38	38	20	12	7	2	1	886
85. 厚福[illegible]鄉	54	89	88	77	67	64	55	34	32	33	28	22	16	9	2	2	2	674
86. [illegible][illegible]鄉	11	26	33	19	28	26	10	13	13	13	11	2	3	2	1	—	—	211
87. [illegible]江鄉	38	49	53	45	32	28	22	16	24	19	21	10	6	11	2	1	1	378
第七區總計	**2 576**	**3 296**	**3 365**	**2 664**	**2 750**	**2 341**	**2 108**	**1 754**	**1 550**	**1 245**	**1 289**	**823**	**636**	**365**	**208**	**83**	**39**	**27 012**
88. [illegible][illegible]鎮	343	448	435	329	339	293	238	191	203	140	170	91	64	45	18	8	5	3 360
89. [illegible]林鄉	187	218	244	212	211	175	143	108	104	79	73	48	42	16	15	9	—	1 884
90. [illegible][illegible]鄉	152	205	198	129	141	99	98	102	97	85	63	55	25	18	13	3	3	1 486
91. [illegible][illegible]鄉	105	135	135	107	119	84	74	58	81	58	46	20	24	17	6	5	—	1 074
92. 馬[illegible]鄉	104	124	132	88	103	101	83	74	48	44	43	24	18	3	8	2	1	1 000
93. [illegible]嶼鄉	83	90	119	92	87	81	67	49	47	42	34	28	15	13	4	—	—	851
94. 五[illegible]鄉	133	216	205	161	165	141	151	122	85	84	74	49	44	20	10	4	3	1 667
95. [illegible][illegible]鄉	144	189	170	127	131	108	109	99	69	41	65	44	26	12	7	4	1	1 346
96. 大[illegible]鄉	222	235	229	173	186	152	138	129	101	78	99	68	64	19	13	6	1	1 913
97. 玉[illegible]鄉	144	267	262	255	246	177	188	158	132	125	92	63	57	32	24	9	3	2 234
98. 入[illegible]鄉	95	98	127	108	114	94	70	59	45	42	43	32	25	16	4	—	1	973
99. 下[illegible]鄉	154	209	213	196	204	170	137	113	100	82	85	56	49	34	16	7	4	1 829
100. [illegible]石鄉	187	199	203	149	154	161	156	120	106	79	78	46	43	26	14	9	2	1 722
101. [illegible][illegible]鄉	223	270	298	244	247	235	228	173	143	142	118	94	64	41	25	11	9	2 545
102. [illegible][illegible]鄉	124	123	137	97	100	103	78	65	59	33	49	38	24	22	11	3	2	1 068
103. [illegible][illegible]鄉	62	90	104	77	63	46	62	60	58	32	23	23	20	8	2	3	3	736
104. 江[illegible]鄉	123	180	154	120	140	121	98	[illegible]	[illegible]	[illegible]	[illegible]	44	32	23	10	—	1	1 324

13 (a) 各鄉鎮女子年齡分配

(按住戶之女子計算)

鄉鎮別	0-4	5-9	10-14	15-19	20-24	25-29	30-34	35-39	40-44	45-49	50-54	55-59	60-64	65-69	70-74	75-79	80以上	計
第一區總計	**802**	**980**	**989**	**856**	**821**	**659**	**586**	**514**	**575**	**546**	**483**	**308**	**239**	**161**	**114**	**54**	**26**	**8 713**
1. 梅龍鎮	76	94	114	84	73	65	61	51	39	49	49	29	26	17	7	2	2	838
2. 汾翠鄉	163	198	185	161	169	139	103	85	130	103	89	52	58	27	20	7	7	1 696
3. 七境鄉	111	148	131	120	104	92	84	60	74	68	72	34	32	17	22	11	....	1 180
4. 金環鄉	63	71	74	67	57	49	63	34	35	47	37	17	11	15	15	5	3	663
5. 阿陽鎮	100	110	132	127	115	82	83	59	55	59	59	55	22	28	15	9	3	1 113
6. 井美鄉	44	42	47	39	40	20	17	34	25	37	13	18	5	4	1	1	2	389
7. 里仁鄉	50	66	71	61	65	36	29	27	36	45	40	24	18	8	3	2	1	582
8. 北山鄉	57	76	81	63	60	52	41	35	55	42	40	20	20	23	9	7	3	684
9. 岱嶺鄉	50	82	63	57	67	59	46	53	66	54	32	26	26	9	12	5	1	708
10. 青橋鄉	88	93	91	77	71	65	59	76	60	42	52	33	21	13	10	5	4	860
第二區總計	**678**	**773**	**756**	**708**	**808**	**681**	**593**	**480**	**553**	**505**	**496**	**388**	**279**	**183**	**118**	**58**	**28**	**8 085**
11. 龍門鄉	101	100	91	109	101	73	73	65	77	68	79	55	30	23	19	17	3	1 084
12. 首占鄉	47	80	64	40	67	75	49	42	31	51	27	26	21	15	10	6	4	655
13. 陽嶼鄉	67	78	79	84	83	60	72	42	58	56	45	35	15	14	12	4	3	807
14. 岱邊鄉	52	68	61	52	72	56	44	47	53	41	44	37	31	16	7	4	2	687
15. 珠湖鄉	43	43	40	43	52	43	30	36	34	33	29	25	19	12	12	3	4	501
16. 坑田鄉	65	70	68	78	69	68	56	40	60	53	49	35	30	16	15	3	....	775
17. 東渡鄉	83	93	113	99	127	88	91	60	76	60	66	66	45	29	17	8	3	1 124
18. 馬厝鄉	35	31	52	30	33	39	33	23	38	13	19	14	20	15	3	3	4	405
19. 大坪鄉	41	55	48	64	45	45	36	41	28	39	44	24	27	14	6	3	1	561
20. 東林鄉	64	86	62	50	66	68	58	30	46	38	38	26	20	13	9	4	3	690
21. 溪湄鄉	80	69	78	59	93	66	51	45	52	53	56	45	21	16	8	3	1	796
第三區總計	**1 520**	**1 857**	**1 752**	**1 716**	**1 512**	**1 363**	**1 133**	**1 113**	**1 228**	**953**	**996**	**796**	**549**	**355**	**263**	**109**	**89**	**17 304**
22. 青山下鄉	114	116	112	102	98	89	70	74	78	63	51	44	43	29	14	8	3	1 108
23. 潭頭鎮	143	186	200	190	167	117	99	99	121	88	116	86	56	35	39	8	7	1 757
24. 古槐鎮	160	169	168	150	152	156	100	119	120	97	85	83	54	41	24	14	15	1 716
25. 洋下鄉	143	207	165	141	129	149	110	118	149	75	94	75	57	35	40	21	11	1 719
26. 竹田鄉	113	156	123	152	167	138	133	94	109	72	92	80	63	29	24	5	7	1 557
27. 感恩鄉	122	148	128	156	137	103	92	81	90	68	82	70	35	27	26	14	6	1 385
28. 三溪鎮	126	151	149	181	153	148	116	122	137	120	112	88	64	31	24	9	11	1 742
29. 石門鄉	50	55	54	46	62	59	45	35	45	32	41	28	20	17	10	2	1	602
30. 江田鎮	281	349	316	328	243	231	210	188	217	183	201	137	92	57	39	22	20	3 114
31. 首祉鄉	97	114	130	94	68	56	48	68	65	68	42	41	23	21	12	1	1	949
32. 松下鎮	171	206	207	176	136	117	110	115	88	87	80	64	42	33	11	5	7	1 655
第四區總計	**1 365**	**1 718**	**1 617**	**1 467**	**1 215**	**950**	**917**	**937**	**963**	**927**	**853**	**673**	**541**	**377**	**249**	**114**	**67**	**14 950**
33. 雲路鄉	84	65	71	66	72	56	38	36	42	43	48	29	19	16	13	4	5	707
34. 鶴上鄉	189	253	230	188	190	149	143	117	157	126	109	83	65	65	29	9	7	2 109
35. 沙京鄉	189	224	217	199	183	163	138	153	136	171	128	108	87	40	39	14	3	2 192
36. 壺井鄉	134	189	193	177	140	92	129	106	116	98	103	88	74	34	31	15	17	1 736
37. 鳳泰鄉	223	280	215	207	202	160	153	152	151	116	126	92	83	42	38	19	12	2 271
38. 山邊鄉	38	46	58	42	39	27	31	21	25	26	17	13	29	15	12	2	....	441
39. 小嶼鄉	42	56	46	38	25	28	16	28	29	21	24	20	14	9	10	8	....	414
40. 鮮山鄉	13	33	31	18	17	18	11	14	16	20	18	12	13	6	4	....	2	246
41. 洋邊鄉	43	55	49	42	32	22	20	34	28	23	25	23	12	13	7	2	3	433
42. 西郎鄉	77	109	106	97	71	45	49	68	59	56	49	48	22	26	18	4	4	908
43. 仙岐鄉	76	75	87	81	49	38	36	39	56	45	57	35	34	18	12	3	7	748
44. 路頂鄉	66	81	70	75	65	30	34	47	32	43	36	31	24	20	11	11	1	677
45. 後　澳	48	79	61	89	42	42	36	31	38	40	40	33	18	24	14	10	1	646
46. 前　澳	67	64	78	64	34	34	34	39	32	46	38	22	22	26	9	5	3	617
47. 柯百戶	76	109	105	84	54	46	49	52	46	53	35	36	25	23	2	8	2	805
第五區總計	**2 301**	**2 840**	**2 712**	**2 299**	**2 060**	**1 709**	**1 616**	**1 486**	**1 598**	**1 471**	**1 383**	**997**	**857**	**538**	**382**	**173**	**119**	**24 541**
48. 金峰鎮	132	165	153	144	111	97	85	82	93	73	86	63	48	9	17	5	6	1 369
49. 六林鄉	93	100	105	95	86	59	60	61	68	60	36	25	38	22	15	4	3	930
50. 湖林鄉	54	62	40	44	55	46	30	23	40	29	26	26	29	12	8	7	2	533

13(b) 各鄉鎮女子年齡分配

（按住戶之女子計算）

鄉鎮別	0-4	5-9	10-14	15-19	20-24	24-29	30-34	35-39	40-44	45-49	50-54	55-59	60-64	65-69	70-74	75-79	80以上	計
51. 蘭田鄉	41	61	52	47	54	35	28	22	39	36	40	20	22	18	5	3	1	524
52. 洋裏鄉	60	50	68	60	52	46	31	30	37	38	32	26	16	18	11	5	4	584
53. 華劉鄉	62	42	51	43	47	48	35	29	28	28	36	24	22	17	5	6	7	530
54. 倘山鄉	51	82	76	52	44	39	39	21	43	35	27	24	22	7	13	3	2	580
55. 陳店鄉	89	124	117	107	65	67	64	67	69	60	63	35	32	21	17	4	9	1 010
56. 鵲程鄉	59	42	74	56	40	38	42	46	42	35	40	28	26	11	9	3	3	594
57. 東卓鄉	35	43	62	48	40	36	23	39	33	23	26	16	16	10	8	1	3	462
58. 湖東鄉	98	158	167	111	85	71	83	79	93	93	70	60	25	27	18	9	8	1 255
59. 仙宿鄉	91	100	120	106	94	66	64	63	57	71	74	52	34	26	19	11	3	1 051
60. 前董鄉	99	119	125	103	90	78	70	78	67	76	64	54	36	29	13	5	5	1 111
61. 梅花鎮	317	382	341	270	247	199	201	172	182	180	162	107	90	69	44	21	11	2 995
62. 梅莊鄉	28	55	52	38	34	27	23	32	31	19	24	22	13	10	7	3	2	420
63. 東湖鄉	102	145	105	97	77	68	61	64	53	58	49	35	25	24	17	2	3	985
64. 鳳山鄉	95	147	114	91	110	76	58	58	77	66	58	49	36	24	13	9	5	1 086
65. 阜山鄉	149	192	182	152	118	112	116	97	98	84	76	45	63	29	23	9	7	1 552
66. 厚福鄉	204	258	217	210	188	146	148	124	139	119	134	85	70	49	38	14	10	2 153
67. 沙堤鄉	78	97	83	72	61	64	80	52	56	43	40	52	51	26	17	12	3	887
68. 嶺南鄉	92	106	89	101	91	75	66	68	68	76	52	36	33	23	14	10	5	1 005
69. 岱內鄉	37	43	53	41	46	38	40	22	26	31	25	17	15	12	9	3	1	459
70. 台琉鄉	53	52	50	55	51	34	29	37	20	35	40	25	23	9	13	1	2	529
71. 九陳鄉	40	65	56	41	52	47	30	31	34	30	29	21	19	7	6	7	6	521
72. 三星鄉	34	41	48	33	31	26	29	23	33	18	26	17	9	10	6	3	1	388
73. 集仙鄉	47	42	43	34	42	26	30	28	31	21	18	12	20	10	11	8	4	427
74. 塘下鄉	61	67	69	48	49	45	51	38	41	34	30	21	24	9	6	5	3	601
第六區總計	**520**	**686**	**669**	**553**	**510**	**436**	**439**	**355**	**390**	**378**	**381**	**274**	**203**	**141**	**124**	**44**	**44**	**6 147**
75. 大宏鄉	55	66	80	56	32	45	63	39	50	45	32	30	23	13	11	10	1	651
76. 石馬鄉	24	24	18	21	20	10	10	9	10	11	13	10	3	6	3	2	1	195
77. 楓林鄉	42	54	56	26	43	34	35	20	28	22	34	20	15	10	9	1	……	449
78. 二劉鄉	49	53	57	49	51	50	37	31	36	42	28	34	17	19	3	3	4	563
79. 文莊鄉	55	75	73	54	57	64	58	43	42	36	41	23	21	8	18	6	5	679
80. 澤里鄉	41	56	53	40	51	35	29	31	27	25	35	23	15	8	10	2	2	483
81. 渡頭鎮	9	14	21	18	18	9	11	8	2	4	14	6	5	2	1	……	……	142
82. 渾頭鄉	83	110	84	91	80	52	52	44	55	52	43	30	28	23	26	5	6	864
83. 文石鄉	25	51	36	33	34	27	18	26	17	14	32	21	15	10	6	3	6	374
84. 汶上鄉	62	86	92	66	50	51	55	47	53	48	46	33	26	21	10	7	8	701
85. 厚福齊鄉	37	53	51	53	41	28	38	32	36	45	36	26	16	14	13	4	6	529
86. 瑞澤鄉	11	13	14	22	11	8	12	9	9	20	10	4	5	2	5	1	3	159
87. 霞江鄉	27	31	34	24	22	23	21	16	25	14	17	14	14	5	9	……	2	298
第七區總計	**1 617**	**1 960**	**1 803**	**1 768**	**1 947**	**1 651**	**1 430**	**1 198**	**1 368**	**1 209**	**1 069**	**834**	**647**	**374**	**289**	**126**	**80**	**19 370**
88. 沓前鎮	220	285	266	226	259	200	201	159	177	148	115	96	63	48	34	12	8	2 517
89. 四林鄉	89	113	126	128	142	106	97	78	88	106	76	51	45	23	21	7	4	1 300
90. 霞洲鄉	103	108	131	106	103	89	82	76	71	63	54	54	34	27	19	6	2	1 128
91. 歸岐鄉	63	85	68	72	56	72	54	50	49	39	40	26	27	17	10	2	4	734
92. 馬頭鄉	62	58	57	86	102	57	49	41	51	47	40	37	23	8	9	2	2	731
93. 塘嶼鄉	54	51	55	61	60	47	55	35	40	41	28	25	13	8	7	9	2	591
94. 五貴鄉	81	125	80	121	115	127	89	88	82	77	64	64	54	35	19	7	7	1 235
95. 璜尾鄉	60	78	63	64	114	75	88	49	54	48	66	32	30	5	13	3	6	848
96. 大樞鄉	116	123	96	85	128	104	83	84	97	86	93	44	48	16	20	9	8	1 240
97. 玉田鄉	89	146	110	118	146	147	114	97	119	104	85	74	64	28	24	16	8	1 489
98. 八社鄉	41	44	38	69	62	45	52	33	57	47	49	28	26	7	8	3	……	609
99. 下滸鄉	91	113	95	109	138	118	78	76	104	103	51	49	39	27	21	3	4	1 219
100. 黃石鄉	122	143	120	110	125	111	107	77	78	48	61	75	30	17	21	11	6	1 263
101. 靖嶼鄉	210	208	235	187	187	159	144	117	138	126	128	94	73	61	32	21	11	2 131
102. 鎖嶼鄉	74	84	92	81	85	60	45	45	56	40	50	24	31	21	9	7	2	806
103. 浮岐鄉	58	74	53	46	46	37	32	27	44	26	24	20	22	8	7	5	2	531
104. 江左鄉	84	122	118	99	79	97	60	66	63	60	45	41	25	18	15	3	4	998

14 (a)　各鄉鎮男女年齡分配

（按住戶之男女計算）

鄉鎮別	0—4	5—9	10—14	15—19	20—24	25—29	30—34	35—39	40—44	45—49	50—54	55—59	60—64	65—69	70—74	75—79	80以上	計
第一區總計	**1 821**	**2 346**	**2 305**	**1 998**	**1 922**	**1 518**	**1 302**	**1 116**	**1 185**	**1 120**	**1 005**	**619**	**497**	**277**	**180**	**78**	**33**	**19 322**
1.梅龍鎮	158	217	238	180	191	147	120	113	106	94	106	59	56	25	11	3	4	1 828
2.汾華鄉	355	463	403	367	370	297	223	190	247	202	175	102	102	46	30	11	7	3 590
3.七境鄉	251	339	291	273	236	201	176	144	159	156	141	68	69	41	36	18	....	2 599
4.金環鄉	145	168	175	142	152	106	102	73	87	90	83	49	22	25	20	8	3	1 450
5.河陽鎮	248	286	304	253	249	182	185	135	115	131	127	98	45	45	22	15	4	2 444
6.井美鄉	97	114	113	97	93	72	49	61	51	67	31	29	17	9	4	2	3	909
7.里仁鄉	122	146	182	142	160	118	108	72	82	80	75	57	40	12	5	2	3	1 406
8.北山鄉	128	186	172	165	152	116	102	87	106	89	86	44	43	35	18	7	4	1 540
9.岱嶺鄉	131	198	193	171	168	129	116	110	109	108	69	53	56	17	17	5	1	1 651
10.青橋鄉	186	229	234	208	151	150	121	131	123	103	112	60	47	22	17	7	4	1 905
第二區總計	**1 799**	**2 093**	**2 160**	**1 884**	**1 991**	**1 621**	**1 495**	**1 174**	**1 219**	**1 126**	**955**	**705**	**520**	**345**	**190**	**91**	**37**	**19 405**
11.龍門鄉	242	261	298	305	263	206	193	142	145	150	138	101	63	42	29	23	3	2 604
12.首占鄉	149	216	166	134	150	143	122	90	88	99	57	54	43	30	15	9	6	1 571
13.陽廈鄉	177	210	215	217	225	155	142	115	113	118	77	63	33	26	20	9	6	1 921
14.岱邊鄉	138	170	188	156	167	125	109	116	120	94	88	65	47	29	12	4	3	1 631
15.珠湖鄉	110	132	120	122	127	84	79	79	83	73	57	45	36	22	15	4	4	1 192
16.坑田鄉	168	199	206	201	183	172	134	104	121	120	93	73	53	34	24	3	....	1 888
17.東渡鄉	230	257	307	257	306	230	248	158	185	143	139	108	82	44	29	14	4	2 741
18.馬厝鄉	106	102	130	67	84	83	79	62	79	51	51	28	33	26	4	6	4	995
19.大坪鄉	113	128	129	145	124	112	111	81	73	75	79	44	41	30	14	4	2	1 305
20.東林鄉	152	218	174	110	152	143	132	100	100	86	72	51	43	29	14	8	3	1 587
21.溪湄鄉	214	200	227	170	210	168	146	127	112	117	104	73	46	33	14	7	2	1 970
第三區總計	**3 895**	**4 762**	**4 572**	**3 972**	**3 701**	**3 314**	**2 867**	**2 559**	**2 511**	**2 155**	**1 913**	**1 490**	**1 020**	**619**	**419**	**162**	**116**	**40 047**
22.青山下鄉	265	312	295	235	207	181	150	153	170	170	93	87	63	46	19	10	3	2 459
23.嶼頭鎮	389	446	444	428	381	284	251	239	245	197	220	159	105	67	54	14	8	3 931
24.古槐鎮	389	466	461	376	377	340	259	286	242	199	184	148	92	58	41	17	19	3 954
25.洋下鄉	389	533	474	385	343	319	272	288	286	204	197	147	108	67	65	29	14	4 120
26.竹田鄉	374	421	390	328	360	331	321	206	235	183	170	128	106	54	35	11	9	3 662
27.感恩鄉	299	361	337	318	313	248	245	180	166	147	146	118	75	45	39	21	11	3 069
28.三溪鎮	352	467	429	441	392	360	297	276	273	242	209	151	123	56	42	16	12	4 138
29.石門鄉	133	164	156	102	123	119	125	80	109	73	80	54	42	30	17	3	1	1 411
30.江田鎮	701	852	815	763	666	641	573	481	459	384	362	262	172	110	60	28	27	7 356
31.首祉鄉	209	268	297	215	195	172	141	134	135	150	94	91	50	28	20	4	1	2 204
32.松下鎮	395	472	474	381	344	319	233	236	191	206	158	145	84	58	27	9	11	3 743
第四區總計	**3 230**	**4 079**	**3 949**	**3 330**	**3 092**	**2 577**	**2 281**	**2 151**	**1 970**	**2 038**	**1 724**	**1 199**	**918**	**621**	**369**	**163**	**89**	**33 780**
33.雲路鄉	162	185	188	162	154	118	96	106	103	89	91	53	38	32	19	7	6	1 609
34.鶴上鄉	467	571	556	446	453	354	308	279	304	310	229	162	115	99	46	16	12	4 727
35.沙京鄉	454	563	568	513	488	409	329	328	293	307	246	170	146	75	60	20	4	4 973
36.壺井鄉	354	499	484	410	350	280	303	251	205	259	221	153	111	58	44	23	21	4 026
37.巖峯鄉	570	698	582	514	471	426	367	329	305	272	272	170	135	72	55	22	13	5 273
38.山邊鄉	95	122	131	71	90	67	67	58	73	55	45	22	38	20	17	2	2	975
39.小嶼鄉	103	117	132	92	84	81	63	66	59	53	41	36	24	15	11	9	....	986
40.胖山鄉	39	79	65	43	51	50	32	28	27	35	35	23	16	10	7	....	2	542
41.洋邊鄉	97	116	123	107	89	67	56	67	74	44	45	42	23	22	10	5	4	991
42.西邱鄉	173	233	229	192	156	135	138	144	128	108	94	79	49	43	27	6	6	1 940
43.仙岐鄉	142	171	211	158	172	136	104	101	94	104	111	72	57	38	18	5	8	1 702
44.路頂鄉	131	153	140	129	135	102	97	99	66	90	64	47	41	26	15	14	3	1 352
45.後　渼	108	159	142	174	126	118	94	91	72	86	74	60	35	37	20	14	1	1 411
46.前　渼	135	169	157	126	109	99	94	91	72	109	68	41	38	42	12	9	4	1 375
47.柯百戶	200	244	241	193	164	135	133	113	95	117	88	69	52	32	8	11	3	1 898
第五區總計	**5 299**	**6 728**	**6 437**	**5 382**	**5 031**	**4 382**	**4 038**	**3 947**	**3 486**	**3 108**	**2 569**	**1 849**	**1 496**	**900**	**575**	**240**	**144**	**55 043**
48.金峯鎮	309	356	359	304	282	211	214	186	165	150	158	109	86	23	26	8	8	2 934
49.六林鄉	225	274	256	217	207	143	134	123	124	121	91	55	61	31	28	6	4	2 100
50.錦林鄉	128	146	121	110	134	124	80	82	75	55	58	38	44	22	10	7	3	1 237

14 (8)　各鄉鎮男女年齡分配

(按住戶之男女計算)

鄉鎮別	0–4	5–9	10–14	15–19	20–24	25–29	30–34	35–39	40–44	45–49	50–54	55–59	60–64	65–69	70–74	75–79	80以上	計
51.蘭田鄉	111	148	132	127	117	81	87	69	79	71	68	39	33	26	9	3	2	1 202
52.洋裏鄉	159	152	147	135	123	101	88	77	78	94	55	47	34	28	16	7	4	1 345
53.翠瀏鄉	116	129	137	105	110	111	69	74	66	59	59	41	37	23	11	8	7	1 162
54.仙山鄉	103	163	150	135	115	104	97	63	75	75	55	54	36	17	17	3	4	1 266
55.陳店鄉	218	287	308	237	179	171	158	142	127	135	114	79	63	41	31	8	0	2 307
56.鶴程鄉	139	150	202	133	94	87	105	128	100	96	76	55	44	17	15	6	3	1 450
57.東卓鄉	86	117	136	112	100	87	81	83	69	56	48	34	20	21	12	1	4	1 076
58.湖東鄉	229	329	375	255	242	217	198	183	202	169	140	100	67	47	27	10	8	2 807
59.仙富鄉	190	266	283	228	236	206	189	168	137	147	135	92	64	40	26	13	3	2 423
60.前董鄉	215	280	296	239	212	220	194	193	160	159	115	97	58	47	21	11	6	2 523
61.梅花鎮	688	798	746	611	580	504	460	401	376	364	294	197	161	103	61	23	16	6 383
62.梅莊鄉	80	109	120	81	80	63	61	58	55	43	49	39	25	15	13	5	2	898
63.東湖鄉	230	313	252	226	172	174	161	148	133	131	88	60	51	44	20	5	5	2 213
64.鳳山鄉	223	291	252	229	263	209	192	153	153	126	112	85	68	46	27	15	5	2 449
65.阜山鄉	333	450	388	350	289	266	263	227	230	196	132	92	103	45	33	14	9	3 432
66.厚福鄉	463	570	517	472	437	343	357	294	282	254	235	160	125	80	53	22	12	4 676
67.沙堤鄉	183	258	221	183	186	150	174	146	140	102	80	74	77	43	26	16	5	2 064
68.嶺南鄉	226	291	257	234	230	106	147	146	140	135	88	73	48	31	22	13	5	2 201
69.岱西鄉	80	123	116	106	97	85	85	61	67	64	59	32	24	17	11	5	1	1 042
70.台瑤鄉	129	143	147	118	119	91	85	81	59	71	68	43	40	17	18	3	2	1 234
71.九陳鄉	102	160	138	122	133	105	89	66	72	60	54	37	33	17	9	8	6	1 220
72.三星鄉	73	116	104	95	82	74	75	55	67	44	40	36	17	20	11	5	3	917
73.集仙鄉	108	116	105	95	93	67	84	49	60	37	39	37	33	14	11	8	5	970
74.塘下鄉	144	185	172	123	119	109	111	91	88	85	59	44	35	25	11	7	3	1 402
第六區總計	**1 215**	**1 633**	**1 504**	**1 303**	**1 257**	**1 084**	**1 000**	**823**	**835**	**795**	**712**	**491**	**353**	**241**	**182**	**64**	**54**	**13 546**
75.大宏鄉	*122	179	172	130	104	117	120	85	105	91	62	54	37	17	25	12	1	1 433
76.石馬鄉	48	40	43	39	53	34	31	26	22	28	25	13	7	12	3	3	1	428
77.楓林鄉	105	127	110	75	107	78	68	50	62	53	58	37	25	21	12	1	1	990
78.二劉鄉	113	143	139	117	122	108	91	77	72	83	54	52	31	28	9	4	4	1 247
79.文莊鄉	143	194	176	141	140	129	126	103	102	83	84	43	40	15	23	9	9	1 560
80.澤里鄉	96	119	112	98	104	100	75	72	57	55	61	48	26	19	13	3	2	1 060
81.潭頭鎮	37	35	37	30	34	22	22	18	12	11	20	11	9	3	3	…	…	304
82.潭頭鄉	173	243	193	200	181	122	118	119	122	100	87	59	50	36	37	12	7	1 850
83.文石鄉	62	93	69	75	90	77	50	43	40	38	54	34	22	14	8	3	6	778
84.汶上鄉	138	199	180	158	121	120	141	110	102	109	84	71	46	33	17	9	6	1 647
85.厚福青鄉	91	142	139	130	108	92	93	66	68	78	64	48	32	23	15	6	8	1 203
86.菊漳鄉	22	39	47	41	39	34	22	22	22	33	21	6	8	4	6	1	3	370
87.霞江鄉	65	80	87	69	54	51	43	32	49	33	38	24	20	16	11	1	3	676
第七區總計	**4 192**	**5 256**	**5 168**	**4 432**	**4 697**	**3 992**	**3 538**	**2 952**	**2 927**	**2 454**	**2 278**	**1 657**	**1 283**	**739**	**489**	**209**	**119**	**46 382**
88.營前鎮	563	733	701	555	598	493	439	350	380	288	285	187	127	93	52	20	13	5 877
89.四林鄉	270	331	370	340	353	281	240	186	192	185	149	99	87	30	36	16	4	3 174
90.霞洲鄉	255	313	329	235	244	188	180	178	168	148	117	100	59	45	32	6	5	2 614
91.壺崚鄉	168	220	203	170	175	156	128	108	130	97	86	46	51	34	16	7	4	1 808
92.馬頭鄉	166	182	189	174	205	158	132	115	99	91	83	61	41	11	17	4	3	1 731
93.壺嶼鄉	137	141	174	153	147	128	122	84	87	83	62	53	28	21	11	9	2	1 442
94.五黃鄉	214	341	285	282	280	268	240	210	167	161	138	113	98	55	26	11	10	2 902
95.琅尾鄉	204	267	233	191	245	183	197	148	123	89	131	76	56	17	20	7	7	2 394
96.大溪鄉	338	358	325	258	314	256	221	213	198	164	192	112	112	35	33	15	9	3 153
97.玉田鄉	233	413	372	373	392	324	302	255	251	229	177	137	121	60	48	25	11	3 723
98.入社鄉	136	142	165	177	176	139	122	92	102	89	92	60	51	23	12	3	1	1 582
99.下洋鄉	245	322	308	305	342	288	215	189	204	185	136	105	88	61	37	10	8	3 048
100.黃石鄉	309	342	323	259	279	272	263	187	184	127	139	121	73	43	35	20	8	2 985
101.祥嶼鄉	423	478	533	431	434	394	362	290	281	268	246	188	137	102	57	32	20	4 676
102.馥嶼鄉	198	207	229	178	185	163	123	110	115	73	99	62	55	43	20	10	4	1 874
103.祥峻鄉	120	164	157	123	109	83	94	87	102	58	47	43	42	16	9	8	5	1 267
104.江左鄉	207	302	272	219	219	218	158	150	144	119	99	85	57	41	25	3	5	2 322

15 (4) 各鄉鎮婚姻狀況

(按住戶之人口計算)

鄉鎮別	男子			女子		
	己婚	未婚	鰥夫	已婚	未婚	寡婦
第一區總計	**4 153**	**6 456**	**701**	**5 261**	**3 452**	**1 704**
1.梅龍鎮	383	607	52	491	347	157
2.汾覃鄉	737	1 157	86	1 017	679	344
3.七境鄉	568	851	92	664	516	196
4.金環鄉	324	463	65	389	274	124
5.阿陽鎮	549	782	91	670	443	209
6.井美鄉	169	351	45	234	155	86
7.里仁鄉	357	467	89	350	232	65
8.北山鄉	328	528	46	430	254	169
6.岱嶺鄉	338	605	46	477	231	176
10.青橋鄉	400	645	89	539	321	178
第二區總計	**4 172**	**7 148**	**631**	**5 482**	**2 603**	**1 758**
11.龍門鄉	532	988	101	728	356	287
12.首占鄉	337	579	46	431	224	141
13.陽廈鄉	435	679	62	542	265	169
14.岱邊鄉	348	596	47	470	217	34
15.珠湖鄉	249	442	44	344	157	135
16.坑田鄉	405	708	68	532	243	193
17.東渡鄉	616	1 001	99	792	332	271
18.馬厝鄉	239	351	39	267	138	82
19.大坪鄉	261	483	28	386	175	135
20.東林鄉	356	541	39	451	239	134
21.溪湄鄉	394	780	58	539	257	177
第三區總計	**8 567**	**14 176**	**1 058**	**10 995**	**6 309**	**3 488**
22.青山下鄉	504	847	80	705	403	273
23.嶼頭鎮	817	1 357	99	1 086	671	362
24.古槐鎮	805	1 433	89	1 137	579	372
25.洋下鄉	833	1 568	89	1 119	600	336
26.竹田鄉	816	1 289	84	1 062	495	347
27.壚嶼鄉	679	1 005	54	882	503	245
28.三溪鎮	924	1 472	120	1 207	535	408
29.石門鄉	328	481	36	420	182	128
30.江田鎮	1 621	2 621	203	1 935	1 179	584
31.首祉鄉	461	794	105	535	414	189
32.松下鎮	779	1 309	99	907	748	244
第四區總計	**6 927**	**11 903**	**1 037**	**9 322**	**5 628**	**3 380**
33.雲路鄉	345	557	49	441	266	148
34.鶴上鄉	962	1 656	137	1 318	791	477
35.沙京鄉	1 018	1 763	140	1 426	766	552
36.壺井鄉	816	1 474	117	1 092	644	396
37.旋峯鄉	1 048	1 954	138	1 413	858	503
38.山邊鄉	204	330	39	275	166	106
39.小嶼鄉	189	383	42	243	171	95
40.屏山鄉	108	188	16	160	86	67
41.洋邊鄉	208	350	42	264	169	91
42.丙邱鄉	408	624	63	560	348	206
43.仙岐鄉	345	609	45	470	278	155
44.鼎頂鄉	289	386	26	414	263	154
45.後澳	325	440	50	417	229	141
46.蘭澳	273	485	60	365	252	142
47.柯百戶	389	704	73	464	341	147
第五區總計	**11 706**	**18 796**	**1 623**	**15 181**	**9 300**	**5 124**
48.金峯鎮	635	950	60	826	543	258
49.六林鄉	459	711	44	569	361	167
50.鋪林鄉	265	439	39	352	181	123

15 (5) 各鄉鎮婚姻狀況

(按住戶之人口計算)

鄉鎮別	男子 已婚	男子 未婚	男子 鰥夫	女子 已婚	女子 未婚	女子 寡婦
51. 蘭田鄉	252	426	46	336	188	125
52. 洋裏鄉	279	482	33	362	222	117
53. [illegible]銅鄉	265	367	28	356	174	119
54. 仙山鄉	259	427	35	335	245	118
55. 陳店鄉	497	800	85	623	387	206
56. 鷗汀鄉	303	553	41	378	216	117
57. 東卓鄉	237	377	40	296	166	99
58. 湖東鄉	585	967	99	764	491	284
59. 仙富鄉	517	855	87	665	386	243
60. 前董鄉	560	852	99	701	410	264
61. 棉花鎮	1 369	2 019	190	1 764	1 231	577
62. 棉莊鄉	201	277	24	267	153	90
63. 東湖鄉	474	754	66	578	407	172
64. 鳳山鄉	514	849	60	675	411	224
65. 阜山鄉	744	1 136	110	905	647	273
66. 厚圃鄉	989	1 534	118	1 330	823	452
67. 沙堤鄉	416	761	60	570	317	219
68. 貴南鄉	483	803	64	653	352	234
69. 仿西鄉	212	371	34	294	165	112
70. 台瑤鄉	277	428	44	353	176	112
71. 九陣鄉	245	454	35	323	198	117
72. 三星鄉	187	342	20	237	151	78
73. 集仙鄉	187	356	19	273	154	103
74. 塘下鄉	295	506	43	366	235	121
第六區總計	**3 020**	**4 379**	**410**	**3 928**	**2 219**	**1 353**
75. 大宏鄉	303	479	34	415	236	145
76. 石馬鄉	101	132	13	122	73	39
77. 楓林鄉	221	320	35	282	167	96
78. 二鋼鄉	267	417	36	367	196	141
79. 文莊鄉	363	518	63	439	240	143
80. 澤里鄉	242	335	33	308	175	105
81. 溪頭鎮	76	86	8	86	56	22
82. 譚頭鄉	422	564	57	530	334	169
83. 玄石鄉	166	238	18	239	135	92
84. 汝上鄉	368	518	43	486	275	164
85. 厚[illegible]鄉	251	423	33	353	176	135
86. [illegible]鄉	87	124	10	110	49	35
87. [illegible]江鄉	153	225	27	191	107	67
第七區總計	**10 275**	**16 737**	**1 494**	**12 737**	**6 633**	**4 061**
88. [illegible]鎮	1 272	2 088	152	1 566	951	473
89. 西林鄉	685	1 199	93	892	408	308
90. [illegible]鄉	579	907	105	700	428	242
91. [illegible]鄉	405	669	52	482	252	132
92. 馬[illegible]鄉	403	597	46	513	218	164
93. [illegible]鄉	326	525	52	393	198	117
94. 五寶鄉	607	1 060	70	843	392	299
95. [illegible]尾鄉	451	895	42	569	279	167
96. 大[illegible]鄉	713	1 200	119	849	391	273
97. 玉[illegible]鄉	842	1 392	128	1 071	418	371
98. 八[illegible]鄉	349	624	43	456	153	157
99. 下[illegible]鄉	708	1 121	117	838	381	245
100. [illegible]石鄉	622	1 100	102	807	456	261
101. [illegible]鄉	1 059	1 486	182	1 336	795	455
102. [illegible]鄉	424	644	48	499	307	129
103. [illegible]鄉	273	463	47	319	212	95
104. 江[illegible]鄉	557	767	96	604	394	173

16 (a) 各鄉鎮男女教育程度

(按住戶之人口計算)

鄉鎮別	男子					女子					計				
	識字者	曾入私塾者	曾入學校者	有看書能力者	有寫信能力者	識字者	曾入私塾者	曾入學校者	有看書能力者	有寫信能力者	識字者	曾入私塾者	曾入學校者	有看書能力者	有寫信能力者
第一區總計	**3 922**	**3 248**	**963**	**2 043**	**1 309**	**679**	**456**	**283**	**265**	**134**	**4 601**	**3 704**	**1 246**	**2 308**	**1 443**
1.梅龍鎮	457	393	164	169	161	88	58	54	16	7	545	451	218	185	168
2.汾興鄉	1 095	803	369	532	401	266	179	118	99	65	1 361	982	487	631	466
3.七境鄉	633	542	176	335	199	129	90	52	49	20	762	632	228	384	219
4.金環鄉	348	248	45	120	98	42	22	15	11	10	390	270	60	131	108
5.河陽鎮	593	529	143	499	288	117	87	37	77	26	710	616	180	576	314
6.井美鄉	101	78	……	87	29	11	4	……	6	1	112	82	……	93	30
7.里仁鄉	39	29	5	18	12	1	1	……	1	……	40	30	5	19	12
8.北山鄉	99	94	27	26	24	5	2	1	……	……	104	96	28	26	24
9.岱嶺鄉	222	220	8	132	53	3	3	……	2	2	225	223	8	134	55
10.青橋鄉	335	312	26	125	44	17	10	6	4	3	352	322	32	129	47
第二區總計	**4 184**	**3 612**	**614**	**1 237**	**646**	**286**	**194**	**97**	**85**	**34**	**4 470**	**3 806**	**711**	**1 322**	**680**
11.龍門鄉	768	710	104	269	86	37	23	16	14	……	805	733	120	283	86
12.首占鄉	328	226	108	134	59	36	15	22	18	6	364	241	130	152	65
13.陽夏鄉	392	250	137	81	59	53	32	27	12	7	445	282	164	93	66
14.岱邊鄉	317	274	98	151	91	33	28	9	12	5	350	302	107	163	96
15.珠湖鄉	158	125	36	71	35	12	10	2	2	1	170	135	38	73	36
16.坑田鄉	471	488	45	170	106	23	20	5	9	4	494	508	50	179	110
17.東渡鄉	774	619	25	127	78	55	48	3	7	4	829	667	28	134	82
18.馬厝鄉	144	144	3	29	5	5	5	……	1	……	149	149	3	30	5
19.大坪鄉	140	86	55	91	74	20	7	13	9	7	160	93	68	100	81
20.東林鄉	413	411	1	88	41	2	2	……	……	……	415	413	1	88	41
21.溪湄鄉	279	279	2	26	12	10	4	……	1	……	289	283	2	27	12
第三區總計	**5 708**	**4 259**	**197**	**1 485**	**943**	**385**	**299**	**51**	**85**	**57**	**6 093**	**4 558**	**248**	**1 570**	**1 000**
22.青山下鄉	338	313	12	105	71	15	13	……	2	……	353	326	12	107	71
23.嶼頭鎮	569	155	7	137	68	38	17	4	7	6	607	172	11	144	74
24.古槐鎮	664	647	37	155	196	59	55	15	16	12	723	702	52	171	208
25.洋下鄉	695	694	3	190	90	16	16	2	4	4	711	710	5	194	94
26.岱田鄉	534	419	22	108	79	29	22	……	4	2	563	441	22	112	81
27.感恩鄉	687	490	20	285	59	53	35	3	11	2	740	525	23	296	61
28.[illegible]溪鎮	892	433	18	55	53	49	27	3	2	1	941	460	21	57	54
29.石門鄉	247	142	8	56	30	32	30	……	4	……	279	172	8	60	30
30.江田鎮	464	375	17	235	183	12	11	1	4	3	476	386	18	239	186
31.首祉鄉	198	178	15	14	11	13	13	3	3	3	211	191	18	17	14
32.松下鎮	420	413	38	145	103	69	60	20	28	24	489	473	58	173	127
第四區總計	**5 454**	**5 197**	**444**	**2 051**	**606**	**330**	**300**	**67**	**68**	**20**	**5 784**	**5 497**	**511**	**2 119**	**626**
33.雲路鄉	290	290	8	49	24	33	31	1	4	1	323	321	9	53	25
34.鶴上鄉	1 301	1 278	88	387	146	84	84	21	22	5	1 385	1 362	109	409	151
35.沙京鄉	868	854	105	409	160	99	90	26	29	9	967	944	131	438	169
36.[illegible]井鄉	430	301	93	140	28	30	20	10	5	2	460	321	103	145	30
37.[illegible]鄉	1 053	1 018	52	273	65	42	33	6	2	……	1 095	1 051	58	275	65
38.山[illegible]鄉	123	121	3	76	51	7	7	……	1	……	130	128	3	77	51
39.[illegible]嶼鄉	267	265	5	198	31	7	7	……	3	2	274	272	5	201	33
40.[illegible]山鄉	39	38	……	32	2	……	……	……	……	……	39	38	……	32	2
41.[illegible]鄉	211	211	1	109	14	2	2	……	……	……	213	213	1	109	14
42.西郎鄉	210	210	7	63	15	8	8	……	……	……	218	218	7	63	15
43.仙岐鄉	58	58	15	29	12	……	……	……	……	……	58	58	15	29	12
44.路頂鄉	142	110	33	91	5	1	1	……	……	……	143	111	33	91	5
45.後[illegible]	103	89	20	59	27	3	3	1	……	……	106	92	21	59	27
46.[illegible]	188	183	8	91	14	13	13	1	2	1	201	196	9	93	15
47.柯百戶	171	171	6	45	12	1	1	1	……	……	172	172	7	45	12
第五區總計	**10 103**	**8 534**	**1 451**	**3 075**	**1 211**	**487**	**341**	**169**	**97**	**52**	**10 590**	**8 875**	**1 620**	**3 172**	**1 263**
48.金峰鎮	725	581	133	386	224	74	50	27	23	11	799	631	160	409	235
49.六林鄉	234	198	9	27	9	4	4	……	1	……	238	202	9	28	9
50.[illegible]林鄉	321	291	57	69	33	20	12	9	2	2	341	303	66	71	35

16 (ふ) 各鄉鎮男女教育程度

(按住戶之人口計算)

鄉鎮別	男子					女子					計				
	識字者	曾入私塾者	曾入學校者	有看書能力者	有寫信能力者	識字者	曾入私塾者	曾入學校者	有看書能力者	有寫信能力者	識字者	曾入私塾者	曾入學校者	有看書能力者	有寫信能力者
51. 闢田鄉	285	277	4	151	21	3	3	……	1	1	288	280	4	152	22
52. 洋裏鄉	345	306	6	124	26	5	5	……	……	……	350	311	6	124	26
53. 華劉鄉	234	230	5	129	17	5	3	2	……	……	239	233	7	129	17
54. 仙山鄉	101	177	12	39	17	4	4	……	……	……	105	181	12	39	17
55. 陳店鄉	433	428	3	122	11	7	7	2	1	……	440	435	5	123	11
56. 鶴程鄉	117	115	9	22	7	3	3	……	……	……	120	118	9	22	7
57. 東卓鄉	181	180	2	49	6	4	4	……	1	……	185	184	2	50	6
58. 湖東鄉	163	144	6	37	8	2	2	……	……	……	165	146	6	37	8
59. 仙富鄉	250	250	6	80	8	……	……	……	……	……	250	250	6	80	8
60. 前董鄉	354	301	115	97	36	18	14	4	……	……	372	315	119	97	36
61. 梅花鎮	1 367	862	513	327	311	151	77	73	29	27	1 518	939	586	356	338
62. 梅莊鄉	41	40	3	27	17	1	……	1	……	……	42	40	4	27	17
63. 東湖鄉	391	385	14	130	50	5	5	……	……	……	396	390	14	130	50
64. 鳳山鄉	455	452	4	175	51	2	2	……	……	……	457	454	4	175	51
65. 阜山鄉	408	312	138	117	53	24	10	20	5	3	432	322	158	122	56
66. 厚福鄉	1 186	1 181	17	97	37	50	50	2	6	1	1 236	1 231	19	103	38
67. 沙堤鄉	360	321	83	108	47	25	21	9	8	2	385	342	92	116	49
68. 嶺南鄉	601	57	177	169	47	35	26	13	3	2	636	83	190	172	49
69. 岱西鄉	155	152	10	51	25	3	3	1	1	1	158	155	11	52	26
70. 台瑤鄉	281	273	20	77	37	4	3	1	2	2	285	276	21	79	39
71. 九陳鄉	312	301	13	81	40	9	9	1	5	……	321	310	14	86	40
72. 三星鄉	280	264	22	207	16	2	1	1	2	……	282	265	23	209	16
73. 集仙鄉	214	211	6	14	14	5	5	……	……	……	219	216	6	14	14
74. 塘下鄉	309	245	64	163	43	22	18	3	7	……	331	263	67	170	43
第六區總計	**2 149**	**2 023**	**259**	**1 480**	**571**	**212**	**182**	**67**	**110**	**35**	**2 361**	**2 205**	**326**	**1 590**	**606**
75. 大宏鄉	166	126	59	126	63	15	15	8	10	7	181	141	67	136	70
76. 石馬鄉	11	11	1	7	1	……	……	……	……	……	11	11	1	7	1
77. 楓林鄉	136	136	9	105	29	3	3	1	2	1	139	139	10	107	30
78. 二劉鄉	205	205	20	129	44	40	37	5	21	9	245	242	25	150	53
79. 文莊鄉	169	153	13	61	19	14	9	5	2	……	183	162	18	63	19
80 澤里鄉	264	235	38	224	67	28	20	10	19	8	292	255	48	243	75
81 潭頭鎮	87	74	21	68	28	13	9	5	5	……	100	83	26	73	28
82 潭頭鄉	424	401	78	334	179	49	40	32	28	9	473	441	110	362	188
83 文石鄉	115	113	8	76	23	6	6	……	3	……	121	119	8	79	23
84 汶上鄉	164	161	5	128	31	15	15	1	10	1	179	176	6	138	32
85. 厚福曹鄉	265	265	4	159	60	25	24	……	9	……	290	289	4	168	60
86. 菊潭鄉	51	51	2	25	12	3	3	……	1	……	54	54	2	26	12
87. 貫江鄉	92	92	1	38	15	1	1	……	……	……	93	93	1	38	15
第七區總計	**8 444**	**7 287**	**1 062**	**2 632**	**1 363**	**802**	**571**	**246**	**202**	**83**	**9 246**	**7 858**	**1 308**	**2 834**	**1 446**
88. 營前鎮	1 329	1 075	255	369	264	82	35	49	17	9	1 411	1 110	304	386	273
89. 西林鄉	890	882	19	428	137	172	171	7	59	20	1 062	1 053	26	487	157
90. 霞洲鄉	598	494	110	216	92	87	55	39	28	14	685	549	149	244	106
91. 壽岐鄉	166	162	2	132	46	5	5	……	3	……	171	167	2	135	46
92. 馬頭鄉	383	299	17	247	65	32	30	2	20	3	415	329	19	267	68
93. 塘嶼鄉	290	257	4	24	17	19	17	……	……	……	309	274	4	24	17
94. 五黃鄉	678	605	76	33	18	51	32	21	2	1	729	637	97	35	19
95. 琅尾鄉	291	284	14	19	17	26	24	2	2	……	317	308	16	21	17
96. 大溪鄉	375	286	5	63	21	22	15	1	3	……	397	301	6	66	21
97. 玉田鄉	719	620	164	95	79	41	22	24	7	1	760	642	188	102	80
98. 八社鄉	302	302	5	63	21	3	3	1	1	1	305	305	6	64	22
99. 下洋鄉	534	485	88	241	83	63	46	22	19	5	597	531	110	260	88
100. 黃石鄉	398	398	10	142	59	11	11	3	4	2	409	409	13	146	61
101. 梓嶼鄉	927	714	216	428	390	144	78	57	27	24	1 071	792	273	455	414
102. 鰲嶼鄉	90	29	——	3	4	5	5	——	——	——	95	34	——	3	4
103. 浮岐鄉	249	182	71	80	18	28	14	15	8	1	277	196	86	88	19
104. 江左鄉	225	213	6	49	32	11	8	3	2	2	236	221	9	51	34

17 (a) 各鄉鎮學齡兒童

(按住戶之人口計算)

鄉鎮別	男子		女子		計	
	學童人數	就學之學童人數	學童人數	就學之學童人數	學童人數	就學之學童人數
第一區總計	**1 914**	**555**	**1 404**	**192**	**3 318**	**747**
1. 梅龍鎮	169	60	137	26	306	86
2. 汾華鄉	359	177	269	84	628	261
3. 七境鄉	244	92	204	31	448	123
4. 金環鄉	136	44	104	10	240	54
5. 河陽鎮	246	107	186	35	432	142
6. 井美鄉	95	12	57	1	152	13
7. 里仁鄉	128	6	92	……	220	6
8. 北山鄉	143	12	114	3	257	15
9. 岱嶺鄉	173	17	104	1	277	18
10. 青橋鄉	221	28	137	1	358	29
第二區總計	**1 874**	**381**	**1 083**	**63**	**2 957**	**444**
11. 龍門鄉	239	74	147	6	386	80
12. 首占鄉	173	48	105	11	278	59
13. 陽嵐鄉	187	42	115	10	302	52
14. 岱邊鄉	162	38	94	8	256	46
15. 珠湖鄉	130	15	53	……	183	15
16. 坑田鄉	178	33	90	5	268	38
17. 東渡鄉	251	53	143	12	394	65
18. 馬厝鄉	94	5	49	……	143	5
19. 大坪鄉	107	20	71	7	178	27
20. 東林鄉	167	34	112	1	279	35
21. 溪湄鄉	186	19	104	3	290	22
第三區總計	**3 999**	**483**	**2 537**	**70**	**6 536**	**553**
22. 青山下鄉	270	48	152	5	422	53
23. 嶼頭鎮	341	21	254	2	595	23
24. 古槐鎮	412	65	261	13	673	78
25. 洋下鄉	437	65	260	3	697	68
26. 竹田鄉	369	40	208	4	577	44
27. 塘鳳鄉	294	72	189	9	483	81
28. 三溪鎮	439	28	213	8	652	36
29. 石門鄉	149	28	83	9	232	37
30. 江田鎮	690	41	458	1	1 148	42
31. 首祉鄉	228	23	168	4	396	27
32. 松下鎮	370	52	291	12	661	64
第四區總計	**3 360**	**581**	**2 337**	**73**	**5 697**	**654**
33. 雲路鄉	161	34	95	6	256	40
34. 鶴上鄉	448	135	317	15	765	150
35. 沙京鄉	488	112	323	27	811	139
36. 壺井鄉	445	51	270	10	715	61
37. 旋峯鄉	570	98	363	9	933	107
38. 山邊鄉	98	9	67	……	165	9
39. 小嶼鄉	109	32	68	1	177	33
40. 屏山鄉	64	5	48	……	112	5
41. 洋邊鄉	93	9	75	……	168	9
42. 西邱鄉	185	21	154	……	339	21
43. 仙岐鄉	155	2	115	……	270	2
44. 路頂鄉	97	30	100	……	197	30
45. 後澳	99	9	103	1	202	10
46. 前澳	146	26	90	3	236	29
47. 柯百戶	202	8	149	1	351	9
第五區總計	**5 264**	**998**	**4 193**	**120**	**9 457**	**1 118**
48. 金峯鎮	267	82	228	25	495	107
49. 六林鄉	221	38	152	2	373	40
50. 前林鄉	112	40	69	2	181	42

17 (3) 各鄉鎮學齡兒童

(按住戶之人口計算)

鄉鎮別	男子		女子		計	
	學童人數	就學之學童人數	學童人數	就學之學童人數	學童人數	就學之學童人數
51. 藺田鄉	107	17	82	1	189	18
52. 洋裏鄉	129	39	85	……	214	39
53. 華銅鄉	120	6	61	……	181	6
54. 仙山鄉	110	23	109	2	219	25
55. 陳店鄉	227	32	179	……	406	32
56. 鶴程鄉	155	25	84	1	239	26
57. 東卓鄉	109	26	63	1	172	27
58. 湖東鄉	252	7	243	……	495	7
59. 仙富鄉	233	15	157	……	390	15
60. 前董鄉	228	24	184	……	412	24
61. 梅花鎮	586	130	517	33	1 103	163
62. 梅莊鄉	86	……	75	……	161	……
63. 東湖鄉	223	32	174	1	397	33
64. 鳳山鄉	194	46	181	1	375	47
65. 阜山鄉	333	42	266	7	599	49
66. 厚福鄉	425	95	350	18	775	113
67. 沙堤鄉	211	64	133	3	344	67
68. 嶺南鄉	244	65	154	11	398	76
69. 傍西鄉	100	7	63	1	163	8
70. 台瑤鄉	118	29	73	1	191	30
71. 九隆鄉	134	31	85	2	219	33
72. 三星鄉	92	17	58	1	150	18
73. 集仙鄉	99	23	68	1	167	24
74. 塘下鄉	149	43	300	6	449	49
第六區總計	**1 271**	**210**	**970**	**42**	**2 241**	**252**
75. 大宏鄉	150	14	96	3	246	17
76. 石馬鄉	27	……	34	……	61	……
77. 楓林鄉	92	10	78	……	170	10
78. 二銅鄉	124	15	84	5	208	20
79. 文莊鄉	159	15	114	4	273	19
80. 澤里鄉	83	34	67	11	150	45
81. 譚頭鎮	25	12	24	……	49	12
82. 潭頭鄉	174	42	135	8	309	50
83. 文石鄉	53	5	65	1	118	6
84. 汶上鄉	147	15	131	5	278	20
85. 厚隔曾鄉	116	30	75	3	191	33
86. 菊潭鄉	44	7	19	2	63	9
87. 霞江鄉	77	11	48	……	125	11
第七區總計	**4 688**	**1 027**	**2 720**	**173**	**7 408**	**1 200**
88. 魯前鎮	607	142	393	26	1 000	168
89. 西林鄉	308	109	163	31	471	140
90. 霞洲鄉	290	129	176	21	466	150
91. 鶴岐鄉	190	12	110	……	300	12
92. 馬頭鄉	172	40	85	5	257	45
93. 塘崗鄉	160	41	81	3	241	44
94. 五貢鄉	313	84	153	13	466	97
95. 琅尾鄉	248	32	103	2	351	34
96. 大錢鄉	322	42	159	7	481	49
97. 玉田鄉	367	56	186	3	553	59
98. 八社鄉	167	41	61	……	228	41
99. 下祥鄉	295	58	155	14	450	72
100. 黃石鄉	289	47	184	3	473	50
101. 靜嶼鄉	400	106	314	33	714	139
102. 鐵嶼鄉	190	11	125	4	315	15
103. 浮岐鄉	133	45	92	4	225	49
104. 江左鄉	237	32	180	4	417	36

18 (a) 各鄉鎮男子職業狀況

(按住戶之男子計算)

鄉鎮別	有職業之男子						無職業之男子
	計	專務農者	務農兼他業者	專業漁者	業漁兼他業者	從事其他職業者	
第一區總計	**5 840**	**2 065**	**282**	**8**	**2**	**3 483**	**4 769**
1.梅龍鎮	568	67	97	……	……	404	422
2.汾華鄉	990	79	22	……	……	889	904
3.七境鄉	735	56	29	……	……	650	684
4.金環鄉	405	34	2	……	……	369	382
5.河陽鎮	737	81	6	7	2	641	594
6.井美鄉	354	278	29	……	……	47	166
7.里仁鄉	437	364	12	……	……	61	387
8.北山鄉	515	368	43	1	……	103	341
9.岱嶺鄉	505	376	……	……	……	129	438
10.青橋鄉	594	362	42	……	……	190	451
第二區總計	**6 386**	**3 579**	**572**	……	**1**	**2 234**	**4 934**
11.龍門鄉	1 005	473	119	……	……	413	515
12.首占鄉	506	257	59	……	……	190	410
13.陽崑鄉	636	326	119	……	……	191	478
14.岱邊鄉	460	257	28	……	……	175	484
15.珠湖鄉	255	122	12	……	……	121	436
16.坑田鄉	637	307	67	……	……	263	476
17.東渡鄉	950	503	105	……	1	341	667
18.馬厝鄉	314	194	16	……	……	104	276
19.大坪鄉	452	286	10	……	……	156	292
20.東林鄉	499	339	11	……	……	149	398
21.溪湄鄉	672	515	26	……	……	131	502
第三區總計	**13 049**	**7 284**	**1 350**	**23**	**249**	**4 143**	**9 694**
22.青山下鄉	776	456	63	……	……	257	575
23.嶼頭鎮	1 258	632	93	……	……	533	916
24.古槐鎮	1 226	580	89	……	1	556	1 012
25.洋下鄉	1 552	951	253	2	87	259	849
26.竹田鄉	1 219	641	140	1	……	437	886
27.感恩鄉	1 016	350	124	……	……	542	668
28.三溪鎮	1 333	585	106	1	……	641	1 063
29.石門鄉	471	217	29	……	……	225	338
30.江田鎮	2 207	1 645	123	……	……	439	2 035
31.首祉鄉	764	494	146	3	120	1	491
32.松下鎮	1 227	733	184	16	41	253	861
第四區總計	**11 128**	**7 138**	**1 063**	**242**	**140**	**2 545**	**7 702**
33.雲路鄉	587	468	30	……	……	89	315
34.鶴上鄉	1 639	1 068	161	2	……	408	979
35.淨京鄉	1 737	1 097	166	……	……	474	1 044
36.壺井鄉	1 049	758	116	4	100	71	1 241
37.旋崙鄉	1 753	1 262	213	1	……	277	1 249
38.山邊鄉	359	238	26	1	……	94	175
39.小嶼鄉	333	276	19	……	……	38	239
40.屏山鄉	157	123	12	……	……	22	139
41.律邊鄉	386	343	37	……	……	6	172
42.西郞鄉	621	441	33	1	……	146	411
43.仙岐鄉	589	374	110	12	13	80	365
44.路頂鄉	407	78	29	64	7	229	268
45.後澳	427	2	2	15	8	400	338
46.前澳	427	70	29	135	10	183	331
47.柯百戶	657	540	80	7	2	28	436
第五區總計	**18 269**	**9 801**	**2 748**	**757**	**523**	**4 440**	**12 233**
48.金峯鎮	821	128	49	……	……	644	764
49.六林鄉	666	455	80	……	……	131	504
50.錦林鄉	465	193	155	……	……	117	239

18 (5) 各鄉鎮男子職業狀況

(按住戶之男子計算)

鄉鎮別	有職業之男子						無職業之男子
	計	專務農者	務農兼他業者	專業漁者	業漁兼他業者	從事其他職業者	
51. 閘田鄉	410	236	99	……	……	75	268
52. 洋裏鄉	454	293	82	……	……	79	307
53. 聯鋼鄉	402	254	105	……	……	43	230
54. 仙山鄉	424	301	50	3	……	70	262
55. 陳店鄉	795	524	160	……	……	111	502
56. 鶴程鄉	554	470	48	……	……	36	302
57. 東阜鄉	451	282	88	……	……	81	163
58. 湖東鄉	904	656	113	8	50	77	648
59. 仙富鄉	860	448	157	……	100	155	512
60. 前董鄉	877	688	85	……	……	104	535
61. 梅花鎮	1 889	46	102	722	150	869	1 499
62. 梅莊鄉	303	274	7	……	……	22	175
63. 東湖鄉	715	488	86	……	……	141	513
64. 鳳山鄉	937	729	40	……	……	168	426
65. 阜山鄉	1 128	461	245	13	219	190	752
66. 厚福鄉	1 513	715	401	2	2	393	1 070
67. 沙堤鄉	675	416	37	2	2	218	502
68. 嶺南鄉	748	425	49	6	……	268	538
69. 岱西鄉	334	201	61	……	……	72	249
70. 台瑤鄉	455	310	76	1	……	68	250
71. 九隆鄉	438	311	28	……	……	99	261
72. 三星鄉	338	127	125	……	……	86	191
73. 集仙鄉	289	163	73	……	……	53	254
74. 塘下鄉	424	207	147	……	……	70	377
第六區總計	**4 091**	**1 609**	**366**	**14**	**15**	**2 087**	**3 308**
75. 大宏鄉	435	161	39	11	7	217	347
76. 石馬鄉	139	70	1	……	……	68	94
77. 楓林鄉	296	196	12	……	……	88	245
78. 二劉鄉	363	225	27	……	1	110	321
79. 文莊鄉	457	346	15	……	……	96	424
80. 澤里鄉	348	149	12	……	……	187	229
81. 潭頭鎮	69	6	6	……	……	57	93
82. 潭頭鄉	500	105	41	1	……	353	486
83. 文石鄉	266	54	14	……	……	198	138
84. 汶上鄉	499	71	138	2	7	281	387
85. 厚福齊鄉	401	118	51	……	……	232	273
86. 菊澤鄉	117	37	7	……	……	73	94
87. 霞江鄉	201	71	3	……	……	127	177
第七區總計	**14 145**	**7 269**	**1 024**	**52**	**18**	**5 782**	**12 867**
88. 營前鎮	1 459	510	41	7	……	901	1 901
89. 四林鄉	981	596	98	……	……	287	903
90. 霞洲鄉	866	451	76	……	……	339	620
91. 嶺岐鄉	608	388	68	……	……	152	460
92. 馬頭鄉	533	307	46	……	……	180	467
93. 塔嶼鄉	469	216	39	……	……	214	382
94. 五貴鄉	873	517	46	……	……	310	794
95. 鳧尾鄉	668	493	25	……	……	150	678
96. 大儀鄉	1 039	648	36	……	……	355	874
97. 玉田鄉	1 378	616	148	……	……	614	856
98. 入駐鄉	589	365	95	……	……	129	384
99. 下洋鄉	964	374	27	……	……	563	865
100. 黃石鄉	913	310	108	1	……	494	809
101. 洋嶼鄉	1 053	269	79	44	13	648	1 492
102. 蕉嶼鄉	590	355	18	……	2	215	478
103. 浮岐鄉	377	281	27	……	3	66	359
104. 江左鄉	785	573	47	……	……	165	539

二、農業

19 各區熟地面積(1)

(面積單位：市畝)

區別	熟地總面積	水田		旱地		山林地(2)		池蕩地(3)	
		實數	對熟地總面積之百分比	實數	對熟地總面積之百分比	實數	對熟地總面積之百分比	實數	對熟地總面積之百分比
全縣	**195 168.8**	**152 684.8**	**78.2**	**38 450.0**	**19.7**	**3 870.2**	**2.0**	**163.8**	**0.1**
第一區	11 294.2	8 569.2	75.9	2 033.2	18.0	689.4	6.1	2.4	0
第二區	21 155.0	18 415.8	87.1	1 867.8	8.8	862.9	4.1	8.5	0
第三區	33 892.7	27 185.0	80.2	6 449.2	19.0	258.5	0.8	……	……
第四區	37 418.3	31 249.2	83.5	5 626.2	15.0	514.6	1.4	28.3	0.1
第五區	46 647.5	30 272.1	64.9	16 118.6	34.6	148.4	0.3	108.4	0.2
第六區	8 103.2	6 938.5	85.6	1 151.0	14.2	13.7	0.2	……	……
第七區	36 657.9	30 055.0	82.0	5 204.0	14.2	1 382.7	3.8	16.2	0

(1) 熟地面積係指去年農戶實際經營者，其未由農戶經營之田地概未計入。

(2) 山林地包括森林竹林等。

(3) 池蕩地包括漁蕩藕塘等。

20 各區農戶數

區別	全體戶數(1)	農戶數	農戶數對全體戶數之百分比
全縣	**49 568**	**29 158**	**58.8**
第一區	4 427	1 574	35.6
第二區	4 414	2 699	61.1
第三區	7 592	5 408	71.2
第四區	7 430	4 906	66.0
第五區	12 038	7 989	66.4
第六區	3 053	1 348	44.2
第七區	10 614	5 234	49.3

(1) 按住戶之戶數計算。

21 各區每農戶及每人平均分得之熟地面積

(面積單位：市畝)

區別	熟地總面積	農戶數	人口總數	每一農戶平均分得之面積	每人平均分得之面積
全縣	**195 168.8**	**29 158**	**227 801**	**6.7**	**0.9**
第一區	11 294.2	1 574	19 346	7.2	0.6
第二區	21 155.0	2 699	19 441	7.8	1.1
第三區	33 892.7	5 408	40 066	6.3	0.8
第四區	37 418.3	4 906	33 789	7.6	1.1
第五區	46 647.5	7 989	55 072	5.8	0.8
第六區	8 103.2	1 348	13 589	6.0	0.6
第七區	36 657.9	5 234	46 498	7.0	0.8

22　各區農場耕地面積大小分配(1)

區別		4.9市畝以下	5—9.9	10—14.9	15—19.9	20—24.9	25—29.9	30—34.9	35—39.9	40—44.9	45—49.9	50—54.9	55—59.9	60—64.9	65—69.9	70市畝以上	計
全縣	**農場數**	**14 456**	**9 739**	**3 334**	**1 039**	**402**	**111**	**42**	**14**	**7**	**2**	**4**	....	....	**1**	**5**	**29 158**
	%	**49.59**	**33.40**	**11.43**	**3.56**	**1.38**	**0.38**	**0.15**	**0.05**	**0.02**	**0.01**	**0.01**	....	....	**.00**	**0.02**	**100.00**
第一區		689	555	234	63	27	2	3	....	1	....	....	....	....	....	....	1 574
第二區		1 117	949	426	130	55	16	4	1	....	....	1	....	....	....	....	2 699
第三區		3 020	1 575	527	168	79	22	10	2	2	....	2	....	....	....	1	5 408
第四區		2 050	1 783	671	244	100	29	14	4	4	2	1	....	....	1	3	4 906
第五區		4 375	2 594	736	206	61	15	1	1	....	....	....	....	....	....	....	7 989
第六區		738	473	108	23	4	....	1	....	....	....	....	....	....	....	1	1 348
第七區		2 469	1 810	632	205	76	27	9	6	....	....	....	....	....	....	....	5 234

(1) 包括自耕農,半自耕農,佃農之農場已耕地面積。

23　各區農戶地權分配

區別	農戶總數	自耕農戶數		半自耕農戶數		佃農戶數	
		實數	對農戶總數之百分比	實數	對農戶總數之百分比	實數	對農戶總數之百分比
全縣	**29 158**	**4 939**	**16.9**	**10 892**	**37.4**	**13 327**	**45.7**
第一區	1 574	155	9.8	590	37.5	829	52.7
第二區	2 699	357	13.2	1 173	43.5	1 169	43.3
第三區	5 408	883	16.3	1 421	26.3	3 104	57.4
第四區	4 906	650	13.3	1 586	32.3	2 670	54.4
第五區	7 989	1 732	21.7	3 100	38.8	3 157	39.5
第六區	1 348	118	8.7	388	28.8	842	62.5
第七區	5 234	1 044	20.0	2 634	50.3	1 556	29.7

24　各區自耕及佃耕面積

(單位:市畝)

區別	已耕地總面積(1)			自耕面積				佃耕面積(2)			
						計				計	
	水田	旱地	計	水田	旱地	實數	對已耕地面積之百分比	水田	旱地	實數	對已耕地面積之百分比
全縣	**152 684.8**	**38 450.0**	**191 134.8**	**32 619.1**	**18 313.2**	**50 932.3**	**26.6**	**120 065.7**	**20 136.8**	**140 202.5**	**73.4**
第一區	8 569.2	2 033.2	10 602.4	1 146.5	874.9	2 021.4	19.1	7 422.7	1 158.3	8 581.0	80.9
第二區	18 415.8	1 867.8	20 283.6	3 675.7	1 138.3	4 814.0	23.7	14 740.1	729.5	15 469.6	76.3
第三區	27 185.0	6 449.2	33 634.2	5 201.9	2 293.1	7 495.0	22.3	21 983.1	4 156.1	26 139.2	77.7
第四區	31 249.2	5 626.2	36 875.4	6 118.9	2 444.1	8 563.0	23.2	25 130.3	3 182.1	28 312.4	76.8
第五區	30 272.1	16 118.6	46 390.7	8 907.9	8 121.6	17 029.5	36.7	21 364.2	7 997.0	29 361.2	63.3
第六區	6 938.5	1 151.0	8 089.5	852.1	259.7	1 111.8	13.7	6 086.4	891.3	6 977.7	86.3
第七區	30 055.0	5 204.0	35 259.0	6 716.1	3 181.5	9 897.6	28.1	23 338.9	2 022.5	25 361.4	71.9

(1) 已耕地專指已經耕種之水田旱地而言;山林地,池蕩地概不計入。

(2) 佃耕面積包括佃農耕種之面積及半自耕農佃耕之面積。

25　各區冬作物栽培面積及產量

（面積單位：市畝　產量單位：100 市斤）

區別	小麥		大麥		豌豆		茉莉花		蠶豆(1)		其他	
	面積	產量	面積	產量	面積	產量	面積	產量	面積	產量	面積	產量
全縣	**4 323.9**	**6 130**	**4 261.4**	**6 438**	**980.4**	**914**	**911.7**	**886**	**477.0**	—	**229.9**	—
第一區	105.8	157	97.7	153	49.7	49	270.2	276	166.4	—	......	......
第二區	4.2	7	15.7	27	2.0	2	7.6	7	4.6	—	......	......
第三區	526.3	542	626.8	733	247.7	223	313.0	275	61.8	—	30.1	—
第四區	191.6	251	460.0	718	67.0	62	248.2	280	102.2	—	......	......
第五區	3 431.1	5 078	2 891.2	4 539	588.7	547	10.5	9	133.4	—	40.7	—
第六區	59.3	87	151.3	238	2.6	3	......	......	2.9	—	4.8	—
第七區	5.6	8	18.7	30	22.7	28	62.2	39	5.7	—	154.3	—

(1)　蠶豆專供肥田之用，故產量不明。

26(a)　各區夏作物栽培面積及產量

（面積單位：市畝　產量單位：100 市斤）

區別	早稻		晚稻		甘薯		落花生		馬鈴薯		茉莉花(1)	
	面積	產量	面積	產量	面積	產量	面積	產量	面積	產量	面積	產量
全縣	**146 281.6**	**388 457.0**	**135 809.7**	**290 732.0**	**40 503.9**	**437 244**	**3 380.2**	**6 601**	**1 144.9**	**10 501**	**911.7**	......
第一區	8 390.6	22 486.8	8 512.8	25 112.8	1 651.9	13 727	2.4	4	29.7	329	270.2	......
第二區	18 415.6	46 407.3	18 411.2	57 995.3	1 631.6	14 015	0.6	1	33.8	313	7.6	......
第三區	24 157.8	57 012.4	26 418.8	46 761.3	4 436.0	34 512	573.3	780	723.2	6 697	313.0	......
第四區	30 593.1	77 400.5	25 660.8	33 102.4	6 996.5	81 789	620.2	1 209	129.7	1 201	248.2	......
第五區	28 844.8	87 688.2	22 533.9	26 590.0	18 210.0	214 514	2 183.0	4 606	115.5	1 070	10.5	......
第六區	6 864.5	19 701.1	5 186.5	11 877.1	2 957.2	31 879	0.5	1	28.1	260	......	......
第七區	29 015.2	77 700.7	29 085.7	89 293.1	4 620.7	46 808	0.2	0	84.9	631	62.2	......

(1)　茉莉花所佔之面積全年均屬相同，其全年之產量，已列入冬作物之內，此表不再重複。

26(b)　各區夏作物栽培面積及產量

（面積單位：市畝　產量單位：100 市斤）

區別	大豆		芋頭		高粱		甘蔗(1)		其他	
	面積	產量	面積	產量	面積	產量	面積	產量	面積	產量
全縣	**471.0**	**470**	**30.9**	**324**	**30.5**	**59**	**14.0**	**420**	**40.7**	—
第一區	0.3	0	14.3	106	......	......	3.8	114	......	......
第二區	......	......	0.7	5	1.5	3	2.3	69	3.4	—
第三區	205.3	205	......	......	18.1	35	2.9	87	3.8	—
第四區	63.0	63	1.6	24	4.0	8	......	......	8.0	—
第五區	190.4	190	......	......	6.9	13	......	......	25.1	—
第六區	......	......	10.4	153	......	......	4.7	141	......	......
第七區	12.0	12	3.9	36	......	......	0.3	9	0.4	—

(1)　甘蔗產量以 100 條為單位。

27 (a)　各區菓樹及菓實

（產量單位：100市斤）

區別	橘		楊桃		番石榴		龍眼		桃	
	株數	產量	株數	產量	株數	產量	株數	產量	株數	產量
全縣	**9 233**	**9 760**	**3 482**	**1 827**	**3 200**	**1 814**	**1 507**	**1 276**	**1 259**	**630**
第一區	6	5	1 049	336	1 739	1 130	195	162	480	264
第二區	2 967	3 382	355	103	126	72	67	54	200	96
第三區	16	15	105	49	256	100	238	209	97	33
第四區	16	9	27	21	101	59	64	50	186	100
第五區	32	29	1 885	1 301	133	68	40	33	109	51
第六區	2	2	……	……	47	18	……	……	26	12
第七區	6 194	6 318	61	17	798	367	903	768	161	74

27 (b)　各區菓樹及菓實

（產量單位：100市斤）

區別	橄欖		梨		石榴		棗		荔枝	
	株數	產量	株數	產量	株數	產量	株數	產量	株數	產量
全縣	**679**	**1 029**	**425**	**276**	**202**	**22**	**191**	**104**	**177**	**184**
第一區	384	637	360	234	89	10	18	8	3	3
第二區	11	16	11	7	9	1	5	3	51	54
第三區	15	22	……	……	1	0	10	5	26	28
第四區	……	……	……	……	2	0	2	1	……	……
第五區	20	30	3	2	4	0	26	14	16	9
第六區	……	……	……	……	62	7	1	1	……	……
第七區	249	324	51	33	35	4	129	72	81	90

27 (c)　各區菓樹及菓實

（產量單位：100市斤）

區別	黃皮		李		柑		枇杷		柚	
	株數	產量	株數	產量	株數	產量	株數	產量	株數	產量
全縣	**154**	**49**	**140**	**46**	**98**	**56**	**88**	**31**	**63**	**52**
第一區	76	30	1	0	10	6	8	3	7	6
第二區	13	4	89	29	3	2	1	0	17	14
第三區	3	1	12	4	9	5	3	1	10	8
第四區	1	0	6	2	1	1	3	1	1	1
第五區	2	1	14	5	5	3	6	2	17	14
第六區	……	……	1	0	2	1	33	11	1	1
第七區	59	13	17	6	68	38	34	13	10	8

28 (a)　各區力畜肉畜及家禽

（單位：頭）

區別	力畜				肉畜			
	黄牛		水牛		猪		山羊	
	總數	不滿一歲之牛犢	總數	不滿一歲之牛犢	總數	已滿一歲之猪	總數	已滿一歲之山羊
全縣	**7 189**	**638**	**179**	**14**	**7 307**	**1 169**	**1 563**	**434**
第一區	439	51	1	....	253	72	60	10
第二區	922	88	63	9	954	139	260	94
第三區	1 239	142	42	1	1 140	98	246	52
第四區	1 008	112	8	2	1 006	194	89	22
第五區	1 849	67	22	1	2 254	402	355	107
第六區	332	47	4	....	256	64	114	41
第七區	1 400	131	39	1	1 444	200	439	108

28 (b)　各區力畜肉畜及家禽

（單位：隻）

區別	家禽					
	雞		鴨		鵝	
	總數	已滿六個月之雞	總數	已滿六個月之鴨	總數	已滿六個月之鵝
全縣	**34 960**	**8 313**	**20 742**	**9 926**	**5 653**	**3 277**
第一區	2 209	998	690	311	76	13
第二區	4 538	1 010	878	199	29	13
第三區	2 263	407	406	81	42	9
第四區	6 860	1 414	2 886	183	258	33
第五區	11 719	2 966	9 362	6 454	4 779	2 958
第六區	948	237	2 266	1 671	372	247
第七區	6 423	1 281	4 254	1 027	97	4

29 (a) 各鄉鎮熟地面積

（單位：市畝）

鄉鎮別	熟地總面積	水田	旱地	山林地	池蕩地
第一區總計	**11 294.2**	**8 569.2**	**2 033.2**	**689.4**	**2.4**
1.梅龍鎮	680.0	498.0	181.0	1.0	……
2.汾寧鄉	386 6	285.1	83.0	18.5	……
3.七堎鄉	246.2	187.7	58.5	……	……
4.金環鄉	195.4	188.3	4.3	2.8	……
5.河陽鎮	516.6	452.9	63.7	……	……
6.井美鄉	1 255.0	1 067.7	187.3	……	……
7.里仁鄉	1 916.0	1 401.3	481.4	33.3	……
8.北山鄉	2 411.2	2 006.8	367.7	36.0	0.7
9.岱嶺鄉	1 432.8	957.6	339.1	135.4	0.7
10.青橋鄉	2 254.4	1 523.8	267.2	462.4	1.0
第二區總計	**21 155.0**	**18 415.8**	**1 867.8**	**862.9**	**8.5**
11.龍門鄉	3517.6	3 092.7	344.2	77.2	3.5
12.首占鄉	2020.1	1 908.0	105.8	6.3	……
13.陽旗鄉	2359.0	2 355.2	3.8	……	……
14.岱邊鄉	1711.3	1 537.4	130.0	43.9	……
15.珠湖鄉	940.1	744.0	98.2	97.9	……
16.坑田鄉	1 572.1	1 375.1	156.2	40.8	……
17.東渡鄉	2 717.3	1 950.1	435.1	332.1	……
18.馬厝鄉	1 044.7	928.1	116.6	……	……
19.大坪鄉	1 489.1	1 347.9	128.1	13.1	……
20.東林鄉	1 248.5	1 160.0	76.1	12.4	……
21.溪湄鄉	2 535.2	2 017.3	273.7	239.2	5.0
第三區總計	**33 892.7**	**27 185.0**	**6 449.2**	**258.5**	……
22.青山下鄉	2 393.7	2 189.0	204.7	……	……
23.嶼頭鎮	3 357.4	3 271.8	85.6	……	……
24.古槐鎮	3 244.8	3 015.5	229.3	……	……
25.洋下鄉	4 919.2	4 808.1	111.1	……	……
26.竹田鄉	3 830.7	3 615.2	215.5	……	……
27.盛嵐鄉	2 836.1	2 612.6	223.5	……	……
28.三溪鎮	2 804.7	2 736.6	55.1	13.0	……
29.石門鄉	1 394.5	1 382.0	12.5	……	……
30.江田鎮	4 243.8	2 378.2	1 865.6	……	……
31.首祉鄉	2 604.0	800.1	1 558.4	245.5	……
32.松下鎮	2 263.8	375.9	1 887.9	……	……
第四區總計	**37 418.3**	**31 249.2**	**5 626.2**	**514.6**	**28.3**
33.雲路鄉	2 446.2	2 427.2	19.0	……	……
34.鶴上鄉	6 816.6	5 834.5	450.8	508.0	23.3
35.沙京鄉	4 648.5	4 221.7	423.9	2.9	……
36.壺井鄉	3 223.5	3 070.3	153.2	……	……
37.龍峯鄉	8 368.0	7 819.8	548.2	……	……
38.山邊鄉	1 196.7	1 112.5	81.2	3.0	……
39 小嶼鄉	1 799.9	1 799.9	……	……	……
40.屏山鄉	761.3	619.7	140.9	0.7	……
41.洋邊鄉	958.8	749.7	209.1	……	……
42.西邱鄉	2 438.4	1 503.5	929.9	……	5.0
43.仙岐鄉	1 563.3	327.7	1 235.6	……	……
44.路頂鄉	303.9	255.6	48.3	……	……
45.後　澳	2.6	2.2	0.4	……	……
46.前　澳	406.2	294.7	111.5	……	……
47.柯百戶	2 484.4	1 210.2	1 274.2	……	……
第五區總計	**46 647.5**	**30 272.1**	**16 118.6**	**148.4**	**108.4**
48.金峯鎮	621.7	554.8	66.9	……	……
49.六林鄉	1 833.5	1 617.7	215.8	……	……
50.崗林鄉	1 351.9	1 305.7	44.1	2.1	……

29(b)　各鄉鎮熟地面積

(單位：市畝)

鄉鎮別	熟地總面積	水田	旱地	山林地	池蕩地
51.蘭田鄉	1 523.6	1 217.5	264.7	29.6	11.8
52.洋裏鄉	1 595.3	1 355.5	239.8	……	……
53.塘劉鄉	1 389.3	1 100.3	289.0	……	……
54.仙山鄉	1 241.0	1 018.1	222.9	……	……
55.陳店鄉	2 209.4	1 328.9	880.5	……	……
56.鵝程鄉	1 541.1	375.3	1 165.8	……	……
57.東卓鄉	1 128.8	529.8	599.0	……	……
58.湖東鄉	2 021.2	449.2	1 572.0	……	……
59.仙富鄉	2 232.8	656.0	1 576.8	……	……
60.前董鄉	3 341.2	755.2	2 554.5	31.5	……
61.梅花鎮	178.5	29.3	148.9	0.3	……
62.梅莊鄉	1 151.6	564.9	586.7	……	……
63.東湖鄉	2 211.6	1 672.9	534.9	……	3.8
64.鳳山鄉	2 900.0	2 522.6	377.4	……	……
65.阜山鄉	1 454.4	477.5	936.0	0.2	40.7
66.厚福鄉	5 586.0	3 265.7	2 304.2	5.1	11.0
67.沙堤鄉	1 669.0	1 028.2	607.8	……	33.0
68.嶺南鄉	2 101.8	1 675.6	425.6	……	0.6
69.岱西鄉	913.7	755.3	84.9	73.5	……
70.台瑤鄉	1 560.1	1 454.0	99.0	6.1	1.0
71.九陣鄉	1 274.3	1 211.0	63.3	……	……
72.三星鄉	1 008.3	970.9	30.9	……	6.5
73.集仙鄉	1 009.8	1 009.8	……	……	……
74.塘下鄉	1 597.6	1 370.4	227.2	……	……
第六區總計	**8 103.2**	**6 938.5**	**1 151.0**	**13.7**	……
75.大宏鄉	1 082.6	927.9	154.7	……	……
76.石馬鄉	302.0	278.2	23.8	……	……
77.楓林鄉	688.7	625.2	49.8	13.7	……
78.二劉鄉	1 277.8	1 222.3	55.5	……	……
79.文莊鄉	1 231.9	1 062.5	169.4	……	……
80.澤里鄉	552.3	381.3	171.0	……	……
81.潭頭鎮	11.7	11.7	……	……	……
82.潭頭鄉	563.7	507.9	55.8	……	……
83.文石鄉	331.1	280.9	50.2	……	……
84.汶上鄉	690.1	481.1	209.0	……	……
85.厚福背鄉	789.8	646.4	143.4	……	……
86.菊源鄉	218.2	195.7	22.5	……	……
87.岱江鄉	363.3	317.4	45.9	……	……
第七區總計	**36 657.9**	**30 055.0**	**5 204.0**	**1 382.7**	**16.2**
88.營前鎮	3 413.6	2 966.6	426.1	14.9	6.0
89.四林鄉	3 929.1	3 260.6	666.2	2.3	……
90.嶼洲鄉	3 000.8	2 679.5	321.3	……	……
91.謝岐鄉	1 496.4	1 278.4	218.0	……	……
92.馬頭鄉	1 956.9	1 757.5	199.0	0.4	……
93.後嶼鄉	1 390.9	1 111.9	270.7	2.3	6.0
94.五黃鄉	2 088.7	1 814.3	273.9	0.5	……
95.琅尾鄉	1 545.4	1 351.8	193.4	0.2	……
96.大鶴鄉	2 925.1	2 629.0	234.1	61.0	1.0
97.玉田鄉	2 377.8	2 159.9	217.9	……	……
98.八社鄉	2 460.4	2 030.1	33.6	393.7	3.0
99.下洋鄉	1 366.8	788.7	393.1	185.0	……
100.黃石鄉	1 840.8	1 339.8	283.0	218.0	……
101.洋嶼鄉	1 640.7	1 360.4	263.5	16.8	……
102.鼓嶼鄉	1 451.4	895.4	445.6	110.4	……
103.浮岐鄉	1 446.1	1 142.4	288.7	15.0	……
104.江左鄉	2 327.0	1 488.7	475.9	362.2	0.2

30 (a) 各鄉鎮農場耕地面積大小分配

鄉鎮別	4.9市畝以下	5–9.9	10–14.9	15–19.9	20–24.9	25–29.9	30–34.9	35–39.9	40–44.9	45–49.9	50–54.9	55–59.9	60–64.9	65–69.9	70市畝以上	計
第一區總計	**689**	**555**	**234**	**63**	**27**	**2**	**3**	…	**1**	…	…	…	…	…	…	**1 574**
1. 梅龍鎮	75	51	7	3	…	…	…	…	…	…	…	…	…	…	…	136
2. 汾澤鄉	62	23	4	…	…	…	…	…	…	…	…	…	…	…	…	89
3. 七境鄉	59	10	2	1	…	…	…	…	…	…	…	…	…	…	…	72
4. 金環鄉	13	13	5	…	…	…	…	…	…	…	…	…	…	…	…	31
5. 河陽鎮	15	25	15	5	1	…	…	…	…	…	…	…	…	…	…	61
6. 非美鄉	54	69	33	8	2	…	…	…	…	…	…	…	…	…	…	166
7. 里仁鄉	98	83	45	14	7	1	1	…	…	…	…	…	…	…	…	249
8. 北山鄉	68	107	56	20	9	1	1	…	1	…	…	…	…	…	…	263
9. 岱嶺鄉	171	79	22	4	…	…	…	…	…	…	…	…	…	…	…	276
10. 青橋鄉	74	95	45	8	8	…	1	…	…	…	…	…	…	…	…	231
第二區總計	**1 117**	**949**	**426**	**130**	**55**	**16**	**4**	**1**	…	…	**1**	…	…	…	…	**2 699**
11. 龍門鄉	67	85	92	40	18	7	1	1	…	…	…	…	…	…	…	311
12. 官占鄉	68	68	48	21	8	2	1	…	…	…	…	…	…	…	…	216
13. 陽廈鄉	55	77	54	22	10	3	1	…	…	…	1	…	…	…	…	223
14. 岱邊鄉	101	66	37	11	3	…	…	…	…	…	…	…	…	…	…	218
15. 珠湖鄉	51	49	13	5	3	…	…	…	…	…	…	…	…	…	…	121
16. 坑田鄉	126	67	37	8	6	2	1	…	…	…	…	…	…	…	…	247
17. 東渡鄉	210	130	42	8	4	…	…	…	…	…	…	…	…	…	…	394
18. 馬厝鄉	51	72	26	3	…	…	…	…	…	…	…	…	…	…	…	152
19. 大坪鄉	99	82	31	6	…	…	…	…	…	…	…	…	…	…	…	218
20. 東林鄉	100	94	20	1	1	…	…	…	…	…	…	…	…	…	…	216
21. 溪湄鄉	189	159	26	5	2	2	…	…	…	…	…	…	…	…	…	383
第三區總計	**3 020**	**1 575**	**527**	**168**	**79**	**22**	**10**	**2**	**2**	…	**2**	…	…	…	**1**	**5 408**
22. 青山下鄉	152	135	44	12	4	…	…	…	…	…	…	…	…	…	…	347
23. 嶼頭鎮	218	154	57	14	4	…	…	…	…	…	…	…	…	…	…	447
24. 古槐鎮	214	160	53	16	12	3	…	…	…	…	…	…	…	…	…	458
25. 洋下鄉	249	163	109	39	19	9	2	2	…	…	…	…	…	…	…	592
26. 竹田鄉	294	188	45	22	8	1	1	…	1	…	…	…	…	…	1	561
27. 感恩鄉	138	130	56	15	8	3	1	…	…	…	…	…	…	…	…	351
28. 三溪鎮	178	124	42	15	7	3	2	…	…	…	2	…	…	…	…	373
29. 石門鄉	94	40	26	15	4	2	2	…	…	…	…	…	…	…	…	183
30. 江田鎮	809	195	44	12	9	1	1	…	1	…	…	…	…	…	…	1 072
31. 首祉鄉	261	140	35	7	2	…	1	…	…	…	…	…	…	…	…	446
32. 松下鎮	413	146	16	1	2	…	…	…	…	…	…	…	…	…	…	578
第四區總計	**2 050**	**1 783**	**671**	**244**	**100**	**29**	**14**	**4**	**4**	**2**	**1**	…	…	**1**	**3**	**4 906**
33. 雲路鄉	96	93	57	20	15	1	1	…	…	…	…	…	…	…	…	283
34. 鶴上鄉	304	249	114	39	22	6	2	…	2	1	…	…	…	1	3	743
35. 沙京鄉	325	251	77	29	7	1	…	1	…	1	…	…	…	…	…	692
36. 壺井鄉	427	195	28	12	…	3	1	…	…	…	…	…	…	…	…	666
37. 巖峯鄉	273	333	163	66	32	15	5	3	2	…	1	…	…	…	…	893
38. 山邊鄉	65	65	19	5	1	2	3	…	…	…	…	…	…	…	…	160
39. 小嶼鄉	47	77	41	15	10	…	1	…	…	…	…	…	…	…	…	191
40. 屏山鄉	34	48	15	4	…	…	…	…	…	…	…	…	…	…	…	101
41. 洋邊鄉	74	71	11	2	1	…	…	…	…	…	…	…	…	…	…	159
42. 西邱鄉	117	132	48	19	2	…	…	…	…	…	…	…	…	…	…	318
43. 仙岐鄉	133	73	34	13	2	…	1	…	…	…	…	…	…	…	…	256
44. 路頂鄉	21	25	4	…	…	…	…	…	…	…	…	…	…	…	…	50
45. 後　溪	1	…	…	…	…	…	…	…	…	…	…	…	…	…	…	1
46. 前　溪	24	26	12	1	1	…	…	…	…	…	…	…	…	…	…	64
47. 柯百戶	109	145	48	19	7	1	…	…	…	…	…	…	…	…	…	329
第五區總計	**4 375**	**2 594**	**736**	**206**	**61**	**15**	**1**	**1**	…	…	…	…	…	…	…	**7 989**
48. 金峯鎮	104	32	9	…	…	…	…	…	…	…	…	…	…	…	…	145
49. 六林鄉	160	104	29	7	1	1	…	…	…	…	…	…	…	…	…	302
0. 前林鄉	98	77	25	7	2	…	…	…	…	…	…	…	…	…	…	209

30 (5) 各鄉鎮農場耕地面積大小分配

鄉鎮別	4.9市畝以下	5-9.9	10-14.9	15-19.9	20-24.9	25-29.9	30-34.9	35-39.9	40-44.9	45-49.9	50-54.9	55-59.9	60-64.9	65-69.9	70市畝以上	計
51. 蘭田鄉	85	77	31	9	1	—	—	—	—	—	—	—	—	—	—	203
52. 洋裏鄉	98	86	27	11	5	1	—	—	—	—	—	—	—	—	—	228
53. 華錫鄉	134	77	25	6	2	1	—	—	—	—	—	—	—	—	—	245
54. 仙山鄉	124	76	14	6	2	—	—	—	—	—	—	—	—	—	—	222
55. 陳店鄉	245	130	25	5	2	—	—	—	—	—	—	—	—	—	—	407
56. 鶴程鄉	135	77	34	6	—	2	—	—	—	—	—	—	—	—	—	254
57. 東卓鄉	66	73	27	4	—	—	—	—	—	—	—	—	—	—	—	170
58. 湖東鄉	431	84	23	6	1	1	—	—	—	—	—	—	—	—	—	546
59. 仙富鄉	291	122	36	6	4	—	—	—	—	—	—	—	—	—	—	459
60. 前董鄉	239	197	52	16	5	3	—	1	—	—	—	—	—	—	—	513
61. 梅花鎮	109	5	1	—	—	—	—	—	—	—	—	—	—	—	—	115
62. 梅莊鄉	77	69	21	4	1	1	—	—	—	—	—	—	—	—	—	173
63. 東湖鄉	185	140	35	4	1	—	—	—	—	—	—	—	—	—	—	365
64. 鳳山鄉	184	171	38	21	2	1	—	—	—	—	—	—	—	—	—	417
65. 阜山鄉	479	58	5	2	—	—	—	—	—	—	—	—	—	—	—	544
66. 厚福鄉	305	316	112	30	12	1	—	—	—	—	—	—	—	—	—	776
67. 沙堤鄉	155	83	26	8	2	1	—	—	—	—	—	—	—	—	—	275
68. 嶺南鄉	103	115	43	13	4	2	—	—	—	—	—	—	—	—	—	280
69. 岱西鄉	131	50	7	—	—	—	—	—	—	—	—	—	—	—	—	188
70. 台瑞鄉	118	85	27	8	3	—	—	—	—	—	—	—	—	—	—	241
71. 九陣鄉	86	82	15	7	1	—	1	—	—	—	—	—	—	—	—	192
72. 三星鄉	32	60	16	9	5	—	—	—	—	—	—	—	—	—	—	122
73. 集仙鄉	54	59	21	5	3	—	—	—	—	—	—	—	—	—	—	142
74. 塘下鄉	147	89	12	6	2	—	—	—	—	—	—	—	—	—	—	256
第六區總計	**738**	**473**	**108**	**23**	**4**	—	**1**	—	—	—	—	—	—	—	**1**	**1 348**
75. 大宏鄉	38	69	19	5	—	—	—	—	—	—	—	—	—	—	—	131
76. 石馬鄉	32	17	4	1	—	—	—	—	—	—	—	—	—	—	—	54
77. 楓林鄉	112	35	3	—	—	—	—	—	—	—	—	—	—	—	—	150
78. 二劉鄉	131	83	20	2	—	—	—	—	—	—	—	—	—	—	—	236
79. 文莊鄉	127	74	14	3	—	—	—	—	—	—	—	—	—	—	—	218
80. 澤里鄉	62	34	6	1	—	—	—	—	—	—	—	—	—	—	—	103
81. 潭頭鎮	4	—	—	—	—	—	—	—	—	—	—	—	—	—	—	4
82. 潭頭鄉	48	33	9	2	—	—	—	—	—	—	—	—	—	—	—	92
83. 文石鄉	16	16	4	—	—	—	—	—	—	—	—	—	—	—	1	37
84. 汶上鄉	115	41	4	—	1	—	—	—	—	—	—	—	—	—	—	161
85. 厚福曹鄉	23	36	17	9	1	—	—	—	—	—	—	—	—	—	—	86
86. 菊澤鄉	8	13	4	—	—	—	1	—	—	—	—	—	—	—	—	26
87. 霞江鄉	22	22	4	—	2	—	—	—	—	—	—	—	—	—	—	50
第七區總計	**2 469**	**1 810**	**632**	**205**	**76**	**27**	**9**	**6**	—	—	—	—	—	—	—	**5 234**
88. 營前鎮	114	144	59	25	12	7	2	1	—	—	—	—	—	—	—	364
89. 四林鄉	133	130	85	49	15	2	—	1	—	—	—	—	—	—	—	415
90. 霞洲鄉	98	106	76	25	13	1	3	1	—	—	—	—	—	—	—	323
91. 壽岐鄉	150	98	21	4	1	—	1	—	—	—	—	—	—	—	—	275
92. 馬頭鄉	52	86	35	18	9	3	—	—	—	—	—	—	—	—	—	203
93. 塘嶼鄉	69	58	42	6	5	1	—	—	—	—	—	—	—	—	—	181
94. 五貴鄉	142	120	33	11	2	2	—	—	—	—	—	—	—	—	—	310
95. 璜尾鄉	190	90	19	6	—	—	—	—	—	—	—	—	—	—	—	305
96. 大讓鄉	228	180	48	9	1	1	—	2	—	—	—	—	—	—	—	469
97. 玉田鄉	293	137	27	8	3	1	1	—	—	—	—	—	—	—	—	470
98. 八社鄉	117	124	38	12	2	1	1	—	—	—	—	—	—	—	—	295
99. 下洋鄉	168	79	4	1	—	1	—	—	—	—	—	—	—	—	—	253
100. 黃石鄉	146	104	24	1	4	1	—	—	—	—	—	—	—	—	—	280
101. 洋嶼鄉	134	71	35	9	3	3	1	—	—	—	—	—	—	—	—	256
102. 鐵嶼鄉	124	78	33	7	2	—	—	1	—	—	—	—	—	—	—	245
103. 浮岐鄉	89	74	24	6	4	1	—	—	—	—	—	—	—	—	—	198
104. 江左鄉	222	131	29	8	—	2	—	—	—	—	—	—	—	—	—	392

31[a]　各鄉鎮農戶地權分配

鄉　鎮　別	農戶總數	自耕農戶數	半自耕農戶數	佃農戶數
第一區總計	**1 574**	**155**	**590**	**829**
1. 梅　龍　鎮	136	12	22	102
2. 汾　華　鄉	89	21	16	52
3. 七　堍　鄉	72	3	8	61
4. 金　環　鄉	31	……	6	25
5. 河　陽　鎮	61	2	9	50
6. 井　美　鄉	166	20	116	30
7. 里　仁　鄉	249	41	38	170
8. 北　山　鄉	263	11	121	131
9. 岱　嶺　鄉	276	19	102	155
10. 青　橋　鄉	231	26	152	53
第二區總計	**2 699**	**357**	**1 173**	**1 169**
11. 龍　門　鄉	311	32	142	137
12. 首　占　鄉	216	14	126	76
13. 陽　廈　鄉	223	15	62	146
14. 岱　邊　鄉	218	24	67	127
15. 珠　湖　鄉	121	24	68	29
16. 坑　田　鄉	247	60	69	118
17. 東　渡　鄉	394	59	244	91
18. 馬　厝　鄉	152	15	66	71
19. 大　坪　鄉	218	37	93	88
20. 東　林　鄉	216	39	79	98
21. 溪　湄　鄉	383	38	157	188
第三區總計	**5 408**	**883**	**1 421**	**3 104**
22. 青 山 下 鄉	347	40	133	174
23. 嶼　頭　鎮	447	19	62	366
24. 古　槐　鎮	458	48	137	273
25. 洋　下　鄉	592	154	137	301
26. 竹　田　鄉	561	83	252	226
27. 感　恩　鄉	351	61	79	211
28. 三　溪　鎮	373	37	85	251
29. 石　門　鄉	183	6	18	159
30. 江　田　鎮	1 072	156	195	721
31. 首　祉　鄉	446	46	165	235
32. 松　下　鎮	578	233	158	187
第四區總計	**4 906**	**650**	**1 586**	**2 670**
33. 雲　路　鄉	283	10	55	218
34. 鶴　上　鄉	743	59	221	463
35. 沙　京　鄉	692	79	240	373
36. 壺　井　鄉	666	65	118	483
37. 龍　岑　鄉	893	117	318	458
38. 山　邊　鄉	160	26	102	32
39. 小　嶼　鄉	191	23	81	87
40. 屏　山　鄉	101	7	58	36
41. 洋　邊　鄉	159	20	65	74
42. 西　邱　鄉	318	45	123	150
43. 仙　岐　鄉	256	121	68	67
44. 路　頂　鄉	50	6	23	21
45. 後　　漢	1	1	……	……
46. 前　　漢	64	14	33	17
47. 柯　百　戶	329	57	81	191
第五區總計	**7 989**	**1 732**	**3 100**	**3 157**
48. 金　峯　鎮	145	48	29	68
49. 六　林　鄉	302	36	118	148
50. 前　林　鄉	209	18	73	118

31（5） 各鄉鎮農戶地權分配

鄉鎮區	農戶總數	自耕農戶數	半自耕農戶數	佃農戶數
51. 蘭田鄉	203	22	99	82
52. 洋裏鄉	228	34	73	121
53. 龔銅鄉	245	70	112	63
54. 仙山鄉	222	52	80	90
55. 陳店鄉	407	73	175	159
56. 鶴程鄉	254	76	119	59
57. 東卓鄉	170	30	85	55
58 湖東鄉	546	277	134	135
59. 洲富鄉	459	76	202	181
60. 前董鄉	513	135	134	244
61. 梅花鎮	115	24	2	89
62. 梅蕊鄉	173	25	52	96
63. 東湖鄉	365	55	168	142
64. 鳳山鄉	417	32	200	185
65. 阜山鄉	544	237	198	109
66. 厚福鄉	776	171	402	203
67. 沙堤鄉	275	40	94	141
68. 嶺南鄉	280	34	136	110
69. 牿西鄉	188	13	83	92
70. 台璘鄉	241	29	94	118
71. 九陳鄉	192	49	53	90
72. 三星鄉	122	27	43	52
73. 集仙鄉	142	27	55	60
74. 塘下鄉	256	22	87	147
第六區總計	**1 348**	**118**	**388**	**842**
75. 大宏鄉	131	5	27	99
76. 石馬鄉	54	……	31	23
77. 楓林鄉	150	7	93	50
78. 二銅鄉	236	54	99	83
79. 文莊鄉	218	17	53	148
80. 澤里鄉	103	1	5	97
81. 潭頭鎮	4	……	……	4
82. 潭頭鄉	92	5	9	78
83. 文石鄉	37	3	11	23
84. 汶上鄉	161	20	43	98
85. 厚福曹鄉	86	1	8	77
86. 菊澤鄉	26	2	1	23
87. 霞江鄉	50	3	8	39
第七區總計	**5 234**	**1 044**	**2 634**	**1 556**
88. 營前鎮	364	40	271	53
89. 四林鄉	415	56	247	112
90. 霞洲鄉	323	39	136	148
91. 營岐鄉	275	45	148	82
92. 馬頭鄉	203	30	130	43
93. 塘嶼鄉	181	26	110	45
94. 九黃鄉	310	202	79	29
95. 琅尾鄉	305	97	191	17
96. 大溪鄉	469	53	219	197
97. 玉田鄉	470	106	199	165
98. 八社鄉	295	35	165	95
99. 下洋鄉	253	24	106	123
100. 黃石鄉	280	77	153	50
101. 洋嶼鄉	256	41	45	170
102. 鼓嶼鄉	245	64	135	46
103. 浮岐鄉	198	10	82	106
104. 江左鄉	392	99	218	75

32 (a) 各鄉鎮自耕及佃耕面積

（單位：市畝）

鄉鎮別	已耕地總面積			自耕面積			佃耕面積		
	水田	旱地	計	水田	旱地	計	水田	旱地	計
第一區總計	**8 569.2**	**2 033.2**	**10 602.4**	**1 146.5**	**874.9**	**2 021.4**	**7 422.7**	**1 158.3**	**8 581.0**
1.梅龍鎮	498.0	181.0	679.0	61.2	23.2	84.4	436.8	157.8	594.6
2.汾華鄉	285.1	83.0	368.1	39.7	25.7	65.4	245.4	57.3	302.7
3.七境鄉	187.7	58.5	246.2	7.3	8.8	16.1	180.4	49.7	230.1
4.金環鄉	188.3	4.3	192.6	6.1	3.8	9.9	182.2	0.5	182.7
5.河陽鎮	452.9	63.7	516.6	41.8	11.3	53.1	411.1	52.4	463.5
6.井美鄉	1 067.7	187.3	1 255.0	106.9	135.7	242.6	960.8	51.6	1 012.4
7.里仁鄉	1 401.3	481.4	1 882.7	91.3	343.1	434.4	1 310.0	138.3	1 448.3
8.北山鄉	2 006.8	367.7	2 374.5	213.4	112.2	325.6	1 793.4	255.5	2 048.9
9.岱嶺鄉	957.6	339.1	1 296.7	149.7	63.0	212.7	807.9	276.1	1 084.0
10.青橋鄉	1 523.8	267.2	1 791.0	429.1	148.1	577.2	1 094.7	119.1	1 213.8
第二區總計	**18 415.8**	**1 867.8**	**20 283.6**	**3 675.7**	**1 138.3**	**4 814.0**	**14 740.1**	**729.5**	**15 469.6**
11.龍門鄉	3 092.7	344.2	3 436.9	463.7	157.3	621.0	2 629.0	186.9	2 815.9
12.首占鄉	1 908.0	105.8	2 013.8	282.8	64.6	347.4	1 625.2	41.2	1 666.4
13.陽嵐鄉	2 355.2	3.8	2 359.0	222.0	0.3	222.3	2 133.2	3.5	2 136.7
14.岱邊鄉	1 537.4	130.0	1 667.4	343.0	49.8	392.8	1 194.4	80.2	1 274.6
15.珠湖鄉	744.0	98.2	842.2	286.0	81.9	367.9	458.0	16.3	474.3
16.坑田鄉	1 375.1	156.2	1 531.3	240.1	139.1	379.2	1 135.0	17.1	1 152.1
17.東渡鄉	1 950.1	435.1	2 385.2	501.2	313.2	814.4	1 448.9	121.9	1 570.8
18.馬厝鄉	928.1	116.6	1 044.7	215.3	45.7	261.0	712.8	70.9	783.7
19.大坪鄉	1 347.9	128.1	1 476.0	284.4	99.5	383.9	1 063.5	28.6	1 092.1
20.東林鄉	1 160.0	76.1	1 236.1	348.4	44.8	393.2	811.6	31.3	842.9
21.溪湄鄉	2 017.3	273.7	2 291.0	488.8	142.1	630.9	1 528.5	131.6	1 660.1
第三區總計	**27 185.0**	**6 449.2**	**33 634.2**	**5 201.9**	**2 293.1**	**7 495.0**	**21 983.1**	**4 156.1**	**26 139.2**
22.青山下鄉	2 189.0	204.7	2 393.7	397.2	69.4	466.6	1 791.8	135.3	1 927.1
23.嶼頭鄉	3 271.8	85.6	3 357.4	530.4	36.8	567.2	2 741.4	48.8	2 790.2
24.古槐鎮	3 015.5	229.3	3 244.8	513.6	40.4	554.0	2 501.9	188.9	2 690.8
25.洋下鄉	4 808.1	111.1	4 919.2	815.0	93.1	908.1	3 993.1	18.0	4 011.1
26.竹田鄉	3 615.2	215.5	3 830.7	873.2	94.9	968.1	2 742.0	120.6	2 862.6
27.塘鳳鄉	2 612.6	223.5	2 836.1	509.9	105.5	615.4	2 102.7	118.0	2 220.7
28.三溪鎮	2 736.6	55.1	2 791.7	374.1	21.0	395.1	2 362.5	34.1	2 396.6
29.石門鄉	1 382.0	12.5	1 394.5	81.4	3.3	84.7	1 300.6	9.2	1 309.8
30.江田鎮	2 378.2	1 865.6	4 243.8	375.9	442.3	818.2	2 002.3	1 423.3	3 425.6
31.首祉鄉	800.1	1 558.4	2 358.5	594.2	412.9	1 007.1	205.9	1 145.5	1 351.4
32.松下鎮	375.9	1 887.9	2 263.8	137.0	973.5	1 110.5	238.9	914.4	1 153.3
第四區總計	**31 249.2**	**5 626.2**	**36 875.4**	**6 118.9**	**2 444.1**	**8 563.0**	**25 130.3**	**3 182.1**	**28 312.4**
33.雲路鄉	2 427.2	19.0	2 446.2	224.8	18.8	243.6	2 202.4	0.2	2 202.6
34.鶴上鄉	5 834.5	450.8	6 285.3	724.2	129.8	854.0	5 110.3	321.0	5 431.3
35.沙京鄉	4 221.7	423.9	4 645.6	702.0	152.3	854.3	3 519.7	271.6	3 791.3
36.壺井鄉	3 070.3	153.2	3 223.5	472.8	86.5	559.3	2 597.5	66.7	2 664.2
37.羅岑鄉	7 819.8	548.2	8 368.0	1 753.7	302.3	2 056.0	6 066.1	245.9	6 312.0
38.山邊鄉	1 112.5	81.2	1 193.7	304.5	64.2	368.7	808.0	17.0	825.0
39.小嶼鄉	1 799.9	……	1 799.9	351.3	……	351.3	1 448.6	……	1 448.6
40.鄭山鄉	619.7	140.9	760.6	102.3	72.7	175.0	517.4	68.2	585.6
41.洋邊鄉	749.7	209.1	958.8	209.7	108.2	317.9	540.0	100.9	640.9
42.西邱鄉	1 503.5	929.9	2 433.4	321.5	352.8	674.3	1 182.0	577.1	1 759.1
43.仙岐鄉	327.7	1 235.6	1 563.3	209.7	700.0	909.7	118.0	535.6	653.6
44.路頂鄉	255.6	48.3	303.9	61.5	25.3	86.8	194.1	23.0	217.1
45.筱漢	2.2	0.4	2.6	2.2	0.4	2.6	……	……	……
46.館漢	294.7	111.5	406.2	75.2	66.5	141.7	219.5	45.0	264.5
47.柯百戶	1 210.2	1 274.2	2 484.4	603.5	364.3	967.8	606.7	909.9	1 516.6
第五區總計	**30 272.1**	**16 118.6**	**46 390.7**	**8 907.9**	**8 121.6**	**17 029.5**	**21 364.2**	**7 997.0**	**29 361.2**
48.金峰鎮	554.8	66.9	621.7	227.3	53.9	281.2	327.5	13.0	340.5
49.六林鄉	1 617.7	215.8	1 833.5	549.7	108.4	658.1	1 068.0	107.4	1 175.4
50.湖林鄉	1 305.7	44.1	1 349.8	285.0	30.8	315.8	1 020.7	13.3	1 034.0

32 (5) 各鄉鎮自耕及佃耕面積

(單位：市畝)

鄉鎮別	已耕地總面積			自耕面積			佃耕面積		
	水田	旱地	計	水田	旱地	計	水田	旱地	計
51. 蘭田鄉	1 217.5	264.7	1 482.2	271.2	169.3	440.5	946.3	95.4	1 041.7
52. 洋裏鄉	1 355.5	239.8	1 595.3	415.4	131.5	546.9	940.1	108.3	1 048.4
53. 華銅鄉	1 100.3	289.0	1 389.3	406.5	194.8	601.3	693.8	94.2	788.0
54. 仙山鄉	1 018.1	222.9	1 241.0	309.0	128.7	437.7	709.1	94.2	803.3
55. 陳店鄉	1 328.9	880.5	2 209.4	353.9	419.4	773.3	975.0	461.1	1 436.1
56. 鶴程鄉	375.3	1 165.8	1 541.1	160.1	676.9	837.0	215.2	488.9	704.1
57. 東卓鄉	529.8	599.0	1 128.8	231.8	299.7	531.5	298.0	299.3	597.3
58. 湖東鄉	449.2	1 572.0	2 021.2	258.0	1 032.5	1 290.5	191.2	539.5	730.7
59. 仙富鄉	656.0	1 576.8	2 232.8	309.5	680.1	989.6	346.5	896.7	1 243.2
60. 前董鄉	755.2	2 554.5	3 309.7	216.3	1 066.5	1 282.8	538.9	1 488.0	2 026.9
61. 梅花鎮	29.3	148.9	178.2	8.0	33.6	41.6	21.3	115.3	136.6
62. 梅莊鄉	564.9	586.7	1 151.6	94.5	169.7	264.2	470.4	417.0	887.4
63. 東湖鄉	1 672.9	534.9	2 207.8	442.2	239.0	681.2	1 230.7	295.9	1 526.6
64. 鳳山鄉	2 522.6	377.4	2 900.0	521.5	193.0	714.5	2 001.1	184.4	2 185.5
65. 阜山鄉	477.5	936.0	1 413.5	293.4	622.0	915.4	184.1	314.0	498.1
66. 厚福鄉	3 265.7	2 304.2	5 569.9	1 165.5	1 205.9	2 371.4	2 100.2	1 098.3	3 198.5
67. 沙堤鄉	1 028.2	607.8	1 636.0	252.2	214.0	466.2	776.0	393.8	1 169.8
68. 嶺南鄉	1 675.6	425.6	2 101.2	358.2	244.8	603.0	1 317.4	180.8	1 498.2
69. 岱西鄉	755.3	84.9	840.2	141.8	43.0	184.8	613.5	41.9	655.4
70. 台瑞鄉	1 454.0	99.0	1 553.0	289.3	38.4	327.7	1 164.7	60.6	1 225.3
71. 九陳鄉	1 211.0	63.3	1 274.3	471.8	33.4	505.2	739.2	29.9	769.1
72. 三星鄉	970.9	30.9	1 001.8	341.9	5.3	347.2	629.0	25.6	654.6
73. 集仙鄉	1 009.8	……	1 009.8	320.2	……	320.2	689.6	……	689.6
74. 塘下鄉	1 370.4	227.2	1 597.6	213.7	87.0	300.7	1 156.7	140.2	1 296.9
第六區總計	**6 938.5**	**1 151.0**	**8 089.5**	**852.1**	**259.7**	**1 111.8**	**6 086.4**	**891.3**	**6 977.7**
75. 大宏鄉	927.9	154.7	1 082.6	109.0	12.2	121.2	818.9	142.5	961.4
76. 石馬鄉	278.2	23.8	302.0	14.6	12.7	27.3	263.6	11.1	274.7
77. 楓林鄉	625.2	49.8	675.0	46.2	35.2	81.4	579.0	14.6	593.6
78. 二劉鄉	1 222.3	55.5	1 277.8	353.3	54.1	407.4	869.0	1.4	870.4
79. 文莊鄉	1 062.5	169.4	1 231.9	150.4	50.7	201.1	912.1	118.7	1 030.8
80. 澤里鄉	381.3	171.0	552.3	4.6	6.4	11.0	376.7	164.6	541.3
81. 潭頭鎮	11.7	……	11.7	……	……	……	11.7	……	11.7
82. 潭頭鄉	507.9	55.8	563.7	29.4	6.5	35.9	478.5	49.3	527.8
83. 文石鄉	280.9	50.2	331.1	23.1	12.0	35.1	257.8	38.2	296.0
84. 汶上鄉	481.1	209.0	690.1	67.8	57.3	125.1	413.3	151.7	565.0
85. 厚福曹鄉	646.4	143.4	789.8	21.7	7.5	29.2	624.7	135.9	760.6
86. 菊潭鄉	195.7	22.5	218.2	6.9	0.9	7.8	188.8	21.6	210.4
87. 霞江鄉	317.4	45.9	363.3	25.1	4.2	29.3	292.3	41.7	334.0
第七區總計	**30 055.0**	**5 204.0**	**35 259.0**	**6 716.1**	**3 181.5**	**9 897.6**	**23 338.9**	**2 022.5**	**25 361.4**
88. 營前鎮	2 966.6	426.1	3 392.7	446.1	344.4	790.5	2 520.5	81.7	2 602.2
89. 四林鄉	3 260.6	666.2	3 926.8	432.4	372.6	805.0	2 828.2	293.6	3 121.8
90. 霞洲鄉	2 679.5	321.3	3 000.8	362.6	149.7	512.3	2 316.9	171.6	2 488.5
91. 鶴岐鄉	1 278.4	218.0	1 496.4	206.0	101.6	307.6	1 072.4	116.4	1 188.8
92. 馬頭鄉	1 757.5	199.0	1 956.5	251.7	126.5	378.2	1 505.8	72.5	1 578.3
93. 猴嶼鄉	1 111.9	270.7	1 382.6	197.6	153.4	351.0	914.3	117.3	1 031.6
94. 五黃鄉	1 814.3	273.9	2 088.2	1 200.5	203.1	1 403.6	613.8	70.8	684.6
95. 琅尾鄉	1 351.8	193.4	1 545.2	599.8	183.0	782.8	752.0	10.4	762.4
96. 大鶴鄉	2 629.0	234.1	2 863.1	536.9	141.3	678.2	2 092.1	92.8	2 184.9
97. 玉田鄉	2 159.9	217.9	2 377.8	525.7	125.9	651.6	1 634.2	92.0	1 726.2
98. 八社鄉	2 030.1	33.6	2 063.7	523.1	28.2	551.3	1 507.0	5.4	1 512.4
99. 下洋鄉	788.7	393.1	1 181.8	94.2	221.8	316.0	694.5	171.3	865.8
100. 黃石鄉	1 339.8	283.0	1 622.8	344.9	212.4	557.3	994.9	70.6	1 065.5
101. 洋嶼鄉	1 360.4	263.5	1 623.9	180.2	105.4	285.6	1 180.2	158.1	1 338.3
102. 蕉嶼鄉	895.4	445.6	1 341.0	116.9	340.7	457.6	778.5	104.9	883.4
103. 浮岐鄉	1 142.4	288.7	1 431.1	187.3	68.0	255.3	955.1	220.7	1 175.8
104. 江左鄉	1 488.7	475.9	1 964.6	510.2	303.5	813.7	978.5	172.4	1 150.9

33(a)　各鄉鎮冬作物栽培面積

（單位：市畝）

鄉鎮別	小麥	大麥	豌豆	苜蓿花	蠶豆	其他
第一區總計	**105.8**	**97.7**	**49.7**	**270.2**	**166.4**	……
1.梅龍鎮	46.9	22.4	1.4	0.8	4.6	……
2.汾華鄉	2.7	13.3	……	……	17.1	……
3.七墩鄉	9.9	……	……	……	……	……
4.金環鄉	……	……	……	……	……	……
5.河陽鎮	4.8	2.9	……	……	2.9	……
6.井美鄉	……	……	……	……	……	……
7.里仁鄉	7.6	……	……	……	……	……
8.北山鄉	24.0	22.3	26.0	22.6	25.6	……
9.岱嶺鄉	1.9	21.8	6.7	99.7	95.9	……
10.青橋鄉	8.0	15.0	15.6	147.1	20.3	……
第二區總計	**4.2**	**15.7**	**2.0**	**7.6**	**4.6**	……
11.龍門鄉	4.2	15.4	0.4	2.4	0.4	……
12.首占鄉	……	……	……	3.6	……	……
13.陽嵐鄉	……	……	……	……	……	……
14.岱邊鄉	……	0.3	1.6	1.6	4.2	……
15.珠湖鄉	……	……	……	……	……	……
16.坑田鄉	……	……	……	……	……	……
17.東渡鄉	……	……	……	……	……	……
18.馬厝鄉	……	……	……	……	……	……
19.大坪鄉	……	……	……	……	……	……
20.東林鄉	……	……	……	……	……	……
21.溪湄鄉	……	……	……	……	……	……
第三區總計	**526.3**	**626.8**	**247.7**	**313.0**	**61.8**	**30.1**
22.青山下鄉	40.2	6.6	1.4	78.8	0.4	……
23.嶼頭鎮	……	……	……	18.6	……	……
24.古槐鎮	3.9	1.4	……	135.8	……	……
25.洋下鄉	5.5	0.7	1.5	0.1	0.6	……
26.竹田鄉	0.3	24.5	……	16.2	……	……
27.感恩鄉	1.2	1.5	……	49.2	……	……
28.三溪鎮	3.2	……	……	10.3	……	1.0
29.石門鄉	……	……	0.2	2.0	0.8	……
30.江田鎮	296.4	291.1	19.6	2.0	35.0	……
31.首祉鄉	22.6	68.0	19.6	……	1.3	29.1
32.松下鎮	153.0	233.0	205.4	……	23.7	……
第四區總計	**191.6**	**460.0**	**67.0**	**248.2**	**102.2**	……
33.雲路鄉	……	……	……	……	……	……
34.鶴上鄉	4.0	13.7	4.0	23.0	26.3	……
35.沙京鄉	……	……	1.0	213.9	……	……
36.壺井鄉	……	……	……	……	……	……
37.龍峯鄉	33.5	124.2	……	9.8	7.8	……
38.山邊鄉	……	……	……	……	……	……
39.小嶼鄉	……	……	……	……	……	……
40.屏山鄉	0.7	17.1	2.0	……	……	……
41.洋邊鄉	1.0	……	……	……	……	……
42.西郎鄉	12.9	193.0	60.0	……	65.5	……
43.仙岐鄉	137.0	110.5	……	……	2.6	……
44.路頂鄉	1.0	1.0	……	……	……	……
45.後漢	……	……	……	……	……	……
46.前漢	1.5	0.5	……	……	……	……
47.柯百戶	……	……	……	1.5	……	……
第五區總計	**3 431.1**	**2 891.2**	**588.7**	**10.5**	**133.4**	**40.7**
48.金峯鎮	5.4	1.5	……	……	……	……
49.六林鄉	……	16.5	4.5	……	2.4	……
50.前林鄉	0.3	4.0	……	……	0.3	……

33（5）各鄉鎮冬作物栽培面積

（單位：市畝）

鄉　鎮　區	小麥	大麥	豌豆	苜蓿花	蠶豆	其他
51. 蘭田鄉	……	……	……	……	……	……
52. 洋裏鄉	……	……	……	……	……	……
53. 華劉鄉	76.2	98.0	……	……	……	……
54. 仙山鄉	91.6	60.3	13.7	……	……	……
55. 陳店鄉	193.9	191.2	119.7	……	1.1	……
56. 鶴程鄉	424.6	341.8	43.4	……	……	……
57. 東卓鄉	285.7	257.4	47.0	……	4.2	……
58. 湖東鄉	227.6	147.9	53.4	1.1	6.2	……
59. 仙富鄉	278.5	230.6	130.0	……	2.1	……
60. 前董鄉	198.5	80.7	29.2	……	……	……
61. 梅花鎮	3.5	8.3	……	……	……	……
62. 梅莊鄉	99.5	85.9	……	……	……	……
63. 東湖鄉	123.3	54.9	36.3	……	9.7	……
64. 鳳山鄉	27.9	34.1	9.3	1.3	1.7	……
65. 阜山鄉	304.9	304.9	47.8	……	8.8	40.7
66. 厚福鄉	883.4	760.5	……	……	1.7	……
67. 沙堤鄉	146.9	68.9	43.0	……	9.3	……
68. 嶺南鄉	20.8	15.6	9.2	……	69.8	……
69. 岱西鄉	……	……	……	……	……	……
70. 台瑤鄉	6.8	23.7	……	6.3	……	……
71. 九陣鄉	0.9	0.3	……	……	……	……
72. 三星鄉	6.4	8.1	……	……	1.1	……
73. 集仙鄉	……	……	……	……	……	……
74. 塘下鄉	24.5	96.1	2.2	1.8	15.0	……
第六區總計	**59.3**	**151.3**	**2.6**	……	**2.9**	**4.8**
75. 大宏鄉	10.0	5.1	……	……	……	……
76. 石馬鄉	……	15.8	……	……	……	……
77. 楓林鄉	……	……	……	……	……	……
78. 二劉鄉	……	……	……	……	……	……
79. 文莊鄉	……	……	……	……	……	……
80. 洋里鄉	……	……	1.0	……	……	……
81. 潭頭鎮	……	……	……	……	……	……
82. 潭頭鄉	……	……	……	……	0.2	……
83. 文石鄉	2.4	7.8	……	……	2.7	……
84. 汶上鄉	10.0	22.8	……	……	……	……
85. 厚福曹鄉	35.2	94.4	1.6	……	……	……
86. 菊潭鄉	……	4.9	……	……	……	4.8
87. 霞江鄉	1.7	0.5	……	……	……	……
第七區總計	**5.6**	**18.7**	**22.7**	**62.2**	**5.7**	**154.3**
88. 營前鎮	……	……	……	19.0	……	55.7
89. 四林鄉	……	……	0.6	7.4	……	46.7
90. 霞洲鄉	5.6	……	2.5	……	……	32.5
91. 籌岐鄉	……	……	……	1.6	……	4.1
92. 馬頭鄉	……	……	0.7	6.8	……	1.0
93. 猪嶼鄉	……	……	4.9	……	……	0.5
94. 五黃鄉	……	……	……	……	……	……
95. 琅尾鄉	……	……	……	……	1.2	……
96. 大溪鄉	……	……	……	……	……	……
97. 玉田鄉	……	9.3	1.6	……	1.3	13.8
98. 八社鄉	……	……	……	……	……	……
99. 下洋鄉	……	……	4.5	26.5	……	……
100. 黃石鄉	……	9.4	7.7	0.9	3.2	……
101. 洋嶼鄉	……	……	0.2	……	……	……
102. 鐵嶼鄉	……	……	……	……	……	……
103. 浮岐鄉	……	……	……	……	……	……
104. 江左鄉	……	……	……	……	……	……

34(a)　各鄉鎮夏作物栽培面積

（單位：市畝）

鄉鎮別	早稻	晚稻	甘薯	落花生	馬鈴薯	苜莉花	大豆	芋頭	高粱	甘蔗	其他
第一區總計	**8 390.6**	**8 512.8**	**1 651.9**	**2.4**	**29.7**	**270.2**	**0.3**	**14.3**	……	**3.8**	……
1. 梅龍鎮	477.8	473.7	167.4	……	……	0.8	……	2.4	……	1.4	……
2. 汾平鄉	276.2	276.2	73.9	1.0	3.6	……	……	1.0	……	1.9	……
3. 七境鄉	184.6	184.3	51.1	……	7.4	……	……	……	……	……	……
4. 金環鄉	183.0	188.3	2.4	……	……	……	……	……	……	……	……
5. 河陽鎮	452.4	452.4	59.2	……	1.9	……	……	……	……	……	……
6. 井美鄉	1 067.7	1 067.7	184.8	……	……	……	……	……	……	……	……
7. 里仁鄉	1 278.9	1 401.1	468.0	……	7.3	……	……	……	……	……	……
8. 北山鄉	2 006.7	2 006.7	310.9	……	7.3	22.6	0.3	……	……	……	……
9. 岱嶺鄉	954.3	954.4	232.4	……	1.2	99.7	……	……	……	……	……
10. 青橋鄉	1 509.0	1 508.0	101.8	1.4	1.0	147.1	……	10.9	……	0.5	……
第二區總計	**18 415.6**	**18 411.2**	**1 631.6**	**0.6**	**33.8**	**7.6**	……	**0.7**	**1.5**	**2.3**	**3.4**
11. 龍門鄉	3 092.7	3 092.7	295.9	……	3.7	2.4	……	……	……	0.4	……
12. 首占鄉	1 908.0	1 903.6	85.3	……	0.2	3.6	……	……	……	……	……
13. 陽嶼鄉	2 355.2	2 355.2	……	……	……	……	……	0.5	……	……	2.1
14. 岱邊鄉	1 537.4	1 537.4	113.0	……	1.8	1.6	……	0.1	……	……	……
15. 珠湖鄉	744.0	744.0	73.1	……	8.7	……	……	……	……	1.2	……
16. 坑田鄉	1 375.1	1 375.1	127.7	0.1	13.4	……	……	……	……	0.4	1.2
17. 東渡鄉	1 950.1	1 950.1	386.5	0.5	6.0	……	……	0.1	1.5	0.3	0.1
18. 馬厝鄉	928.1	928.1	112.0	……	……	……	……	……	……	……	……
19. 大坪鄉	1 347.9	1 347.9	107.8	……	……	……	……	……	……	……	……
20. 東林鄉	1 160.0	1 160.0	64.1	……	……	……	……	……	……	……	……
21. 溪湄鄉	2 017.1	2 017.1	266.2	……	……	……	……	……	……	……	……
第三區總計	**24 157.8**	**26 418.8**	**4 436.0**	**573.3**	**723.2**	**313.0**	**205.3**	……	**18.1**	**2.9**	**3.8**
22. 青山下鄉	2 152.8	2 152.8	40.0	0.3	53.8	78.8	……	……	……	1.4	1.4
23. 嶼頭鎮	3 271.8	3 271.8	……	……	……	18.6	……	……	……	……	……
24. 古槐鎮	2 975.4	2 976.6	86.9	……	0.3	135.8	……	……	16.9	……	……
25. 洋下鄉	4 800.7	4 786.9	93.6	1.4	……	0.1	……	……	……	……	1.0
26. 竹田鄉	3 491.6	3 589.5	180.2	……	……	16.2	……	……	……	……	0.4
27. 感恩鄉	2 557.6	2 560.9	158.0	……	1.9	49.2	……	……	……	……	……
28. 三溪鎮	2 045.3	2 677.0	37.2	……	0.5	10.3	……	……	……	……	……
29. 石門鄉	836.2	1 323.2	8.4	0.2	……	2.0	……	……	……	……	……
30. 江田鎮	1 161.9	2 225.0	1 029.4	174.4	629.8	2.0	……	……	……	1.5	……
31. 首祉鄉	540.1	603.6	1 379.3	196.8	15.5	……	4.5	……	……	……	1.0
32. 松下鎮	324.4	251.5	1 423.0	200.2	21.4	……	200.8	……	1.2	……	……
第四區總計	**30 593.1**	**25 660.8**	**6 996.5**	**620.2**	**129.7**	**248.2**	**63.0**	**1.6**	**4.0**	……	**8.0**
33. 雲路鄉	2 398.1	2 387.7	13.5	……	……	……	……	0.5	……	……	……
34. 鶴上鄉	5 600.0	4 842.0	937.0	……	21.4	23.0	……	0.1	……	……	0.5
35. 沙京鄉	4 292.1	3 610.6	200.7	……	0.5	213.9	……	……	……	……	1.0
36. 壺井鄉	2 984.1	2 356.9	277.5	……	5.1	……	……	……	2.0	……	3.5
37. 巖峯鄉	7 756.7	7 191.7	952.5	1.0	35.8	9.8	……	……	……	……	……
38. 山邊鄉	1 068.4	913.3	233.1	……	6.0	……	……	1.0	……	……	……
39. 小嶼鄉	1 767.2	1 339.4	416.8	……	……	……	0.5	……	……	……	……
40. 靜山鄉	617.8	605.2	140.6	……	0.6	……	……	……	……	……	1.0
41. 洋邊鄉	732.4	707.1	210.1	……	2.6	……	……	……	……	……	……
42. 西郎鄉	1 445.1	751.4	843.8	115.3	38.7	……	62.5	……	……	……	……
43. 仙岐鄉	298.2	78.0	1 036.6	280.0	6.2	……	……	……	……	……	……
44. 路頂鄉	244.9	18.5	111.8	……	3.1	……	……	……	……	……	……
45. 後溪	2.2	2.2	0.4	……	……	……	……	……	……	……	……
46. 前溪	258.7	61.5	125.1	……	9.7	……	……	……	2.0	……	……
47. 柯百戶	1 127.2	795.3	1 497.0	223.9	……	1.5	……	……	……	……	2.0
第五區總計	**28 844.8**	**22 533.9**	**18 210.0**	**2 183.0**	**115.5**	**10.5**	**190.4**	……	**6.9**	……	**25.1**
48. 金峯鎮	538.1	538.1	55.9	……	……	……	……	……	……	……	……
49. 六林鄉	1 560.9	1 473.9	310.9	……	……	……	……	……	……	……	……
50. 龍林鄉	967.8	955.2	335.2	……	……	……	……	……	……	……	0.3

34(3) 各鄉鎮夏作物栽培面積

（單位：市畝）

鄉鎮別	早稻	晚稻	甘薯	落花生	馬鈴薯	茉莉花	大豆	芋頭	高粱	甘蔗	其他
51. 陽田鄉	1 216.6	1 216.6	261.7	......	......	......	......	......	......	......	......
52. 洋裏鄉	1 355.5	1 355.5	237.6	......	......	......	......	......	......	......	......
53. 蔡劉鄉	1 092.2	951.8	399.7	......	......	......	7.6	......	......	......	......
54. 仙山鄉	1 018.1	1 018.1	222.3	......	......	......	......	......	......	......	......
55. 陳店鄉	1 313.4	1 254.4	603.4	112.1	......	......	103.5	......	0.5	......	......
56. 鶴程鄉	347.6	348.3	782.8	302.9	13.5	......	20.6	......	......	......	......
57. 東阜鄉	510.6	497.2	456.0	120.5	......	......	29.8	......	......	......	......
58. 湖東鄉	437.1	356.5	1 150.1	298.2	41.7	1.1	17.6	......	1.6	......	......
59. 仙富鄉	633.4	629.2	1 291.7	235.3	......	......	......	......	......	......	......
60. 前董鄉	607.3	581.0	2 107.8	492.6	3.2	......	1.4	......	......	......	......
61. 梅花鎮	16.1	4.7	145.0	0.5	2.8	......	......	......	......	......	......
62. 梅莊鄉	536.0	205.7	751.9	77.3	......	......	......	......	......	......	......
63. 東湖鄉	1 468.1	1 254.7	769.9	25.3	14.2	......	5.7	......	......	......	2.2
64. 鳳山鄉	2 465.5	1 417.2	922.9	23.6	16.3	1.3	......	......	......	......	0.5
65. 阜山鄉	422.1	23.7	779.9	215.1	3.2	......	......	......	......	......	......
66. 厚福鄉	3 173.5	460.6	4 482.8	220.7	6.3	......	......	......	......	......	......
67. 沙堤鄉	1 017.5	852.6	623.8	57.8	......	......	......	......	1.1	......	......
68. 嶺南鄉	1 662.3	1 508.9	532.9	1.1	......	......	4.2	......	2.6	......	5.9
69. 岱西鄉	755.3	744.6	92.0	......	......	......	......	......	......	......	......
70. 台瑤鄉	1 345.1	1 125.2	398.3	......	......	6.3	......	......	......	......	......
71. 九陳鄉	1 185.3	1 024.1	117.6	......	1.6	......	......	......	1.1	......	......
72. 三星鄉	845.5	775.3	206.6	......	......	......	......	......	......	......	......
73. 集仙鄉	1 009.8	837.5	98.3	......	1.1	......	......	......	......	......	16.2
74. 塘下鄉	1 344.1	1 123.3	73.0	......	11.6	1.8	......	......	......	......	......
第六區總計	**6 864.5**	**5 186.5**	**2 957.2**	**0.5**	**28.1**	......	......	**10.4**	......	**4.7**	......
75. 大宏鄉	926.2	927.6	289.2	......	......	......	......	......	......	......	......
76. 石馬鄉	278.2	278.2	31.2	......	......	......	......	......	......	......	......
77. 楓林鄉	625.2	625.2	99.3	......	......	......	......	......	......	......	......
78. 二劉鄉	1 217.2	1 218.1	99.3	......	......	......	......	......	......	......	......
79. 文莊鄉	1 061.9	1 061.9	338.2	......	......	......	......	......	......	......	......
80. 澤里鄉	381.3	38.2	332.6	......	4.7	......	......	......	......	......	......
81. 潭頭鎮	11.7	8.8	2.7	......	......	......	......	......	......	......	......
82. 潭頭鄉	499.7	395.2	114.2	......	0.9	......	......	1.9	......	......	......
83. 文石鄉	280.8	104.9	80.8	......	......	......	......	......	......	......	......
84. 汶上鄉	464.8	......	793.0	0.5	......	......	......	......	......	......	......
85. 厚福晉鄉	645.4	285.5	438.0	......	22.5	......	......	......	......	......	......
86. 菊潭鄉	177.0	135.6	68.0	......	......	......	......	8.5	......	4.2	......
87. 霞江鄉	295.1	107.3	270.7	......	......	......	......	......	......	0.5	......
第七區總計	**29 015.2**	**29 085.7**	**4 620.7**	**0.2**	**84.9**	**62.2**	**12.0**	**3.9**	......	**0.3**	**0.4**
88. 營前鎮	2 964.4	2 964.4	375.3	......	20.8	19.0	......	......	......	......	......
89. 四林鄉	3 175.6	3 253.6	648.8	......	......	7.4	......	......	......	......	0.4
90. 霞洲鄉	2 673.6	2 663.0	316.2	......	1.0	......	12.0	0.5	......	......	......
91. 筹岐鄉	1 277.8	1 278.4	203.7	......	6.3	1.6	......	......	......	......	......
92. 馬頭鄉	1 757.5	1 757.5	173.0	......	0.8	6.8	......	......	......	......	......
93. 塘嶼鄉	1 110.3	1 110.3	251.2	......	2.0	......	......	0.3	......	0.3	......
94. 五黃鄉	1 813.0	1 812.9	221.2	......	20.9	......	......	1.2	......	......	......
95. 琅尾鄉	1 349.0	1 348.9	142.3	......	7.7	......	......	......	......	......	......
96. 大溪鄉	2 413.2	2 335.1	159.8	......	......	......	......	......	......	......	......
97. 玉田鄉	2 078.2	2 141.0	189.8	0.2	4.5	......	......	1.3	......	......	......
98. 八社鄉	1 787.2	2 027.9	19.4	......	0.1	......	......	......	......	......	......
99. 下洋鄉	769.5	778.3	271.7	......	6.0	26.5	......	......	......	......	......
100. 黃石鄉	1 339.8	1 339.8	227.1	......	14.8	0.9	......	......	......	......	......
101. 洋嶼鄉	1 323.4	1 348.5	227.6	......	......	......	......	0.6	......	......	......
102. 鼓嶼鄉	784.3	851.6	437.8	......	......	......	......	......	......	......	......
103. 浮岐鄉	1 029.4	698.4	288.8	......	......	......	......	......	......	......	......
104. 江左鄉	1 369.0	1 376.1	467.0	......	......	......	......	......	......	......	......

35 (a)　各鄉鎮菓實樹株數

鄉鎮別	橘	楊梅	番石榴	龍眼	桃	橄欖	梨	石榴	棗	荔枝	黃皮	李	柑	枇杷	柚
第一區總計	**6**	**1 049**	**1 739**	**195**	**480**	**384**	**360**	**89**	**18**	**3**	**76**	**1**	**10**	**8**	**7**
1. 梅龍鎮	—	185	62	35	—	—	—	—	—	—	—	—	—	—	—
2. 汾華鄉?	—	—	240	30	140	—	—	30	16	1	2	—	—	—	—
3. 七境鄉	—	—	183	36	—	170	1	—	1	—	16	—	—	—	3
4. 金環鄉	—	—	—	—	130	—	—	35	—	—	—	—	—	—	—
5. 河陽鎮	—	1	422	6	178	—	106	15	—	—	54	—	10	—	—
6. 井美鄉	—	—	—	—	—	—	—	—	—	—	—	—	—	—	—
7. 里仁鄉?	6	312	202	24	11	208	253	9	—	—	2	1	—	—	—
8. 北山鄉	—	48	—	1	—	—	—	—	1	—	—	—	—	—	—
9. 岱嶺鄉	—	104	112	53	21	4	—	—	—	2	2	—	—	8	1
10. 青橋鄉?	—	399	518	10	—	2	—	—	—	—	—	—	—	—	3
第二區總計	**2 967**	**355**	**126**	**67**	**200**	**11**	**11**	**9**	**5**	**51**	**13**	**89**	**3**	**1**	**17**
11. 龍門鄉	385	5	3	—	28	—	6	—	2	—	—	9	—	—	3
12. 首占鄉	187	33	—	—	22	—	—	—	—	—	—	—	—	—	—
13. 陽廈鄉?	1 249	—	—	—	120	—	—	—	—	3	—	—	—	—	—
14. 岱邊鄉	40	190	20	15	3	—	—	—	—	2	—	—	1	—	4
15. 珠湖鄉	101	—	1	17	2	4	3	2	—	9	8	—	—	—	—
16. 坑田鄉	583	125	82	25	24	—	—	—	1	13	4	36	—	—	5
17. 東渡鄉	422	2	20	10	—	5	2	7	—	9	1	44	1	—	4
18. 馬厝鄉	—	—	—	—	—	—	—	—	—	—	—	—	—	—	—
19. 大坪鄉	—	—	—	—	—	—	—	—	—	—	—	—	—	—	—
20. 東林鄉	—	—	—	—	—	—	—	—	—	—	—	—	—	—	—
21. 溪湄鄉	—	—	—	—	1	2	—	—	2	15	—	—	1	1	1
第三區總計	**16**	**105**	**256**	**238**	**97**	**15**	—	**1**	**10**	**26**	**3**	**12**	**9**	**3**	**10**
22. 青山下鄉	—	91	73	177	47	3	—	—	—	6	2	—	—	—	—
23. 嶼頭鎮?	—	—	—	1	—	—	—	—	—	—	—	—	—	—	—
24. 古槐鎮	—	—	—	1	—	—	—	—	2	—	—	—	—	—	—
25. 洋下鄉	—	—	—	—	—	—	—	—	—	—	—	—	—	—	—
26. 竹田鄉	—	—	—	—	—	—	—	—	—	—	—	—	—	—	—
27. 壚鳳鄉?	1	—	134	36	5	—	—	—	—	19	1	—	1	3	1
28. 三溪鎮	—	1	9	7	19	12	—	—	—	—	—	12	1	—	2
29. 石門鄉	—	13	22	16	6	—	—	1	1	1	—	—	3	—	2
30. 江田鎮	—	—	—	—	—	—	—	—	—	—	—	—	—	—	—
31. 首祉鄉	15	—	18	—	20	—	—	—	7	—	—	—	4	—	5
32. 松下鎮	—	—	—	—	—	—	—	—	—	—	—	—	—	—	—
第四區總計	**16**	**27**	**101**	**64**	**186**	—	—	**2**	**2**	—	**1**	**6**	**1**	**3**	**1**
33. 雲路鄉	—	—	—	—	—	—	—	—	—	—	—	—	—	—	—
34. 鶴上鄉	1	—	44	7	10	—	—	1	1	—	—	—	1	2	1
35. 沙京鄉	15	12	57	57	176	—	—	1	1	—	1	6	—	1	—
36. 壺井鄉	—	—	—	—	—	—	—	—	—	—	—	—	—	—	—
37. 謨峯鄉?	—	15	—	—	—	—	—	—	—	—	—	—	—	—	—
38. 山邊鄉	—	—	—	—	—	—	—	—	—	—	—	—	—	—	—
39. 小嶼鄉	—	—	—	—	—	—	—	—	—	—	—	—	—	—	—
40. 峰山鄉?	—	—	—	—	—	—	—	—	—	—	—	—	—	—	—
41. 梓邊鄉?	—	—	—	—	—	—	—	—	—	—	—	—	—	—	—
42. 西邱鄉	—	—	—	—	—	—	—	—	—	—	—	—	—	—	—
43. 仙岐鄉	—	—	—	—	—	—	—	—	—	—	—	—	—	—	—
44. 路頂鄉	—	—	—	—	—	—	—	—	—	—	—	—	—	—	—
45. 後濱?	—	—	—	—	—	—	—	—	—	—	—	—	—	—	—
46. 前洪?	—	—	—	—	—	—	—	—	—	—	—	—	—	—	—
47. 柯百戶	—	—	—	—	—	—	—	—	—	—	—	—	—	—	—
第五區總計	**32**	**1885**	**133**	**40**	**109**	**20**	**3**	**4**	**26**	**16**	**2**	**14**	**5**	**6**	**17**
48. 金峯鎮	—	—	—	—	—	—	—	—	—	—	—	—	—	—	—
49. 六林鄉	—	—	—	—	—	—	—	—	—	—	—	—	—	—	—
50. 前林鄉	—	3	15	2	2	—	3	—	1	—	—	—	4	—	2

35（5） 各鄉鎮菓實樹株數

鄉鎮別	橘	楊梅	番石榴	龍眼	桃	橄欖	梨	石榴	棗	荔枝	黃皮	李	柑	枇杷	柚
51. 蘭田鄉	—	1 569	—	—	—	—	—	—	—	—	—	—	—	—	—
52. 洋裏鄉	—	—	—	—	—	—	—	—	—	—	—	—	—	—	—
53. 華劉鄉	—	—	—	—	—	—	—	—	—	—	—	—	—	—	—
54. 仙山鄉	—	—	—	—	—	—	—	—	—	—	—	—	—	—	—
55. 陳店鄉	—	—	—	—	—	—	—	—	—	—	—	—	—	—	—
56. 鵬程鄉	1	—	—	—	2	—	—	—	—	—	—	—	—	—	2
57. 東卓鄉	—	—	—	—	—	—	—	—	—	—	—	—	—	—	—
58. 湖東鄉	—	—	—	—	—	—	—	—	—	—	—	—	—	—	—
59. 仙富鄉	—	—	—	—	—	—	—	—	—	—	—	—	—	—	—
60. 前董鄉	20	2	3	10	36	—	—	2	11	—	—	—	1	1	3
61. 梅花鎮	—	—	—	—	—	—	—	—	—	—	—	—	—	1	—
62. 梅莊鄉	1	—	1	—	—	—	—	2	2	—	—	—	—	—	—
63. 東湖鄉	—	—	—	1	—	—	—	—	—	—	—	—	—	—	—
64. 鳳山鄉	1	—	1	—	—	—	—	—	2	—	1	—	—	3	3
65. 阜山鄉	7	—	3	—	3	—	—	—	4	1	—	—	—	—	3
66. 厚福鄉	—	—	—	—	—	—	—	—	—	—	—	—	—	1	—
67. 沙堤鄉	—	5	17	3	44	—	—	—	6	1	—	—	—	—	2
68. 嶺南鄉	1	—	30	4	20	—	—	—	—	4	—	14	—	—	—
69. 岱西鄉	—	—	60	20	—	20	—	—	—	10	—	—	—	—	—
70. 台瑪鄉	1	306	3	—	2	—	—	—	—	—	1	—	—	—	2
71. 九陳鄉	—	—	—	—	—	—	—	—	—	—	—	—	—	—	—
72. 二星鄉	—	—	—	—	—	—	—	—	—	—	—	—	—	—	—
73. 集仙鄉	—	—	—	—	—	—	—	—	—	—	—	—	—	—	—
74. 塘下鄉	—	—	—	—	—	—	—	—	—	—	—	—	—	—	—
第六區總計	**2**	—	**47**	—	**26**	—	—	**62**	**1**	—	—	**1**	**2**	**33**	**1**
75. 大宏鄉	—	—	—	—	1	—	—	—	—	—	—	—	2	1	—
76. 石馬鄉	—	—	—	—	—	—	—	—	—	—	—	—	—	—	—
77. 楓林鄉	—	—	—	—	—	—	—	—	—	—	—	—	—	—	—
78. 二劉鄉	—	—	—	—	—	—	—	—	—	—	—	—	—	—	—
79. 文莊鄉	—	—	1	—	2	—	—	—	—	—	—	1	—	1	1
80. 漂里鄉	—	—	—	—	—	—	—	—	—	—	—	—	—	30	—
81. 潭頭鎮	—	—	—	—	—	—	—	—	—	—	—	—	—	—	—
82. 潭頭鄉	—	—	—	—	4	—	—	—	—	—	—	—	—	—	—
83. 文石鄉	—	—	19	—	3	—	—	—	—	—	—	—	—	—	—
84. 汶上鄉	—	—	—	—	—	—	—	—	—	—	—	—	—	—	—
85. 厚福鄉	2	—	—	—	8	—	—	62	1	—	—	—	—	1	—
86. 菊澤鄉	—	—	27	—	—	—	—	—	—	—	—	—	—	—	—
87. 霞江鄉	—	—	—	—	8	—	—	—	—	—	—	—	—	—	—
第七區總計	**6 194**	**61**	**798**	**903**	**161**	**249**	**51**	**35**	**129**	**81**	**59**	**17**	**68**	**34**	**10**
88. 營前鎮	453	12	96	25	25	50	7	1	—	7	3	—	1	12	2
89. 國林鄉	31	—	373	421	—	1	—	1	—	6	11	—	—	3	—
90. 霞洲鄉	22	—	60	28	33	2	—	32	—	1	—	—	—	—	2
91. 壽岐鄉	51	—	46	103	5	—	20	1	21	1	43	2	—	—	—
92. 馬頭鄉	352	—	11	67	24	—	—	—	—	5	—	—	—	—	—
93. 蒙嶼鄉	269	—	1	10	22	—	—	—	—	2	—	—	—	—	—
94. 五寶鄉	1 035	—	—	1	2	—	—	—	—	—	—	—	60	—	—
95. 琅尾鄉	3 377	—	—	—	7	15	2	—	—	1	—	3	6	1	—
96. 大溪鄉	600	1	3	7	—	20	5	—	1	9	1	—	—	2	2
97. 玉田鄉	1	—	5	1	2	—	1	—	1	6	—	—	—	—	—
98. 八社鄉	—	—	—	46	2	10	—	—	—	22	—	—	—	2	2
99. 下洋鄉	—	44	37	79	2	105	16	—	102	4	—	—	—	2	—
100. 黃石鄉	—	—	—	24	1	9	—	—	—	11	—	—	—	—	—
101. 洋嶼鄉	1	—	11	57	2	—	—	—	4	5	—	—	—	—	1
102. 猴嶼鄉	—	—	—	—	—	1	—	—	—	—	—	—	—	—	—
103. 浮岐鄉	—	—	—	—	—	—	—	—	—	—	—	—	—	—	—
104. 江左鄉	2	4	155	34	34	36	—	—	—	1	1	12	1	12	1

36 (a) 各鄉鎮力畜與肉畜

鄉鎮別	力畜				肉畜			
	黃牛		水牛		猪		山羊	
	總數	不滿一歲之牛犢	總數	不滿一歲之牛犢	總數	已滿一歲之猪	總數	已滿一歲之山羊
第一區總計	**439**	**51**	**1**	......	**253**	**72**	**60**	**10**
1. 梅龍鎮	25	10	......	......	34	6	25	3
2. 汾寧鄉	35	7	1	......	29	4	12	1
3. 七境鄉	31	15	......	......	6	2	......	......
4. 金環鄉	11	......	......	......	10	1	......	......
5. 河陽鎮	9	1	......	......	3	......	......	......
6. 井美鄉	50	......	......	......	......	......	......	......
7. 里仁鄉	92	......	......	......	19	......	13	2
8. 北山鄉	67	15	......	......	92	48	5	3
9. 岱嶺鄉	51	2	......	......	28	4	1	......
10. 青橋鄉	68	1	......	......	32	7	4	1
第二區總計	**922**	**88**	**63**	**9**	**954**	**139**	**260**	**94**
11. 龍門鄉	135	......	7	3	126	22	41	9
12. 首占鄉	41	......	......	......	31	14	......	......
13. 陽廈鄉	2	......	43	1	38	9	......	......
14. 岱逢鄉	57	13	5	1	83	18	48	26
15. 珠湖鄉	30	3	......	......	57	13	5	3
16. 坑田鄉	51	1	5	3	51	8	1	......
17. 東渡鄉	149	5	......	......	145	19	112	44
18. 馬厝鄉	75	9	......	......	86	1	......	......
19. 大坪鄉	70	7	2	......	81	2	10	2
20. 東林鄉	91	17	......	......	43	14	6	6
21. 溪湄鄉	221	33	1	1	213	19	37	4
第三區總計	**1 239**	**142**	**42**	**1**	**1 140**	**98**	**246**	**52**
22. 青山下鄉	60	8	1	......	36	......	5	......
23. 嶼頭鎮	40	1	23	1	101	12	......	......
24. 古槐鎮	37	1	......	......	23	4	......	......
25. 岸下鄉	102	11	......	......	243	9	7	......
26. 竹田鄉	86	9	17	......	147	10	20	3
27. 感恩鄉	53	4	1	......	69	6	5	3
28. 三溪鎮	75	12	......	......	136	20	3	2
29. 石門鄉	48	5	......	......	68	9	4	1
30. 江田鎮	228	25	......	......	78	4	20	......
31. 首祉鄉	268	38	......	......	155	8	137	31
32. 松下鎮	242	28	......	......	84	16	45	12
第四區總計	**1 008**	**112**	**8**	**2**	**1 006**	**194**	**89**	**22**
33. 雲路鄉	68	......	......	......	21	2	4	3
34. 鶴上鄉	205	46	6	2	162	38	43	11
35. 沙京鄉	80	2	1	......	131	19	2	1
36. 壺井鄉	87	4	......	......	128	15	2	......
37. 羅岑鄉	203	14	1	......	238	44	4	3
38. 山逢鄉	29	11	......	......	59	26	......	......
39. 小嶼鄉	58	1	......	......	81	1	1	......
40. 錦山鄉	37	3	......	......	12	2	......	......
41. 岸逢鄉	36	15	......	......	19	19	......	......
42. 西邱鄉	86	10	......	......	59	26	......	......
43. 仙岐鄉	14	1	......	......	13	......	29	4
44. 路頂鄉	12	4	......	......	1	1	......	......
45. 後　鎮	......	......	......	......	......	......	......	......
46. 前　鎮	16	1	......	......	19	......	1	......
47. 柯百戶	77	......	......	......	63	1	3	......
第五區總計	**1 849**	**67**	**22**	**1**	**2 254**	**402**	**355**	**107**
48. 金峯鎮	11	......	1	1	46	23	1	......
49. 六林鄉	55	......	......	......	56	......	......	......
50. 前林鄉	82	......	1	......	52	4	4	......

36 (b) 各鄉鎮力畜與肉畜

鄉鎮別	力畜				肉畜			
	黃牛		水牛		猪		山羊	
	總數	不滿一歲之牛犢	總數	不滿一歲之牛犢	總數	已滿一歲之猪	總數	已滿一歲之山羊
51.蘭田鄉	60	3	……	……	26	7	7	2
52.洋裏鄉	53	3	……	……	37	……	……	……
53.董劉鄉	102	5	1	……	60	17	1	……
54.仙山鄉	40	……	……	……	105	8	……	……
55.陳店鄉	84	1	……	……	76	6	5	……
56.鵬程鄉	38	……	……	……	46	……	8	1
57.東卓鄉	51	……	……	……	74	……	……	……
58.湖東鄉	57	7	……	……	38	……	3	……
59.仙富鄉	86	1	3	……	81	7	9	4
60.前董鄉	72	26	1	……	92	13	51	26
61.梅花鎮	5	4	……	……	4	……	……	……
62.梅莊鄉	24	1	……	……	29	7	11	5
63.東湖鄉	81	3	11	……	133	37	7	4
64.鳳山鄉	125	2	……	……	154	31	15	2
65.阜山鄉	140	4	3	……	163	29	45	7
66.厚福鄉	194	……	……	……	383	108	125	41
67.沙堤鄉	80	……	……	……	99	13	8	1
68.嶺南鄉	85	……	……	……	152	66	4	2
69.岱西鄉	69	……	……	……	29	1	29	12
70.台璵鄉	74	……	1	……	79	9	16	……
71.九陣鄉	47	3	……	……	103	10	……	……
72.三星鄉	46	4	……	……	38	4	……	……
73.集仙鄉	35	……	……	……	76	……	……	……
74.塘下鄉	53	……	……	……	23	2	6	……
第六區總計	**332**	**47**	**4**	……	**256**	**64**	**114**	**41**
75.大宏鄉	27	……	……	……	4	……	3	1
76.石馬鄉	10	……	1	……	5	……	3	……
77.楓林鄉	34	4	……	……	48	4	1	……
78.二劉鄉	42	6	……	……	15	8	9	2
79.文莊鄉	61	22	……	……	61	29	30	14
80.澤里鄉	31	……	……	……	……	……	8	3
81.潭頭鎮	……	……	……	……	3	……	……	……
82.潭頭鄉	17	1	……	……	29	3	7	……
83.文石鄉	15	2	1	……	23	8	29	14
84.汶上鄉	28	2	……	……	24	1	18	7
85.厚福曹鄉	37	……	1	……	32	2	1	……
86.菊潭鄉	10	3	……	……	1	……	……	……
87.霞江鄉	20	7	1	……	11	9	5	……
第七區總計	**1 400**	**131**	**39**	**1**	**1 444**	**200**	**439**	**108**
88.營前鎮	139	3	……	……	105	……	25	……
89.西林鄉	137	13	……	……	236	112	11	5
90.霞洲鄉	100	……	3	……	92	30	14	5
91.鶴岐鄉	42	3	……	……	52	……	5	……
92.[illegible]頭鄉	47	4	……	……	46	8	1	1
93.塘嶼鄉	33	……	……	……	19	……	4	2
94.五黃鄉	105	……	7	……	32	2	19	4
95.琅尾鄉	73	4	1	……	52	13	……	……
96.大鶴鄉	98	13	3	……	91	10	55	……
97.玉田鄉	80	……	4	……	130	6	25	2
98.八社鄉	72	9	……	……	72	5	46	16
99.下洋鄉	43	……	2	……	123	……	33	……
100.賓石鄉	55	……	2	1	99	3	37	2
101.洋嶼鄉	44	8	2	……	50	3	51	25
102.鼓嶼鄉	43	6	12	……	64	3	13	7
103.浮岐鄉	32	8	3	……	16	3	……	……
104.江左鄉	257	60	……	……	165	2	100	39

37 (a)　各鄉鎮之家禽

鄉鎮別	雞		鴨		鵝	
	總數	已滿六個月之雞	總數	已滿六個月之鴨	總數	已滿六個月之鵝
第一區總計	**2 209**	**998**	**690**	**311**	**76**	**13**
1. 梅龍鎮	226	45	51	26	6	……
2. 汾嶺鄉	245	112	72	32	……	……
3. 七境鄉	199	109	56	33	1	……
4. 金環鄉	39	13	……	……	……	……
5. 河陽鎮	52	30	31	18	……	……
6. 井美鄉	205	129	52	26	……	……
7. 里仁鄉	290	166	51	28	……	……
8. 北山鄉	542	267	215	131	69	13
9. 岱嶺鄉	128	47	……	……	……	……
10. 青橋鄉	283	80	162	17	……	……
第二區總計	**4 538**	**1 010**	**878**	**199**	**29**	**13**
11. 龍門鄉	644	30	287	2	10	1
12. 首占鄉	178	81	20	7	2	……
13. 陽嶼鄉	150	67	59	37	1	1
14. 岱邊鄉	347	103	133	44	4	1
15. 珠湖鄉	510	110	87	21	2	2
16. 坑田鄉	419	69	100	26	8	7
17. 東渡鄉	497	212	110	39	1	……
18. 馬厝鄉	457	172	34	8	……	……
19. 大坪鄉	134	41	2	2	……	……
20. 東林鄉	157	86	15	5	1	1
21. 溪湄鄉	1 045	39	31	8	……	……
第三區總計	**2 263**	**407**	**406**	**81**	**42**	**9**
22. 青山下鄉	93	24	4	2	1	1
23. 嶼頭鎮	58	12	225	13	15	8
24. 古槐鎮	415	21	58	4	20	……
25. 洋下鄉	743	102	73	50	2	……
26. 竹田鄉	120	34	14	……	……	……
27. 感恩鄉	57	……	2	……	……	……
28. 三溪鎮	105	32	……	……	……	……
29. 石門鄉	143	44	9	6	1	……
30. 江田鎮	163	49	……	……	……	……
31. 首祉鄉	300	50	15	3	1	……
32. 松下鎮	66	39	6	3	2	……
第四區總計	**6 860**	**1 414**	**2 886**	**183**	**258**	**33**
33. 雲路鄉	173	62	7	……	……	……
34. 鶴上鄉	1 018	328	120	24	7	3
35. 沙京鄉	588	113	512	17	10	……
36. 壺井鄉	600	124	198	18	133	28
37. 龍峯鄉	1 575	289	695	100	84	2
38. 山邊鄉	215	45	68	7	……	……
39. 小嶼鄉	341	111	117	6	19	……
40. 屏山鄉	85	2	47	……	……	……
41. 岸邊鄉	134	116	142	……	……	……
42. 西郎鄉	671	151	122	11	4	……
43. 仙岐鄉	286	4	257	……	1	……
44. 路頂鄉	671	……	556	……	……	……
45. 後澳	4	……	……	……	……	……
46. 前澳	82	……	13	……	……	……
47. 柯百戶	417	69	32	……	……	……
第五區總計	**11 719**	**2 966**	**9 362**	**6 454**	**4 779**	**2 958**
48. 金峯鎮	134	11	70	13	……	……
49. 六林鄉	32	9	……	……	30	……
50. 前林鄉	260	46	23	5	……	……

37(3) 各鄉鎮之家禽

鄉鎮別	雞		鴨		鵝	
	總數	已滿六個月之雞	總數	已滿六個月之鴨	總數	已滿六個月之鵝
51. 蘭田鄉	60	8	……	……	……	……
52. 洋裏鄉	199	21	1	1	……	……
53. 聯鋼鄉	175	51	62	……	……	……
54. 仙山鄉	553	191	13	2	41	36
55. 陳店鄉	224	50	16	10	17	……
56. 鵬程鄉	354	6	30	……	5	……
57. 東卓鄉	213	27	……	……	149	29
58. 湖東鄉	11	1	1	……	102	46
59. 仙富鄉	1 344	406	1	……	282	181
60. 前董鄉	177	85	1 145	1 139	243	213
61. 梅花鎮	10	4	150	150	……	……
62. 梅莊鄉	80	20	11	5	5	4
63. 東湖鄉	646	116	62	……	240	125
64. 鳳山鄉	1 261	53	239	4	118	7
65. 阜山鄉	661	308	1 445	1 014	362	316
66. 厚福鄉	2 156	609	4 867	3 622	2 452	1 433
67. 沙堤鄉	766	120	238	99	162	136
68. 嶺南鄉	434	238	283	222	333	293
69. 岱西鄉	404	106	4	……	1	1
70. 台璐鄉	479	154	122	69	120	111
71. 九陳鄉	252	93	485	57	22	17
72. 三星鄉	237	77	24	10	……	……
73. 集仙鄉	308	27	24	8	……	……
74. 塘下鄉	289	129	46	24	95	10
第六區總計	**948**	**237**	**2 266**	**1 671**	**372**	**247**
75. 大宏鄉	……	……	……	……	……	……
76. 石馬鄉	……	……	……	……	……	……
77. 楓林鄉	127	3	5	……	15	……
78. 二劉鄉	147	43	206	55	30	……
79. 文莊鄉	269	100	44	3	……	……
80. 僊里鄉	67	20	9	3	55	15
81. 潭頭鎮	1	……	2	……	……	……
82. 潭頭鄉	34	11	1	……	……	……
83. 文石鄉	41	13	2	2	40	……
84 汶上鄉	118	42	1 952	1 593	232	232
85. 厚福曹鄉	93	……	5	……	……	……
86. 菊潭鄉	23	4	3	……	……	……
87. 霞江鄉	28	1	37	15	……	……
第七區總計	**6 423**	**1 281**	**4 254**	**1 027**	**97**	**4**
88. 營前鎮	401	229	180	153	……	……
89. 四林鄉	985	370	987	211	2	……
90. 筱洲鄉	342	40	922	422	83	……
91. 壽岐鄉	318	2	73	……	……	……
92. 馬頭鄉	144	74	65	29	1	……
93. 龍興鄉	357	121	139	50	……	……
94. 五貴鄉	137	3	61	2	……	……
95. 瑣尾鄉	213	34	37	1	6	……
96. 大鵠鄉	827	141	314	58	……	……
97. 玉田鄉	730	10	342	……	……	……
98. 八社鄉	309	46	136	16	……	……
99. 下洋鄉	356	18	313	……	……	……
100. 實石鄉	463	93	207	49	5	4
101. 洋嶼鄉	……	……	……	……	……	……
102. 歐鋼鄉	291	8	119	13	……	……
103. 滸岐鄉	411	52	359	23	……	……
104. 江左鄉	139	40	……	……	……	……

三　農村概況

38　各區民元以來移民概況

區別	戶數		地點(1)	
	移來	移往	移來	移往
全縣	**153**	**2 501**		
第一區	1	114	福州	福州,南洋,台灣,連江,福清
第二區	33	305	福州	福州,南洋,福清,台灣
第三區	24	317	福清,平潭	福州,福清,台灣,連江,莆田,平潭
第四區	54	555	連江,福州	福州,新加坡,福清,沿海島嶼,泗水,台灣,南平
第五區	3	391	福清,莆田	福州,連江,東沙,寧德,上海,廈門,福清,南京沿海島嶼,南平,羅源,莆田
第六區	········	320	········	福州
第七區	38	499	福州	福州,南洋,福清

(1) 地點以移民戶數多少為序。

39　各區佃農納租方法(1)

區別	以錢納租 (%)	以作物納租 (%)	分租 (%)	其他 (%)
全縣	**7.6**	**82.4**	**9.8**	**0.2**
第一區	4.5	69.4	26.1	········
第二區	10.2	77.6	12.2	········
第三區	10.6	88.1	1.3	········
第四區	5.1	81.3	13.6	········
第五區	3.0	94.0	3.0	········
第六區	11.0	83.7	4.8	0.5
第七區	8.6	83.0	7.8	0.6

(1) 以調查時(四月)為準。

40　各區每市畝田地價格(1)

(單位：元)

區別	水田			旱地		
	上	中	下	上	中	下
全縣	**97**	**73**	**50**	**44**	**32**	**19**
第一區	128	98	63	62	41	27
第二區	111	84	58	36	25	10
第三區	69	49	29	48	34	18
第四區	85	57	29	32	26	16
第五區	65	50	36	33	24	15
第六區	87	69	52	55	41	27
第七區	132	106	85	43	33	22

(1) 以去年之地價為準。

41 各區每市畝田地租價(1)

（單位：元）

區別	水田			旱地		
	上	中	下	上	中	下
全縣	**10.2**	**8.0**	**5.9**	**5.4**	**4.3**	**2.6**
第一區	12.2	8.9	6.2	6.3	4.5	2.8
第二區	10.3	8.0	6.0	4.4	2.8	1.1
第三區	8.8	6.7	5.0	5.0	4.3	2.8
第四區	8.2	6.2	4.2	4.6	3.8	2.4
第五區	6.4	5.2	3.8	4.0	3.9	2.2
第六區	10.4	7.8	5.8	5.3	3.9	2.1
第七區	15.4	13.4	10.4	8.4	6.6	4.7

(1) 以去年之地租爲準。

42 各區田地租價對田地價格之百分比(1)

區別	水田（%）			旱地（%）		
	上	中	下	上	中	下
全縣	**10.5**	**11.0**	**11.8**	**12.3**	**13.4**	**13.7**
第一區	9.5	9.1	9.8	10.2	11.0	10.4
第二區	9.3	9.5	10.3	12.2	11.2	11.0
第三區	12.8	13.7	17.2	10.4	12.6	15.6
第四區	9.6	10.9	14.5	14.4	14.6	15.0
第五區	9.8	10.4	10.6	12.1	16.3	14.7
第六區	12.0	11.3	11.2	9.6	9.5	7.8
第七區	11.7	12.6	12.2	19.5	20.0	21.4

(1) 以去年之地價與地租爲準。

43 各區每市畝主要作物納租量對產量之百分比(1)

區別	水田（%）			旱地（%）		
	上	中	下	上	中	下
全縣	**50.0**	**50.0**	**48.6**	**43.3**	**42.1**	**41.3**
第一區	54.5	59.9	60.6	49.1	49.4	52.6
第二區	48.3	48.2	49.2	38.4	36.0	23.3
第三區	47.6	46.8	48.9	52.1	51.1	50.7
第四區	48.2	46.2	36.4	43.1	43.7	44.8
第五區	47.0	46.1	44.1	34.2	32.3	32.2
第六區	51.8	53.3	52.0	42.8	40.2	39.7
第七區	52.5	49.5	49.3	43.1	42.1	45.9

(1) 以平常年爲準。

44　各區地主與佃戶分租時所得之成數

區別	水田（%）			旱地（%）		
	上	中	下	上	中	下
全縣	**49.0**	**48.7**	**47.2**	**45.7**	**44.7**	**43.9**
第一區	53.6	55.0	49.4	46.8	41.2	37.5
第二區	50.0	50.0	50.0	50.0	50.0	50.0
第三區	50.8	50.0	50.0	50.0	49.2	49.2
第四區	43.1	42.3	41.0	46.5	46.3	45.2
第五區	46.2	44.0	42.4	36.3	37.4	37.4
第六區	50.0	50.0	49.6	46.5	45.3	44.4
第七區	49.3	49.3	47.7	43.7	43.7	43.7

45　各區冬作物每市畝平均產額[1]

（單位：市斤）

區別	小麥	大麥	豌豆	茉莉花
全縣	**140**	**153**	**99**	**90**
第一區	148	157	—	102
第二區	162	172	95	86
第三區	103	117	90	88
第四區	131	156	93	113
第五區	148	157	93	—
第六區	147	157	—	—
第七區	139	158	125	63

(1) 以去年中等田地爲準。

46　各區夏作物每市畝平均產額[1]

區別	早稻（市斤）	晚稻（市斤）	甘薯（市斤）	落花生（市斤）	馬鈴薯（市斤）	大豆（市斤）	芋頭（市斤）	高粱（市斤）	甘蔗（株）
全縣	**267**	**224**	**987**	**181**	**926**	**100**	**1 208**	**191**	**3 000**
第一區	268	295	831	—	1 108	—	738	—	3 000
第二區	252	315	859	—	—	—	748	191	—
第三區	236	177	778	136	—	—	1 460	—	—
第四區	253	129	1 169	195	—	—	1 471	—	—
第五區	304	118	1 178	211	—	100	1 643	—	—
第六區	287	229	1 078	—	—	—	1 470	—	—
第七區	268	307	1 013	—	743	—	929	—	3 000

(1) 以去年中等田地爲準。

47 各區主要菓實樹每株平均產額[1]

（單位：市斤）

區別	桔	楊梅	番石榴	龍眼	桃	橄欖	梨	石榴	棗	荔枝	黃皮	李	柑	枇杷	柚
全縣	**91**	**47**	**51**	**83**	**47**	**148**	**65**	**11**	**53**	**94**	**30**	**33**	**56**	**34**	**84**
第一區	—	32	65	83	55	166	65	—	46	111	40	32	—	37	—
第二區	114	29	57	81	48	—	—	—	—	105	29	33	62	29	—
第三區	—	—	39	88	34	—	—	—	—	107	—	—	—	—	—
第四區	58	78	58	78	54	—	—	—	58	117	—	—	49	—	—
第五區	—	69	—	—	—	—	—	—	—	59	—	—	—	—	—
第六區	—	—	39	—	—	—	—	—	—	49	—	—	—	—	—
第七區	102	28	46	85	46	130	—	11	56	111	22	—	56	37	84

(1) 以去年中等菓實樹為準。

48 各區人民借貸概況[1]

區別	借糧			借錢				借貸來源				
	借糧戶數佔總戶數之百分數(%)	借糧之歸還期間(月)	每百斤按月之利息(斤)	借錢戶數佔總戶數之百分數(%)	每月利率(%)			殷戶(%)	當舖(%)	錢莊(%)	米舖(%)	其他(%)
					最高	最低	普通					
全縣	**60**	**5.4**	**3.1**	**70**	**2.8**	**1.5**	**2.1**	**44.3**	**22.3**	**12.3**	**12.3**	**8.8**
第一區	70	6.0	3.8	60	3.0	1.4	1.9	42	5	22	28	3
第二區	50	5.0	3.0	70	2.6	1.4	1.9	79	....	7	14	....
第三區	50	6.0	2.5	60	2.7	1.5	2.1	59	....	19	14	8
第四區	80	6.0	4.5	80	2.9	1.7	2.2	35	45	16	....	4
第五區	50	5.0	2.2	80	2.7	1.4	2.1	36	27	6	16	15
第六區	70	5.0	1.6	80	3.3	1.6	2.2	....	65	5	....	30
第七區	50	5.0	4.2	60	2.6	1.4	2.0	59	14	11	14	2

(1) 以去年為準。

49 各區農民工資

（單位：元）

區別	長工全年之工資		短工去年每日之工資			
	去年	元年	農忙時		農閒時	
			不供飯	供飯	不供飯	供飯
全縣	**56.6**	**40.0**	**0.8**	**0.6**	**0.5**	**0.3**
第一區	58.0	33.6	0.8	0.6	0.5	0.3
第二區	63.2	43.9	0.8	0.5	0.5	0.3
第三區	60.0	46.0	0.7	0.5	0.5	0.3
第四區	59.5	36.8	0.9	0.6	0.5	0.4
第五區	54.8	37.9	0.9	0.7	0.6	0.4
第六區	51.6	34.8	0.8	0.6	0.6	0.4
第七區	49.2	47.3	0.7	0.4	0.4	0.3

50　各區本年物價與元年物價比較[1]

（單位：元）

區別		中等米（百斤）	中等麥（百斤）	食鹽（百斤）	洋油（百斤）	粗布（一匹）	中等黃牛（一頭）	中等水牛（一頭）	中等山羊（一頭）	中等豬（一頭）
全縣	**本年**	**6.86**	**3.40**	**7.99**	**12.49**	**0.60**	**36.60**	**44.51**	**3.85**	**20.78**
	元年	**4.20**	**2.22**	**3.25**	**6.46**	**0.41**	**26.03**	**35.13**	**2.94**	**16.24**
第一區	本年	7.24	4.23	9.32	15.63	0.65	46.50	46.21	4.76	23.25
	元年	3.57	2.51	5.25	7.29	0.41	31.15	41.10	2.72	15.00
第二區	本年	7.22	4.56	8.21	15.12	0.72	34.13	44.92	3.51	23.90
	元年	4.88	2.83	4.03	8.62	0.48	26.00	32.78	2.32	19.81
第三區	本年	7.36	3.10	7.00	9.20	0.51	31.86	46.53	2.80	17.00
	元年	4.15	1.73	3.41	6.90	0.32	24.72	35.03	2.18	12.75
第四區	本年	6.58	2.68	7.00	9.20	0.67	39.28	45.04	3.00	16.00
	元年	4.31	1.78	2.84	5.80	0.48	25.53	32.63	2.77	15.47
第五區	本年	5.85	2.51	7.00	9.20	0.34	25.65	33.21	4.07	21.27
	元年	3.94	2.15	3.23	4.45	0.29	22.15	31.04	4.42	18.26
第六區	本年	6.53	2.56	8.26	13.61	0.60	37.21	46.87	4.25	20.64
	元年	3.91	1.56	1.69	5.49	0.40	25.71	38.12	3.01	15.64
第七區	本年	7.26	4.14	9.14	15.46	0.70	41.60	48.81	4.55	23.42
	元年	4.63	3.00	2.29	6.66	0.51	26.94	35.23	3.18	16.73

(1) 本年物價以調查時（四月）為準。

分佈圖

長樂縣鄉鎮地位索引圖

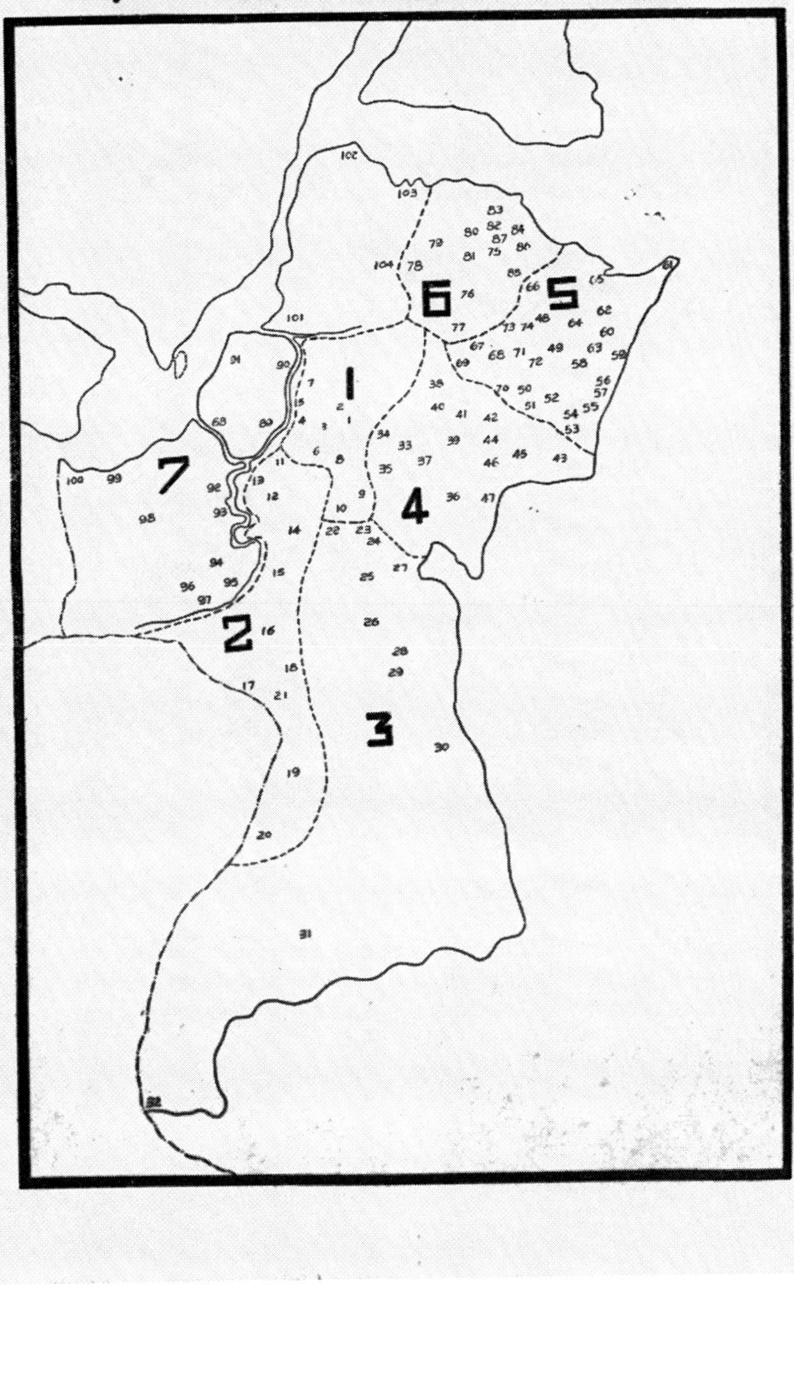

長樂縣鄉鎮地位索引圖對照表

1.第 一 區
1. 梅龍鎮
2. 汾華鄉
3. 七境鄉
4. 金環鄉
5. 河陽鎮
6. 井美鄉
7. 里仁鄉
8. 北山鄉
9. 岱嶺鄉
10. 青橋鄉

2.第 二 區
11. 龍門鄉
12. 首占鄉
13. 陽廈鄉
14. 岱邊鄉
15. 珠湖鄉
16. 坑田鄉
17. 東渡鄉
18. 馬厝鄉
19. 大坪鄉
20. 東林鄉
21. 溪湄鄉

3.第 三 區
22. 青山下鄉
23. 嶼頭鎮
24. 古槐鎮
25. 洋下鄉
26. 竹田鄉
27. 感恩鄉
28. 三溪鎮
29. 石門鄉
30. 江田鎮
31. 首祉鄉
32. 松下鎮

4. 第 四 區
33. 雲路鄉
34. 鶴上鄉
35. 沙京鄉
36. 壺井鄉
37. 旒峯鄉
38. 山邊鄉
39. 小嶼鄉
40. 屏山鄉
41. 洋邊鄉
42. 西邱鄉
43. 仙岐鄉
44. 路頂鄉
45. 後 澳
46. 前 澳
47. 柯百戶

5.第 五 區
48. 金峯鎮
49. 六林鄉
50. 前林鄉
51. 闊田鄉
52. 洋裏鄉
53. 華劉鄉
54. 仙山鄉
55. 陳店鄉
56. 鵬程鄉
57. 東卓鄉
58. 湖東鄉
59. 仙富鄉
60. 前董鄉
61. 梅花鎮
62. 梅莊鄉
63. 東湖鄉
64. 鳳山鄉
65. 阜山鄉
66. 厚福鄉
67. 沙堤鄉
68. 嶺南鄉
69. 岱西鄉
70. 台瑞鄉
71. 九陳鄉
72. 三星鄉
73. 集仙鄉
74. 塘下鄉

6.第 六 區
75. 大宏鄉
76. 石馬鄉
77. 楓林鄉
78. 二劉鄉
79. 文莊鄉
80. 澤里鄉
81. 潭頭鎮
82. 潭頭鄉
83. 文石鄉
84. 汶上鄉
85. 厚福曹鄉
86. 菊潭鄉
87. 霞江鄉

7.第 七 區
88. 營前鎮
89. 四林鄉
90. 霞洲鄉
91. 籌岐鄉
92. 馬頭鄉
93. 塘嶼鄉
94. 五黃鄉
95. 琅尾鄉
96. 大溪鄉
97. 玉田鄉
98. 八社鄉
99. 下洋鄉
100. 黃石鄉
101. 洋嶼鄉
102. 猴嶼鄉
103. 浮岐鄉
104. 江左鄉

長樂縣人口分佈圖

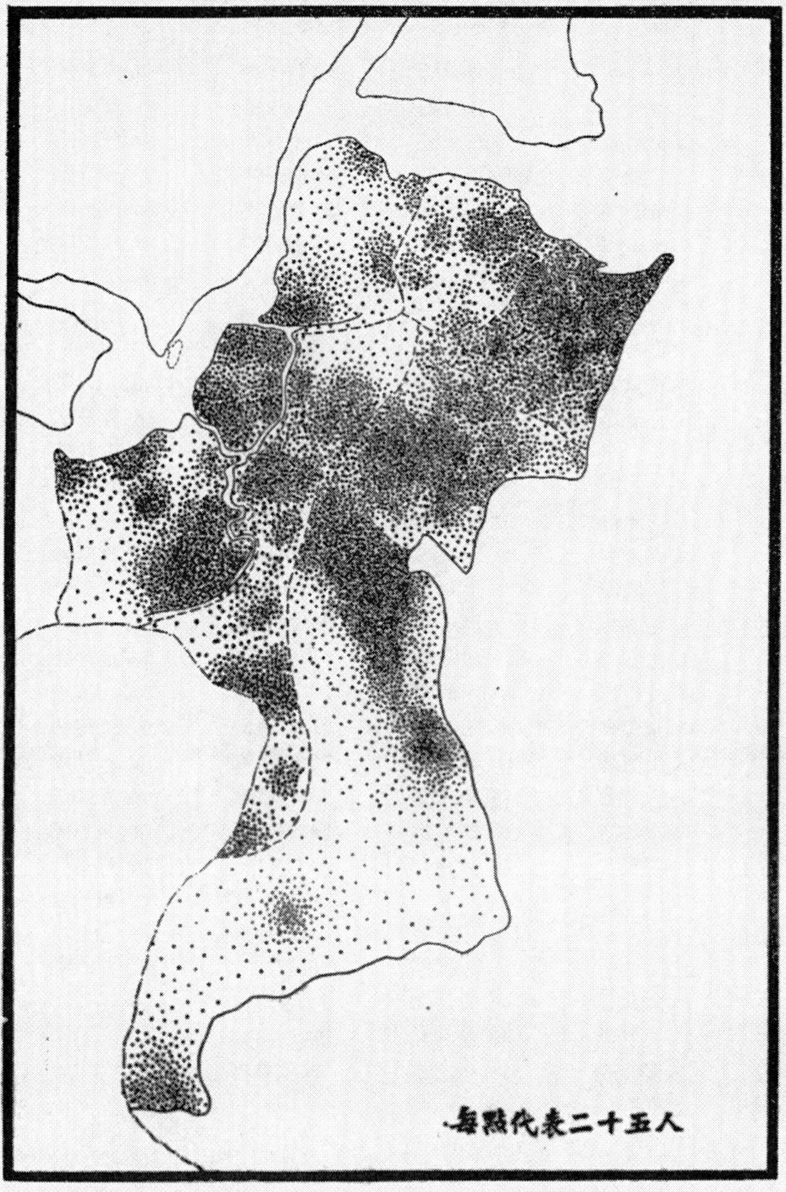

長樂縣農户分佈圖

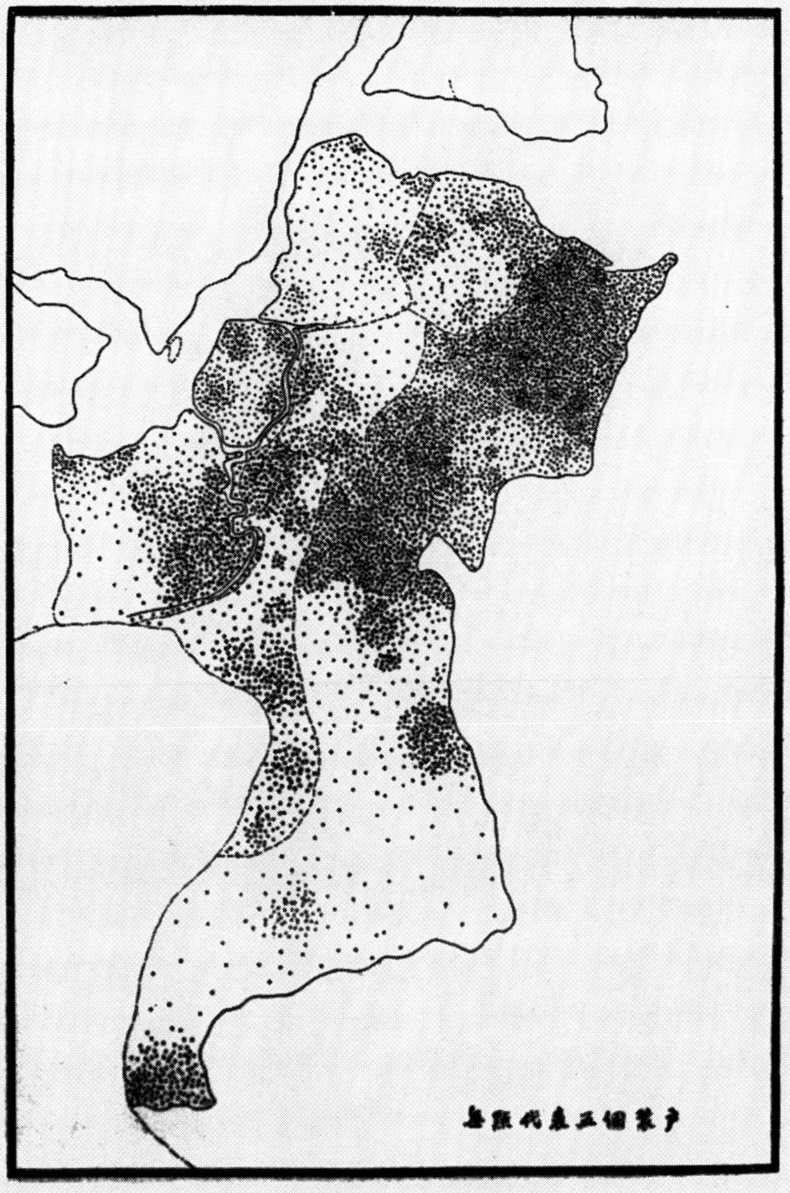

長樂縣熟地分佈啚

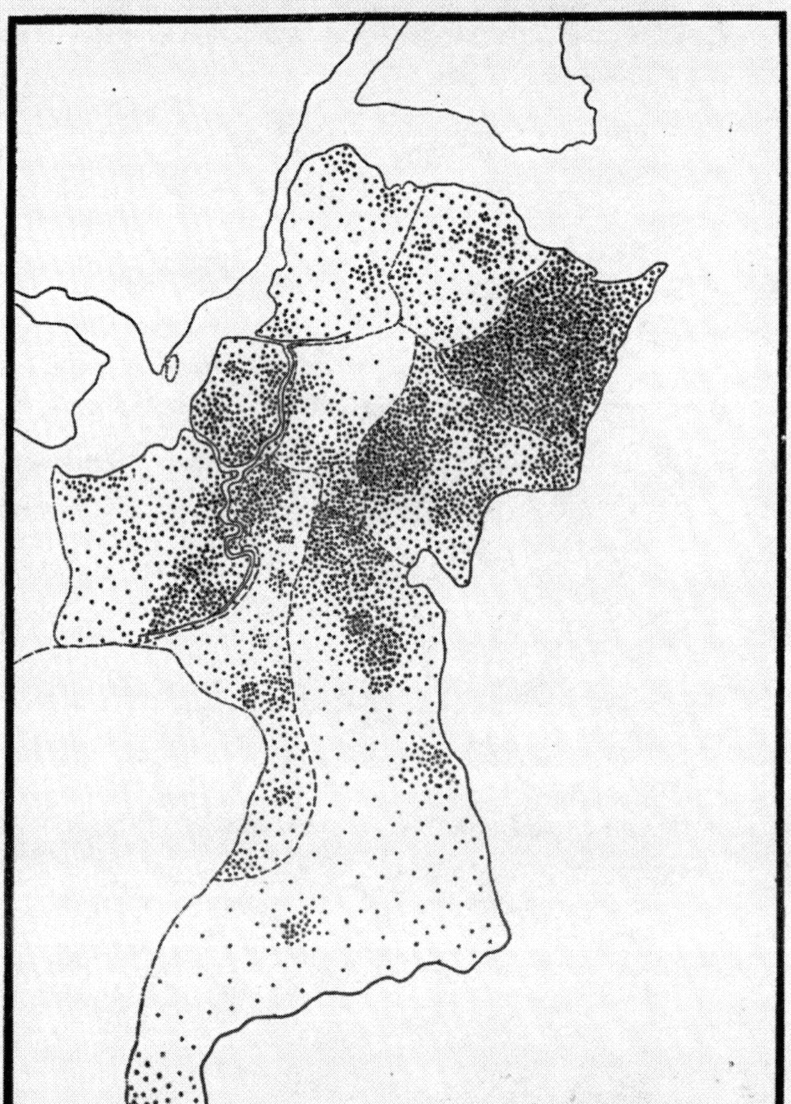

長樂縣水田分佈圖

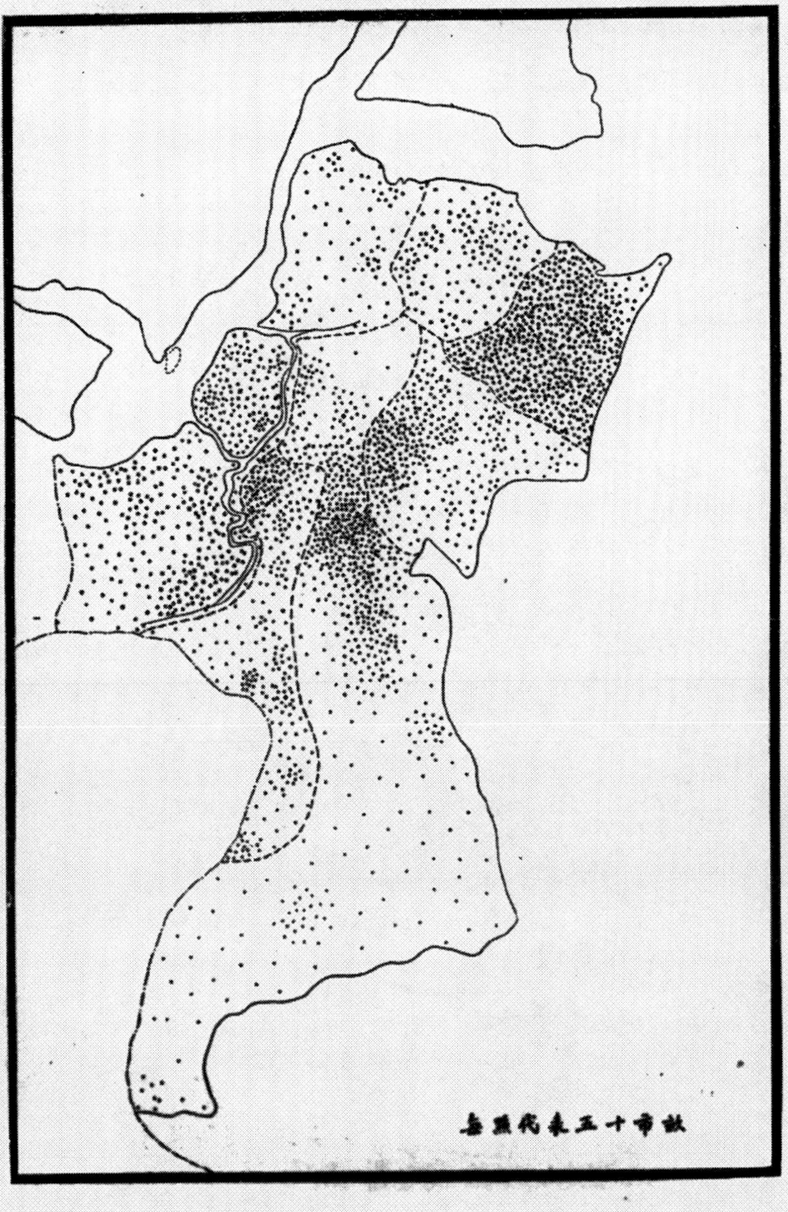

長樂縣早稻分佈圖

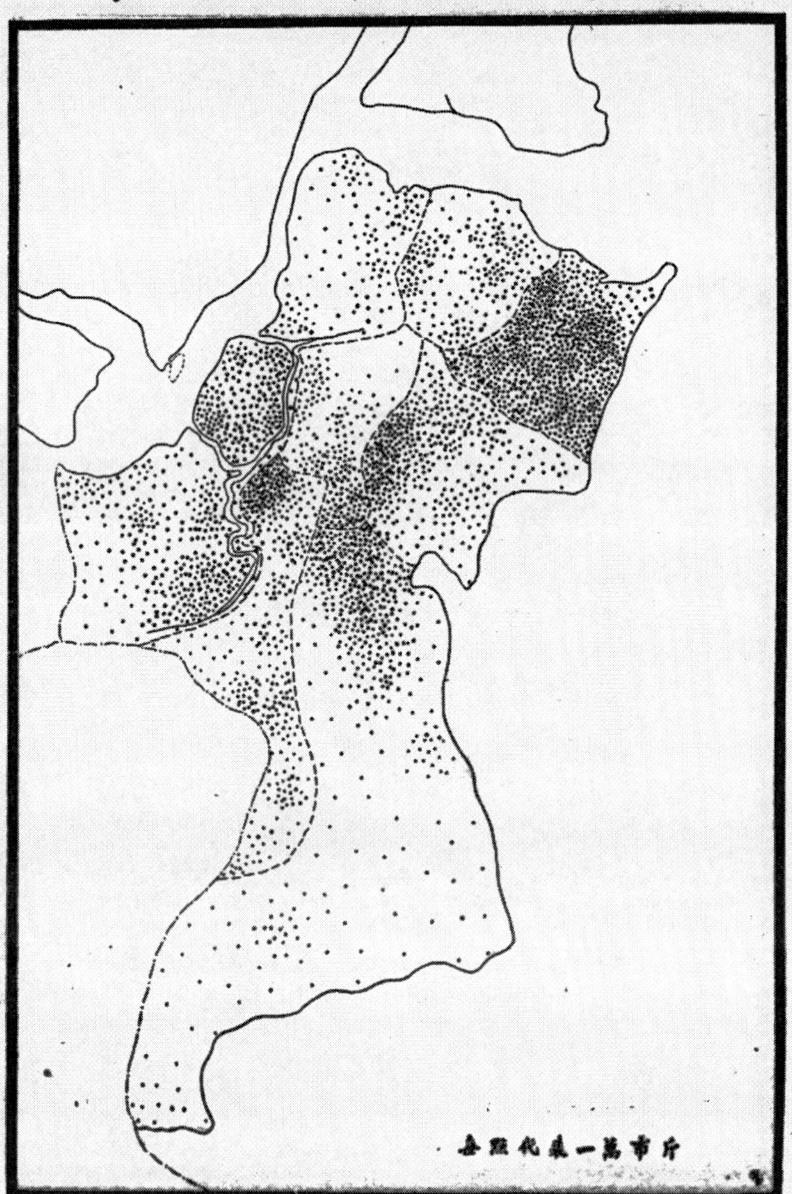

長樂縣晚稻分佈圖

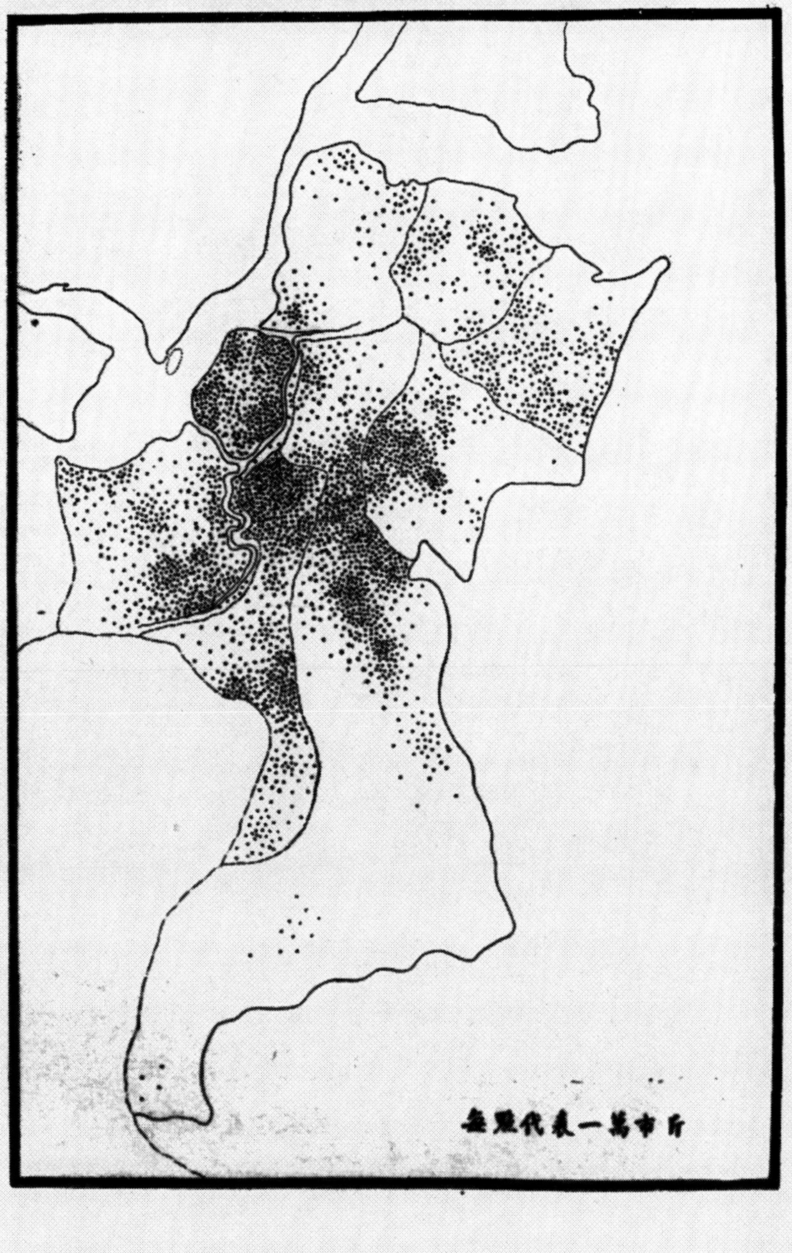

長樂縣甘薯分佈圖

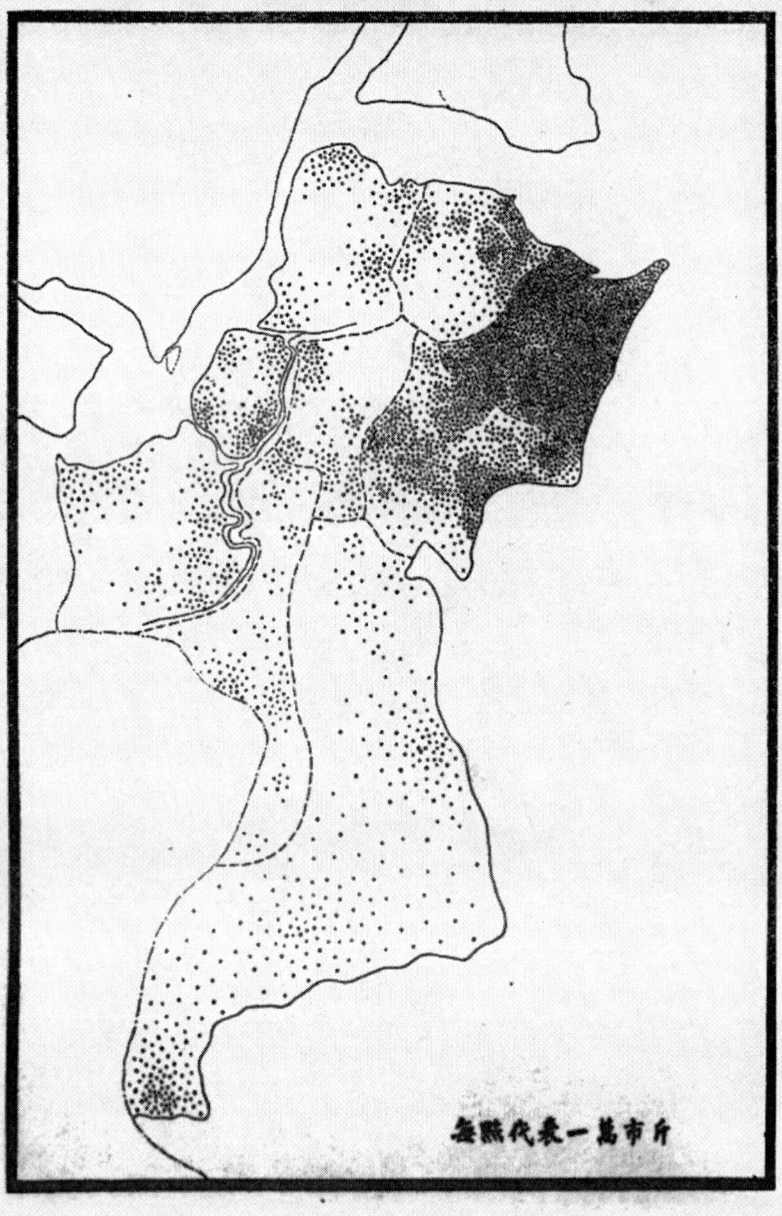

附　　錄

附 錄 一

長樂縣人口農業普遍調查獎懲規則

第一條 本縣辦理普查，各區區長區員保甲長及監察員調查員之獎懲，悉依本規則行之。

第二條 監察員調查員之獎勵，分下列各項：

1. 縣政府給予獎狀；
2. 縣政府呈請 省政府給予獎狀；
3. 獎金。

第三條 監察員調查員之懲罰，分下列各項：

1. 申誡；
2. 罰金；
3. 其情節重大者，依法究辦。

第四條 監察員調查員應行獎勵之事項如下：

1. 受訓時，如期報到，始終不懈者；
2. 擔任宣傳職務，在指定區域內，切實普遍宣傳者；
3. 調查時，挨戶調查，毫不敷衍者；
4. 調查員依限竣事，所填表冊，明瞭確實者；
5. 監察員確能實行抽查，糾正調查員錯誤，且依限竣事者。

第五條 監察員調查員應行懲罰之事項如下：

1. 受訓時，無故不到者；
2. 宣傳不切實，不普遍，不能使人民深切了解，或反引起誤會者；
3. 調查時並不親自調查，隨意填寫，遺漏錯誤甚多者；
4. 不能依限竣事者；
5. 監察員敷衍塞責，不能校正調查員之錯誤者；
6. 擔任監察員調查員，而發表懷疑或反對普查之意見者；

7. 利用職務爲不正當之收益者。

第六條　獎金額數，自五元至二十元，由縣政府酌其成績高下給予之。

第七條　罰款額數，自五元至三十元，由縣政府視其情節輕重酌定之。

第八條　各區區長區員保甲長協作辦理普查，異常出力者，由縣政府分別獎勵之；其工作不力，或妨礙普查之進行者，由縣政府視其情節輕重分別撤懲。

第九條　本規則自縣政府公佈之日施行。

附　錄　二

長樂縣人口農業普遍調查人員分配

區　別	監察員	調查員	調查範圍
第一區	1. 陳光辟	1. 陳學祺	1—2 保
		2. 劉家馨	3—4 "
		3. 鄭敏禧	6—7 "
		4. 陳瑞仁	8—9 "
		5. 鄭守樂	10—11 "
	2. 劉　康	6. 陳孝寬	12—13 "
		7. 鄭學銘	14—16 "
		8. 陳弼湧	17—18 "
		9. 王世卿	15—23 "
		10. 陳冠球	19—20 "
	3. 陳日炳	11. 陳贊亮	32—33 "
		12. 陳幼菊	28—31 "
		13. 張心勤	21—22 "
		14. 鄭敏樹	24—27 "
		15. 陳兆禮	25—26 "
	4. 陳賢哲	16. 鄭守銓	29—30 "
		17. 王粟榮	5—39 "
		18. 陳大通	42—43 "
		19. 何德溪	38—44 "
	5. 卓忠俠	20. 卓良容	34—35 "
		21. 卓興端	36—37 "
		22. 陳禮乾	45—46 "

區　別	監察員	調查員	調查範圍
		23. 林慶邦	40—41保
第二區	1. 甘正忠	1. 高信寬	1—2 〃
		2. 高如生	3—4 〃
		3. 高信造	5—6 〃
		4. 高信煜	7—8 〃
		5. 鄭懷新	9—10 〃
	2. 張賡翔	6. 鄭鯤翔	11—12 〃
		7. 黃劍波	13—14 〃
		8. 趙學亮	15—16 〃
		9. 陳君諒	17—18 〃
		10. 張承祺	19—20 〃
	3. 林大屏	11. 陳瑞複	21—22 〃
		12. 陳思憤	23—24 〃
		13. 劉昌樵	25—26 〃
		14. 邱則蔭	27—28 〃
		15. 邱蘭棨	29—30 〃
	4. 馬文海	16. 林蔭藩	31—32 〃
		17. 陳韻琫	33—34 〃
		18. 陳　揚	35—36 〃
		19. 陳　鉦	37—38 〃
		20. 李行銳	39—40 〃
	5. 陳式谷	21. 馬松年	41—42 〃
		22. 陳士杰	43—44 〃
		23. 陳昆伏	45—46 〃
		24. 陳克堅	47—48 〃
		25. 陳揚福	49—50 〃

區　別	監察員	調查員	調查範圍
		26.魏仁炳	51—53保
第三區	1.蔣利棠	1.李興鋭	1—2 〃
		2.蔣齊炎	6—7 〃
		3.蔣心長	8—9 〃
		4.蔣心豪	10—11〃
		5.蔣齊曉	12—13〃
	2.董秉瑩	6.李治宋	3—4 〃
		7.李世恭	5—18〃
		8.陳朝熙	14—15〃
		6.林亨璺	16—17〃
		10.鄭松槐	19—20〃
	3.林國耀	11.林景機	29—30〃
		12.鄭利熙	37—39〃
		13.林章坤	38—42〃
		14.胡維賢	40—41〃
		15.林邦仁	31—33〃
	4.潘穀生	16.潘永堪	43—44〃
		17.潘錦文	45—46〃
		18.陳鞠宋	47—48〃
		19.陳明輔	32—34〃
		20.陳承華	35—36〃
		40.周禮釭	51—52〃
	5.林蘭芬	21.張利增	21—24〃
		22.張丁株	22—23〃
		23.張利昌	25—26〃
		24.石秉樵	27—28〃

區　　別	監察員	調查員	調查範圍
		25. 丁春谷	49—50保
	6. 陳彥偉	26. 陳彥瑞	53—54 ”
		27. 陳義琦	55—56 ”
		28. 陳玉哲	57—58 ”
		29. 陳彥炳	59—60 ”
		30. 陳鑾鑾	61—62 ”
		31. 陳揚起	63—64 ”
		41. 陳諸端	67 ”
	7. 林伯義	32. 陳立才	65—66 ”
		33. 林孝燦	68—69 ”
		34. 林金鵬	70—71 ”
	8. 陳　純	35. 林　恬	72—73 ”
		36. 林　斌	74—75 ”
		37. 陳亨進	76—77 ”
		38. 林紅膺	78—79 ”
		39. 林　岱	80—81 ”
第四區	1. 陳維漢	1. 陳端港	1—2 ”
		2. 陳玉奎	3—4 ”
		3. 黃懷平	5—6 ”
		4. 陳鼎爲	7—8 ”
		5. 陳向鶯	9—10 ”
	2. 陳文莊	6. 陳存福	11—12 ”
		7. 陳向淵	13—14 ”
		8. 陳友好	15—16 ”
		9. 謝昭晃	17—18 ”
		10. 陳鼎寶	19 ”

區　別	監察員	調查員	調查範圍
	3. 林良品	11. 李英浩	20—21保
		12. 李忠榮	22—23 "
		13. 李其坤	24—25 "
		14. 林中渠	26—27 "
		15. 李績甫	28—29 "
		16. 林良勳	30—31 "
		17. 鄭壽哥	32 "
	4. 甘榕坡	18. 林道通	33—34 "
		19. 林道育	35—36 "
		20. 林作良	37—38 "
		21. 林振好	39—40 "
		22. 林孝道	41—42 "
	5. 江子揚	23. 王永坑	43—44 "
		24. 王永誌	45—47 "
		25. 王永仕	48—50 "
		26. 王克秀	51—52 "
		27. 陳學邑	53—54 "
	6. 陳興妥	28. 林順訓	55—56 "
		29. 陳本永	57 "
		30. 李逢耕	58—59 "
		31. 楊本朝	60—62 "
		32. 李孔朝	63—64 "
	7. 陳重民	33. 陳傳漢	65—67 "
		34. 蔡竹波	68—69 "
		35. 林飛齊	70—71 "
	8. 楊廣溫	36. 鄭泰文	72—73 "

區別	監察員	調查員	調查範圍
		37. 徐賢光	74—76保
		38. 陳震璋	77—79 ”
		39. 李學平	80—82 ”
		40. 蕭文良	83—84 ”
		41. 柯洪濤	85—86 ”
		42. 柯聖業	87—88 ”
第五區	1 薛賢豪	1. 郭紹燧	1—2 ”
		2. 陳愼勉	3—6 ”
		3. 鄭用鑾	4—5 ”
		4. 李坤宜	7—8 ”
		5. 葉忠文	132—133 ”
	2. 李 均	6. 劉孝暄	19—24 ”
		7. 吳宗耀	20—22 ”
		8. 林若星	11—21 ”
		9. 陳秉清	17—18 ”
		10. 梁寶昌	23—25 ”
	3. 陳瑞德	11. 李銀華	26—33 ”
		12. 林英傑	27—28 ”
		13. 陳承學	29—30 ”
		14. 蔡忠耀	31—32 ”
		15. 卓尙康	34—38 ”
	4. 劉飛黃	16. 謝廷蘭	36—37 ”
		17. 陳由福	35—39 ”
		18. 黃可行	40—41 ”
		19. 劉秀源	45—47 ”
		20. 劉元棟	42—43 ”

區　　別	監 察 員	調 查 員	調查範圍
		21. 劉元蘭	44—46保
	5. 柯友松	22. 池興茂	48—49〃
		23. 李茂廣	50—51〃
		24. 李茂莊	52—53〃
		25. 董誼鴦	54—55〃
		26. 鄭向泰	79—83〃
	6. 董耀遠	27. 董家燊	56—57〃
		28. 董道球	58—59〃
		29. 林家髒	68—69〃
		30. 林　暾	70—72〃
		31. 陳國棟	67—71〃
	7. 宋兆汾	32. 王日昇	60—62〃
		33. 陳德水	63—64〃
		34. 陳秋泗	65—66〃
		35. 陳友振	73—74〃
		36. 王崇山	75—76〃
	8. 陳堅如	37. 陳道綸	88—89〃
		38. 陳允舟	90—91〃
		39. 許友美	77—78〃
		40. 陳仁璧	92—93〃
		41. 陳仕都	94—95〃
	9. 林秦傑	42. 林　調	96—97〃
		43. 林挺秀	98—99〃
		44. 林繼作	100—103〃
		45. 林宜慶	101—102〃
		46. 林香如	104—105〃

區　別	監察員	調查員	調查範圍
	10. 林又明	47. 陳貞茂	12—13保
		48. 林昌寬	9—10 "
		49. 黃如望	80—81 "
		50. 劉友聞	82—84 "
		51. 劉紹望	85—86 "
	11. 游建增	52. 林鮮春	106—107 "
		53. 張本鶱	108—109 "
		54. 林義究	87—110 "
		55. 李元鑾	128—129 "
		56. 許雲如	130—131 "
	12. 陳伯曦	57. 葉克銓	119—125 "
		58. 柯鶴年	117—118 "
		59. 陳梅卿	111—112 "
		60. 陳紹恭	114—115 "
		61. 高豪欽	120—121 "
	13. 林敬如	62. 林侯瀚	14—15 "
		63. 張朝斌	16—122 "
		64. 陳春濤	116—124 "
		65. 陳錫侯	113—123 "
		66. 林用根	126—127 "
第六區	1. 蔡志權	1. 施肇皋	1—3 "
		2. 施祖鏵	4—5 "
		3. 姜伯源	6—8 "
		4. 劉寶棠	9—11 "
		5. 劉宜貞	12—13 "
		6. 劉提天	14—15 "

區　別	監察員	調查員	調查範圍
		7. 陳欽端	16—18保
	2. 錢壽巖	8. 林全信	19—20"
		9. 劉茲饒	21—22"
		10. 劉友琦	23—24"
		11. 陳通灼	25—26"
		12. 王兆雁	27—28"
		13. 曹典備	29—31"
		14. 王祟英	32—33"
第七區	1. 林茂乾	1. 林茂乾	1—2"
		2. 林志翔	3—4"
		3. 陳行鼎	5—6"
		4. 鄒宗棟	7—8"
		5. 陳行寶	9—10"
		6. 陳德官	11—12"
	2. 林　旭	7. 林文彬	17"
		8. 林大炳	15—16"
		9. 林德院	18—19"
		10. 林人奇	20—22"
	3. 鄒　建	11. 鄒　建	23—24"
		12. 鄒義圃	25—26"
		13. 倪昌期	27—28"
		14. 鄭調安	29—30"
		15. 王褒霖	31—33"
	4. 胡豁如	16. 胡豁如	13—14"
		17. 鄭炳章	34—35"
		18. 鄭復松	36—37"

區別	監察員	調查員	調查範圍
		19. 黃仁孝	38保
		20. 林克枝	39—41”
	5. 黃兆樞	21. 黃兆樞	42—43”
		22. 黃蔭蓉	47—48”
		23. 黃大長	44—46”
		24. 李書先	49—50”
		25. 李人初	51—52”
	6. 盧介士	26. 盧介士	57—60”
		27. 陳奎璋	53—54”
		28. 馮振柯	55—56”
		29. 陳書滸	58—59”
		30. 黃立顯	70—71”
		31. 蔣金殿	72—73”
	7. 鄭茂端	32. 鄭茂端	62—63”
		33. 鄭長輝	61—64”
		34. 鄭思品	65—66”
		35. 鄭文參	67—69”
	8. 林俊海	36. 林俊海	74—75
		37. 李庸生	76—77”
		38. 李炳良	78—80”
		39. 林萬鑑	85—87”
		40. 林逢生	83—84”
		41. 林萬利	81—82”
	9. 檀幹楨	42. 張敬侯	88—90”
		43. 陳茂彬	91—92”
		44. 林大莊	93—94”

區　別	監察員	調查員	調查範圍
		45.施春波	95—96保
		46.陳茂彬	97—98〃
	10.張　恭	47.鄭家容	101—102〃
		48.張天斌	99—100〃
		49.盧開源	103—104〃
		50.盧發全	105—110〃
		51.張　恭	106—108〃
		52.李睦容	107—109〃